es 1174

edition suhrkamp

Neue Folge Band 174

Die DDR-Literatur der siebziger Jahre hat mit Recht den Ruf, vielfältiger und interessanter zu sein als die der vorangehenden Jahrzehnte. Doch kann man zum gegenwärtigen Zeitpunkt ihre Eigentümlichkeit im ganzen erfassen oder gar versuchen, ihre Geschichte zu schreiben? Wäre dies nicht die Ausgeburt eines historischen Denkens, das nicht zufrieden ist, bis es seinen Gegenstand durch das Anlegen von historischen Begriffen eingesargt hat? So enthält dieser Band keine Geschichte der neuesten DDR-Literatur im Sinne einer zusammenfassenden narrativen Darstellung. Sein Ziel ist vielmehr ein Überblick über Tendenzen und Strömungen dieser Literatur. Freilich ist das Wort Überblick aus zwei Gründen mit Vorsicht zu gebrauchen: Einmal reihen sich die Aufsätze nicht aneinander wie Elemente eines einheitlichen Ganzen, das sich bruchlos aufteilen läßt, ferner ist der Standort der Beiträger ungleich – geographisch, kulturell, ideologisch. Das wirkt sich auf die Sichtweite aus. Es überwiegt der Blick von außen, der die Literatur der DDR nicht nur in ihrem eigenen Kontext sieht, sondern sie gleichzeitig vor dem Hintergrund westlicher Tendenzen untersucht. Es wäre problematisch, die Literatur der DDR ausschließlich an den Normen ihres eigenen Systems zu messen, sie nur als den Ausdruck der DDR-Gesellschaft zu betrachten. In ihren bedeutendsten Texten nimmt sie teil an den inhaltlichen und formalen Problemen, die sich der Literatur in avancierten Industriegesellschaften stellen. Darauf beruht vermutlich die Wirkung dieser Texte in der Bundesrepublik und anderen westlichen Ländern; sie sprechen auch Leser an, die mit den besonderen Bedingungen ihrer Herkunft nicht vertraut sind.

Literatur der DDR in den siebziger Jahren

Herausgegeben von
P. U. Hohendahl und P. Herminghouse

Suhrkamp

edition suhrkamp 1174
Neue Folge Band 174
Erste Auflage 1983

Erstausgabe

Satz: Thiele + Schwarz, Kassel
Druck: Nomos Verlagsgesellschaft, Baden-Baden
Umschlagentwurf: Willy Fleckhaus
Printed in Germany

1 2 3 4 5 6 – 88 87 86 85 84 83

Inhalt

Einleitung

Die DDR-Literatur der siebziger Jahre hat mit Recht den Ruf, vielfältiger und interessanter zu sein als die der vorangehenden Jahrzehnte. Doch kann man zum gegenwärtigen Zeitpunkt ihre Eigentümlichkeit im ganzen erfassen oder gar versuchen, ihre Geschichte zu schreiben? Wäre dies nicht die Ausgeburt eines historischen Denkens, das nicht zufrieden ist, bis es seinen Gegenstand durch das Anlegen von historischen Begriffen eingesargt hat? So enthält dieser Band keine Geschichte der neuesten DDR-Literatur im Sinne einer zusammenfassenden narrativen Darstellung.

Das Ziel der Darstellung ist ein Überblick über Tendenzen und Strömungen der DDR-Literatur. Freilich ist das Wort Überblick aus zwei Gründen mit Vorsicht zu gebrauchen: Einmal reihen sich die Aufsätze nicht aneinander wie Elemente eines einheitlichen Ganzen, das sich bruchlos aufteilen läßt; ferner ist der Standort der Beiträger ungleich – geographisch, kulturell, ideologisch. Das wirkt sich auf die Sichtweise aus. Es überwiegt der Blick von außen (USA, Bundesrepublik), der die Literatur der DDR nicht nur in ihrem eigenen Kontext sieht, sondern sie gleichzeitig vor dem Hintergrund westlicher Tendenzen untersucht, ohne doch einen direkten ›Systemvergleich‹ vorzunehmen. Es wäre problematisch, die Literatur der DDR ausschließlich an den Normen ihres eigenen Systems zu messen, sie nur als den Ausdruck der DDR-Gesellschaft zu betrachten. In ihren bedeutendsten Texten nimmt sie teil an den inhaltlichen und formalen Problemen, die sich der Literatur in avancierten Industriegesellschaften stellen. Darauf beruht vermutlich die Wirkung dieser Texte in der Bundesrepublik und anderen westlichen Ländern: sie sprechen auch Leser an, die mit den besonderen Bedingungen ihrer Herkunft nicht vertraut sind.

Die Literatur der siebziger Jahre läßt sich nicht ohne weiteres auf einen Begriff bringen oder in Kategorien der Entwicklung und des Fortschreitens darstellen. Fraglich ist, ob sie sich überhaupt noch aus *einem* zentralen Gesichtspunkt ableiten läßt. Folglich ist auch ihre epochale Einheit nicht mehr *eo ipso* zu unterstellen. Vielmehr zeigen die einzelnen Beiträge, daß die

Veränderungen gegenüber dem vorangehenden Jahrzehnt sich auf verschiedene Weise bemerkbar machen. Während auf der einen Seite Probleme und Fragen sichtbar werden, die vorher jenseits des Bewußtseinshorizontes lagen, gibt es auf der anderen Seite eine Reihe von Problemfeldern, die aus den fünfziger und sechziger Jahren zwar vertraut sind, aber nunmehr in veränderter Weise die DDR-Literatur bestimmen. Dazu gehört, wie *Patricia B. Herminghouse* zeigt, die Beschäftigung mit der deutschen Geschichte und besonders mit dem Nationalsozialismus. Dazu zählt auch, wie am Beitrag von *Sara Lennox* zu verfolgen ist, die Auseinandersetzung mit dem Thema Frauenbefreiung. In diesem Zusammenhang sind ebenfalls der Erbebegriff und die Frage fiktionaler Darstellung zu erwähnen, die bereits in den sechziger Jahren lebhaft diskutiert wurden. Bezeichnend ist: Wo die Themen wieder aufgenommen werden, verändern sie sich in einem solchen Maße, daß eher der Eindruck der Diskontinuität entsteht. Das Aufarbeiten hinterlassener Probleme nimmt die Form des Zurückweisens alter Lösungen an – daher der destruktive Effekt einiger zentraler Texte. Sie sperren sich gegen die Selbstverständlichkeit der Tradition (auch der sozialistischen) und die Annahme eines linearen Geschichtsbildes.

Die Beiträger arbeiten mit der Hypothese, daß die Literatur der siebziger Jahre sich sowohl auf der Ebene der Werke und Autoren als auch auf der Ebene der Institution abhebt von der literarischen Produktion der früheren Jahrzehnte. Über den Beginn der neuen Phase gibt es indes keinen Konsensus. Diejenigen Autoren, die in erster Linie institutionelle Probleme untersuchen, neigen dazu, das Jahr 1971, also den Übergang von Ulbricht zu Honecker, als den Wendepunkt zu betrachten. Diejenigen dagegen, die sich mit der Analyse von konkreten historischen Problemen oder mit der Evolution von Gattungen beschäftigen, nehmen entweder einen fließenden Übergang an oder verlegen den Einschnitt bereits in die späten sechziger Jahre. Diese unterschiedlichen Gewichtungen sollen nicht geleugnet werden. Die Differenzen deuten vielmehr darauf hin, daß die Geschichte der DDR-Literatur in den siebziger Jahren nicht eindimensional zu lesen ist. Sie läßt sich am ehesten noch als ein Nebeneinander von Strängen beschreiben, die sich in verschiedene Richtungen bewegen. Da gleichzeitig der institutionelle Rahmen weiterhin durch die Partei determiniert wird, d. h. die offizielle Funktion der Literatur einheitlich festgelegt bleibt, ergeben sich im literarischen Leben Spannungen, die zu Konflikten führen und in extremen Fällen als Brüche sichtbar werden. Die Ausweisung Wolf Biermanns und die daran sich anschließenden Debatten und Maßnahmen in der DDR sind nur das auffallendste Beispiel.

Am deutlichsten sind die Wandlungen auf der Ebene der Institutionalisierung der Literatur festzustellen. Die 1971 durch Honecker initiierte Liberalisierung der Kulturpolitik veränderte zwar nicht die Basis der Literaturgesellschaft in der DDR, aber sie erlaubte eine erweiterte Ausschöpfung der Möglichkeiten, die in ihrem Modell angelegt waren. *David Bathrick* und *Peter Uwe Hohendahl* zeigen dies am Beispiel der Kulturpolitik und der Erbetheorie. Das Postulat einer entwickelten sozialistischen Öffentlichkeit rückte, teils mit Unterstützung, teils gegen den Willen der Partei, in den Mittelpunkt der Diskussion. In diesem Zusammenhang geraten auch andere Problemfelder in Bewegung – einmal die gesellschaftliche Funktion der Literatur und damit die Rolle des Schriftstellers, zum anderen die Einstellung der SED zur Kontrolle der literarischen Produktion und Rezeption. Obgleich diese Diskussionen ihre Begriffe und Argumente in der Regel dem Arsenal des Marxismus-Leninismus entnehmen, ist nicht zu übersehen, daß die Schriftsteller sich nicht mehr ausschließlich an den marxistischen Diskurs halten, ihm vielmehr an bestimmten Punkten ausweichen oder widersprechen, um die eigene Position zu definieren. Gerade in der kulturellen Sphäre – im Unterschied etwa zur Politik oder der Ökonomie – scheinen sich die Beziehung zum Marxismus und der Gebrauch Marxscher Begriffe zu ändern. Die Kritik des Parteiapparates und der staatlichen Organe, denen gelegentlich Schematismus und Mangel an literarischer Sensibilität vorgeworfen werden, ist nur der offensichtlichste Aspekt. Die Auseinandersetzung greift weiter: sie erfaßt dasjenige Weltbild, das die SED aus den Texten der Klassiker abgeleitet hat. So verschränken sich in dieser Kritik die Ablehnung eines Fortschrittsbegriffs, der die Modernisierung der Gesellschaft mittels technologischer Errungenschaften mechanisch hochrechnet, und der Widerstand gegen eine Definition von Gesellschaft, in der dem einzelnen durch Staat und Partei im wesentlichen sein Platz zugewiesen wird.

Für die SED bedeutete dies, daß sie die Aufgaben der Schriftsteller nicht mehr pauschal von oben definieren konnte. Sie wurde in Frage gestellt und war damit auch bis zu einem gewissen Grade einverstanden, weil sie sich, besonders zu Beginn der siebziger Jahre, von diesen Auseinandersetzungen eine größere Wirksamkeit der Literatur versprach. Daß dieses Experiment sowohl die Partei als auch die Schriftsteller zu sehr belastete, zeigte sich 1976 anläßlich des Falles von Wolf Biermann. Um ihre Führungsrolle zu behaupten, sah sich die Partei zu korrigierenden Maßnahmen gezwungen.

Was sich auf dieser Ebene als ein Wendepunkt darstellt, ist aus der Perspektive der literarischen Produktion nicht notwendig ein tiefer Einschnitt. Weder die Praxis der Lyrik noch die Formen der erzählenden Prosa lassen sich direkt auf den Wandel der Kulturpolitik nach 1976 zurückführen. Selbst die Erbedebatte, die gegenüber politischen Einflüssen besonders empfindlich ist, reagierte nicht direkt auf die Restriktionen. Diese Beobachtungen führen erneut zu der Einsicht, daß wir mit verschiedenen Räumen zu rechnen haben, die nur begrenzt miteinander in Verbindung stehen – auch wenn die Partei unterstellt, daß die Literatur eine Einheit bildet, die eine gesamtgesellschaftliche Funktion zu erfüllen hat.

Zu ähnlichen Befunden gelangt ein Vergleich der Bedeutung verschiedener Gattungen und Textsorten. Am prägnantesten hat dies *Ursula Heukenkamp* in ihrer Untersuchung der Lyrik herausgestellt. Die Lyrik hat in den siebziger Jahren nicht mehr die gleiche Signifikanz für das literarische Leben der DDR wie in den sechziger Jahren, als sie im Prozeß der literarischen Entwicklung gelegentlich die Führung übernahm. Heukenkamp spricht mit Recht von einem Vorrang der Prosa in den siebziger Jahren. Auch das Drama steht trotz bedeutender Autoren weniger im Zentrum der Öffentlichkeit als die erzählende Literatur. Die Theater der DDR haben in der Gestaltung ihres Repertoires, wie *Ulrich Profitlich* nachweist, auf die kulturpolitischen Veränderungen unter Honecker unmittelbar reagiert. Und zweifellos war die Öffentlichkeit des Theaters für die literarische Diskussion der frühen siebziger Jahre von großer Wichtigkeit – wie etwa an der Plenzdorf-Debatte abzulesen ist –, aber sie ist als ein vorindustrielles Medium begrenzt in ihren Möglichkeiten, das Publikum zu erreichen und in Bewegung zu setzen.

Für die Dominanz der erzählenden Prosa spricht ein weiteres

Argument: sie schafft die Räume, in denen die zentralen Probleme thematisiert werden können – die Auseinandersetzung mit der politischen Vergangenheit Deutschlands, die Kritik an einer zunehmend technokratisch determinierten Gesellschaft und die Diskussion über die Rolle und Stellung des Individuums. Nun wäre es freilich verfehlt, diese Inhalte von dem Modus ihrer Präsentation abzulösen. Bedeutsam wird die Behandlung der genannten Themen nicht zuletzt durch die Weise ihrer Darstellung, nämlich durch Formen, die mit einem traditionellen Realismusbegriff nicht mehr zu legitimieren sind. Dieser Wechsel, der in der Theorie der sechziger Jahre immerhin vorbereitet war, stellt sich, wie *Rainer Nägele* zeigt, als ein Prozeß dar, bei dem der festgeschriebene Begriff von Wirklichkeit in Bewegung gerät. Die phantastische Literatur enthüllt ihn als ein ideologisches Konstrukt, das subversiv zu befragen ist. *Wolfgang Emmerich* hat diesen Gesichtspunkt erweitert und spricht davon, daß die erzählende Literatur der DDR in den siebziger Jahren den Punkt erreicht hat, wo ihr das kommunikative, dialogische Erzählen nicht mehr selbstverständlich zur Verfügung steht, wo sie sich einlassen muß auf narrative Verfahren, die aus der westlichen Literatur seit den zwanziger Jahren vertraut sind. Das traditionelle Erzählen ging Hand in Hand mit der marxistischen Orthodoxie der fünfziger und sechziger Jahre, die das Konzept einer allseitig begreifbaren und daher auch erzählbaren Totalität zur Verfügung stellte. Sobald der Glaube an diese Totalität und die aus ihr ableitbare gesamtgesellschaftliche Funktion der Kunst zerbröckelte, war mit dem Eindringen der literarischen Moderne zu rechnen. Ideologische und literarische Prozesse sind hier aufs engste ineinander verschränkt. Noch bevor Erich Honecker auf dem VIII. Parteitag von der Aufhebung der kulturellen Tabus sprach, war an der literarischen Praxis einiger Autoren (Wolf, Fries) nachzuweisen, daß das Modell des sozialistischen Realismus in seinen Möglichkeiten erschöpft war und folglich durchbrochen wurde.

War es noch in den sechziger Jahren unschwer möglich, zwischen der Literatur der Bundesrepublik und der DDR zu unterscheiden, ist es im folgenden Jahrzehnt ungleich schwieriger, diese Differenzen auf einen Begriff zu bringen – weder die Kategorie des Sozialismus noch die des Realismus lassen sich pauschal verwenden. Das hat westdeutsche Kritiker zu der

Äußerung veranlaßt, im Grunde gäbe es nur *eine* deutsche Literatur. Da nach 1970 eine Reihe von wichtigen Autoren der DDR in den Westen übergesiedelt ist, konnte der Eindruck entstehen, als ob dadurch die westdeutsche Literatur verstärkt würde. Dieser Eindruck ist jedoch kritisch zu befragen: Werden die Autoren der DDR durch ihre Übersiedelung *eo ipso* Mitglieder der westdeutschen Literatur?

Dagegen ist nicht zu bezweifeln, daß sich die westliche Rezeption der DDR-Literatur in den letzten zehn Jahren entscheidend verändert hat. Vor 1970 war sie im ganzen noch wenig bekannt – nicht zuletzt, weil sie mit einem Staat zusammenhing, mit dessen Legitimität man sich noch nicht abgefunden hatte. Im Laufe der siebziger Jahre gewannen die Autoren der DDR auch im Westen ihr Publikum, und zwar unabhängig davon, ob sie im Osten oder im Westen lebten und schrieben. Sie wurden nicht nur sichtbarer, weil sie in westlichen Ländern Lesungen und Vorträge hielten, Universitäten besuchten und Preise empfingen. Es waren vor allem ihre Texte, die über die Grenzen der DDR hinaus ein Echo fanden.

Im Mai 1983 *Die Herausgeber*

Peter Uwe Hohendahl

Theorie und Praxis des Erbens: Untersuchungen zum Problem der literarischen Tradition in der DDR

Versteht man Literaturzeitschriften als Brennpunkt für die Probleme, mit denen eine Gesellschaft sich am intensivsten beschäftigt, so liegt die Vermutung nahe, daß die Frage des kulturellen Erbes für die DDR in den siebziger Jahren eine besondere Bedeutung hat. Sowohl in den *Weimarer Beiträgen* als auch in *Sinn und Form*, den beiden führenden Kulturzeitschriften, häufen sich, vor allem in der Mitte des Jahrzehnts, Aufsätze und Glossen über Methode, Inhalt und Funktion des literarischen Erbes. Auf den ersten Blick mag erstaunen, daß diese Debatte gerade in den siebziger Jahren sich so in- und extensiv entfaltet; denn das Erfordernis, sich gegenüber der Bevölkerung zu legitimieren, scheint seine anfängliche Dringlichkeit verloren zu haben. Bei näherem Hinsehen stellt sich indes heraus, daß eben diese größere Selbstsicherheit des ostdeutschen Staates im politischen wie im ökonomischen Bereich (z. B. die internationale Anerkennung der DDR) die Diskussion nach dem VIII. Parteitag anfachte und die Fragestellung erweiterte. Es ist, als ob nach dem Rücktritt Ulbrichts die Schleusen geöffnet wurden und nun artikuliert werden konnte, was vorher sorgfältig durch die offizielle Kulturpolitik der SED kanalisiert worden war.

Ein solches Element der Rebellion gegen eine verkrustete Erbetheorie der Partei ist keinesfalls zu übersehen, aber es wäre voreilig und einseitig, den Verlauf der Diskussion als eine bloße Oppositionsbewegung zu beschreiben. Am Anfang stehen zweifellos Anstöße der SED, auf die die literarische Intelligenz reagiert, indem sie den Rahmen wie den Inhalt der Erbedebatte neu definiert. Diese Revisionsversuche verschieben wiederum die offizielle Position der Partei, zum Teil gegen den Willen und die Interessen etablierter Kulturfunktionäre. Bis 1976 wenigstens ist der Parteiapparat bereit, sowohl den Inhalt als auch die Funktion des Erbebegriffs zu modifizieren, um den Veränderungen des literarischen Lebens gerecht zu werden. Das wichtigste Ergebnis dieser Diskussion, das schwerlich zurückzunehmen ist, auch wenn die politischen Bedingungen, unter denen es erreicht worden ist, nicht mehr bestehen, ist eine gewandelte und im ganzen kritischere Auffassung dessen, was als die eigene literarische Tradition anerkannt wird. Gewichen ist die Selbstverständlichkeit, mit der in den fünfziger und zum Teil noch in den sechziger Jahren über das Erbe und seine Aneignung gesprochen wurde. Eine erneute Lektüre der marxistischen Klassiker, vor allem Lenins, wurde ein wesentliches Instrument, um die brüchig gewordenen Legitimationen zu überprüfen. Denn wenn es auch nicht gern zugestanden wurde, zumal wenn der Einwand von außen kam, so war nicht recht zu leugnen, daß die ältere Erbetheorie der DDR sich aus mehreren Traditionen speiste, unter anderem aus einer sozialdemokratischen, die durch die Namen von Lassalle und Mehring am knappsten gekennzeichnet ist.[1] Die erneute intensive Auseinandersetzung mit den marxistischen Klassikern ist motiviert durch die Absicht, den latenten Sozialdemokratismus der Ulbricht-Jahre mit Hilfe der marxistischen Orthodoxie zu überwinden. Es handelt sich mit anderen Worten um einen ausgesprochen innovatorischen Gebrauch der Klassiker, deren Texten die Rolle von Katalysatoren zufällt: sie sollen die Elemente freisetzen, aus denen eine zeitgenössische Erbetheorie aufgebaut werden kann.

1. Die Erbetheorie vor dem VIII. Parteitag

Auch von westlichen Beobachtern wird inzwischen eingeräumt, daß sich in den siebziger Jahren die Umrisse einer neuen Erbetheorie herausschälen.[2] Unschwer läßt sich darlegen, daß diese Wandlungen in Zusammenhang stehen mit der Liberalisierung der Kulturpolitik, die auf dem VIII. Parteitag 1971 ausgesprochen wurde. Die Worte Honeckers[3], daß es auch auf dem Gebiet der Kultur Tabus nicht mehr geben dürfe, zeichneten der Erbediskussion der siebziger Jahre den Rahmen vor und rechtfertigten, wenigstens bis 1976, als im Zusammenhang mit der Ausweisung von Wolf Biermann die administrativen Schrauben wieder angezogen wurden, auch avancierte Stellungnahmen. Nachdrücklich sprach sich 1972 auch der Sekretär des ZK der SED, Kurt Hager, für eine neue Orientierung der Kulturpolitik und damit auch der Erbetheorie aus. An die Stelle der »sozialistischen Menschengemeinschaft« ist die »sozialistische Gesellschaft« getreten: »Wir wollen die sozialistische Kultur in allen Lebensbereichen entwickeln, wir brauchen sie in der entwickelten Gesellschaft in ihrer ganzen Breite und Tiefe.«[4] Äußerungen wie diese legitimierten die kritische Debatte der folgenden Jahre und wurden entsprechend oft zitiert.

Während die Liberalisierungstendenzen als auslösendes Moment sich leicht nachweisen lassen, sind die gesellschaftlichen Ursachen und vor allem die gesellschaftliche Funktion der neuen Kulturpolitik bisher kaum untersucht worden. In der Regel hat man sich darauf beschränkt, an ausgewählten Beispielen die veränderte Einstellung etwa zur Romantik oder zu Goethe zu beschreiben. Es fehlt dagegen eine Analyse des literarischen und sozio-politischen Kontexts, in dem sich die widerspruchsvolle Diskussion abspielt.

Der theoretische Ausgangspunkt für die Erbediskussion der siebziger Jahre ist die Einsicht, daß die offizielle Kulturtheorie den wirklichen Verhältnissen der DDR nicht mehr gerecht werden kann. Dieser Mangel wird sowohl theoretisch nachgewiesen als auch durch die Praxis der literarischen Produktion und Konsumtion bestätigt. Auf der Ebene der Theorie erweist sich besonders die ausschließliche Eingliederung des Marxismus in die Tradition der Aufklärung als unzureichend. Die romantischen Elemente des Marxismus, die in der DDR sowohl von den Orthodoxen als auch von den technokratischen Revisionisten unterdrückt worden waren, kommen seit den späten sechziger Jahren wieder zum Durchbruch, und zwar hauptsächlich im literarischen Diskurs.[5] Während es für Lukács und seine Nachfolger in der DDR selbstverständlich war, das Marxsche Werk als eine Fortsetzung der Aufklärung zu lesen, werden nunmehr die romantischen Momente des Marxschen Denkens, namentlich des Entfremdungsbegriffs des Frühwerks, für die eigene Situation in Anspruch genommen. Die in der Orthodoxie niemals zugestandene Möglichkeit, daß es Entfremdung im realen Sozialismus geben kann, verweist auf zwei Bereiche, in denen die Entwicklung anders verlaufen ist, als es die offizielle Parteilinie darstellt:

erstens die fortschreitende Arbeitsteilung in einer avancierten industrialisierten Gesellschaft wie der DDR und zweitens die Verfestigung von gesellschaftlichen Gruppen und Schichten, die dem Postulat der klassenlosen Gesellschaft widerspricht. Stellt sich heraus, daß die Gesellschaft der DDR nicht ohne Widersprüche ist, bleibt die humanistische Theorie der Menschengemeinschaft, welche die Auflösung der Antagonismen schon voraussetzt, fragwürdig. Entsprechend erweist sich die These, die DDR könne die Ideale der Weimarer Klassik einfach vollstrecken, als problematisch. In den frühen siebziger Jahren wird daher die vorher dominierende Vollstreckerthese als eine nicht mehr überzeugende mechanistische Lösung zurückgenommen. Ihr ideologischer Charakter wird auch von der Parteileitung eingestanden. Man befindet sich auf der Suche nach einem neuen theoretischen Modell, um die eigene literarische Tradition rekonstruieren und aneignen zu können.

Bevor wir uns diesem Modell, besser gesagt den verschiedenen Ansätzen zu einem neuen Modell, zuwenden, müssen wir den Hintergrund vergegenwärtigen. Wovon setzen sich die Kritiker und Schriftsteller der DDR in den siebziger Jahren ab? Die Erbetheorie der fünfziger und selbst noch der frühen sechziger Jahre war bestimmt durch Anschauungen und Zielsetzungen, die die KPD in den dreißiger Jahren in der Auseinandersetzung mit dem Faschismus entwickelt hatte.[6] Die Kulturpolitik der SED schloß an die Volksfrontpolitik an, wie sie beispielhaft 1935 auf der Parteikonferenz der KPD formuliert worden war: »Wir Kommunisten wollen den kulturellen und geistigen Schatz des deutschen Volkes, seine Sprache, seine Literatur, seine Kunst und Wissenschaft vor den faschistischen Barbaren retten und für die höhere Entwicklung der Kulturgüter kämpfen.«[7] In diesem Kampf verbündete sich die KPD bekanntlich mit den demokratischen Kräften auf der bürgerlichen Seite. Daher ist die ideologische Differenz gegenüber dem bürgerlichen Humanismus kaum akzentuiert.

Nach der Niederlage des Dritten Reiches wurde der antifaschistische Humanismus zunächst die Grundlage des kulturellen Wiederaufbaus in der sowjetischen Besatzungszone und der DDR. Für den von den Russen besetzten Teil Deutschlands waren die Aufgaben vorgeschrieben: Beseitigung der nationalsozialistischen Ideologie und Veränderung jener gesellschaftlichen

Zustände, die zu einer Erneuerung des Faschismus führen könnten. Bei dem Versuch, im östlichen Teil Deutschlands eine Volksdemokratie zu errichten, fiel dem bürgerlichen Humanismus des 18. Jahrhunderts noch einmal eine wichtige Rolle zu: die Werke der Klassiker lieferten die Vorbilder, mit deren Hilfe sich das postfaschistische Deutschland reinigen konnte. Dieses Modell der humanistischen Erneuerung richtete sich nicht so sehr an eine revolutionäre marxistische Partei, die es ja in Deutschland nicht geben konnte, als an eine geschlagene Nation, deren Klassen sich in verschiedenem Maße kompromittiert hatten.

Der antifaschistische Humanismus bestimmte die ersten Jahre der kulturellen Erneuerung in der sowjetischen Zone und der DDR. Entfaltet wurde dieses Konzept in der Öffentlichkeit vor allem durch Johannes R. Becher und Wilhelm Pieck, die die Bürger Ostdeutschlands daran erinnerten, daß im Humanismus der Weimarer Klassik die Lösung der aktuellen Probleme angelegt sei, weil die dort postulierten Ideale nach wie vor auf ihre Verwirklichung drängen. An der Vorbildlichkeit dieses humanistischen Erbes gab es in den fünfziger Jahren keine offiziellen Zweifel, und dort, wo sich kritische Stimmen meldeten, wie beispielsweise Eisler und Brecht bei der Behandlung des Faust-Stoffes, wurden sie von der Partei ärgerlich zum Schweigen gebracht.[8] Der Kulturpolitik der ausgehenden vierziger und frühen fünfziger Jahre lag nicht an historischer Differenzierung, das ›klassische‹ Erbe wurde vielmehr als unmittelbares Vorbild für die Befreiung der gegenwärtigen deutschen Gesellschaft angesehen. Es ist für die führenden Kulturfunktionäre wie Becher, Alexander Abusch und Alfred Kurella unzweifelhaft, daß die großen Schriftsteller der bürgerlichen Kultur in die neu zu entwickelnde sozialistische Gesellschaft einzubringen seien, und zwar im Sinn einer aktuellen Verpflichtung, nicht einer historischen Besinnung. Die Schrecken der nahen faschistischen Vergangenheit verdeckten zunächst die älteren Probleme der frühbürgerlichen Gesellschaft, in der die Klassik ihre Wurzel hatte.

Die Literaturgeschichte der DDR konnte vor allem zurückgreifen auf die Arbeiten von Georg Lukács, die selbst nach seinem Sturz 1956 die Historiographie der DDR methodisch weiter beeinflußten. Lukács' Konzeption der deutschen Literaturgeschichte, die er in den dreißiger und vierziger Jahren als Moment des antifaschistischen Kampfes entwickelt hatte, wurde die Basis für die neue marxistische Literaturwissenschaft der DDR. Da Lukács' Geschichtsbild im wesentlichen mit der Erbetheorie der SED übereinstimmt (demokratischer Humanismus), wurde es auf Kosten anderer Modelle favorisiert. Besonders die Romantikforschung blieb von seinen Prämissen abhängig und modifizierte auch in den sechziger Jahren nur unwesentlich, was Lukács formuliert hatte. Erst in den siebziger Jahren öffnete sich die Diskussion, so daß die kritischen Beiträge von Hans Mayer[9] und Werner Krauss[10] endlich in den Dialog eingebracht werden konnten.

Es geht uns freilich nicht um die Wiederentdeckung der Romantik, deren Verlauf Klaus Peter[11] und Patricia Herminghouse[12] aufgearbeitet haben. Zur Diskussion stehen in unserem Zusammenhang die Voraussetzungen dieser Umwertung. Es handelt sich, was im einzelnen nachzuweisen sein wird, um mehr als eine Revision des Kanons. Eine solche Revision hätte sich mit Hilfe einer geistesgeschichtlichen Konstruktion, wie sie Mayer und Krauss anbieten, bewerkstelligen lassen. Bezeichnend ist jedoch, daß der Zugang zur Romantik zunächst blockiert blieb, obgleich Lukács der Kritik ausgesetzt wurde. Verändern mußte sich die Erbetheorie selbst, d. h. die Methode der Aneignung und das historische Modell, in das Klassik und Romantik eingezeichnet werden. Es fehlte der Literaturwissenschaft der DDR ein kritischer Traditionsbegriff, der sorgfältiger zwischen dem Autor und seiner Rezeption unterschied, als dies bei Lukács der Fall war.

Es gab zwar im literarischen Leben der DDR sehr früh eine Alternative, doch sie hatte sich in den fünfziger Jahren gegen den Parteiapparat nicht durchzusetzen vermocht – das Werk Bertolt Brechts und die Arbeiten von Hanns Eisler. Symptomatisch für ihre marginale Position sind die Angriffe, denen sie ausgesetzt waren, als sie den Fauststoff anders behandelten, als die affirmative Goethedeutung der SED vorsah. Eislers Versuch, in seinem Operntext die Gestalt Fausts nicht harmonisierend als Vorbild des Humanismus zu sehen, sondern als eine problematische Figur (der Intellektuelle, der den Pakt mit der Macht eingeht), stieß auf den Widerstand der Kulturfunktionäre.[13] In ähnlicher Weise eckte Brecht an, als er 1953 den *Urfaust* inszenierte und dabei gegenüber dem klassischen Erbe eine bewußt kritische Haltung hervorkehrte. Die Tradition selbst, die Lukács zu retten bestrebt war, erschien Brecht als eine Gefahr, weil sie den klassischen Text (im Sinne des kanonisierten Textes) als unveränderlich behandelt und nicht mehr in Frage stellt.[14]

Brecht ist nicht weniger als Lukács am Erbe interessiert; sein Widerspruch gegen die offizielle Position der DDR entzündet sich an der Frage der Methode. Er unterstreicht in den fünfziger Jahren die Notwendigkeit des distanzierten Lernens: die Nachwelt kann sich an den Meisterwerken der Vergangenheit abarbeiten, in jeder konkreten historischen Situation werden sie erneut verfügbar und erhalten eine veränderte Funktion. Aus diesem Grunde vermeidet es Brecht, Autoren und Werke nach der Weise der akademischen Kritik in Epochen und Strömungen einzuordnen; denn dieses Verfahren setzt den Widerstand des Textes herab. Die traditionelle historische Einordnung, wie immer sie im einzelnen vorgenommen wird, enthält das Element der Legitimation durch den unterstellten Prozeß der literarischen Kontinuität, dem Brecht gerade ausweicht. Seine Methode verzichtet auf die für Lukács typische Abstraktion; sie hält am Stoff und seiner Bearbeitung als dem konkreten Material der Aneignung fest.

2. Die Revision des literarischen Kanons

Es wäre verfehlt, die Revision der Erbetheorie auf ein bestimmtes Datum festzulegen, denn eine Reihe von Faktoren mußte zusammenkommen, um die Gültigkeit der älteren Auffassung zu erschüttern. Obgleich die Realismustheorie bereits seit der Mitte der sechziger Jahre im Fluß ist und auch in der Geschichtskonzeption um 1970 signifikante Veränderungen zu beobachten sind[15], scheint die Erbetheorie davon zunächst kaum betroffen. Ein Querschnitt durch die Diskussion des Jahres 1970 würde zeigen, daß die historischen Kategorien von Georg Lukács noch weitgehend in Kraft sind. Daß Anna Seghers sich im Dialog mit Lukács für Schriftsteller wie Kleist, Lenz und Günderode eingesetzt hatte, wurde ungeachtet der sichtbaren offiziellen Position der Autorin gleichsam nicht zur Kenntnis genommen. Hans-Dietrich Dahnkes Entwurf zu einer Einleitung des siebten Bandes der *Geschichte der deutschen Literatur*, der 1971 in den *Weimarer Beiträgen* erschien, zeigt noch einmal die wesentlichen Merkmale der traditionellen Einschätzung des Verhältnisses zwischen Klassik und Romantik. Da der Realismus zum Bewertungskriterium erhoben wird, ist im Grunde vorentschieden, daß die romantische Literatur nicht in die positive Tradition integriert werden kann. Dahnke unterscheidet zwischen drei Formen der Reaktion auf die Französische Revolution in Deutschland: es polarisieren sich die progressiven und die reaktionären Kräfte, und innerhalb der progressiven Tendenzen unterscheiden sich die revolutionär-demokratischen und die liberal-reformerischen, zu denen Goethe und Schiller gerechnet werden. Die Romantiker dagegen, so argumentiert Dahnke 1971 in der Nachfolge von Lukács, sind »in ihrer Ausgangsposition von humanistischen Zielen bestimmt«[16], doch bleibt ihre Auseinandersetzung mit der gesellschaftlichen Wirklichkeit in einem kleinbürgerlichen Antikapitalismus befangen, der später in eine reaktionäre Haltung umschlagen kann. In traditioneller Weise werden Klassik und Romantik einander so gegenübergestellt, daß die Entscheidung für die Klassik die Entscheidung gegen die Romantik logisch nach sich zieht. Während sich in Dahnkes Darstellung ein differenziertes Bild der Weimarer Klassik bereits andeutet, vertraut die Darstellung der Romantik auf den unterstellten epochaltypischen Gegensatz. Der Romantik werden Widersprüche und Fehlleistungen vorgeworfen, weil sie kein positives Verhältnis zur Wirklichkeit finden könne. Sogar die Vorläuferthese wird am Schluß wieder aufgenommen: »Durch ihre radikale Abtrennung von der gesellschaftlichen Praxis, durch ihre unproduktive Feindschaft gegen die Wirklichkeit, durch ihren Rückzug auf die Innenwelt begründete sie eine weltanschauliche und ästhetische Traditionslinie bürgerlicher Literatur, die in ihrer Konsequenz zum spätbürgerlichen Modernismus führte.«[17] Der Aufsatz läßt keinen Zweifel daran, daß die Präferenz für die Klassik nicht ausschließlich eine Frage der historischen Bewertung ist, sondern mit dem Erbeproblem zusammenhängt. Aus der Perspektive einer *sozialistischen* Gesellschaft, in der die Kunst die Wirklichkeit *widerzuspiegeln* hat, erscheint die klassische Literatur »als das der sozialistischen Kultur gemäße Erbe«.[18]

Auch das 1970 in den *Weimarer Beiträgen* erschienene Diskussionspapier der Arbeitsgruppe Manfred Naumanns unterscheidet sich nicht wesentlich von der vorher genannten Position.[19] Man beruft sich ebenso auf Lenins Kulturtheorie und ihre Ablehnung des Proletkults, und man stellt die Frage nach der Bedeutung des

Erbes in einer sozialistischen Gesellschaft. Hier jedoch spitzt sich das Problem zu, da nunmehr die Vermittlung zwischen der Gegenwart und den einer früheren Gesellschaftsstufe angehörenden Kunstwerken thematisiert wird. Auf diese Weise wird die Klassenfrage, die durch die Theorie der sozialistischen Menschengemeinschaft eher in den Hintergrund gedrängt worden war, erneut in den Mittelpunkt gerückt. Die Autoren sprechen ausdrücklich von der *Arbeiterklasse* der DDR als dem Erben und Rezipienten der vergangenen Kultur und von ihrer Auswertung für die gegenwärtigen Aufgaben des Proletariats.[20] Die Arbeiterklasse kann aus dieser Tradition schöpfen, weil sie selbst auf einer höheren Stufe die Fortsetzung dieser humanistischen Bemühungen darstellt. Diese Bindung an die humanistische Tradition, die Aufforderung, aus ihr ständig zu schöpfen, restringiert unverkennbar die Bedeutung des ästhetischen Experiments: noch immer liegt über dem Modernismus und den sogenannten kryptischen Traditionen ein Tabu, weil sie weltanschaulich als ›pessimistisch‹ denunziert werden.

Im Zentrum der Erbekonzeption steht also die deutsche Klassik, namentlich Goethe. Da gleichzeitig unterstellt wird, daß die Gegenwartsliteratur der DDR durch sozialistische Autoren wie Johannes R. Becher, Brecht und Hanns Eisler bestimmt wird, ergibt sich die Nötigung, die eine Tradition in die andere zu projizieren – Brecht als der Fortsetzer Goethes, Eisler als der Nachfolger Schillers. Die proletarische Avantgarde der zwanziger Jahre, damals von Lukács erbittert bekämpft, wird nunmehr der humanistischen Tradition zugeschlagen. Mit keinem Wort werden Brechts und Eislers Schwierigkeiten erwähnt, als sie in den fünfziger Jahren den Fauststoff gegen den Strich bürsten wollten. Es entsteht vielmehr das Bild einer kontinuierlichen Evolution, aus der die Konflikte der dreißiger und fünfziger Jahre entfernt worden sind. Man beruft sich gleichermaßen auf Becher wie auf Eisler, integriert also, um die Legitimationsbasis so breit wie möglich zu halten, durchaus verschiedene Formen sozialistischer Kunst.

Auf die Frage, warum diese komplexen und widersprüchlichen Verhältnisse harmonisiert werden, ergeben sich zwei Antworten. Erstens erlaubt die genannte Integration die Abgrenzung gegenüber der Kulturpolitik der Bundesrepublik, und zweitens begünstigt diese Synthese die praktische Arbeit der SED. War in der antifaschistisch-demokratischen Phase der DDR die Konzeption eines klassischen Erbes das Instrument, um eine gemeinsame nationale Basis im kulturellen Bereich zu bewahren, wird nach der Auflösung des Deutschlandbegriffs und zusammen mit der Behauptung der nationalen Eigenständigkeit der DDR die Erbefrage zum Streitpunkt. Der Bundesrepublik wird im Prinzip die Berechtigung abgesprochen, sich auf die klassische Tradition zu berufen, da diese der Arbeiterklasse vorbehalten bleibt. Noch wichtiger ist freilich der zweite Gesichtspunkt: die Planung der Erbevermittlung durch die Partei. Daß die Partei an dem Prozeß der Vermittlung durch Anweisung und Überwachung grundsätzlich mitwirkt, ist in der DDR niemals bestritten worden. Die DDR konnte sich auf die hundertjährige Tradition der deutschen Arbeiterbewegung sowie auf Lenin und die Dritte Internationale berufen. Bemerkenswert ist freilich, daß der Aufsatz diesen bekannten Zusammenhang 1970 erneut ausdrücklich betont: »Die politisch-ideologische Führungsqualität ist das entscheidende Kettenglied für die kritische und produktive Gestaltung einer gesellschaftlichen Praxis der Erbeaneignung.«[21] Gemeint ist offensichtlich die Rolle der Intelligenz, der in dieser Konstruktion die Aufgabe der Vermittlung zwischen dem literarischen Erbe und den Massen der Arbeiterklasse zufällt. Indem die Bedeutung der klassischen Tradition unterstrichen wird, legitimiert sich natürlich besonders die Literaturwissenschaft, der ausdrücklich die Aufgabe vorbehalten bleibt, die ideologischen Probleme der Erbetheorie zu lösen. Wie selbstverständlich wird hier noch die *Führungsrolle* der wissenschaftlichen Intelligenz vorausgesetzt, eine Position, die später nicht mehr problemlos zu behaupten war.

Eben diese führende Stellung der wissenschaftlichen Intelligenz, die von der Partei mit der Lenkung und Leitung des Erbes sich beauftragt weiß, wurde in den siebziger Jahren in Frage gestellt. Entscheidende Impulse für die Veränderung der Erbekonzeption gehen von den Schriftstellern aus. Sie übernehmen Funktionen, die vorher der Literaturwissenschaft zugefallen waren. Ihre Biographien, Essays und Romane untergraben das Gebäude der traditionellen Erbetheorie und zwingen dadurch die Kritiker und Kulturfunktionäre, die theoretischen Prämissen neu zu durchdenken. Autoren wie de Bruyn, Kunert, Becker, Gerhard Wolf und Christa Wolf revolutionieren durch ihre Beiträge den Inhalt der Erbekonzeption und damit gleichzeitig die Beziehung zur humanistisch-klassischen Tradition. Das Schwergewicht verlagert sich, wenn wir es auf eine knappe Formel bringen wollen, zu Traditionen, die vorher als kryptisch und problematisch gegolten hatten: zur Romantik und zur proletarischen Avantgarde, kurz zu literarischen Texten, die mit einem dogmatischen Realismusbegriff nicht mehr in Einklang zu bringen sind. In dieser Auseinandersetzung zwischen akademischem Traditionalismus und dem Subjektivismus der Schriftsteller sind die Kräfte freilich ungleich verteilt. Während die einzelnen Autoren nie sicher sein können, daß ihre Botschaft die Öffentlichkeit erreicht, haben Institutionen wie die Nationalen Forschungs- und Gedenkstätten in Weimar, eine Hochburg der traditionellen Erbekonzeption, im literarischen Leben der DDR einen dauernden Einfluß, auch wenn ihre Vertreter ihre Ansichten in bestimmten Situationen nicht durchsetzen konnten.

Die starre Position löst sich zunächst im Bereich der Klassikforschung auf. Die in den sechziger Jahren einsetzende Differenzierung des Klassikbildes, vor allem der Deutung Goethes, problematisierte zunehmend die affirmative Aneignung der Tradition. Mit Recht hat Scharfschwerdt darauf aufmerksam gemacht[22], daß die Funktion des Leitbildes, die der Aufklärung und der Klassik im ersten Jahrzehnt nach der Gründung der DDR zukam, den Sturm und Drang und damit das Werk des jungen Goethe einschloß. Lukács hatte den Sturm und Drang gegen die bürgerliche Forschung verteidigt, indem er den Radikalismus der siebziger Jahre des 18. Jahrhunderts als Fortsetzung der aufklärerischen Emanzipationstendenzen deutete. Werther ist Lukács zufolge Repräsentant dieser frühbürgerlichen Emanzipationsbewegung, er ist der neue Mensch, der sich gegen den Spätfeudalismus wie die ersten Anzeichen einer kapitalistischen Lebenswelt zur Wehr setzt. Die junge DDR konnte sich in der »heroischen Durchbruchsepoche« der deutschen Literatur wiedererkennen.[23] Peter Müllers *Werther*-Studie (1969) unterminierte dieses Selbstverständnis der DDR-Kritik[24], indem sie den Gegensatz zur Aufklärung, den Lukács gerade zurückgestellt hatte, erneut hervorhob. Müller wies auf die Restriktionen der Aufklärung hin, die im *Werther* die Selbstverwirklichung des Helden verhindern. Diese Entfaltung der eigenen Anlagen läuft freilich bei Müller nicht mehr auf die von Lukács im *Wilhelm Meister* gepriesene

Entwicklung aller Fähigkeiten hinaus. Müller besteht darauf, daß Werther nicht nur eine neue Weltanschauung, sondern vielmehr eine neue, die Sinnlichkeit einbeziehende Lebensform entdeckt. Die Parallelen zu Christa Wolfs *Nachdenken über Christa T.* (1968) sind nicht zu übersehen.

Die ersten bemerkenswerten Veränderungen zeichnen sich also in der Revision des literarischen Kanons ab. Betroffen sind vor allem die romantische Literatur und die Avantgarde des 20. Jahrhunderts, die sich weitgehend, wenn auch nicht völlig, von dem Stigma des Modernismus und der westlichen Dekadenz befreien kann. Ermöglicht wird diese Revision durch eine gewandelte Geschichtskonzeption und eine intensive Diskussion über die Voraussetzungen der Erbetheorie. Erst in den siebziger Jahren wird der Zusammenhang von Gegenwart und Vergangenheit in der Literaturgeschichte und der Erbetheorie streng reflektiert.

Dabei dürften die rezeptionstheoretischen Ansätze, wie sie vor allem von Robert Weimann und Manfred Naumann entwickelt wurden, der Erbetheorie wichtige Hinweise geliefert haben. Die Schwäche der Lukácsschen Geschichtskonzeption bestand unter anderem darin, ihre Fundierung in der Gegenwart des Historikers nicht theoretisch ableiten zu können. Lukács' Versuch, eine gute deutsche Tradition gegen die faschistischen Aneignungen zu retten, bekämpfte eine falsche Aktualisierung, ohne die grundsätzliche Dialektik von Vergangenheit und Gegenwart theoretisch auszuarbeiten. Robert Weimanns Aufsatz »Gegenwart und Vergangenheit in der Literaturgeschichte«, zuerst 1970 in den *Weimarer Beiträgen* publiziert[25], stellte (zusammen mit dem bereits 1969 erschienenen Essay »Literaturkritik und Literaturgeschichte als Einheit«[26]) eine bahnbrechende Auseinandersetzung mit der traditionellen Erbetheorie dar. Weimann unterstreicht eine dialektische Auffassung der Beziehung von Gegenwart und Vergangenheit. Eine solche Einsicht in den »gemeinsamen *Funktionszusammenhang* alter wie neuer Dichtung«[27] wird z. B. den kritischen Arbeiten Paul Rillas zugesprochen, seine Entdeckungen und Wertungen werden dem Lukácsschen Kanon bewußt entgegengehalten. Prinzipiell handelt es sich um die Entwicklung eines Modells, in dem das Bewußtsein der gegenwärtigen Situation, d. h. der Situation einer post-kapitalistischen Gesellschaft, die Vergangenheit aufzuschließen vermag. Damit aber verändert sich der Diskurs der Literaturgeschichte: »Gegenstand der Literaturgeschichte ist nicht schlechthin die Literatur vergangener Zeiten, sondern auch unsere gegenwärtige Beziehung zu dieser vergangenen Literatur, die erst durch diesen Bezug wieder zu etwas Lebendigem wird.«[28] Dann jedoch stellt sich die Frage, wie die überwundenen Gesellschaftsformationen (Feudalismus, Kapitalismus) zu der Gegenwart sprechen können. Bezeichnenderweise beruft sich Weimann, wie nach ihm Naumann, auf Lenins Kulturtheorie, um Identität und Differenz der Erfahrung zu begründen. Zitiert wird der Satz Lenins: »Es wäre irrig, zu glauben, daß es genüge, sich die kommunistischen Losungen, die Schlußfolgerungen der kommunistischen Wissenschaften anzueignen, ohne sich jene Summe von Kenntnissen anzueignen, deren Ergebnis der Kommunismus selbst ist.«[29] Das heißt: die qualitative Differenz zwischen Gegenwart und Vergangenheit macht es gerade für uns zur Aufgabe, die alte Literatur so anzueignen, daß sie in der Gegenwart gebraucht werden kann. Diese Beziehung war selbstverständlich auch der älteren Erbetheorie bewußt. In ihr wurde das Vergangene angeeignet, um der Gegenwart als Vorbild dienen zu können. Bei Weimann hingegen wird, freilich ohne konkrete Hinweise auf die gesellschaftliche Lage und die anstehenden politischen Entscheidungen der frühen siebziger Jahre, die *Gegenwart* betont. Eine Gesellschaft, die sich als sozialistisch definiert, kann sich nicht mit den Gehalten feudaler oder bürgerlicher Kunstwerke schlicht identifizieren.

In der ersten Hälfte der siebziger Jahre geriet der »Klassikzentrismus« zweifellos in die Defensive. Seine Vertreter in Weimar fühlten sich von außen wie von innen angegriffen und reagierten massiv, indem sie die Kritiker denunzierten. Das gilt sowohl für Helmut Holtzhauers Angriff auf den von Reinhold Grimm und Jost Hermand herausgegebenen Band *Die Klassiklegende,* dessen heterogene Beiträger zu einer radikalen Schule der Klassikfeindschaft hochstilisiert wurden, wie auch für Heinrich Reuters scharfe Auseinandersetzung mit Werner Mittenzweis Aufsatz »Brecht und die Probleme der deutschen Klassik«.[30] Obgleich der Dramatiker mittlerweise in der DDR selbst zum Klassiker geworden war, erwies sich in diesem Konflikt noch einmal die provokative Kraft des Brechtschen Œuvres. Reuters Einspruch gegen Mittenzwei geht es um den Nachweis, daß Brechts Urteile über die deutsche Klassik den Kern dieser zentralen Literaturepoche gar nicht berühren.[31] Da eine systematische Behandlung der Klassikfrage verständlicherweise bei Brecht nicht zu finden ist, unterstellt Reuter, daß Brechts verstreute Urteile ohne Fundierung seien. Bezeichnend für Reuters defensive Haltung ist, daß die Provokation der Brechtschen Äußerungen nicht angenommen wird. Die normative Bedeutung des klassischen Erbes steht unverändert fest, und dem kritischen Verhältnis zur vergangenen Literatur, wie es Brecht entwickelte, gilt niemals das Interesse. Für Reuter gibt es zwischen der Aneignung der Klassik und der Brechtschen Rezeption der Klassiker keine andere Beziehung als die des Gegensatzes. Holtzhauers Polemik gegen die Autoren der *Klassiklegende* spricht die gleiche Sprache: jede Abwertung der Klassik wird rigoros zurückgewiesen. So heißt es: »Hätten sie [die Herausgeber] sich auf das Aufdecken der Ursünde der deutschen Germanistik, ihre Herkunft aus der deutschen Romantik und deren Folgen beschränkt, so hätten sie auch in ihrer Welt ein Tor aufgestoßen, ein Tor, das hierzulande längst geöffnet ist.«[32] Dieser Satz läßt erkennen, worauf es Holtzhauer jenseits aller, zum Teil durchaus berechtigter Einzelkritik ankommt: Festgeschrieben werden soll erneut die Traditionslinie, die von der Aufklärung über Goethe und Schiller, über Heine zu Marx und Engels führt.

In welchem Maße diese Konstruktion bei Lukács von Anfang an ideologische Momente enthielt und ob sie den Bedürfnissen der DDR-Gesellschaft in den siebziger Jahren noch entsprach, wird bezeichnenderweise nicht einmal als Frage aufgeworfen. Die »Klassiklegende« ist allenfalls das Problem der anderen; die Zweifel an einer literaturgeschichtlichen Konstruktion, die ja schon im 19. Jahrhundert, etwa bei Gervinus, beginnen, werden als kleinbürgerlich beiseitegeschoben. Das Erstaunliche dieser Einstellung ist, daß sie von den gleichzeitigen gesellschaftlichen und literarischen Prozessen in der DDR – es sei nur beispielhaft die erregte Diskussion über Plenzdorfs *Neue Leiden des jungen W.* genannt – keine Kenntnis nimmt. Die Klassikforschung hat sich von der Gegenwartsliteratur isoliert. Auf eben diesen Punkt verweist Dahnke in seiner Antwort auf Reuter.[33] Mochte die Goetheforschung noch so sehr die Kontinuität des humanistisch-realistischen Erbes betonen, eine Klassik ohne ihre aus der geschichtlichen Situation sich ergebenden Widersprüche mußte, wie Dahnke mit Recht gegen Reuter einwendet, museal werden.

Die emphatische Feier der Klassik verdeckt dann, daß auch die sozialistische Rezeption der klassischen Literatur zwischen dem 19. Jahrhundert und der Gegenwart sich wesentlich verändert hat.

3. Die Erbekonzeption der Schriftsteller

Ein entscheidender Gewinn dieser Klassik-Diskussion, die 1973 in *Sinn und Form* ausgetragen wurde, ist die Einsicht, daß auch die Erbetheorie ihre *Geschichte* hat: Das Klassikbild nicht nur der bürgerlichen Forschung, sondern auch der marxistischen Kritik wandelt sich gemäß den konkreten Bedürfnissen und Anforderungen. So vorsichtig Dahnkes Formulierung ist, sie deutet unübersehbar an, daß der dogmatische Klassikzentrismus seine normative Kraft verloren hat: »Dabei ist auch das Bild der Klassik, das sich im heutigen kulturellen und wissenschaftlichen Leben abzeichnet, im Vergleich zu den fünfziger Jahren differenzierter und spannungsvoller geworden. Gegenüber den historisch begrenzten Elementen sind kritischere Akzente gesetzt, andererseits aber auch in Hinsicht auf die wirklich großen Leistungen Einsichten gewonnen worden, die das Profil unseres Klassikbildes deutlicher und faßbarer machen.«[34] Die Historisierung erlaubt es, auch Brechts kritische Einstellung zur Klassik in die Erbediskussion einzubringen. Dahnke kommt der aktuellen literarischen Situation der siebziger Jahre entschieden näher, wenn er das Faszinierende der Brechtschen Methode hervorhebt: sie verwahrt sich gegen die Einschüchterung durch die klassischen Autoren. In dieser Tradition sehen sich Kunert und Plenzdorf, wenn sie gegen den Olympier Goethe polemisieren, beziehungsweise den *Werther* auf hintergründige Weise parodieren.

Plenzdorfs Roman durchbrach ein Tabu der ostdeutschen Erbedebatte. In allen Äußerungen war immer vorausgesetzt, daß das Gespräch nicht nur eine Sache der Schriftsteller und Kritiker war, sondern die breite Bevölkerung betraf. Die Geschichte des jungen Edgar Wibeau, eines Außenseiters, der sich in die DDR-Gesellschaft nicht einzufügen vermag und wie Werther tatsächlich auf der Entfaltung seiner Persönlichkeit besteht, enthüllt, daß die unterstellte Aneignung der Klassiker sich in der DDR niemals so abgespielt hat, wie Literaturwissenschaftler und Kulturfunktionäre angenommen hatten. Wenn Wibeau aus dem Text des *Werther* zitiert, wird der Name des Autors niemals genannt, da der Reclam-Ausgabe, die er zufällig findet, das Titelblatt fehlt. Aber nicht nur der junge Lehrling, auch die anderen Figuren des Romans, der angehende Germanist Dieter eingeschlossen, erkennen das klassische Werk nicht, wenn es zitiert wird. Die Sprache des *Werther* ist den jungen Arbeitern so fremd, daß der Empfänger der mit Wertherzitaten besprochenen Tonbänder vermutet, es müsse sich um einen geheimen Kode handeln. Die ironische Pointe besteht darin, daß gerade der Außenseiter bei Plenzdorf sich das »humanistische Erbe« aneignet, während die Vertreter des realen Sozialismus, die Angepaßten, mit dem Werk Goethes nichts anfangen können.

Plenzdorfs Rückgriff auf den klassischen Schriftsteller Goethe impliziert das genaue Gegenteil dessen, was die offizielle Erbetheorie in ihren verschiedenen Varianten unterstellt hatte. Sie enthält eine Kritik des realen Sozialismus, der jenen Humanismus zu verhindern scheint, welchen die Kulturpolitik immer wieder gefordert und angekündigt hatte. Werthers Rebellion gegen die einschränkenden Regeln der Gesellschaft, seine Forderung, nicht eine Funktion zu erfüllen, sondern Individuum zu sein, findet ihr Echo in einer sozialistischen Gesellschaft, die sich beim Aufbau ihrer Normen und Verkehrsformen der Dialektik der Aufklärung nicht entziehen konnte. Als ein komplexes soziales System, das auf Arbeitsteilung und Ausdifferenzierung der Funktionen angelegt ist, trägt es an den einzelnen Erwartungen heran, die mit den individuellen privaten Bedürfnissen in Konflikt geraten. Der öffentliche Bereich, den die Partei und andere staatliche Organisationen beherrschen, versagt dem Individuum die Entfaltung gewisser Möglichkeiten, er fordert das Verstehen und Aneignen von sozialen Regeln und Normen.

Die Erbetheorie der Partei ist Teil dieser Normen, in ihrer orthodoxen wie in ihrer revidierten Form. Ausdrücklich erinnern Naumann und seine Mitautoren daran, daß die SED eine lenkende und planende Aufgabe auch im kulturellen Bereich übernommen hat. Plenzdorfs *Werther*-Adaption widerspricht dieser Methode. Sie deckt den ideologischen Charakter der offiziellen Theorie auf, indem sie das vergangene Werk beim Wort nimmt und die Fortsetzung des gesellschaftlich vermittelten

Leidens hervorhebt, wo die Kulturpolitik nur seine Überwindung im realen Sozialismus anerkennen kann. Kunerts 1975 in *Sinn und Form* veröffentlichte Polemik meint dasselbe, wenn sie auch einen anderen Weg einschlägt. Im »Pamphlet für K.« ist es der offizielle Goethe, der Weimarer Geheimrat, gegen den sich die Kritik richtet. Die Diffamierung Kleists, die Kunert bei Goethe findet, der Versuch, das, was nicht in das eigene Leben zu integrieren ist, als krank zu denunzieren, erhält seine Aktualität im Klassikzentrismus der ostdeutschen Literaturwissenschaft vor 1970. Kunert vergleicht – und damit geht er weit über das hinaus, was Plenzdorf oder auch Christa Wolf kritisiert haben – die von der Partei gebilligte Klassikauffassung mit dem Faschismus: »Wir wissen: es war dies die Welt des Faschismus und ist es heute immer noch, dort wo der Faschismus zur Macht gelangt und sich sofort durch sein Kultur-Vokabular entlarvt.«[35] 1977 faßte Kunert, nunmehr im Westen, noch einmal zusammen, was ihm die Ablehnung Kleists verdächtig machte: »Die Aufklärung ist bis in die letzten Winkel und an ihr Ende gelangt, ohne daß wir selber über uns aufgeklärt genug wären, uns bessere Schicksale zu bereiten.«[36] Die Bindung der klassischen Literatur an die Aufklärung, von Lukács in den dreißiger Jahren gegen den Irrationalismus des Faschismus emphatisch ins Feld geführt, erweist sich in der entwickelten technologischen Gesellschaft der DDR als Provokation.

Die Wiederentdeckung der Romantik durch die Schriftsteller und Kritiker der DDR gehört in diesen Zusammenhang. Es wäre eine unstatthafte Verkürzung, würde man die Revision des Romantikbildes, die sich nach dem VIII. Parteitag abzeichnet, ausschließlich oder auch nur vornehmlich auf innerakademische Ursachen zurückführen. In diesem Fall folgte die Literaturwissenschaft den Anstößen, die von der gegenwärtigen Literatur ausgingen, und diese wiederum sind vermittelt durch die realen Probleme einer technokratisch geplanten Industriegesellschaft. Ferner dürfen wir die Rehabilitierung der Romantik nicht isolieren; sie steht in enger Beziehung zu der Aufwertung der Avantgarde, die in den fünfziger Jahren als Modernismus und Formalismus dem Protofaschismus pauschal zugeschlagen worden war.

Die Entdeckung, daß die DDR-Gesellschaft sich nicht so entwickelte, wie es die Marxsche Theorie versprochen hatte, die

Entdeckung, mit anderen Worten, daß die Evolution zu einem produktionsorientierten, sich ökonomisch legitimierenden System nicht die Folge ungünstiger Umstände oder persönlicher Schwächen, sondern das logische Ergebnis einer sich als marxistisch verstehenden Planung war, hatte ihre Folgen in der literarischen Sphäre. Die Schriftsteller drängten auf die Einlösung des ursprünglichen Versprechens und wandten sich ab von Formen und Themen, die das soziale System der DDR rechtfertigten. In den Jahren zwischen 1959 und 1963 war die Verbindung zwischen der literarischen Intelligenz und dem Staat wohl am engsten. Die Schriftsteller waren trotz partieller Vorbehalte bereit, sich für diesen Staat literarisch einzusetzen. Diese positive Einstellung weicht schon in den späten sechziger Jahren und noch mehr im folgenden Jahrzehnt einer grundsätzlichen Kritik. Es mehren sich die Zweifel, ob die DDR sich trotz ihres sichtbaren ökonomischen Erfolges auf dem richtigen Weg befindet. Das Modell der Aufklärung hat seine Überzeugungskraft verloren, weil es auch nach der Überwindung des Kapitalismus in der DDR nicht die Befreiung des Menschen, sondern die Instrumentalisierung der menschlichen Fähigkeiten gebracht hat.

Das Gebäude der Erbetheorie ist unter dem Eindruck dieser Kritik nicht zusammengebrochen. Die Folgen sind vielmehr eine beträchtliche Revision des offiziellen literarischen Kanons und eine differenziertere Methode des Erbens. Die Gewichte werden neu verteilt, so daß nunmehr die romantische Literatur und die Avantgarde (wenigstens partiell) ihren Platz im humanistischen Erbe finden können.

Das Interesse der Schriftsteller an der Romantik äußert sich als Anteilnahme an der Biographie romantischer Autoren: Jean Paul (de Bruyn), Hölderlin (Hermlin, Gerhard Wolf), Kleist (Christa Wolf, Kunert), Günderrode (Christa Wolf). Diese biographischen Darstellungen decken die Brüche und Verfehlungen auf, zeigen die Gleichgültigkeit und Brutalität einer angeblich zivilisierten Öffentlichkeit. Vorbildlichkeit erscheint als verdächtig. Die Klassiker Goethe und Schiller kommen vergleichsweise schlecht weg, gerade weil sie über die von der bürgerlichen Forschung, aber auch von der früheren DDR-Germanistik immer wieder gerühmte Fähigkeit eines realitätsgerechten Verhaltens und einer »realistischen literarischen Produktion« verfügten.

An Christa Wolfs Günderrode-Essay ist dieses dialektische Verhältnis zwischen dem Leben der Figur und der Gegenwart der Autorin exemplarisch abzulesen. Sie verdeutlicht am Beispiel der Günderode, daß die erstarrte historische Konzeption, der Wunsch, glatte Zusammenhänge zu schaffen, Vorbildliches für die Gegenwart herauszustellen, Wesentliches verschüttet. Die Avantgarde der Romantiker, die junge Generation von 1800, zu der Karoline von Günderode gehört, paßt nicht in ihre Zeit: »Eine kleine Gruppe von Intellektuellen – Avantgarde ohne Hinterland, wie so oft in der deutschen Geschichte nach den Bauernkriegen – ausgerüstet mit einem ungültigen Ideal, differenzierter Sensibilität, einer unbändigen Lust, das neu entwickelte eigne Instrumentarium einzusetzen, trifft auf die Borniertheit einer unterentwickelten Klasse ohne Selbstgefühl, dafür voll Untertanenseligkeit, die sich vom bürgerlichen Katechismus nichts zu eigen gemacht hat als das Gebot: Bereichert euch! und den hemmungslosen Gewinntrieb in Einklang zu bringen sucht mit den lutherisch-kalvinistischen Tugenden Fleiß, Sparsamkeit, Disziplin.«[37] Das Schicksal der Romantiker ist an die deutsche Misere gebunden; sie leben von Idealen der Französischen Revolution, die in Deutschland keinen Einlaß finden, und zerreiben sich an dem funktionalen Denken, das sich um 1800 durchzusetzen beginnt. Über die Günderode heißt es: »Der Riß der Zeit geht durch sie.«[38]

Das Gleiche könnte über Kleist und Hölderlin, über E. T. A. Hoffmann und Novalis gesagt werden. Sie gehören Christa Wolf zufolge zu einer Übergangsepoche, die nicht in sich selbst ruht, aber gerade durch ihre ungelösten Probleme für die Gegenwart wichtig wird. Das romantische Bewußtsein antizipiert die Situation der DDR: Leiden am zweckrationalen Denken, Leiden an einem sozialen System, in dem der Erfolg mit der Auslöschung des Besonderen erkauft wird. Für Christa Wolf ist das Scheitern von Karoline von Günderrode das Siegel ihrer Authentizität, denn die »rigorose Arbeitsteilung zeitigt ihre Ergebnisse. Die Produzenten der materiellen und die der geistigen Werte stehen einander fremd an verschiedenen Ufern gegenüber, daran gehindert, gemeinsame lebbare Umstände hervorzubringen.«[39] Der folgende Satz zeigt, daß dieses Urteil nicht auf die Romantiker beschränkt wird: »Die Literatur der Deutschen als ein Schlachtfeld – auch das wäre eine Weise, sie zu betrachten. Dichter sind, das ist keine Klage, zu Opfern und Selbstopfern prädestiniert.«[40] Die deutsche Literatur als ein Schlachtfeld – diese Metapher bricht in mehr als einer Beziehung mit dem offiziellen Geschichtsbild. Sie verzichtet auf die Vorstellung einer kontinuierlichen Entwicklung; sie verzichtet auf die affirmative Aneignung des Vorbildlichen; sie konstatiert das Unaufgelöste, den Bruch zwischen dem Subjekt und dem gesamtgeschichtlichen Prozeß.

4. Der Wandel der Romantikforschung

Die neuere Romantikforschung der DDR nimmt diese Hinweise auf, mit einem wesentlichen Unterschied freilich: sie weiß sich unverändert gebunden an die Forderung, die Geschichte der deutschen Literatur als eine Synthese darzustellen. Die Aufgabe der Germanisten bestand unter dieser Voraussetzung darin, die Romantik durch Integration in die Hauptlinie der deutschen Geschichte zu retten. So heißt es bei Claus Träger: »Die Romantik ist weder die schlechte Erfindung einer miserablen Nationalgeschichte noch ein negligeabler Seitentrieb der Historie. Sie ist eine universalgeschichtliche Erscheinung. Irrtümlich ist auch die Vorstellung, sie wäre eine in sich abgeschlossene und kohärente Periode der deutschen Literatur.«[41] Die romantische Dichtung wird in die positive Tradition eingebunden, indem Träger den Akzent verlagert und statt der verbindlichen Botschaft die Authentizität der Fragestellung hervorhebt. Er nimmt die Romantik in Schutz gegen den Vorwurf ihrer reaktionären Programmatik und entfaltet, an Werner Krauss anknüpfend, den inneren Zusammenhang mit der Aufklärung. Sie erscheint dann als eine »vereinseitigend auf die Spitze getriebene, schließlich pervertierte Fortführung des in deren [sic!] Grundpositionen selbst bereits Angelegten«.[42] Die reaktionäre Komponente der Romantik ist die Folge einer Enttäuschung; sobald sich die Autonomie des Individuums als scheinhaft herausstellt, wird das Ziel der humanen Mündigkeit preisgegeben zugunsten einer zufälligen Obrigkeit.

Unverkennbar ist Träger nicht gewillt, sich mit der romantischen Position zu identifizieren, doch ebenso wenig ist er 1975 bereit, zwischen der Klassik und der Romantik eine schroffe Trennungslinie zu ziehen. Beide Bewegungen erscheinen vielmehr neben der Aufklärung als historische Formen der Auseinandersetzung mit der Französischen Revolution. Die Romantik gehört nicht anders als die Klassik – dies gegen Lukács gewandt – in den Zusammenhang der bürgerlich-demokratischen Umwälzung, aus der schließlich, nach einer zweiten Revolution, die sozialistische Gesellschaft hervorgegangen ist.

Das von Träger entworfene Modell revidiert also nicht nur die Auffassung der Romantik, sondern gleichzeitig die Einschätzung der Klassik und damit des normativen Erbes. In seinem 1978 veröffentlichten Aufsatz »Historische Dialektik der Romantik und Romantikforschung« hat Träger diesen Zusammenhang genauer erläutert. Die frühere Erbekonzeption beruhte auf der engen Verbindung von orthodoxer Realismustheorie und Klassikbegriff: »Sowohl das *Literaturverständnis als Erbe* wie der *Begriff des Realismus*«, heißt es selbstkritisch, »waren offenbar konzeptionell zu eng gefaßt, um in ihnen das Romantische unterbringen oder zumindest von ihnen aus begreifen zu können; sie schlossen es aus.«[43] Die Revision der Realismustheorie, die bereits in den sechziger Jahren beginnt, macht gleichzeitig den Weg frei für eine Neubewertung romantischer Darstellungsverfahren und die experimentellen Schreibweisen der Avantgarde. Es ist müßig, hier nach einer kausalen Erklärung zu suchen; wichtiger ist, den Zusammenhang dieser Veränderung mit der gegenwärtigen literarischen Produktion der DDR zu begreifen. In dem Maße, wie die aktuelle Literaturkritik sich von einem vorgeprägten, auf bestimmte Epochen eingeengten Realismusbegriff entfernt und die avancierte Praxis der Schriftsteller in der DDR begreift und legitimiert, erweitert sich auch das literaturgeschichtliche Erbe. Die Literaturwissenschaft bringt diesen Wandel auf den Begriff, indem sie seit 1975 die Romantik in die humanistische Tradition einbezieht.

Diese Absicht der begrifflichen Klärung und historischen Zuordnung auf eine übergreifende Konzeption der deutschen Literaturgeschichte bindet die rezente Romantikforschung der DDR – etwa auch die Aufsätze von Hans-Dietrich Dahnke – an frühere theoretische wie methodische Voraussetzungen. Während Christa Wolf und Günter Kunert, um nur zwei Beispiele zu nennen, zwischen sich und der romantischen Generation Parallelen finden, bleibt für die Literaturwissenschaft der DDR die Romantik im wesentlichen eine vergangene, jedenfalls nicht mehr zu aktualisierende Epoche. Am weitesten nähert sie sich noch den Problemen, welche die Schriftsteller bedrängen, wo sie die Frage der Epistemologie anspricht. Mit den Worten von Dahnke: »Es ist bei einem solchen Vorgehen [der älteren marxistischen Romantikkritik, PUH], nicht erfragt, was von spezifisch romantischer Theorie und Poesie für die Erschließung, Durchdringung, Aneignung von Wirklichkeit geleistet worden ist.«[44] Die Absicht, die romantische Utopie als Denkstruktur zu retten (Träger und Dahnke), verweist wenigstens indirekt auf das Problemfeld, auf dem sich die aktuelle literarische Diskussion der siebziger Jahre abspielt – das Unbehagen am realen Sozialismus.

5. Die Rehabilitierung der Avantgarde

Es ist sicher kein Zufall, daß in diesem Jahrzehnt, wenn auch etwas später als im Fall der Romantik, die Diskussion über die Moderne und Avantgarde wieder aufgenommen wird, zunächst in der niemals abgeschlossenen Brecht-Debatte, dann aber auch in der Diskussion über den Expressionismus und den Surrealismus.

Schon 1972 wies Reinhard Weisbach darauf hin, daß nicht das Erbe des Expressionismus, wie einst Alfred Kurella suggeriert hatte, zu Ende sei, daß vielmehr Lukács' Verdikt der Revision bedürftig sei. Freilich hielt Weisbach am negativen Begriff des Modernismus fest, den er im wesentlichen auf die westliche Lyrik anwandte (etwa die Neue Linke der BRD); er kritisierte ausdrücklich »Erscheinungen solcher Art«[45] als Fremdkörper in der Literaturgesellschaft der DDR, »die antisozialistische Impulse auslösen mußten«.[46] Weisbach unterstreicht 1972 noch einmal, und zwar gegen Stephan Hermlin gewandt, den prinzipiellen Unterschied zwischen der expressionistischen Literatur und der sozialistischen Tradition. Ähnlich wie in der Romantikforschung wird zwischen der Avantgarde (Expressionismus) und der sozialistischen Dichtung ein durchgehender Antagonismus konstruiert, wobei dem Expressionismus erneut die Position der bürgerlichen Dekadenz zufällt.

Silvia Schlenstedts Beitrag zu dem Sammelband *Künstlerische Avantgarde* (1979) spricht dagegen eine andere Sprache. Von einer mechanischen Gegenüberstellung ist nicht mehr die Rede;

der Expressionismus wird vielmehr als Teil der europäischen Avantgardebewegung bewertet. Indem Schlenstedt die Dialektik der Avantgarde-Ästhetik historisch entfaltet, zeigen sich die Möglichkeiten wie auch die Grenzen des Expressionismus eindringlicher als in der pauschalen Kritik. Mit Recht macht sie darauf aufmerksam, daß die SPD der Vorkriegszeit unter dem Einfluß von Mehring die Moderne nicht unterstützte und auch die KPD der zwanziger Jahre »noch stark in der Tradition der II. Internationale, insbesondere Mehrings«[47], stand. Daher erfolgte die Begegnung von Avantgarde und Sozialismus in Deutschland unter einem ungünstigen Stern. Schlenstedt läßt die Frage offen, ob der Expressionismus als eine Oppositionsbewegung gegen die bürgerliche Gesellschaft dem humanistischen Erbe zugerechnet werden soll; es ist jedoch nicht zu übersehen, daß in ihrem Aufsatz die Kategorien für eine positive Würdigung der Moderne bereitgestellt werden.

Die überfällige Auseinandersetzung mit der Avantgarde verschiebt, ähnlich wie die Revision des Romantikbildes, den Inhalt des literarischen Erbes. Bekannte Autoren wie Brecht, Eisler und Majakowski erscheinen in einem veränderten Licht, da der Kontext ihrer früheren Werke, d. h. die revolutionäre Politik der zwanziger und dreißiger Jahre, nicht mehr ausgeblendet wird. Charakteristisch für den Versuch, die Avantgarde nun in die Hauptlinie der Tradition zu integrieren, ist der Aufsatz von Manfred Nössig über die proletarischen Literaturkonzeptionen zwischen 1929 und 1932, also die entscheidenden Jahre der marxistischen Literaturtheorie vor der Herrschaft des deutschen Faschismus.[48] Die von der Gruppe um Georg Lukács abgewehrten Vorstellungen und Ideen werden zum ersten Mal vorgestellt und positiv gewürdigt; bezeichnenderweise aber werden die heftigen Kämpfe zwischen den marxistischen Flügeln nicht dargestellt. Noch immer zögert man, den Gegensatz zwischen rivalisierenden Konzeptionen einer sozialistischen Literatur einzugestehen. Nössig spielt die Schärfe des Konflikts herunter, wenn er etwa in dem Verdikt der KPD gegen Brechts *Maßnahme* auch positive Momente findet. Diese Einstellung hat mehr mit der Gegenwart als der Vergangenheit zu tun; es geht, ähnlich wie im Fall des Klassik-Romantik-Gegensatzes, darum, eine *Synthese* zu finden, die das Gebäude des Erbes erweitert und verändert, aber nicht zerstört.

6. Der Strukturwandel der Erbetheorie

Die inhaltlichen Veränderungen der siebziger Jahre sind an der *Struktur* der Erbetheorie nicht spurlos vorübergegangen. Die Ausweitung des Kanons, die wir verfolgt haben, stellt grundlegende Begriffe der älteren Erbetheorie in Frage. Die intensive Diskussion, von der die zahlreichen Aufsätze und Artikel zeugen, arbeitet sich an dieser Erfahrung des Wandels ab. Am offensten sprach dies Dieter Schiller 1972 in einem Vortrag in Warschau aus – fragwürdig geworden war für ihn die Vorstellung eines festgelegten kulturellen Erbes, die Annahme, daß die literarische Tradition etwas Vorgegebenes ist, das sich die Nachwelt aneignen muß: »Traditionen sind nichts Starres, Unveränderliches. Sie werden zur Fessel, wenn sie sich nicht in der wirklichen, geschichtlichen Bewegung bereichern, sich nicht immer neu aufschließen lassen für die Bedürfnisse der fortschrittlichen Kräfte in der Geschichte.«[49] Dieser Satz richtet sich gegen die Vollstreckerthese wie gegen die Identifikation mit dem bürgerlichen Humanismus der Klassik. Was gegenüber westlichen Kritikern in der Regel bestritten wird, nennt Schiller bereits 1972 beim Namen: die emphatische Aneignung des klassischen Erbes kann unversehens zum Instrument der affirmativen Legitimation werden. Diese Kritik führt die orthodoxe Erbetheorie auf ihre geschichtlichen Bedingungen zurück, zeigt ihre sich wandelnde Funktion sowie die Grenzen ihrer Wirksamkeit und wirft damit auch ein kritisches Licht auf die Annahme einer unproblematischen Kontinuität des bürgerlichen Humanismus in einer postkapitalistischen Gesellschaft. Nicht zufällig beruft sich Schiller auf Brecht und seine funktional-kritische Aneignungstheorie, die den ahistorischen Humanismusbegriff sprengt. Die konkreten, in der Lebenspraxis verwurzelten Bedürfnisse werden bei Schiller zum Ausgangspunkt der Erbekonzeption. Dadurch verlieren die kanonisierten Werke ihren restringierenden Charakter: sie nehmen von der gegenwärtigen Literatur ebenso viel, wie sie ihr geben.

Was der Vortrag nur andeuten konnte, wird 1974 von Schiller in dem Aufsatz »Die Klassiker des Marxismus-Leninismus über Probleme der Tradition und des kulturellen Erbes« programmatisch ausgeführt: Wandel des Erbes, Aktualisierung der Tradition und Abgrenzung gegen westliche Erbekonzeptionen. Der problematische Punkt ist, wie auch Schiller zugesteht, der Übergang von der bürgerlichen zur sozialistischen Gesellschaft, vom bürgerlichen Humanismus zur Kultur der Arbeiterklasse. Betont man den Klassencharakter von Kultur, wird der Nachdruck auf der Diskontinuität liegen; unterstreicht man die kulturelle Kontinuität durch das Erbe, wird der Klassencharakter verwischt. Schiller versucht, das Verhältnis von Kontinuität und Diskontinuität als einen dialektischen Prozeß zu begreifen, in dem die neue Klasse das »Überlieferte unter neuen gesellschaftlichen Funktionsaspekten aufgreift«[50] und es den eigenen Interessen dienstbar macht. Dabei ist die Arbeiterklasse nicht mehr an den realistisch-humanistischen Kanon gebunden; sie kann vielmehr andere Traditionen einbeziehen (Romantik, Moderne).

Die ideologische Begründung für diese sinnvolle Differenzierung bezieht Schiller aus dem *Kommunistischen Manifest* und den kulturtheoretischen Schriften Lenins, die überhaupt für die Diskussion der siebziger Jahre von ausschlaggebender Bedeutung sind. An Marx und Lenin anknüpfend, unterscheidet Schiller zwischen bürgerlichen Ideen und bourgeoisen Gesellschaftsstrukturen, zwischen progressiven Idealen und herrschender Kultur, die nur die gesellschaftlichen Interessen der Bourgeoisie ausdrückt. Daher kann es auch, wie Schiller unterstreicht, nicht das Ziel der Erbetheorie sein, das Erbe inhaltlich auf die proletarisch-revolutionären Traditionen zu beschränken. Die sozialistische Kultur darf sich nicht »hermetisch gegen jede Art nichtsozialistischer Kultur abschließen«[51], da es nicht genügt, wie es unter Berufung auf Lenin heißt, sich die Ergebnisse der kommunistischen Wissenschaft anzueignen; vielmehr bezieht sich der Lernprozeß der Arbeiterklasse auf alle progressiven Traditionen.

Die Revision der Erbetheorie, die ungefähr 1977 abgeschlossen ist, verwirft signifikante Elemente der früheren Konzeption, hält aber daran fest, daß das Verhältnis der DDR zu der vergangenen Literatur, eben dem Erbe, in der Form einer allgemeingültigen, begrifflich entfalteten Theorie artikuliert werden kann. Die Diskussion geht darum, welches Modell für die entwickelte sozialistische Gesellschaft das angemessenste ist. Das Ergebnis dieser Auseinandersetzung läßt sich inzwischen zusammenfassen, auch wenn eine Übereinstimmung nicht in allen Fragen erzielt worden ist. Vor allem bei Dahnke fällt auf, wie sehr sich die

Literaturwissenschaft auf die Beschlüsse des VIII. Parteitages, nicht zuletzt auf die Beiträge von Kurt Hager, beruft, um die Veränderungen zu rechtfertigen.[52] Dieses Anknüpfen bestätigt die führende Rolle der SED, aber gleichzeitig den Anspruch der Literaturtheoretiker, durch die Institution der Partei aktiv auf die Gestaltung der Tradition Einfluß zu nehmen. Die Revision berührt die zentrale Stellung der SED in keinem Fall. Nirgendwo wird einer spontanen Aneignung des Erbes das Wort geredet. Im Gegenteil: vor undisziplinierten Formen der Rezeption, sei es der totalen Verweigerung des Erbes oder der ausschließlichen Beschäftigung mit proletarischen Traditionen, wird gewarnt. Die Betonung des subjektiven Faktors, d. h. der Aktivität des Rezipienten, bedeutet nicht, daß das Erbe dem Belieben des einzelnen überlassen bleibt.

Gleichermaßen unumstritten ist die leitende Rolle der literarischen Intelligenz. Sie identifiziert sich mit der revolutionären Arbeiterklasse der Leninschen Theorie und betrachtet sich in der Öffentlichkeit als deren Sprecher. Zweifel, ob dieses Bild mit der Wirklichkeit übereinstimmt, wie wir sie aus der fiktionalen Literatur kennen, werden in der Theorie nicht reflektiert. In dieser Hinsicht bleibt auch die revidierte Erbetheorie der DDR normativ. Sie versteht sich als ein Gebäude von historischen und ästhetischen Postulaten, die das kulturelle Leben der DDR regulieren, freilich nicht mehr im Sinne von unveränderbaren Grundsätzen und Regeln, sondern im Sinne von Sätzen über generalisierte konkrete Bedürfnisse. Die avancierte Erbetheorie sieht sich als das Ergebnis der spezifischen gesellschaftlichen Bedingungen der siebziger Jahre. Hans Kaufmann hat die Problematik der abstrakten Theoriebildung entwickelt. Er argumentiert: »Der Umgang mit dem Erbe bringt in der Tat theoretisch und kulturpolitisch-praktisch zwei Gefahren mit sich: die eine wäre theoretisch als Subjektivismus, praktisch als Manipulation zu bezeichnen und beruht darauf, daß die historisch entstehenden Veränderungen des ›subjektiven Faktors‹ ungenügend wahrgenommen und berücksichtigt und erstarrte Normative dem lebendigen Prozeß aufgepflanzt werden. Die andere Gefahr besteht theoretisch im Empirismus, praktisch im Ökonomismus; man nimmt die Dinge, wie sie sich nun einmal entwickelt haben, konstatiert, was gewünscht wird, (...) orientiert sich also am Markt.«[53] Die erste Alternative beschreibt die Gefahren der fünfziger, die zweite die Situation der sechziger Jahre, als unter dem Neuen Ökonomischen System das pragmatische Effizienzdenken an Einfluß gewann. Kaufmann überwindet freilich diese bloße Gegenüberstellung, indem er zeigt, daß es keine für alle Zeiten richtige Erbekonzeption gibt, sondern nur jeweils angemessene Antworten auf konkrete historische Situationen.

In dem Maße, wie die Erbetheorie sich historisiert, verliert das Problem der Kanonbildung seinen kontroversen Charakter: »Die Einbeziehung anderer, bisher ungewohnter Gegenstände in den Begriff des Erbes schließt einen Begriff vom Erben, vom Vorgang der Aneignung des Überlieferten ein.«[54] Zu den ungewohnten Gegenständen gehören, wie wir gesehen haben, einmal die romantischen Autoren und zum anderen die verschiedenen Strömungen der Moderne wie Expressionismus, Dadaismus und Surrealismus. Die Erweiterung des Kanons legt eine Haltung nahe, die »auf die Überprüfung überlieferter künstlerischer Erfahrung im Umgang mit der Wirklichkeit anhand der eigenen literarischen und gesellschaftlichen Erfahrung«[55] zielt. Kaufmann hebt die Tätigkeit des Rezipienten hervor, die sich im Wiedererkennen der eigenen Probleme in der vergangenen Kunst, aber auch in der bewußten Umfunktionierung ausdrücken kann.

War für die Erbetheorie der fünfziger Jahre der Wert des Erbes in den großen Kunstwerken der Vergangenheit beschlossen, war selbst in der Klassikdiskussion, wie sie 1973 in *Sinn und Form* ausgetragen wurde, diese Einstellung auf beiden Seiten noch nachweisbar, zeichnet sich in der neueren Literaturtheorie die Tendenz ab, den Wert in den Akt der Aneignung zu verlegen. Anders gesprochen: die Funktion, nicht der Gehalt entscheidet über die Signifikanz eines vergangenen Werkes oder einer früheren Epoche. In der Formulierung Dahnkes: »Die sozialistische Gesellschaft gestaltet ihre Beziehungen zum Erbe und ihre Traditionspflege nicht unterschiedslos und pauschal, sondern ihren Bedürfnissen, ihren weltanschaulichen Positionen, ihrem Geschichtsbild gemäß.«[56] Bemerkenswert an dieser Formulierung ist indes auch ihre Insistenz auf den Begriff der *sozialistischen Gesellschaft*. Die emphatisch betonte Freiheit des Erbens ist für den einzelnen, Autor wie Leser, eine gesellschaftlich vermittelte und gesellschaftlich legitimierte Freiheit, die sich in der öffentlichen Debatte immer wieder bestätigen muß. Die Institutionen von Partei und Staat sind an ihr beteiligt. Der subjektive Faktor verweist somit auf das Kollektiv; der einzelne ist in der Arbeiterklasse aufgehoben.

7. Tradition und Kontinuität

Der Begriff der Tradition ist in der neueren Literaturtheorie der DDR positiv besetzt; die Gegenwart bleibt ihr zufolge den künstlerischen, literarischen Leistungen der Vergangenheit verbunden, die Auseinandersetzung mit der vergangenen Kunst eine unverzichtbare Aufgabe der gegenwärtigen sozialistischen Gesellschaft. Worauf beruht dieser Glaube an die Sinnfälligkeit der Tradition? Die Arbeit der Literaturtheoretiker seit den ausgehenden sechziger Jahren muß als eine Auseinandersetzung mit dieser Frage gelesen werden. Die Problematik des Themas wird zwar nicht explizit zugestanden, aber die Insistenz, mit der die Theorie auf diese Frage zurückkommt, läßt den zentralen Stellenwert des Problems erkennen.

Wo man sich mit dem bürgerlichen Traditionsbegriff kritisch beschäftigt, steht unausgesprochen die Frage im Hintergrund, wie angesichts sich verändernder Literaturverhältnisse der marxistische Traditionsbegriff zu bestimmen ist. Deutlich arbeitet Robert Weimann bereits 1973 in der Einleitung zu dem Band *Tradition in der Literaturgeschichte* den Zusammenhang zwischen Traditionsbegriff und Geschichtskonzeption heraus. Insofern Tradition angeeignete Geschichte ist, kann sich die Entfaltung ihrer Theorie weder auf ihren Gegenstand, d. h. den Inhalt, noch auf den Prozeß des Überlieferns in der Gegenwart beschränken. »Entsprechend muß eine Theorie der Tradition«, argumentiert Weimann, »den aktuellen, gegenwartsliterarischen und den literarhistorischen Aspekt umfassen, also die außerordentliche Aktualität und die tatsächliche Historizität des Problems in der Einheit von literaturkritischer und literaturgeschichtlicher Fragestellung aufnehmen.«[57] Diese abstrakte Formulierung besagt indes noch nichts über die materiale Lösung des Problems. Und auch die Kritik des bürgerlichen Traditionsbegriffs, die Weimann für notwendig hält, kann bestenfalls indirekt dazu beitragen, Praxis und Theorie in der sozialistischen Gesellschaft in Einklang zu bringen, indem sie auf die Fehler und Schwächen des anderen Lagers verweist.

Auch in ihrer revidierten Form bleibt die Erbetheorie der siebziger Jahre gebunden an die Kategorie der *historischen Kontinuität.* Selbst dort, wo die Vollstreckerthese kritisch preisgegeben wird, ist die Vorstellung eines zielgerichteten historischen Prozesses, dessen einzelne Phasen einen sinnvollen Zusammenhang darstellen, unabdingbar. Das Vertrauen in den Gang der Geschichte ist auf der Seite der Theoretiker ungebrochen. Während Christa Wolf und Kunert durch die Identifikation mit romantischen Dichtern den Fortschrittsbegriff der DDR kritisieren und damit implizit auch das offizielle Geschichtsbild kündigen, sind die Theoretiker bemüht, dieses Geschichtsmodell zu retten, indem sie es ausweiten.

Die Richtung dieser theoretischen Arbeit muß wenigstens angedeutet werden. Selbstverständlich gibt es auch nach dem VIII. Parteitag in der Kulturpolitik der DDR konservative Strömungen – Theoretiker, die im wesentlichen das bisher Geleistete zusammenfassen und für die die Widersprüche der literarischen Praxis allenfalls Anlaß sind, um ihre Konzeptionen anzupassen.[58] Bedeutungsvoller sind dagegen diejenigen Beiträge, die den Funktionswandel der gegenwärtigen Literatur anerkennen, sogar hervorheben und theoretisch reflektieren. Zu nennen sind die Beiträge in den Bänden *Gesellschaft – Literatur – Lesen* (1973), *Funktion der Literatur* (1975) und Dieter Schlenstedts *Wirkungsästhetische Analysen* (1979). Während Manfred Naumann sich 1973 vor allem noch mit der älteren Produktionsästhetik und der logozentrischen Tradition der marxistischen Kunsttheorie auseinanderzusetzen hatte, stehen seit 1975 die Probleme der funktionalen Bestimmung im Vordergrund. Diese neue Aufgabe definiert Schlenstedt in folgender Weise: »Die funktionale Analyse zielt darauf ab, ihren Gegenstand – die Literatur – nicht bloß objektiv, als Summe von Werken aufzufassen, auch nicht nur subjektiv, als eine schöpferische Tätigkeit (. . .). Sie konstituiert ihren Gegenstand – die Literatur – als eine gesellschaftliche Praxis unter der Frage, wie ihre Arten der Organisation gesellschaftlichen Bewußtseins und Selbstbewußtseins für die erweiterte Reproduktion der sozialistischen Gesellschaft wirken und was sie im geistigen Reproduktionsprozeß leisten.«[59] In diesem Zusammenhang erhält die marxistische Erbetheorie einen neuen Stellenwert. Was ihr abverlangt werden muß, ist die Analyse von literarischen Prozessen, die sich als Traditionsbildung oder als Vergangenheitsbezug niederschlagen. Schlenstedt spricht bereits 1975 von veränderten Modellen der ästhetischen Produktion, die dem einzelnen Werk vorausgehen. »Erst die Veränderung tradierter Darstellungsformen – Antwort auf veränderte Funktionsmöglichkeiten und -notwendigkeiten – erweist die Funktionstüchtigkeit der literarischen Darstellungsmethode als einen unersetzbaren Weg auch heutiger Weltaneignung.«[60] Die Bedingungen und Möglichkeiten des Erbens, so folgert Schlenstedt, sind jeweils determiniert durch die historisch gegebene Institution Literatur, der die Aneignung individueller Kunstwerke nachgeordnet ist. Für die sozialistische Gesellschaft der DDR nimmt Schlenstedt insbesondere in Anspruch, daß in ihr die Literatur ein kollektives Gebilde ist, welches die Erfahrungen der Bürger vermittelt: Zunehmend wird deutlich, »daß Literatur sich nicht eigentlich in der Rolle des Lehrers, auch nicht des Agitators befindet, sondern in der Rolle des Vermittlers von Erfahrungen, des Partners in einer größeren Diskussion, in der seine Wahrnehmungsfähigkeit und seine Phantasie gebraucht werden.«[61] Dieses Postulat muß selbstverständlich auch auf die vergangene Literatur angewandt werden; und das heißt zunächst einmal, daß die Bedeutung des Erbes in dem Akt der Aneignung liegt (in der Erbetheorie seit 1971 immer wieder hervorgehoben). Es bedeutet ferner, und das ist weniger offensichtlich, daß sich die gegenwärtige Institution Literatur mit ihren historischen Vorläufern auseinandersetzen muß. In diesem Zusammenhang wird nicht zufällig neben Brecht das Werk Walter Benjamins für die DDR-Theorie bedeutsam[62], denn Benjamin geht es um die funktionale Beziehung von Literaturproduktion zur Organisation der materiellen Produktionsverhältnisse. Es zeigen sich Ansätze einer funktionalen Erbetheorie.

Diese Theorie steht freilich noch aus. Schlenstedts *Wirkungsästhetische Analysen* beschäftigen sich vornehmlich mit der gegenwärtigen literarischen Situation der DDR. Der von Kaufmann vorgenommenen Historisierung der Erbetheorie, so förderlich sie ist, fehlt der systematische Ansatz, der die individuellen Werke in Zusammenhang bringt mit dem Begriff einer Institution. Und Mittenzweis Ausführungen zu Brecht, so sehr sie in den sechziger und frühen siebziger Jahren dazu beigetragen haben, die Verkrustungen der Theoriebildung aufzubrechen, sind zu sehr an dem Schriftsteller Brecht orientiert. So zeigt der gegenwärtige Diskussionsstand in der DDR unübersehbare Grenzen der Problemerfassung. Die Ursachen lassen sich immerhin benennen. Zunächst fällt auf, daß trotz aller Diskussion über Form und Inhalt des Erbes die literarische Tradition als solche in der Regel als unproblematisch behandelt wird. Westliche Krisentheorien, die die Möglichkeit des Traditionsverlusts in Betracht ziehen, werden überwiegend als Ausdruck spätkapitalistischer Ideologiebildung verstanden. Es gilt als ausgemacht, daß die großen Werke der vergangenen Literatur im gegenwärtigen Literatursystem der DDR ihren Platz finden müssen, obgleich sich die Produktivkräfte wie die Produktionsverhältnisse verändert haben. Es scheint, als ob die lebhafte Diskussion über die Wirkung und Funktion der neuen Massenmedien (Funk, Film und Fernsehen) und die Debatte über das Erbe unverbunden nebeneinander herlaufen. Das Theorem des Humanismus hat bisher verhindert, daß die Ereignisse der Medienforschung kritisch in die Erbetheorie eingebracht wurden. Obwohl an dem statistischen Material klar abzulesen ist, daß die breite Bevölkerung der DDR vornehmlich an der *unterhaltenden* Funktion der Kunst interessiert ist und entsprechend ihre Lektüre auswählt, unterstellen die Theoretiker immer wieder die postulierte Breitenwirkung der Klassiker als eine tatsächliche. Man projiziert mit anderen Worten die speziellen Bedürfnisse einer kleinen Gruppe von Intellektuellen auf die Masse der Bevölkerung. Plenzdorf zerriß diesen Schleier, als er in den *Neuen Leiden des jungen W.* deutlich machte, daß durchschnittliche Menschen in der DDR Goethes *Werther* fremd gegenüberstehen. Die Literaturwissenschaft als die institutionelle Hüterin des literarischen Erbes tut sich schwer mit der Einsicht, daß die tatsächlichen Bedürfnisse der Massen in ihrer Erbetheorie nicht erfaßt werden. Dieses Mißverhältnis läßt sich auch anders beschreiben: Literaturwissenschaft und Literaturkritik der DDR setzen voraus, daß der kulturelle Traditionsbestand durch die Rationalisierung und Funktionalisierung der DDR-Gesellschaft nicht wesentlich betroffen worden ist. Es ist offensichtlich, daß Schriftsteller wie Heiner Müller, Christa Wolf und Volker Braun diese Einstellung nicht teilen. So ist es nicht verwunderlich, daß sie auch zum Erbe ein anderes Verhältnis haben – persönlicher, weniger systematisch und weniger theoriefähig. Ihnen stellt sich die deutsche Geschichte nicht mehr als eine fortschrittliche Evolution dar, die in der

Gegenwart der DDR ihr vorläufiges Ziel erreicht hat. Die Zweifel an der eigenen Situation, die Fragen der Humanisierbarkeit der DDR-Gesellschaft, haben die Konstruktion eines notwendigen, aus den Produktivkräften ableitbaren Fortschritts unterminiert.

Die Literaturtheorie der DDR hält dagegen an einem Geschichtsmodell fest, in dem die Kontinuität des historischen Prozesses in dem Schema einer dialektischen Bewegung verbürgt ist. Man bezieht sich affirmativ auf die gegenwärtige Situation der DDR und betrachtet die Reife des erreichten Sozialismus als den Ausgangspunkt für die Erbekonzeption. Das gilt auch für die Historisierung dieser Konzeption und den kritischen Rückblick auf die eigene Geschichte. So versucht Schlenstedt 1979, die Unruhe der Schriftsteller theoretisch gleichsam einzugemeinden, indem er ihr eine sinnvolle soziale Funktion zuweist. Sie erscheint als ein »produktives Moment im Gesellschaftsprozeß«.[63] Schlenstedt hebt die qualitative Veränderung der literarischen Kommunikation in der sozialistischen Gesellschaft hervor, nämlich das Selbständigwerden des Lesers gegenüber dem Autor, doch diese neue Beziehung wird von ihm definiert im politischen Kontext des IX. Parteitages von 1976, auf dem der Fortschritt der DDR-Gesellschaft nicht nur postuliert, sondern gleichzeitig bestätigt wurde. Die Vorstellung von Lücken, unterbrochenen Prozessen, eine Konzeption der offenen Ränder, die sich nicht auf Stränge und Linien festlegen läßt, bleibt der historischen Dialektik der Literaturwissenschaft fremd. Darin liegt ihre begriffliche Geschlossenheit, aber auch ihre relative Fremdheit gegenüber der Wirklichkeit der DDR. Schlenstedt sieht beispielsweise, daß zwischen der älteren und der rezenten Literatur der DDR eine deutliche Zäsur besteht; aber er deutet diese Kluft nach dem vertrauten dialektischen Verfahren: »Das Hauptgesetz der hier waltenden Tradition ist Treue im großen revolutionären Vorgang der Emanzipation, im Kampf um die Entfaltung der Produktivität und Universalität aller Beziehungen der gesellschaftlichen Menschen.«[64]

8. Die soziale Funktion der Erbetheorie

Fragen wir abschließend nach der Bedeutung und Funktion der Erbediskussion. Die Erbedebatte zwischen dem VIII. und dem

IX. Parteitag hatte die Aufgabe, erstarrte literarische Verhältnisse aufzubrechen, zwischen der gegenwärtigen und der vergangenen Literatur einen lebendigen Dialog herzustellen. Die Literaturtheorie öffnet sich den Anstößen, die von der SED ausgehen, und folgt den radikaleren Konzeptionen der Schriftsteller. Obgleich die Erbediskussion auch nach dem IX. Parteitag unvermindert fortgesetzt wird, verändert sich ihr gesellschaftlicher Stellenwert. Nach 1976 scheint sich die Position der Literaturwissenschaft zu konsolidieren. Sie übernimmt in kulturellen Fragen erneut die Führung, während das Engagement der Schriftsteller von der Partei stärker restringiert wird.

Die Ereignisse von 1976, d. h. die Ausweisung von Wolf Biermann und die darauf folgende Solidarisierung zahlreicher Schriftsteller mit ihm, haben in der Erbedebatte keine unmittelbaren Spuren hinterlassen. Der literaturwissenschaftliche Diskurs geht auf die Veränderung des kulturpolitischen Klimas nicht ein. Er ist auf einen solchen Umschwung gewissermaßen nicht eingestellt, da er im ganzen zu abstrakt bleibt. Freilich läßt dieses Schweigen auch andere Deutungen zu. Der IX. Parteitag sprach sich für eine verstärkte Bedeutung der Intelligenz als Vermittler zwischen der Partei und der Klasse der Arbeiter und Bauern aus.[65] Damit wurde die ideologische Funktion der literarisch-akademischen Intelligenz erneut bestätigt. Genau an dieser Stelle trennen sich die Wege der Literatur und der Wissenschaft. Während eine große Zahl von Schriftstellern in die Opposition geht und dem Staat die Unterstützung entzieht, hält die Literaturwissenschaft an ihrer ideologischen Führungsaufgabe fest. Die akademische Kritik setzt auch nach 1976 ihre Bemühungen um eine umfassende Erbetheorie fort, während in der öffentlichen Diskussion dieses Thema seine frühere Brisanz allmählich verliert. Der Preis für diese Isolation ist nicht gering. Während in der Liberalisierungsphase die Frage des Erbes für das gegenwärtige literarische Leben bedeutsam war, wird sie nach 1976 zunehmend zu einer innerakademischen und innerparteilichen Sache, an der die breite Bevölkerung weniger Anteil nimmt.

Diesen Mangel an Breitenwirkung dürfen wir freilich nicht mit Bedeutungslosigkeit verwechseln. Die akademisch-literarische Intelligenz hat in der DDR aufgrund der engen Beziehung zwischen dem politischen und kulturellen System Anteil an der Leitung und Kontrolle auch dann, wenn ihre Arbeit von der

Öffentlichkeit kaum bemerkt wird. Um die Kulturpolitik zu formulieren, kann der Parteiapparat auf den Beitrag der Theoretiker langfristig nicht verzichten. Und umgekehrt ist die Literaturwissenschaft auf die Hilfe der Partei angewiesen, wenn sie ihre Konzeptionen in das gesellschaftliche und kulturelle Leben einbringen will. Solange die literarische Öffentlichkeit der DDR auf die Partei ausgerichtet ist, definiert dieser Zusammenhang den Rahmen der Theoriebildung. Das heißt keineswegs, daß die theoretische Arbeit notwendig von der Partei gegängelt wird – die avancierten Vorstöße sprechen eindeutig dagegen –, es umschreibt jedoch die sozialen Wirkungsmöglichkeiten.

Auffallend unterscheiden sich der Diskurs der Schriftsteller und der der wissenschaftlichen Theoretiker. Während die Schriftsteller die Vorstellung eines geschlossenen Erbekonzeptes eher aufgegeben haben und sich für partiale Traditionen – etwa die Romantik – einsetzen, hält die Literaturwissenschaft an der Notwendigkeit einer konsistenten, generellen Theorie fest und besteht auf einer umfassenden Konzeption der Literaturgeschichte. Dabei endet die kritische Einstellung zur eigenen Vergangenheit, die bei den avancierten Theoretikern nicht zu übersehen ist, dort, wo es sich darum handelt, die Lage der Intellektuellen in der DDR kritisch zu befragen. Es wird unterstellt, daß die Theoretiker über die Bedürfnisse der sozialistischen Gesellschaft im allgemeinen sprechen können, also die eigenen Interessen mit denen der breiten Bevölkerung identifizieren dürfen. Insofern wird selten klar ausgesprochen, daß die Erbetheorie – nicht die Frage des Erbes wohlgemerkt – eine Sache der von Universitäten und Akademien angestellten literarischen Intelligenz bleiben mußte. Da die DDR eine hochgradig arbeitsteilige Gesellschaft ist, da insbesondere die Teilung zwischen materieller und geistiger Arbeit nicht überwunden ist, gerät die Erbetheorie notwendig in einen Widerspruch mit sich selbst: sie fordert eine umfassende und freie Aneignung der vergangenen Literatur, welche die Lebenspraxis der Menschen in diesem Sozialsystem nicht erlaubt.

Dieser Widerspruch macht sich auch in dem instruktiven Band *Funktion und Wirkung* (1978) bemerkbar, der auf der einen Seite innerhalb der Erbedebatte eine aufgeschlossene, wenn auch eher gemäßigte Position vertritt, auf der anderen Seite aber umfangreiche empirische Daten zum Leseverhalten in der DDR bereitstellt, die von den literarischen Bedürfnissen und Interessen ein anderes

Bild zeichnen, als dies in der Erbetheorie unterstellt wird. Die empirische Analyse erbringt soziale Differenzierungen, die mit dem Begriff einer einheitlichen, geschlossenen Arbeiterklasse nicht übereinstimmen. Verschiedene gesellschaftliche Gruppen (Arbeiter und Angestellte, Intelligenz und Studenten), beziehungsweise Bildungsgruppen, zeigen durchaus abweichende Leserprofile.[66] An den dargebotenen Daten ist abzulesen, daß im Leseverhalten der breiten Bevölkerung das klassische Erbe keineswegs die hervorragende Bedeutung hat, die ihm in der Theorie zugesprochen wird. Dieses Interesse ist vielmehr auf die Intelligenz beschränkt, die in dieser Hinsicht die Nachfolge des gebildeten Bürgertums anzutreten scheint. In der allgemeinen Beliebtheit dagegen steht die Unterhaltungsliteratur des 19. Jahrhunderts mit an der Spitze; Dumas wird in der DDR nicht weniger gelesen als im Westen.[67]

Der gegenwärtige Stand der Erbedebatte reflektiert die Absicht, zwischen zwei spannungsreichen, gelegentlich widersprüchlichen Tendenzen innerhalb der literarischen Öffentlichkeit der DDR zu vermitteln. Auf der einen Seite ist seit dem VIII. Parteitag in der ideologischen Ausrichtung der SED die Klassenfrage erneut in den Mittelpunkt gerückt worden. Die Gesellschaftstheorie geht davon aus, daß die DDR sich zwar auf dem Wege zur klassenlosen Gesellschaft befindet, jedoch dieses Stadium noch nicht erreicht hat und auch in der nahen Zukunft nicht erreichen wird. Die DDR-Gesellschaft befindet sich in der Phase einer sozialistischen Gesellschaft besonderen Typs, in der die Nachwirkungen der Klassenformationen noch zu spüren sind. Der Nachdruck, mit dem die Bedeutung der *Arbeiterklasse* wieder hervorgehoben wird, erstreckt sich auch auf die Kulturtheorie. Aus der Perspektive der gesamtgesellschaftlichen Entwicklung ist daher die Frage des Erbes eine Verpflichtung aller Mitglieder dieser Gesellschaft, sich unter der Anleitung der Partei mit dem kulturellen Erbe auseinanderzusetzen. Diese Verpflichtung wird akzentuiert durch die These, daß die DDR ihre eigene nationale Identität habe. Auf der anderen Seite sollen die wirklichen, konkreten Bedürfnisse der betroffenen Menschen berücksichtigt werden; das aber heißt, daß der subjektive Faktor des Wählens und Aneignens eine größere Bedeutung erhält. Während der gesamtgesellschaftliche Klassencharakter der Aufgabe eine ausformulierte Erbekonzeption nahelegt, die mit Hilfe der politischen Institutionen durchgesetzt werden kann, spricht die Subjektivierung des Erbens gegen normative Theoreme, gegen institutionelle Eingriffe, für ein partnerschaftliches Verhältnis der Leser.[68]

Anmerkungen

1 Siehe Frank Trommler, Die Kulturpolitik der DDR und die Tradition des deutschen Sozialismus, in: *Literatur und Literaturtheorie in der DDR,* hrsg. Peter Uwe Hohendahl und Patricia Herminghouse, (Frankfurt: Suhrkamp, ²1981) S. 17–72.

2 Dazu Trommlers in Anm. 1 angeführter Aufsatz; ferner Jürgen Scharfschwerdt, Die Klassikideologie in Kultur-, Wissenschafts- und Literaturpolitik, in: *Einführung in die Theorie, Geschichte und Funktion der DDR-Literatur,* hrsg. Hans-Jürgen Schmitt (Stuttgart: Metzler, 1975), S. 109–163; ferner Scharfschwerdt, Werther in der DDR. Bürgerliches Erbe zwischen sozialistischer Kulturpolitik und gesellschaftlicher Realität, in: *Schiller-Jahrbuch* 22 (1978), S. 235–276.

3 Siehe Erich Honecker, Bericht des ZK an den VIII. Parteitag vom 15. Juni 1971, auszugsweise abgedruckt bei Gisela Rüß (Hrsg.), *Dokumente zur Kunst-, Literatur- und Kulturpolitik der SED* 1971–1974 (Stuttgart: Seewald, 1976), S. 180–182.

4 Hager, *Zu Fragen der Kulturpolitik der SED* (6. Plenartagung des ZK der SED), (Berlin: Dietz, 1972), S. 14.

5 Zu den romantischen Wurzeln des Marxismus: Robert Kalivoda, Der Ursprung der Ideale von Freiheit und Gleichheit und das Problem ihrer Verwirklichung, *Lutherische Rundschau* 18 (1968), S. 241–263.

6 Vgl. Schlenker, *Das »Kulturelle Erbe« in der DDR. Gesellschaftliche Entwicklung und Kulturpolitik* 1945–1965 (Stuttgart: Metzler, 1977), ferner die in Anm. 2 genannten Aufsätze von Scharfschwerdt.

7 *Arbeiterbewegung und Klassik. Ausstellung im Goethe- und Schiller-Archiv der Nationalen Forschungs- und Gedenkstätten der klassischen deutschen Literatur in Weimar* (Weimar, 1964), S. 195.

8 Dazu Schlenker, S. 107–135; Scharfschwerdt, Klassikideologie, S. 122 f.

9 Mayer, Fragen der Romantikforschung, in: Mayer, *Zur deutschen Klassik und Romantik* (Pfullingen: Neske, 1963), S. 263–305.

10 Krauss, Französische Aufklärung und deutsche Romantik, in: Krauss, *Perspektiven und Probleme* (Neuwied und Berlin: Luchterhand, 1965), S. 266–284; erneut in: *Romantikforschung seit 1945,* hrsg. Klaus Peter (Königstein: Athenäum, 1980), S. 168–179.

11 Peter, *Romantikforschung*, S. 1–38, besonders S. 22–29.

12 Herminghouse, Die Wiederentdeckung der Romantik: Zur Funktion der Dichterfiguren in der neueren DDR-Literatur, in: *DDR-Roman und Literaturgesellschaft*, hrsg. Jos Hoogeven und Gerd Labroisse (Amsterdam: Rodopi, 1981), S. 217–248.

13 Dazu Schlenker, S. 107–118.

14 Brecht hat sich zur Zeit der *Faust*-Inszenierung deutlich von einer Auffassung entfernt, derzufolge die großen Werke der Vergangenheit der Gegenwart in erster Linie als Material zur Verfügung stehen. Er war bereit, sich mit den klassischen Werken auseinanderzusetzen, aber nur in einem Modus der Aneignung, der die Probleme dieser Werke herausarbeitet: »Wenn wir an die Aufführung eines klassischen Werks herangehen (...), müssen [wir] das Werk neu sehen, wir dürfen uns nicht an die verkommene gewohnheitsdiktierte Art halten, in der wir es auf dem Theater einer verkommenden Bourgeoisie gesehen haben. Und wir dürfen nicht rein formale, äußerliche, dem Werk fremde ›Neuerungen‹ anstreben.« *Schriften zum Theater* (Frankfurt: Suhrkamp, 1964), Bd. 6, S. 322.

15 Dazu Hohendahl, Ästhetik und Sozialismus. Zur neueren Literaturtheorie der DDR, in: *Literatur und Literaturtheorie in der DDR*, S. 100–162.

16 Dahnke, Literarische Prozesse in der Periode von 1789 bis 1806, *Weimarer Beiträge* 17 (1971), H. 11, S. 49.

17 Ebd. S. 69.

18 Ebd. S. 71.

19 Manfred Naumann et alii, Die Funktion der Erbeaneignung bei der Entwicklung der sozialistischen Kultur, *Weimarer Beiträge* 16 (1970), H. 9, S. 10–41.

20 Diese Aufgaben werden freilich ganz traditionell bestimmt als die Ausbildung des ganzen Menschen. Nach der Formulierung des Aufsatzes: »Das humanistische Erbe macht den Bürgern der Deutschen Demokratischen Republik die Kontinuität sichtbar, die sie mit den humanistischen Bestrebungen der Menschheitsgeschichte in allen ihren Epochen verbindet.« (S. 22). Mit dieser Vorstellung verbindet sich in vertrauter Weise der Gedanke, daß die vergangene Literatur, sofern sie in der realistisch-humanistischen Tradition steht, Leitbilder der »künstlerischen Antizipationen menschlicher Entwicklungsmöglichkeiten, die Vorwegnahme eines Bildes von der allseitig, harmonisch entwickelten Persönlichkeit« (S. 24) enthält.

21 Ebd. S. 34.

22 Scharfschwerdt, Werther in der DDR, siehe Anm. 2.

23 Ebd. S. 251.

24 Müller, *Zeitkritik und Utopie in Goethes »Werther«*, (Berlin: Rütten und Loening, 1969).

25 Erneut in überarbeiteter Form abgedruckt in: Weimann, *Literaturgeschichte und Mythologie,* (Berlin und Weimar: Aufbau 1972), S. 11–46; nach diesem Abdruck wird zitiert.

26 Ebenfalls in: *Literaturgeschichte und Mythologie,* S. 129–169.

27 Ebd. S. 151; Hervorhebung vom Autor.

28 Ebd. S. 13.

29 Ebd. S. 40; Lenin, Die Aufgaben der Jugendverbände, in: Lenin, *Werke,* Bd. 31, S. 275.

30 Zuerst in *Sinn und Form* 25 (1973), H. 1, S. 135–168; erneut abgedruckt in: *Wer war Brecht. Wandlungen und Entwicklung der Ansichten über Brecht,* hrsg. Werner Mittenzwei (Berlin: Verlag das europäische Buch, 1977), S. 485–518.

31 Hans-Heinrich Reuter, Die deutsche Klassik und das Problem Brecht, *Sinn und Form* 25 (1973), H. 4, S. 809–824; erneut in: *Wer war Brecht,* S. 539–554.

32 Helmut Holtzhauer, Von sieben, die auszogen, die Klassik zu erlegen, *Sinn und Form* 25 (1973), H. 1, S. 168–188; erneut in: *Wer war Brecht,* S. 519–538; Zitat S. 538.

33 Hans Dietrich Dahnke, Sozialismus und deutsche Klassik, *Sinn und Form* 25 (1973), H. 5, S. 1083–1107; erneut in: *Wer war Brecht,* S. 555–579.

34 *Wer war Brecht,* S. 562.

35 *Sinn und Form* 27 (1975), H. 5, S. 1091–1094; Zitat S. 1093.

36 Kunert, *Heinrich von Kleist – Ein Modell* (Vortrag gehalten zum 200. Geburtstag von Heinrich von Kleist) (Berlin: Akademie der Künste, 1978), S. 35.

37 Wolf, Der Schatten eines Traumes, in: Wolf, *Fortgesetzter Versuch* (Leipzig: Reclam, 1979), S. 295 f.

38 Ebd. S. 343.

39 Ebd. S. 345.

40 Ebd.

41 Träger, Ursprünge und Stellung der Romantik, *Weimarer Beiträge* 21 (1975), H. 2, S. 37–73; erneut in: *Romantikforschung seit 1945,* S. 304–334; Zitat S. 304.

42 Ebd. S. 314.

43 Träger, Historische Dialektik der Romantik und Romantikforschung, *Weimarer Beiträge* 24 (1978), H. 4, S. 47–73; Zitat S. 52, Hervorhebung vom Autor.

44 Dahnke, Zur Stellung und Leistung der deutschen romantischen Literatur, *Weimarer Beiträge* 24 (1978), H. 4, S. 5–20; Zitat S. 15.

45 Weisbach, *Wir und der Expressionismus. Studien zur Auseinandersetzung der marxistisch-leninistischen Literaturwissenschaft mit dem Expressionismus* (Berlin: Akademie-Verlag, 1972), S. 35.

46 Ebd.

47 Schlenstedt, Problem Avantgarde. Ein Diskussionsvorschlag. Bezugsfeld deutscher Expressionismus, in: *Künstlerische Avantgarde*, hrsg. Karlheinz Barck, Dieter Schlenstedt und Wolfgang Thierse (Berlin: Akademie-Verlag, 1979), S. 51.

48 Nössig, Proletarische Literaturkonzeptionen und antifaschistisches Bündnis 1929 bis 1932, in: *Künstlerische Avantgarde*, S. 169–177. Zu den Auseinandersetzungen innerhalb der Linken: Helga Gallas, *Marxistische Literaturtheorie. Kontroversen im Bund proletarisch-revolutionärer Schriftsteller* (Neuwied und Berlin: Luchterhand, 1971).

49 Schiller, Unser Traditionsverhältnis und das klassische Erbe, *Weimarer Beiträge 19* (1973), H. 6, S. 151–165; Zitat S. 152.

50 *Weimarer Beiträge* 20 (1974), S. 34–59; Zitat S. 43.

51 Ebd. S. 54.

52 Dahnke, *Erbe und Tradition in der Literatur* (Leipzig: Bibliographisches Institut, 1977); diese knappe Darstellung kann als eine Zusammenfassung des neuen Standpunkts betrachtet werden.

53 Kaufmann, Erben als Aneignungsprozeß, *Weimarer Beiträge* 25 (1979), H. 9, S. 141–172; Zitat S. 146.

54 Ebd. S. 155 f.

55 Ebd. S. 156.

56 Dahnke, *Erbe und Tradition*, S. 41.

57 *Tradition in der Literaturgeschichte*, hrsg. Robert Weimann (Leipzig: Akademie-Verlag, 1973), S. 10.

58 So etwa Hans Koch, Aktuelle Fragen der Aneignung des Erbes, *Weimarer Beiträge* 22 (1976), H. 3, S. 5–26.

59 Schlenstedt, *Wirkungsästhetische Analysen. Poetologie und Prosa in der neueren DDR-Literatur* (Berlin: Akademie-Verlag, 1979), S. 12.

60 Funktion der Literatur – Relationen ihrer Bestimmung, in: *Funktion der Literatur*, hrsg. Dieter Schlenstedt et alii (Berlin: Akademie-Verlag, 1975), S. 54.

61 Ebd. S. 58.

62 Winfried Schröder, Walter Benjamin – zum Funktionswandel der Literatur in der Epoche des Imperialismus, in: *Funktion der Literatur*, S. 176–186.

63 Schlenstedt, *Wirkungsästhetische Analysen*, S. 34.

64 Ebd. S. 48.

65 Peter C. Ludz, *Die DDR zwischen Ost und West* (München: Beck, 1977), S. 167.

66 *Funktion und Wirkung. Soziologische Untersuchungen zur Literatur und Kunst.* Hrsg. Dietrich Sommer et alii (Berlin und Weimar: Aufbau, 1978), S. 524–560.

67 Ebd. S. 554, Tabelle 22: Meistgelesene Bücher 1970.

68 Die Aktivierung des Lesers hat letztlich das Ziel, die Literaturverhält-

nisse zu demokratisieren, und das würde die Aneignung der Tradition einschließen. Die Autorität der staatlichen Organe soll abgebaut werden. Doch dann erhebt sich die Frage, wer die postulierte gesamtgesellschaftliche Bedeutung des Erbes in einer Gesellschaft, in der zugestandenermaßen materielle und geistige Produktion getrennt sind, angemessen vertreten kann. Individueller und gesellschaftlicher Gebrauch der Tradition scheinen zur Zeit in der DDR auseinanderzufallen, wie sehr auch die Literaturwissenschaft bemüht ist, beide Funktionen zusammenzuhalten. Daher unterstreicht die Theorie im Unterschied zu den Schriftstellern letztlich die Notwendigkeit der *Regulation:* »Die Regulationen des Ganzen vollziehen sich auf diesem Gesellschaftsgebiet wesentlich in der Sphäre der Distribution; über sie wird praktisch auf die Produktion und Rezeption von Literatur Einfluß genommen. Dies *muß* geschehen, weil Produktion und Rezeption unter heutigen Gesellschafts- und Kunstbedingungen bei Strafe einer wirkungslosen Literatur von der individuellen Spontaneität nicht befreit werden können.« (Schlenstedt, *Wirkungsästhetische Analysen,* S. 84). Offensichtlich liegt es nicht in der Kraft der Theorie, diesen Widerspruch aufzulösen.

David Bathrick

Kultur und Öffentlichkeit in der DDR

Obwohl die kulturelle Sphäre in der DDR bei der Artikulation sanktionierter Richtlinien wie auch von Gegenmeinungen schon immer eine zentrale Rolle spielte, standen die siebziger Jahre im Zeichen besonders extremer Entwicklungen in diesem Bereich des gesellschaftlichen Lebens. So wurde Erich Honeckers unerwarteter, auf dem VIII. Parteitag der SED (1971) geäußerter Ruf nach Aufhebung aller Tabus auf dem Gebiet der Kunst und Literatur, dem in den ersten Jahren des Jahrzehnts eine wahre Flut kultureller Aktivität folgte, bereits fünf Jahre später im Anschluß an die Ausbürgerung Wolf Biermanns im November 1976 durch ähnlich einschneidende Zensurmaßnahmen zum Teil rückgängig gemacht.

Betrachtet man diese Ereignisse im Gesamtzusammenhang der osteuropäischen Entwicklungen in einer Periode, die von Prag 1968 bis Danzig 1980 reicht, so verraten sie eine unmittelbare Beziehung zu den allgemeinen und in nahezu allen Ostblockländern immer lauter werdenden Forderungen nach Garantie von Bürgerrechten und größerer Freiheit im kulturellen Schaffen.[1] Zwar läßt sich nicht leugnen, daß zwischen den gesellschaftlichen Reformbestrebungen eines Alexander Dubček oder den Zielen der Solidarność in Polen und dem sorgsam gepflegten Image eines »real existierenden Sozialismus« in der DDR erhebliche Unterschiede bestehen. Andererseits ist unverkennbar, daß die in all diesen Gesellschaften auftretenden Probleme und Spannungen weitgehend auf einen gemeinsamen Nenner zurückzuführen sind. Es handelt sich dabei einmal um die wachsenden Erwartungen einer Bevölkerung, die, durch den wirtschaftlichen Aufschwung der sechziger Jahre ermutigt, nicht länger gewillt ist, grundlegende Forderungen nach politischer Freiheit weiter hinauszuschieben. Hinzu kommt, als Folge einer Erweiterung der Bildungshorizonte, ein ständig zunehmendes Bedürfnis nach Wissen und Information, und schließlich tragen auch die höherentwickelten und differenzierten Formen der industriellen Produktion ihr Teil dazu bei, daß das Verlangen nach individueller Freiheit immer stärker wird.

Was die strukturelle Perspektive angeht, so wurde in Osteuropa im Verlauf dieser Periode immer dringlicher die Frage laut, wie es um das Wesen und um die weitere Entwicklung einer sozialistischen Öffentlichkeit bestellt sei. Im folgenden wird die Tragweite dieser Frage im Zusammenhang mit der Produktion und Rezeption von Kunst und Literatur in der DDR untersucht. Da der Begriff der *Öffentlichkeit* hier im normativen und historischen Sinn als eine zentrale Kategorie der Analyse verwendet wird, soll dieses Konzept zunächst näher erläutert werden.

1. Zum Begriff einer sozialistischen Öffentlichkeit

Normativ gesehen umfaßt der Begriff der Öffentlichkeit unabhängig von Ort und Zeit all jene Komponenten, welche die Idealform einer bürgerlichen Gesellschaft im Sinne einer *Civil Society* ausmachen: Verfassungsmäßigkeit, Pluralität, contrat social, Versammlungs- und Vereinigungsfreiheit, Recht auf freie Meinungsäußerung, Legalitätsprinzip. Jürgen Habermas' Modell einer bürgerlichen Öffentlichkeit ist dabei in zweierlei Hinsicht aufschlußreich: einmal, weil sie nach seiner Definition auf einer Institutionalisierung eines öffentlichen Bereichs beruht, die den Zweck hat, ein »Räsonnement« zwischen den wetteifernden und widersprüchlichen Prinzipien des Staates, der Wirtschaft und der Gesellschaft zu ermöglichen, und zum andern, weil er einem herrschaftsfreien, rationalen Willensbildungsprozeß als der Voraussetzung eines solchen Räsonnements besondere Bedeutung zumißt.

Zwar setzt Habermas durchaus eine auf den rationalen Konsens der beteiligten Staatsbürger gegründete Öffentlichkeit als paradigmatisch für jegliche zukünftige Gesellschaftsordnung voraus, doch wird man in *Strukturwandel der Öffentlichkeit*[2] den Entwurf einer nachbürgerlichen oder sozialistischen Gesellschaft vergeblich suchen. Dagegen findet sich in dem Kapitel über Marx eine Sozialismus-Definition *ex negativo,* die den materiellen Klassenkonflikt als ein die bürgerliche Gesellschaft unterminierendes Element herausstellt und darauf verweist, daß der Sozialismus das ermöglichen könnte, was für den Kapitalismus unerreichbar bleibt: die Aufhebung der Trennung zwischen Privatsphäre und Öffentlichkeit, die Eingliederung also des Staates in die Gesellschaft und eine damit verbundene Ausweitung der Öffentlichkeit auf den Bereich der Produktion: »Kritik und Kontrolle der Öffentlichkeit werden darin auf jenen Teil der bürgerlichen Privatsphäre ausgedehnt, der mit der Verfügung über die Produktionsmittel den Privatleuten eingeräumt war – auf den Bereich gesellschaftlich notwendiger Arbeit.«[3]

Diese Blickrichtung auf die Produktionsseite bot später den Ansatz für Oskar Negts und Alexander Kluges *Öffentlichkeit und Erfahrung: Zur Organisationsanalyse von bürgerlicher und proletarischer Öffentlichkeit.*[4] Obwohl auch sie kein Modell für eine nachkapitalistische Öffentlichkeit anbieten, werden doch im Titel ihres Werkes zwei zentrale Begriffe angesprochen, denen bereits Marx eine Schlüsselfunktion zuerkannte. Nämlich erstens: das Subjekt einer jeglichen neuen Öffentlichkeit sei in seiner Beziehung zur Produktion (und nicht in der Privatsphäre) zu bestimmen, und bei der Herstellung einer demokratischeren Gegenöffentlichkeit müsse das Proletariat eine allgemein stellvertretende Rolle spielen. Und zweitens: weniger Vernunft und Aufklärung als vielmehr »Erfahrung« bilde die Organisationsbasis einer proletarischen Öffentlichkeit. Gerade diese Kombination von Erfahrung und Bedürfnis, die in Habermas' eher struktureller Analyse ignoriert wird, stellt einen Zusammenhang her zwischen der Artikulation politischer Praxis und den grundlegenden Interessen, die sich aus der gesamten Produktion und Reproduktion des täglichen Lebens ergeben: »Damit proletarische Öffentlichkeit entstehen kann, [muß] das Interesse der Produzentenklasse treibende Kraft sein; eine Verkehrsform herstellbar sein, die die besonderen Interessen der Produktionsbereiche und das Ganze der Gesellschaft aufeinander bezieht.«[5] Damit beschränken Negt und Kluge, wie auch Habermas, ihre Auffassung von Öffentlichkeit also nicht allein auf die historisch verankerten öffentlichen Institutionen (wie etwa Parteien, Vereine, Zeitungen usw.), sondern erweitern sie auf ein breiteres Spektrum von Werten und Verhaltensweisen. Andererseits läßt ihre Betonung der Rolle des Proletariats als »treibender Kraft« die Probleme einer pluralistischen Interessenartikulation in einer nachrevolutionären Gesellschaft weitgehend außer acht und rückt damit in gefährliche Nähe jener Denkweise, die gegenwärtig in

Osteuropa der Legitimation von Formen der Parteiherrschaft dient.

Aus diesem Grund erscheint hier das Werk Agnes Hellers als richtungsweisend für eine normative Theorie sozialistischer Öffentlichkeit. Im Rückgriff auf Habermas übernimmt Heller den Gedanken eines »herrschaftsfreien Diskurses unter freien Bürgern, denen es um die Wahrheit geht«, als einen der drei »materiellen Grundwerte« mit universaler Geltung, die einen dem praktischen Diskurs in einer sozialistischen Gesellschaft vorausgehenden Konsens herbeiführen können: »Die sozialistische Gesellschaft unterstellt Praxis als einen Entwicklungsprozeß, und ebenso werden neue Typen von Öffentlichkeit, neue Diskussionsebenen und Institutionen vorausgesetzt. Diese lassen sich nicht auf das Konzept einer ›proletarischen Öffentlichkeit‹ reduzieren.«[6] Diese drei Öffentlichkeiten sind erstens eine Gegenkultur in Theorie, Kunst und Erziehung, die über ihre eigenen Institutionen verfügt und die Schaffung einer neuen Öffentlichkeit anstrebt, zweitens eine Gemeinschaft als ein Mikrokosmos neuer Lebensweisen und neuer Bedürfnissysteme, und drittens die Institution der Selbstverwaltung in Fabriken und anderswo. Wie Negt und Kluge koppelt auch Heller die Entwicklung einer sozialistischen Öffentlichkeit an die »Befriedigung von Bedürfnissen« und die »Umwandlung der Lebensweisen«[7], das heißt also an Arten der Interaktion, die innerhalb der Bereiche von Kultur, Familie, Gemeinschaft und materieller Produktion liegen. Während jedoch »die Verallgemeinerung der Selbstverwaltung die Basis für die Verallgemeinerung der beiden ersten Sphären herstellt«, wird dem Bereich der Produktion in der Bedeutungshierarchie keine Priorität zugewiesen. Im Gegenteil: Heller läßt keinen Zweifel daran, daß ihre Konzeption auf einer umfassenden Pluralisierung beruht, die keine »Führungsrollen«, keine »reine Wissenschaft«, kein »neues Subjekt der Geschichte« als die Ontologisierung des öffentlichen Willens toleriert. In ihrem Sozialismusmodell dient danach die Abschaffung von Privateigentum als die »materielle Basis für ein System der Selbstverwaltung und eine demokratische Öffentlichkeit«. Voraussetzung für einen solchen Prozeß aber ist die Legalität einer Gesellschaftsordnung, die vom Staat getrennt ist, ihm gegenüber eine kritische Haltung bewahrt und bei der ein interner »nichtendender Meinungsaustausch« zur Tagesordnung gehört.

Agnes Hellers Integration der Habermasschen Begriffe der bürgerlichen Gesellschaft und des »herrschaftsfreien Dialogs« in ein marxistisches Modell der sozialistischen Öffentlichkeit stellt eine Ausnahme dar. Infolge von Freiheitsvorstellungen, die sich an den spezifischen Erfordernissen des materiellen Fortschritts orientieren, wird von Marxisten sehr oft die sozialistische Öffentlichkeit vorwiegend als ein Forum für Bewußtseinsbildung und nicht für die öffentliche Auseinandersetzung aufgefaßt. Ein Beispiel dafür bietet Robert Weimann, der sich in dem Artikel »Kunst und Öffentlichkeit« als erster in der DDR ernsthaft und ausführlich mit diesem Thema auseinandersetzte: »Öffentlichkeit ist [. . .] eine Agentur der Sozialisation, ein Moment der Organisation sozialistischer Lebens- und Denkprozesse. Als eine von Wirklichkeitserfahrung und Lebenspraxis gespeiste Form gesellschaftlichen Verkehrs ist also Öffentlichkeit – meine erste These – ein hochgradig bewußtseinsbildender Grund von Kommunikation und Wertsetzung . . .«[8] »Aufbau weltanschaulicher Bewußtheit«, »Wertsetzung«, »gesellschaftsbildendes Bewußtsein« – das sind die theoretischen Leitgedanken, die im Rahmen einer »historisch-materialistischen« Fundierung des Problems dazu beigetragen haben, die gesamte kritische Komponente des klassischen Öffentlichkeitsbegriffs abzuschwächen und ihn in ein Modell für Meinungsbildung umzuwandeln. Wie Jürgen Habermas spricht auch Robert Weimann von der Existenz einer Öffentlichkeit als einer kritischen Kategorie im 18. Jahrhundert, die durch die Entstehung des Marktes ihren Universalitätsanspruch einbüßt. Anstatt der kritischen Öffentlichkeit entwickelt sich nun ein nach Klassen getrenntes hohes und niederes Kultursystem, welches alles künstlerische Schaffen wie auch die Öffentlichkeit selbst in privatisierten Konsum verwandelt, der auf eine »Verfälschung öffentlicher Erfahrung« hinausläuft. »Am Ende wird das Massenpublikum nicht zum Subjekt einer neuen Aufklärung, sondern zum Objekt fortgesetzter Entmündigung.«[9]

Diesen heute noch zersetzenden Formen des Marktes vorzubeugen und entgegenzuwirken, ist laut Weimann eine der Aufgaben der leninistischen Partei, die sich auch bis in die Gegenwart hinein erfüllen müsse. »Wird auf diese Organisation verzichtet, so tritt ein anderes Prinzip an die Stelle der parteilichen Wertsetzung und der gemeinnützlichen Kommunikation: das Prinzip nämlich des liberalen Laissez-faire, wonach das Verhältnis zwischen Kunst, Publikum und Gesellschaft nicht etwa durch ihre Selbstverwirklichung, sondern auf der Basis der Ware-Geld-Beziehung gedeiht . . .«[10] Das leninistische Prinzip der Parteiöffentlichkeit entstand zu einer Zeit des gefährdeten Anfangs eines kaum durchkapitalisierten, auf Massenausbildung zielenden Kultursystems als Teil eines revolutionären Prozesses. Weimann gibt jedoch keine Auskunft darüber, warum in einer modernen, technisch fortgeschrittenen Gesellschaft, in der Privateigentum und Formen der Marktwirtschaft schon seit dreiunddreißig Jahren abgeschafft sind, alle Bereiche des gesellschaftlichen Lebens auch weiterhin durch vorrevolutionäre Formen der Parteikontrolle »organisiert« werden müssen. Die angebliche theoretisch-normative Alternative zwischen »parteilicher Wertsetzung« einerseits und dem »liberalen Laissez-faire« andererseits entspricht kaum dem historischen Standort der heutigen DDR.

Trotz des normativen Ansatzes von Weimanns Öffentlichkeitsbegriff ist seine progressive politische Bedeutung nicht zu unterschätzen, handelt es sich doch um einen entscheidenden ersten Schritt auf dem Weg, den Gedanken der Öffentlichkeit in der DDR zur Sprache zu bringen. Dieser Artikel, der in der Folge der Auseinandersetzungen um Biermann und Bahro in den späten siebziger Jahren erschien, bezeugt unzweideutig die Notwendigkeit eines *kritischen* öffentlichen Diskurses:

»Je mehr wir davon Abstand nehmen, sozialistische Öffentlichkeit als konfliktfreien Ausdruck einer Menschengemeinschaft zu sehen, und je weniger wir Öffentlichkeit voluntaristisch verstehen, das heißt, in hurtiger Kampagne aus der Presse zu stampfen suchen, desto dringlicher wird die Frage nach ihren tatsächlich gegebenen historischen Bedingungen und sozialen Grundlagen.«[11]

Die hier geäußerten Anspielungen auf den pseudoharmonischen Charakter von Walter Ulbrichts »Menschengemeinschaft« in den späten sechziger Jahren und auf den repressiven »Voluntarismus« der vorhergehenden Epoche implizieren zweifellos den Versuch, diesen Essay historisch in jener Übergangsphase des Klassenkampfs anzusiedeln, in der laut Honecker alle Tabus aufgehoben werden müssen.

Von ihrer praktischen Funktion her gewinnt Weimanns normative Position daher eine weitere, wichtige Bedeutung. Obwohl grundsätzlich dem Prinzip der »Organisation« verpflichtet und obwohl die Öffentlichkeit in der Tat als Ort der »Wertsetzung« anerkannt wird, ist dieser Essay auch ein Aufruf, die Bevölkerung als »Partner einer auf produktives Wirklichkeitsverhalten gerichteten kulturpolitischen Konzeption«[12] zu betrachten, als einen »Schnittpunkt, in dem die ökonomischen, die ästhetischen und die theoretischen Interessen des gesellschaftlichen Ensembles politisch aufeinandertreffen«.[13] Noch bedeutungsvoller erscheint im Rahmen dieser Untersuchung, daß Weimann sich speziell dem Bereich von Kunst und Literatur, und hier insbesondere der Avantgarde, zuwendet, die als Wegbereiter einer Gegenkultur die allgemeine öffentliche Beteiligung neu beleben sollen. Mit Blick auf die zeitgenössische Prosa und vor allem auf das Werk Christa Wolfs schreibt Weimann: »Das Selbst-Entdecken steht jetzt gegen das Gezeigt-Bekommen, das Nachdenken vor dem Beweis, ›Haltung‹ vor Erkenntnis, Praxis vor Abbild.«[14] Als er von dem großen Erfolg der VIII. Kunstausstellung in Dresden spricht (über eine Million Besucher in sechs Monaten), zitiert Weimann Erik Neutschs Kommentar, daß sie durch ihren Dialog mit den Massen und die Publikation »weit verbreitete[r], aber selten artikulierte[r] Erfahrungen« etwas erreicht habe, was »*Neues Deutschland*, *Junge Welt* und die Bezirkszeitungen nicht leisten«.[15] Das vorstehende Zitat gibt einen bezeichnenden Einblick in die wahren Beweggründe einer solchen Argumentation. Demnach vermittelt Weimanns Essay, eher implizit, eine Ansicht, die für unser Verständnis der DDR-Öffentlichkeit in den siebziger Jahren eine zentrale Rolle spielt. Angesichts der Einseitigkeit und Unzulänglichkeit der traditionellen politischen Ausdrucksmittel (Medien, politische Versammlungen, Parteilehrjahre usw.) für die Artikulation sozialer Bedürfnisse und Erfahrungen waren es vor allem die Künste, die als lebenswichtige Ausdrucksmittel weiterhin zur Verfügung standen, als – so Weimann – »ein Stimulus öffentlichen Interesses an den Grundfragen unserer gesellschaftlichen Existenz«.[16]

2. Zur Entstehung einer institutionell vermittelten Öffentlichkeit in der DDR

Meine historische Betrachtung der DDR-Öffentlichkeit konzentriert sich auf die Entstehung und die Existenz des sozialistischen, öffentlich-institutionellen Lebens, das sich aus zwei getrennten, aber nichtsdestoweniger verzahnten Geschichtssträngen gebildet hat. Es handelt sich dabei einmal um die Geschichte des real existierenden Sozialismus in der Sowjetunion von der bolschewistischen Revolution bis zu den heutigen Volksrepubliken und zum andern um das Vermächtnis der deutschen Geschichte aus den Epochen der Weimarer Republik und des Dritten Reichs. Während Habermas' Materialienanalyse sich zum größten Teil auf das 18. und 19. Jahrhundert bezieht, fällt doch auf, daß weder Faschismus noch Sozialismus erwähnt werden, wenn er den Zerfall der bürgerlichen Öffentlichkeit bis ins 20. Jahrhundert hinein untersucht. Die Gründe dafür sind sowohl historischer als auch begrifflicher Natur. Als ein Werk, das in den frühen sechziger Jahren in der Bundesrepublik entstand, versuchte *Strukturwandel der Öffentlichkeit*, den Untergang der autonomen Kultur und des bürgerlichen Subjekts im Wandlungsprozeß des Kapitalismus selber zu historisieren, um die Verdinglichung der Kultur und die Krise der brüchig gewordenen liberalen Tradition in den bürgerlichen Demokratien greifen zu können. Da Habermas' Theorie über den Zerfall der Öffentlichkeit analytisch gekoppelt ist an die internen Gesetze des Marktes und er ferner die Kultur des 18. und 19. Jahrhunderts an die Modernisierungslogik des Kapitalismus bindet, konzentriert er sich nicht auf jene politischen Gegebenheiten, die der liberalen Öffentlichkeit und Gesellschaft ein Ende bereiten. In den faschistischen Bewegungen wie auch in den sozialistischen Revolutionen findet sich eine Logik der Entwicklung, die – bei aller Unterschiedlichkeit in den Ansätzen und der politischen Zielsetzung – den Staat selbst zu massiven Eingriffen in das öffentliche und private Leben veranlaßte, um die öffentliche Erfahrung nach Maßgabe seiner eigenen Modernisierungsziele zu reorganisieren. Nur vor diesem Hintergrund ist eine Diskussion des öffentlichen Lebens in der DDR möglich.

Was den deutschen Faschismus angeht, hat Ralf Dahrendorf auf überzeugende Weise dargelegt, daß es sich im Fall des Dritten Reiches nicht um eine vorübergehende politische Machtübernahme handelte, sondern um eine umfassende Transformation des Staates zum Zweck der Modernisierung.[17] Wenn auch die Mythen des Nationalsozialismus die Rückkehr zu den Werten der Gemeinschaft und die Ablehnung der Modernität zu Eckpfeilern der neuen Politik erklärten, so geschah in Wirklichkeit genau das Gegenteil – »Gleichschaltung«, als technische Metapher, bedeutet wörtlich einen Eingriff zur Angleichung aller Elemente, eine grundlegende Ausrichtung also aller staatlichen und gesellschaftlichen Aspekte auf die Erfordernisse eines koordinierten, synchronen Ganzen. Die Außerkraftsetzung von Verfassung, Reichstag und Gerichten, an sich schon gleichbedeutend mit einer Zerstörung der bürgerlichen Gesellschaft, bildete dabei erst den Anfang. Zur weiteren Entwicklung gehörten die Aufhebung der Länderrechte, die Integration der öffentlichen Bürokratie, die praktische Ausschaltung autonomer wirtschaftlicher Institutionen zugunsten staatlich kontrollierter Organisationen und schließlich auch die rigorosen Übergriffe auf solche Organisationen, die dem Staat ferner standen: auf Kirchen, private Vereine, Universitäten und letzten Endes selbst auf die Familie.

Dieselben faschistischen Errungenschaften auf dem Gebiet der Integration und Gleichschaltung aber bildeten in institutioneller Hinsicht das Haupterbe für den Aufbau einer sozialistischen Öffentlichkeit nach dem Krieg. Die Befreiung im Jahre 1945 bedeutete in der damaligen SBZ für die staatsbürgerliche Gesellschaft und andere öffentliche Organe weder ideologisch noch tatsächlich eine Rückkehr zum *status quo ante*. Vielmehr kam es während der Entnazifizierung und der sogenannten »Aufbaujahre« zur direkten Enteignung von Industrieanlagen und anderem Privateigentum, vor allem, wenn sich eine Unterstützung der deutschen Kriegsmaschine nachweisen ließ, zur Entfernung von Personen mit brauner Vergangenheit aus verantwortlichen Positionen und zur Übernahme des als *neutral* angesehenen Staatsapparats. Diese letztere Maßnahme entsprach dem Staatsverständnis der marxistisch-leninistischen Theorie, die den Staat lediglich als eine Agentur – oder auch Instrument – der herrschenden Klasse betrachtete und deshalb dazu neigte, jegliche Trennung von Gesellschaft und Staat in der klassischen bürgerlichen Theorie als eine lediglich »formale« Demokratie zu diskreditieren. »Reale« Demokratie dagegen wird von der Partei repräsentiert, die als Verkörperung allgemeiner Interessen die partikulären vermittelt. Was den Staat und seine Gesellschaft betrifft, so führte die von der jungen SED eingeleitete sozialistische Revolution in der neugegründeten DDR zu einer weiteren Schwächung und einem rigorosem Abbau von selbständigen

Organisationen und Einrichtungen, ob diese nun auf regionaler Zusammengehörigkeit, sozialer Schichtung oder religiösen Bindungen beruhten oder ob es sich um Institutionen der Armee, der Schule oder der Familie handelte.

Zwar führten diese Strategien durchaus zu einer Entnazifizierung im Sinne einer Ausmerzung von reaktionären Überbleibseln, doch wurden gleichzeitig auch sämtliche noch bestehenden Strukturen regionaler oder institutioneller Autonomie beseitigt. Arbeiterorganisationen wurden zur Bedeutungslosigkeit bei ihrer Rolle als Vertreter kollektiver Interessen verurteilt; sie existieren weiter, wie zahlreiche andere offizielle Organisationen (zum Beispiel die FDJ und der DFD), als reine Parteiformationen, ohne daß die Bevölkerung als Ganzes sie unterstützt und legitimiert. Im Gegensatz zu Ländern wie etwa Polen wurde die Modernisierung der Landwirtschaft zu einem Hauptanliegen in der DDR. Die Kollektivierung, die 1952 begann und in den ersten Monaten des Jahres 1960 unter staatlichem Druck forciert wurde, bedeutete eine radikale Eingliederung des Landlebens in ein zentrales Verwaltungssystem. Die Industrialisierung des Agrarsektors im Verein mit der Reorganisation der Länder zu Bezirken sorgte weiter dafür, jegliche Spur von Autonomie oder selbst nur Spannungen zwischen den Ländern und dem Staat weitgehend zu eliminieren.

Bei den Kirchen erwies sich dieser Prozeß als bedeutend langwieriger und konfliktreicher. Von Anfang an ging es bei dem Verhältnis zwischen Kirche und Staat – für die protestantische Mehrheit wie auch für die Katholiken – um das Überleben, um interne Autonomie und eine ganz allmähliche Integration in das politische Leben der Gesellschaft. Als sich die protestantischen Kirchen 1971 als »nicht Kirche gegen, nicht Kirche neben, sondern Kirche im Sozialismus«[18] bezeichneten, markierte dies das Ende der inneren Emigration und den Beginn einer aktiveren Teilnahme am öffentlichen Leben der DDR-Gesellschaft. Allerdings verblieb der Kirche als Sprachrohr sozialer Bedürfnisse innerhalb der Öffentlichkeit sowohl in der frühen Phase der Spannung als auch in der nachfolgenden Phase der Integration nur eine erheblich beschränkte und isolierte Rolle. Gewiß läßt sich die anfängliche Passivität und Hilflosigkeit der protestantischen Kirchen angesichts der staatlichen Bemühungen, sie als religiösen Faktor auszuschalten, zum Teil auf ihr eigenes Fehlverhalten im Dritten Reich zurückführen. So gehörte die Deutsche Kirche in den ehemaligen Ländern Thüringen und Mecklenburg zu den ersten, die im Jahre 1941 ihre uneingeschränkte Billigung des Angriffs auf die Sowjetunion verkündeten. Darüber hinaus war ihr Beharren auf Verbindungen zur westdeutschen Synode (bis 1969), das sich als Politik des Nationalismus und der Wiedervereinigung auslegen ließ, wenig geeignet, ihren Status als autonomes und unabhängiges Gebilde innerhalb des neuen Staatswesens zu bekräftigen.

Seit dem Bruch mit dem Westen und der Einigung auf einen modus vivendi mit der Partei aber ist in der DDR, wenn auch in bescheidenem Rahmen, eine religiöse Öffentlichkeit entstanden. Sie manifestiert sich in Presseveröffentlichungen, sonntäglichen Radiogottesdiensten und neuerdings auch zusätzlicher Sendezeit für die Ausstrahlung allgemeiner Informationen. Das hatte allerdings seinen Preis. In letzter Konsequenz erschöpft sich die der Kirche mögliche kritische Haltung in einer affirmativen Unterstützung und Förderung der staatlichen Politik. Natürlich gibt es auch hier Ausnahmen[19], wie wir in unserer Diskussion der Friedensbewegung zeigen werden, doch geht es für die Kirche im großen und ganzen um einen Balanceakt zwischen antikommunistischer, antisozialistischer Negation, um die eigene erzieherische und religiöse Freiheit zu erhalten, und einer vorsichtigen und apologetischen Assimilation im Interesse des eigenen Weiterbestehens.

In Anbetracht der fehlenden formellen institutionellen Garantien für autonome Entscheidungsprozesse kann es kaum überraschen, daß sich die Diskussion fundamentaler Bedürfnisse und gesellschaftlicher Krisen in den Bereich der Kulturpolitik und der kulturellen Produktion verlagerte. Von dem ehemaligen Kultusminister Johannes R. Becher stammen die Definition und die Aufforderung zur Bildung einer Literaturgesellschaft, in der die Produktion und der Konsum von Literatur als wechselseitiger Prozeß verlaufen, der die arbeitende Bevölkerung als Mitwirkende einbezieht, die elitäre wie auch die Massenkultur eliminiert und der Arbeiterklasse die Aneignung des literarischen Erbes ermöglicht. Zur Verwirklichung einer solchen koordinierten Öffentlichkeit konstruierte die DDR ein kompliziertes System institutioneller Vermittlungsorgane, das vom ZK bis hin zur Ortsbücherei reicht. Im Mittelpunkt dieses Systems steht der

Schriftstellerverband der DDR mit Mitgliedern aus allen Bereichen der literarischen Öffentlichkeit: führende Autoren, Journalisten, Redakteure aller wichtigen literarischen Zeitschriften, Kritiker, Übersetzer, Publizisten, Lektoren und Literaturwissenschaftler. Die allgemeine Funktion des Schriftstellerverbands besteht darin, als »ideologischer Transmissionsriemen« zwischen Partei und Schriftsteller zu wirken und auf allen Ebenen der Gesellschaft literarisches Schaffen zu koordinieren und zu entwickeln. Der repräsentative Charakter der Literatur im allgemeinen und des Schriftstellerverbands im besonderen, der aus dieser Struktur resultiert, wird durch folgende zwei Ereignisse der fünfziger Jahre unterstrichen: Am 17. Juni 1953 marschierten die Arbeiter zum Schriftstellerverband in Ost-Berlin, um ihrer Empörung über die Arbeitsnormen Ausdruck zu verleihen; und der IV. Schriftstellerkongreß im Januar 1956, auf dem Schriftsteller und Kulturfunktionäre (Brecht, Seghers, Lukács, Becher) ihre Unzufriedenheit mit der vorangegangenen Zeit äußerten, wurde zu einem bedeutenden Ereignis dieser unruhigen Periode.[20]

Aber trotz seiner beabsichtigten Funktion für »die ideologische Umgestaltung und Erziehung der Werktätigen im Geiste des Sozialismus« bot innerhalb der offiziell sanktionierten Öffentlichkeit gerade der Bereich der Kulturpolitik einen der wenigen Freiräume, in denen die Regierungspolitik in Frage gestellt und diskutiert wurde. Dies hat dreierlei Gründe. Der erste ergibt sich aus seiner zentralen Bedeutung als Vermittler politischer Legitimation. Von Anfang an diente der Kampf um das literarische Erbe als ein Mittel, mit dem die Regierung ihren Anspruch als rechtmäßiger kultureller Nachfolger aller progressiven und humanistischen Elemente in der deutschen Tradition untermauerte. Dabei erwies sich, daß eben diese zentrale Position des Kultursektors erfolgreichen und etablierten Autoren nicht nur eine gewisse Macht, sondern auch eine politische Autonomie verlieh, die in den anderen gesellschaftlichen Bereichen dieser Öffentlichkeit ohne Beispiel ist. Das gilt besonders für Autoren von Weltrang wie etwa Bertolt Brecht, Heiner Müller, Christa Wolf, Stefan Heym, Stephan Hermlin und Volker Braun. Sie alle wurden auf diese Weise gewissermaßen zu Institutionen, die direkt oder indirekt für die Artikulation von gesellschaftlichen Interessen, aber auch für Formen der Dissidenz oder Opposition sorgten. Allerdings lieferte Hermann Kant ein schiefes Bild, wenn er auf dem VII. Kongreß des Verbandes bildender Künstler behauptete: »Wer sich hier ans Schreiben macht, gründet, im Verständnis der Öffentlichkeit, einen volkseigenen Betrieb, wird von der Gesellschaft als eine Institution verstanden . . .«[21] Auf dem Weg vom Schreibtisch durch die verschiedenen vermittelnden und kontrollierenden Institutionen bis hin zur Öffentlichkeit bleiben freilich strittige Äußerungen zumeist auf der Strecke. Die Institutionalisierung namhafter Autoren erfolgte oftmals nicht nur *mit*, sondern wohl ebenso häufig auch *ohne* die Unterstützung der offiziellen literarischen Öffentlichkeit.

Abgesehen vom Institutionscharakter des Autors aber gab es auch sprachliche und erkenntnistheoretische Gründe, warum die Literatur diese Rolle erfüllen konnte. In einer Gesellschaft, in welcher der politische Diskurs auf marxistisch-leninistische Bahnen beschränkt war[22], gestattete allein die eigenwillige und ambivalente Natur der poetischen Darstellung den Ausdruck von Erfahrungen, die nicht selten der offiziellen Position zuwiderliefen. Die Kafka- und die Lyrik-Debatte, die Brecht-Lukács-Kontroverse, die Skandale um Heiner Müller und Christa Wolf: sie alle dienen als Beispiel dafür, wie an den Nahtstellen der offiziellen literarischen Öffentlichkeit Fragen des Stils, besonders im Fall der literarischen Avantgarde, immer wieder den Anlaß boten, unbequeme Denkweisen vor die Öffentlichkeit zu bringen.

Dies führt uns zum dritten Punkt. Literatur und Kultur eröffnen eine der wenigen Möglichkeiten zur authentischen Vermittlung zwischen öffentlichem und privatem Leben in der DDR. Zwar ist nach offizieller Lesart auch das Familienleben »integriert« und kollektiviert worden, doch erwies sich in Wirklichkeit die Geborgenheit der Privatsphäre als ein Zufluchtsort, als ein freier Raum (von G. Gaus »eine Nischengesellschaft« genannt) gegenüber der neuen Gesellschaft. In dieser Hinsicht bot die Literatur eines der spärlichen Mittel, mit dem sich eine Diskussion der Gefühle, der Entfremdung, der Subjektivität, von Normen und Werten in Gang setzen ließ. Die Literatur vor allem zeigte sich imstande, einen authentischen Kontakt zwischen der öffentlichen und der privaten Sphäre zu vermitteln, und der Grund dafür ist in der relativ autonomen Institution der Künstler und in dem daraus abgeleiteten Vertrauen zu suchen.[23]

Eine Einsicht in diese potentielle Rolle läßt sich bereits in den späten sechziger Jahren im Bereich der Literaturkritik erkennen. Führende Kritiker verwiesen auf eine »Beteiligung des Lesers«, auf die »subjektive Seite der literarischen Rezeption«[24], auf ihren Zusammenhang »mit dem Leben des konkreten Subjekts«.[25] Mit diesem Standortwechsel wurde das Unvermögen einer »systematischen, spekulativen und hauptsächlich auf Textanalyse beruhenden Kritik«[26] eingestanden, wenn es darum ging, auch nur andeutungsweise das Ausmaß der Diskrepanzen zwischen den Werten einer »gebildeten Nation« oder den von der Kulturpolitik verbreiteten ideologischen Normen des Klassenkampfes einerseits und den eigentlichen Interessen und dem Verhalten eines Großteils der Bevölkerung andererseits festzustellen. Sowohl die soziologischen Rezeptionsstudien von Günther Lehmann[27] als auch die Arbeiten in *Gesellschaft-Literatur-Lesen*[28] trugen wesentlich dazu bei, daß diese Realität zumindest registriert wurde, wenn sie auch wenig an der Praxis der Institution Literaturkritik zu ändern vermochten, die den Kontakt zu den Lesern *und* zu den Autoren verloren hatte. Immerhin, es war kaum mehr zu übersehen, daß die Kulturproduktion speziell in ihrer Rolle als Vermittlerin zwischen öffentlichem und privatem Leben in der Lage ist, einen besonderen Beitrag in Sachen Öffentlichkeit zu leisten. Zweifelsohne ist auch Robert Weimann dieser Ansicht, wenn er die künstlerische Öffentlichkeit als eine »Verkehrsform der Werktätigen« bezeichnet, »die darin ihre ureigenen Lebensprobleme dargestellt finden«.[29]

3. Formen des öffentlichen Diskurses im kulturellen Bereich: Der Fall Plenzdorf

Der dargestellte Prozeß der Integration und Modernisierung war Ende der sechziger Jahre nahezu abgeschlossen. Die antifaschistischen Aufbaujahre waren vorüber, die wirtschaftlichen Reformen und die wissenschaftlich-technische Revolution verhießen Wohlstand für alle. Die allgemeine Hochstimmung veranlaßte Walter Ulbricht zu der Feststellung, die Phase des Klassenkonflikts in der DDR sei überwunden, und die Gesellschaft befinde sich nunmehr in einer Periode, die »eine relativ selbständige sozialökonomische Formation in der historischen Epoche des Übergangs vom Kapitalismus zum Kommunismus«[30] darstelle. Diese

»sozialistische Menschengemeinschaft«, in sozialer Harmonie der Pflege ihrer Errungenschaften gewidmet, in der Marktbeziehungen und Rationalisierung anstelle von Ideologie, Konflikt und Politik das Leben bestimmen sollten, überdauerte nur wenige Jahre. Der Einmarsch in die Tschechoslowakei, das Versagen der wirtschaftlichen Reformen und nicht zuletzt die gesteigerten Erwartungen der Bevölkerung aufgrund durchweg positiver Erfahrungen in der vorangegangenen Periode ließen die Hoffnung scheitern, für die DDR könne ein eigener Weg zum Sozialismus abseits der allgemeinen Nöte und Probleme des Ostblocks gefunden werden. 1971 zeigte sich nicht nur Erich Honecker von einer neuen Seite; er brachte auch eine Aufbewertung der »führenden Rolle der Partei und des Klassenkampfes« anstelle einer Politik, die auf Rationalisierung und Automatisierung setzte als Richtlinien für die weitere Entwicklung. Paradoxerweise wiederholte der VIII. Parteikongreß die Aufforderung zur Aufhebung aller Tabus in Kultur und Kunst, aber in der Absicht, damit eine aktive Beteiligung der Kulturschaffenden auf seiten der Partei herbeizuführen. Diese Maßnahme erweckte die Hoffnung, daß mit dem Ende der gepriesenen Harmonie in Form einer sozialistischen Menschengemeinschaft nunmehr der Weg zu fruchtbarer Auseinandersetzung und Pluralisierung frei würde.

Als erste Bewährungsprobe für diese neue Politik erwies sich Ulrich Plenzdorfs *Die neuen Leiden des jungen W.*, 1972 in der Märzausgabe von *Sinn und Form* erschienen. Obwohl Plenzdorf bis dahin weithin unbekannt war, verursachte die Aufführung einer dramatischen Bearbeitung dieser Erzählung auf 14 Bühnen im ganzen Land eine kleine Sensation und löste überall heftige Diskussionen aus. Dabei ließ sich die Geschichte selbst harmlos an. Der Held Edgar Wibeau, Sohn einer Leiterin und musterhafter Lehrling in einer Fabrik, gibt unvermittelt seine Stelle auf und zieht sich in eine entlegene Gartenlaube zurück, wo er Tonbandbriefe an seinen Freund Willi verfaßt. Nach dem Vorbild von Goethes *Leiden des jungen Werther* berichtet er in seinen Mitteilungen von seinen Leiden unter dem Druck der offiziellen Normen und der autoritären Haltung von Familie, Fabrik und Staat, von der Entfremdung am Arbeitsplatz, aber auch von seiner Liebe zu der Kindergärtnerin Charlie, die weiterhin mit dem philisterhaften Modellbürger Dieter verlobt bleibt. Kurz, wir finden annähernd das gleiche Dilemma wie bei Goethes

Außenseiter, diesmal übertragen auf eine Gesellschaftsordnung, in der zumindest offiziell die Ursachen eines solchen Leidens beseitigt sind. Anders als bei Goethe ist hier das Ende der Geschichte so ungewiß wie umstritten. Wibeau versucht, für seine Malerbrigade ein nebelfreies Spritzgerät zu erfinden, und erleidet beim Experimentieren einen tödlichen Elektroschock. Einerseits ein Zufall, im Grunde jedoch unvermeidliches Schicksal in einer Gesellschaft, die Individuen und Rebellen keinen Raum läßt.

Die zahlreichen ablehnenden Äußerungen zu Plenzdorfs Werk von offizieller Seite lassen deutlich erkennen, welche Tabus Honecker im Sinn hatte, als er ihre Aufhebung forderte. Dem jungen Edgar Wibeau wurde Subjektivismus vorgeworfen (schließlich hatte er ja eine gute Arbeit), man verurteilte seinen Pessimismus, verwarf ihn als untypisches Modell für die sozialistische Jugend. (Besitzt Edgar doch die Dreistigkeit zu sagen: »Mein größtes Vorbild ist Edgar Wibeau. Ich möchte so werden, wie er mal wird.«[31]) Dem Werk wurde nachgesagt, es zeige Respektlosigkeit gegenüber dem großen bürgerlichen Erbe (im Pantheon der literarischen Klassiker ist Goethe besonders sakrosankt) und widerspreche den Lehren des sozialistischen Realismus. Wenn man jenseits der vordergründigen Klischees die Frage nach den politischen Implikationen stellt, werden drei Aspekte deutlich, die für ein Verständnis der Dialektik des öffentlichen Lebens in der DDR unter den gegenwärtigen Bedingungen entscheidend sind.

Auf thematischer Ebene wurde nicht nur ein gewisser Sektor der Bevölkerung, sondern auch ein Komplex von sozialen Problemen angesprochen, die man offiziell fast vollständig ignoriert hatte. So ist die Tatsache, daß die DDR eine der höchsten Selbstmordraten in der Welt aufweist, ein Thema der *Neuen Leiden,* wenn auch nicht das wichtigste. Viel bedeutender ist das Thema Jugend. Wenn die Partei behauptete, daß Wibeau keinesfalls als repräsentativ für die Jugend der DDR gelten könne, so mußte sie sich durch Umfragen umgehend eines besseren belehren lassen. Ein von dem Jugendmagazin *FORUM* veröffentlichter Fragebogen ergab, daß 40 Prozent der Befragten Edgars Systemkritik teilten und daß 60 Prozent sich vorstellen konnten, mit Edgar befreundet zu sein. Ein untrüglicher Beweis also, daß die Vorstellung der Partei von einem vorschriftsmäßig motivierten positiven Helden als Identifikationsangebot ausgedient hatte, falls es überhaupt jemals als solches akzeptiert worden war. Worin besteht nun das Identifikationsmodell in diesem Stück? Eine genauere Textanalyse ergibt, daß Edgar der Figur des Holden Caulfield in J. D. Salingers *Fänger im Roggen* näher steht als Goethes Werther. Die Suche nach einer neuen Sprache, die Attacke gegen den Stumpfsinn der Arbeit und die Verlogenheit der Werte im Amerika der fünfziger Jahre erscheinen hier übertragen auf die Ablehnung der gesellschaftlichen und kulturellen Repräsentationen, in denen die Jugend der DDR nach offizieller Lesart aufgehen soll. Dabei ist das in Edgar personifizierte Amalgam der Beat-Generation der fünfziger, der Hippie-Bewegung der sechziger und der Rock-Kultur der siebziger Jahre keineswegs als Sympathie für konkrete amerikanische Verhältnisse zu deuten, sondern als Suche nach Möglichkeiten öffentlichen Ausdrucks, die die offiziellen Normen durchbrechen und in Frage stellen.[32]

Ein zweiter wichtiger Aspekt von Plenzdorfs Stück bestand darin, daß es im öffentlichen Raum Fuß fassen konnte. Wäre es bei der Veröffentlichung als Erzählung in *Sinn und Form* geblieben, dann würde heute wahrscheinlich niemand mehr darüber sprechen. Dagegen demonstrierte die Reaktion auf Plenzdorfs Stück auf eindrückliche Weise das Potential und die Grenzen des Theaters als eines Mediums des öffentlichen Diskurses. Als Bestandteil eines strikt kontrollierten, geplanten Systems, aber auch durch seine Ausrichtung auf einen begrenzten Empfängerkreis war das Theater zuvor nicht in der Lage, aus jenem Ghetto auszubrechen, in welches es als eine bürgerliche, vorindustrielle Form öffentlicher Kommunikation gebannt war. Doch im Fall der *Neuen Leiden* hatte diese Beschränkung durchaus ihre Vorteile. Die Aufführungen wurden zu Pilgerstätten vieler Jugendlicher aus allen Teilen der Republik, und damit zu kollektiven Zentren öffentlicher Artikulation und eines neuen Zusammengehörigkeitsgefühls in einer Gesellschaft, die ihren öffentlichen Raum im Dienst kodifizierter Repräsentationen befriedigt glaubte.

Das unerwartet starke Echo auf *Die neuen Leiden des jungen W.* – insbesondere auf die Inszenierungen Horst Schönemanns in Halle und Berlin – in weiten Kreisen der jugendlichen Bevölkerung eröffnete nicht nur neue Möglichkeiten, sondern auch neue Probleme für die Vermittler der Öffentlichkeit in der DDR.

Anders als in der wenige Monate zuvor in *Sinn und Form* ausgetragenen Lyrik-Debatte zwischen Germanisten und Dichtern war nun ein Anlaß gegeben, der die Institution der Literaturkritik dazu zwang, die engen Geleise rein akademischer Debatten zu verlassen. Was die Ebene der öffentlichen Sinngebung angeht, wurden die *Neuen Leiden* zu einem der wenigen Fälle, in denen die Adressaten, *nicht* die Vermittlungsorgane, bestimmten, ob etwas annehmbar (»progressiv«) war oder nicht. Aus diesem Grund *mußte* ganz einfach die in einer Zuschrift an *Sinn und Form* geäußerte, traditionelle Ansicht des selbsternannten Kritikers F. K. Kaul, der verhaltensgestörte Edgar Wibeau könne keinesfalls als Sprecher der jüngeren Generation betrachtet werden, offiziell zurückgewiesen werden.[33] Andernfalls wäre man Gefahr gelaufen, die Gefühle und Erfahrungen eines allzu großen Teils der Bevölkerung als irrelevant abzutun. Der Literaturkritik blieb nur der Ausweg, dieses Phänomen zumindest zu *erklären,* um auf diese Weise ihr angestammtes Privileg der »richtigen Sinngebung« zu behaupten. Zu diesem Zweck unternahmen die Redakteure von *Sinn und Form* zum Teil forcierte Anstrengungen, die ein vielsagendes Licht auf ihre Methoden, aber auch ihr problematisches Verhältnis zur weiteren Öffentlichkeit warfen.

Am 31. Oktober 1972 veranstaltete die Akademie der Künste im Rahmen der Arbeitsgruppe »Literatur und Kritik« eine öffentliche Diskussion der *Neuen Leiden,* die teilweise in *Sinn und Form* publiziert wurde. Der Eröffnungsvortrag von Robert Weimann bestand aus einer langen und sprachlich ausgefeilten Exegese des Stückes unter dem Titel »Goethe in der Figurenperspektive«, in dem der Prozeß erläutert wird, mit dessen Hilfe Plenzdorf »die bürgerliche Individualitätsproblematik« von Goethes Vorlage sich sowohl aneignet als auch überwindet:

»Somit erweist sich der klassische Text nicht als Abbild, sondern als komplexe Metapher der dargestellten Wirklichkeit. Die scheinbare Parallelität der Figuren und Vorgänge birgt eine Dialektik von Entsprechung und Nichtentsprechung, die jegliche Identität der Leiden der zwei jungen ›W‹ ausschließt, vielmehr zur eigentümlichen Bestimmung der Gegenwart dient und dabei stets das nötige Moment der Analogie mit dem möglichen Dienst als Folie verbindet. Aus dieser metaphorischen Spannung von Analogie und Folie, Entsprechung und Nichtentsprechung ist nun die spezifische Leistung des Erbebezugs für den Realismus dieser Gegenwartsprosa abzulesen.«[34]

Bei diesem etwas preziösen Versuch, die *Neuen Leiden* in eine »dynamische« Erberezeption einzuordnen, um sie damit kulturpolitisch zu legitimieren und gleichzeitig ihrer aktuellen Kritik die Spitze zu nehmen, tut Weimann – wie zu erwarten – Salingers Erbe als sekundär ab. Er ignoriert die offensichtlichen Gemeinsamkeiten der beiden Außenseiter Caulfield und Wibeau und zieht es vor, den *Fänger im Roggen* als ein Werk über Erberezeption zu lesen. Folgerichtig kommt er zu dem Urteil: »Das Erbe des Klassikers weckt Assoziationen, die dem College boy [sic!] verschlossen bleiben.«[35]

Zugunsten der anderen Kommentatoren, Kritiker, Theaterleute, Literaten usw. ist zu sagen, daß sie Weimanns »ausgezeichnete« Interpretation zwar höflich, nichtsdestoweniger aber als ebenfalls sekundär zur Kenntnis nahmen. Statt dessen galt ihr Interesse den Gründen für den Erfolg des Stückes bei einem Publikum, das sicherlich kaum ein Gespür für seine Beziehung zu Goethes *Werther* erwarten ließ. Bevor man jedoch die Strategie von *Sinn und Form* als irrelevant verwirft, sollte man ihre wahre Funktion in der gegebenen Situation zu verstehen suchen. Indem die Kritik Edgar zu einem »gesunden«, produktiven Staatsbürger ernennt und das Stück selbst zu einer komplizierten Form der Aneignung, wenn nicht sogar »Parodie« des literarischen Erbes, vermeidet sie eine Debatte über das gestörte Verhalten Edgars und damit gleichzeitig über das Ausmaß, in dem möglicherweise die gesellschaftliche Ordnung dafür verantwortlich ist. Andererseits nahm man damit in Kauf, daß das Stück einen Freiraum erhielt, der es vor den potentiellen Übergriffen und der Zensur jener Funktionäre schützte, die seine politische und kritische Schärfe fürchteten. In diesem Zusammenhang spielte also *Sinn und Form* eine zentrale Rolle bei der Entwicklung einer autonomen Öffentlichkeit, und zwar von Beginn an. Die Zeitschrift veröffentlichte die ursprüngliche Erzählung, orchestrierte die öffentliche Debatte und lieferte die interpretative Sinngebung.

Andererseits hat die Verwendung komplizierter linguistischer und hermeneutischer Codes zusammen mit den ideologischen Versuchen, die Wirkung des Stückes abzuschwächen, dazu geführt, daß es den Debattanten in *Sinn und Form* weder gelang, ein weniger einschlägig gebildetes Publikum anzusprechen noch einen sozialkritischen Sinn anzubieten, der wenigstens entfernt den Vorgängen des Stückes hätte gerecht werden können. Das bedeutet nicht, daß Weimanns originelle und theoretisch wohlfundierte Interpretation keine schlüssigen literarischen Einsichten in den Entstehungsprozeß des Stückes lieferte. Allerdings braucht man nur seine obige Feststellung mit der Auffassung eines jungen Theaterbesuchers in einem Interview zu vergleichen, um zu erkennen, welche Kluft die Literaturkritik von dem Publikum trennte, das sie zu vertreten vorgab.

»Es war eine großartige Stimmung, alle klatschten wie verrückt, es wurde auch mit den Füßen getrampelt und gerufen, einfach aus Begeisterung ... man hätte am liebsten mitgemacht. Ich fand es einfach schau, man konnte sogar herzlich lachen zwischendurch. Und dann noch so viele echte Probleme von Jugendlichen!
Zum Beispiel?
Zum Beispiel, daß dieser Edgar Wibeau nicht so langweilig leben will, daß ihm alles so langweilig ist ... auch, daß er nicht einverstanden ist mit dem ganzen Trott, mit dem alltäglichen Trott. Da bricht er eben aus.«[36]

Dabei ist der wahrscheinlich wichtigste politische Aspekt der *Neuen Leiden* nicht in seinen Themen oder seiner demonstrativen Natur, sondern in seiner Sprache zu suchen. In einer Gesellschaft, in der sich die Formen offizieller öffentlicher Kommunikation zu einem System von Tautologien, Leerformeln und Metaphern verengt haben[37], muß die Regeneration einer funktionsfähigen Öffentlichkeit nicht nur bei den Institutionen, sondern bei der Sprache selbst beginnen. Als ein ursprünglich kritisches Diskursmodell, gekennzeichnet durch eine subversive Haltung und die Gegnerschaft zum Status quo, hat der Marxismus-Leninismus im Dienst politischer Herrschaft weitgehend seine Befähigung eingebüßt, als Medium für die Artikulation von Lebenserfahrung, Analyse oder auch einfacher Kommunikation zu fungieren. Die nachhaltige Wirkung und der Schockeffekt von Plenzdorfs Stück beruhen aber gerade auf dieser Fähigkeit, innerhalb des öffentlichen Lebens die bislang mit dem Argument des nichtantagonistischen Widerspruchs mundtot gemachten Erfahrungen von bestimmten Bevölkerungsschichten in der DDR sprachlich zu reproduzieren. Seine Mischung von Slang, Amerikanismen, Zeitungsdeutsch und sogenannter Jeans-Sprache, aber auch seine respektlose Parodie und Umkehrung von Marxismus-Leninismus und klassischer Hochkultur entsprach authentischer sprachlicher Erfahrung, war mithin als Bestandteil authentischer Öffentlichkeit identifizierbar: Sprache nicht nur als Mittel der Kommunikation, sondern Sprache auch als Symbolzusammenhang von Vertrauen und Zusammengehörigkeit.

Ein deutlicher Unterschied zwischen der intellektuellen Opposition in der DDR und der in anderen osteuropäischen Ländern bestand darin, daß die DDR-Autoren an marxistischen Kategorien und Paradigmen festhielten, wenn es um die Formulierung ihrer Opposition ging. Dies gilt für die Lyriker, Romanschriftsteller und Dramatiker genauso wie für systemkritische Theoretiker wie den Physiker Robert Havemann oder den Soziologen Rudolf Bahro. Das hat drei Gründe. Erstens repräsentiert der Marxismus in Deutschland seit der Entstehung der Arbeiterbewegung im 19. Jahrhundert nicht nur eine historisch starke Tradition, sondern auch ein reiches Erbe ideologischer Häresie aus den zwanziger Jahren dieses Jahrhunderts (Bloch, Benjamin, Korsch, Lukács usw.). Zweitens: während andere osteuropäische Dissidenten im Ausland publizierten, Material im *Samizdat*-Untergrund zirkulieren ließen, oder – wie im Fall von Polen – innerhalb etablierter und teilweise autonomer Öffentlichkeitsbereiche zu Wort kamen, zogen es viele DDR-Autoren vor, lieber mit offizieller Billigung und damit in der *lingua franca* zu veröffentlichen, als auf westdeutsche Medien auszuweichen. Und schließlich war es historisch schon immer eine Aufgabe der Avantgarde, eine Umwandlung von innen zu betreiben; in der Tradition von Brecht zu Bloch, Korsch zu Benjamin und in jüngster Zeit Kosik und Bahro ging es darum, den Marxismus als eine Sprache der Kritik zu neuem Leben zu erwecken.

Durch diese Art von innerparteilicher Opposition unterscheidet sich Plenzdorfs Drama von einigen Werken anderer Autoren, die in den siebziger Jahren ebenfalls um eine Ausweitung der öffentlichen literarischen Diskussion bemüht waren. Volker Brauns *Unvollendete Geschichte* (1975), Rainer Kirschs *Heinrich Schlaghands Höllenfahrt* (1973), Christa Wolfs *Kindheitsmuster* (1976) und Heiner Müllers *Zement* (1973) sind zwar samt und sonders Herausforderungen an die offiziellen Muster der Sprache und Geschichtsschreibung, doch bewegen sie sich sprachlich und institutionell in engeren Grenzen als die *Neuen Leiden*. Volker Brauns Liebesgeschichte von der Tochter eines Parteifunktionärs, die wegen ihrer Beziehung zu einem fälschlicherweise der versuchten Republikflucht bezichtigten jungen »Aussteiger« erheblichen Schikanen ausgesetzt war, erschien in einem Heft von *Sinn und Form* (1975), das fast sofort ausverkauft war. Kirschs Erzählung, eine Satire auf Fausts Teufelspakt, wurde in *Theater der Zeit* (1973) veröffentlicht, jedoch nie aufgeführt. Heiner Müllers kritische Bearbeitung von Gladkows Roman wurde zwar vom Berliner Ensemble auf die Bühne gebracht, fand aber wegen ihrer esoterischen Sprache und ihrer Einstellung zur sozialistischen Geschichte kaum Anklang.

Nur Christa Wolfs Roman, der die Auseinandersetzung einer Frau mit dem Faschismus durch Rückbesinnung auf ihre Kindheit schildert, wurde zu einem Bestseller und erreichte ein größeres, wenn auch immer noch begrenztes Publikum. Diese Begrenztheit lag auch an dem Umstand, daß der Themenkomplex der Opposition als eine marxistische Sache aufgefaßt wurde, die ideologisch, psychologisch oder kulturell von einem häretischen Standpunkt ausgeht. Volker Brauns *Unvollendete Geschichte* ist durchaus paradigmatisch in dieser Hinsicht, denn der Held ist aufgebracht, verletzt und verwirrt, weil er sich von seinem Gott verlassen fühlt – Brauns Adressaten sind desillusionierte Gläubige.

Plenzdorfs Publikum dagegen, einer anderen Generation entstammend, liegt nicht in symbiotischem Kampf mit dem Marxismus oder der sozialistischen Tradition. Gegen Marxismus hat man nichts einzuwenden – nur interessiert er die Jugendlichen nicht allzu sehr. Mit Edgars eigenen Worten, die vom jungen Publikum überall mit stürmischem Beifall begrüßt wurden:

»Ich hatte nichts gegen Lenin und die [Marx, Engels]. Ich hatte auch nichts gegen den Kommunismus und das, die Abschaffung der Ausbeutung auf der ganzen Welt. Dagegen war ich nicht. Aber gegen alles andere. Daß man Bücher nach der Größe ordnet zum Beispiel. Den meisten von uns geht es so. Sie haben nichts gegen den Kommunismus. Kein einigermaßen intelligenter Mensch kann heute was gegen den Kommunismus haben. Aber ansonsten sind sie dagegen. Zum Dafürsein gehört kein Mut. Mutig will aber jeder sein. Folglich ist er dagegen. Das ist es.«[38]

4. Der Staat und seine Kritiker im Kampf um die Öffentlichkeit

Die prekäre Natur des öffentlichen kulturellen Lebens in der DDR erwies sich mit schmerzlicher Deutlichkeit im Abbau der literarischen Freiheiten seit etwa Mitte der siebziger Jahre. Als die

DDR im November 1976 Wolf Biermann, der sich auf einer Tournee in der Bundesrepublik befand, die Rückreise verweigerte und ihn damit ausbürgerte, löste dies den ersten organisierten und koordinierten Protest einer Schriftstellergruppe in der Geschichte des Staates aus. Zwölf führende Autoren unterzeichneten das Protestschreiben an das ZK und über hundert weitere Persönlichkeiten aus dem Kulturleben der DDR schlossen sich an. Der unmittelbare Anlaß für die Verbannung Biermanns waren Versuche der Partei, die Unruhe und die großen Erwartungen der Bevölkerung einzudämmen, die von den Verträgen von Helsinki 1975 und der Berliner Konferenz der kommunistischen und Arbeiterparteien Europas im darauf folgenden Sommer (29./30. Juni) geweckt worden waren. Die Aufrufe der eurokommunistischen Parteien nach mehr Freiheit und Demokratie in dieser Zeit – nachzulesen in *Neues Deutschland* (30. 6. 76) – wendeten sich gegen jene Art der Entfremdung und Repression, die auch in der kulturellen Sphäre Ziel intensiver Kritik gewesen war. Kein Künstler in der DDR hatte diese Linie der Kritik beharrlicher verfolgt als Wolf Biermann, und sein enthusiastischer Empfang bei einem Auftritt in einer Prenzlauer Kirche[39] im Jahr 1976 war ein Zeichen dafür, daß er und andere Autoren zum Sprachrohr für einen möglichen Widerstand gegen die offizielle Politik geworden waren.

In der Rückschau wird klar, daß Biermanns Ausbürgerung einen Wendepunkt in der kulturpolitischen Entwicklung der DDR in den siebziger Jahren darstellte. Es folgten Sanktionen gegen kritische Formen des öffentlichen Ausdrucks, einschließlich Haft, Hausarrest, Ausschluß aus der Partei, Zensur und »Ausreiseerlaubnis«.[40] Die Autoren reagierten darauf in verschiedener Weise: einige zogen sich zurück, einige protestierten (weitere Repressalien waren die Folge), aber nicht wenige zogen es vor, das Land zu verlassen. Einem Land, das schon öfters unliebsame Geister in die Bundesrepublik entlassen hatte, kam diese Haltung nun teuer zu stehen. Die Liste derer[41], die der DDR den Rücken kehrten, war lang, und ihr Verlust war umso schmerzlicher, als sie zu den Besten gehörten. Die Zurückbleibenden hatten am Anfang nur die Wahl zwischen öffentlicher Zurückhaltung und einem deprimierenden Rückzug in die Privatsphäre.

Wenn der Protest gegen Biermanns Ausbürgerung ohne große Anstrengungen zum Schweigen gebracht werden konnte, so wirft dies ein bezeichnendes Licht nicht nur auf das symbiotische Verhältnis zwischen Autor und Partei, sondern auch auf die Macht und die Bereitschaft des Staates, dieses Verhältnis notfalls mit allen Mitteln zu erzwingen. Durch die Isolierung innerhalb ihrer Tätigkeit und ihre Abhängigkeit von einem ideologischen und materiellen Förderungssystem bei der Publikation ihrer Werke sind selbst die kritischsten der oppositionellen Autoren zur Ohnmacht verurteilt, wenn es um ein langfristig unabhängiges, nur den eigenen Überzeugungen verpflichtetes Schaffen geht. In dieser Hinsicht ist es nichts weniger als Ironie, daß die am meisten politisierten Autoren – die Sprecher sozusagen für einen ganzen Bereich sozialer und kultureller Gegebenheiten, die nirgendwo sonst im öffentlichen Leben artikuliert werden – gleichzeitig derart radikal *entpolitisiert* erscheinen, wenn es um die Organisation ihrer eigenen Interessen geht.

Angesichts der erfolgreichen sozialen Modernisierung und Integration, des hohen Lebensstandards und der Wiederherstellung der Parteihegemonie einerseits und dem Versagen des kulturellen Sektors andererseits, eine für den politischen Diskurs geeignete authentische Öffentlichkeit zu verwirklichen, erhebt sich die Frage: welche Probleme bzw. welche Gruppen könnten in den kommenden Jahren einen solchen kritischen Diskurs herbeiführen?

Eines der wichtigsten Anliegen im westlichen Europa und zunehmend auch in der DDR ist heute die Erhaltung des Friedens durch Abrüstung in Ost und West. Auf einer bemerkenswerten Konferenz von Schriftstellern aus beiden deutschen Staaten, die mit Zustimmung der SED in Ostberlin stattfand und vom Fernsehen der DDR wie auch der Bundesrepublik übertragen wurde, wendete sich eine ganze Reihe von DDR-Autoren mit Nachdruck gegen die Rüstungspolitik beider Machtblöcke. Dabei ist weniger bedeutsam, daß sich die DDR-Autoren und -Intellektuellen mittlerweile für die Friedensbewegung engagiert haben, sondern daß sich an der öffentlichen Debatte dieser Frage ablesen läßt, in welchem Ausmaß die Furcht um den Frieden die Gesamtbevölkerung bewegt und in welchem Ausmaß die offiziell gepriesene westliche Friedensbewegung auch im eigenen Land Fuß gefaßt hat. Obwohl die DDR-Regierung nach wie vor beteuert, daß Sozialismus und Frieden ein und dasselbe seien, und gleichzeitig versucht, die Befürchtungen der eigenen Bevölkerung auf die NATO und den westlichen Kapitalismus überhaupt zu projizieren, konnte sie doch nicht verhindern, daß sie selbst mit in den Blickpunkt geriet.

In diesem Zusammenhang kommt Teilen der evangelischen Kirche wieder eine wichtige Funktion zu. Schon im Juni 1978 wendete sich der Bund der evangelischen Kirchen der DDR in einem Schreiben an die Regierung mit aller Entschiedenheit gegen die geplante Einführung militärischer Ausbildung in den Schulen und forderte darüber hinaus die Einbeziehung auch der sowjetischen Rüstungsanstrengungen in die Diskussion des Weltfriedens.[42] Seit jener Zeit ist der Ton der Diskussionen noch aggressiver geworden, und es kam sogar zu Bestrebungen, anstelle des Militärdienstes bestimmte Formen des Ersatzdienstes einzuführen.[43] Für unsere Belange ist wichtig, daß damit eine von der offiziellen Ideologie sanktionierte Frage von einer legitimen Institution aufgegriffen wurde, die der regulären staatlichen Kontrolle entzogen ist. Hier scheinen sich die Anfänge eines Prozesses abzuzeichnen, in dem die angelernten Methoden unabhängigen Denkens, offener Diskussion und kollektiver politischer Aktion die Möglichkeit politischer Mündigkeit enthalten.

Das Bedürfnis nach einer Basis und nach einem öffentlichen Freiraum verweist erneut auf die Schwierigkeit, aus den vorhandenen Parteiorganen heraus eine Öffentlichkeit zu schaffen. Die Tatsache, daß dieser Begriff in jüngsten Diskussionen als Arbeitskonzept akzeptiert (und nicht länger als »bürgerliche Ideologie« diskreditiert) wurde[44] – wie sehr auch immer er seiner soziokritischen Bedeutung entkleidet sein mag –, reflektiert ohne Zweifel eine wachsende interne Erkenntnis, daß die Gesellschaft nicht weiter in den hermetisch abgeschlossenen, undurchsichtigen und hierarchischen Strukturen der Vergangenheit funktionieren kann. Auch trifft zu, daß aus den Reihen der Partei selbst eine zum Teil höchst radikale Systemkritik laut geworden ist. Anerkannte, im analytischen Denken geschulte Parteiideologen wie Peter Lübbe, Wolfgang Harich, Robert Havemann und Rudolf Bahro, vertraut mit den Traditionen des kritischen Marxismus, haben ihre Erkenntnisse gegen die Strukturen des »real existierenden Sozialismus« gewendet, in der Hoffnung, Reformen von innen heraus auszulösen.

Obschon sich diese Kritiker im Rahmen einer »innerparteilichen

Opposition« bewegten, unterschätzte keiner von ihnen die Bedeutung der Bürgerrechte oder der Institution der Öffentlichkeit. Bereits 1956 entwarf Wolfgang Harich ein Reformprogramm, das die Umwandlung der Volkskammer in ein demokratisches Parlament vorsah; weitere Punkte waren die Wiederherstellung gesetzlicher Garantien, die Dezentralisierung der Wirtschaft, interne Parteidemokratie und -opposition, Freiheit der Rede und des kulturellen Ausdrucks.[45] Eine achtjährige Gefängnishaft bereitete dieser Reformpolitik (und dem demokratischen Gebaren) Harichs ein Ende, doch wurde vieles davon später von Robert Havemann übernommen. Havemanns wiederholte und immer drängendere Aufrufe zur Neubelebung der Volkskammer durch parlamentarische Prinzipien, seine Forderung nach Streikrecht und dem Recht auf eine legale Opposition innerhalb der öffentlichen Ordnung entsprangen nicht seiner Theorie, die in den Kategorien des wissenschaftlichen Marxismus befangen blieb, sondern einem Grundbedürfnis nach Information und Aufklärung, aber auch einer Art existentieller Ethik, die aus der Unterdrückung dieser Bedürfnisse hervorging. In seinem Beharren auf der Unverzichtbarkeit individueller Freiheiten beruft sich Havemann sinngemäß auf Rosa Luxemburg, wenn er sagt: »Sozialismus ist freier Pluralismus in allen Bereichen des gesellschaftlichen Lebens.« Nicht durch den Mut weniger, isolierter Künstler und Intellektueller, sondern allein auf dieser Basis wird eine demokratische und sozialistische Öffentlichkeit in der DDR zu realisieren sein.

Aus dem Englischen von Reinhart Jost

Anmerkungen

1 Vgl. Andrew Arato, Civil Society against the State, *Telos* 47 (Spring 1981), S. 23–47.
2 Jürgen Habermas, *Strukturwandel der Öffentlichkeit* (Neuwied und Berlin: Luchterhand, 1964).
3 Ebd., S. 157.
4 Oskar Negt und Alexander Kluge, *Öffentlichkeit und Erfahrung. Zur Organisationsanalyse von bürgerlicher und proletarischer Öffentlichkeit* (Frankfurt/M: Suhrkamp, 1972).
5 Ebd., S. 163.

6 Agnes Heller, Marxist Ethics and the Future of Eastern Europe, in: *Telos* 38 (Winter 1978–1979), S. 171–172. Vgl. auch Heller, Past, Present, and Future of Democracy, in: *Social Research* 45 (1978), H. 4, S. 866–892 sowie ihr Kapitel Lenin, die UdSSR, der Sozialismus, in: *Das Leben ändern. Radikale Bedürfnisse Frauen Utopie* (Hamburg: VSA, 1981), S. 73–138.

7 Ebd., S. 171.

8 Robert Weimann, Kunst und Öffentlichkeit, in: *Sinn und Form* 31 (1979), H. 2, S. 221.

9 Ebd., S. 224.

10 Ebd., S. 232.

11 Ebd., S. 221.

12 Ebd., S. 216.

13 Ebd., S. 215.

14 Ebd., S. 219.

15 Ebd., S. 217.

16 Ebd., S. 216.

17 Ralf Dahrendorf, *Gesellschaft und Demokratie in Deutschland* (München: dtv, 1971).

18 Zitiert in: *DDR Handbuch*, hrsg. vom Bundesministerium für innerdeutsche Beziehungen (Köln: Verlag Wissenschaft und Politik, 1979), S. 593.

19 Nur ein Fall ist bekannt, in dem sich bei einer Abstimmung in der Volkskammer eine regelrechte Opposition bildete. Der Anlaß war das »Gesetz über die Unterbrechung der Schwangerschaft«, das am 9. 3. 1972 mit 14 Gegenstimmen und 8 Enthaltungen seitens der katholischen Delegierten verabschiedet wurde.

20 Für eine eingehendere Diskussion der Geschichte und der Struktur der literarischen Öffentlichkeit in der DDR vgl. meinen Aufsatz Geschichte als Selbstbewußtsein. Die Literatur der DDR, in: *Neues Handbuch der Literaturwissenschaft*, XXI, hrsg. Klaus von See (Wiesbaden: Athenaion, 1976), S. 273–279 sowie Wolfgang Emmerich, *Kleine Literaturgeschichte der DDR* (Neuwied und Berlin: Luchterhand, 1981), S. 19–34. Manfred Jäger, *Kultur und Politik in der DDR* (Köln: Verlag Wissenschaft u. Politik, 1982).

21 *Neue Deutsche Literatur*, 22 (1974), H. 2, S. 29.

22 Für eine »sprachpolitische Analyse« des Marxismus-Leninismus in der DDR vgl. Peter Christian Ludz, *Mechanismen der Herrschaftssicherung. Eine sprachanalytische Analyse gesellschaftlichen Wandels in der DDR* (München: Carl Hanser, 1980).

23 Christa Wolf hat sich in einem Interview neuesten Datums auf dieses Phänomen bezogen, als sie über die ähnliche Rezeption des Romans *Kein Ort. Nirgends* in der DDR und der BRD diskutierte: »Nun ist es allerdings so, daß sich Institutionen das Wesentliche nicht ausdenken

können, das rutscht zwischen den perfekten Strukturen durch, und das merken jetzt die Generationen, meistens die, die jünger sind als ich es bin [...] Das ›Eigentliche‹ – wie sie sagen würden – wird nicht befriedigt durch alles das, was an Wohlfahrt in beiden deutschen Staaten da ist – das Bedürfnis nach ... Poesie im Leben. Nach allem, was nicht unbedingt zählbar, meßbar, in Statistiken erfaßbar ist. Und da wird Literatur als ein Mittel der Selbstbehauptung benutzt. Das habe ich sehr oft beobachtet, und das kommt mir entgegen. Literatur als Mittel der Selbstbehauptung, Selbstbestätigung und ebenso Sehnsuchtsorgan.« *alternative* 143–144 (April/Juni 1982), S. 126.

24 Vgl. Peter Uwe Hohendahl, Ästhetik und Sozialismus: Zur neueren Literaturtheorie der DDR, in: *Literatur und Literaturtheorie in der DDR*, hrsg. P. U. Hohendahl und Patricia Herminghouse (Frankfurt/M: Suhrkamp, 1976), S. 100–162.

25 Dieter Schlenstedt, Funktion der Literatur – Relationen ihrer Bestimmung, *Weimarer Beiträge* 20 (1974), H. 4, S. 37.

26 Peter U. Hohendahl, The Use Value of Contemporary and Future Literary Criticism, *New German Critique* 7 (Winter, 1976), S. 14.

27 Günther K. Lehmann, Grundfragen einer marxistischen Soziologie der Kunst, in: *Deutsche Zeitschrift der Philosophie* 13 (1965), S. 993 f.

28 Manfred Neumann, Dieter Schlenstedt, Karlheinz Barck, Dieter Kliche, Rosemarie Lenzer, *Gesellschaft – Literatur – Lesen. Literaturrezeption in theoretischer Sicht* (Berlin und Weimar: Aufbau, 1975).

29 Weimann, »Kunst und Öffentlichkeit«, S. 217.

30 Dies wurde erstmals im September 1967 in einer Rede aus Anlaß des 100jährigen Jubiläums von Marx' *Kapital* erwähnt. Eine ausgezeichnete Analyse der Bedeutung dieses politischen Kurswechsels für die gesamte Epoche findet sich bei Hartmut Zimmermann: Die DDR in den 70er Jahren. Zu einigen Aspekten der innerpolitischen Situation der DDR, in: *Politik, Wirtschaft und Gesellschaft in der DDR* (Opladen: Westdeutscher Verlag, 1979), S. 13–82.

31 Ulrich Plenzdorf, *Die neuen Leiden des jungen W.* (Frankfurt/M: Suhrkamp, 1973).

32 Während die Aufführung der *Neuen Leiden des jungen W.* zu einer Neubesetzung und Neuinterpretation eines offiziell sanktionierten Freiraums führten, kam es neulich in der DDR zu z. T. gewaltsamen Versuchen von Seiten Jugendlicher, sich in der Öffentlichkeit Raum zu verschaffen. Ein Freiluftkonzert in Erfurt endete mit dem Eingreifen der Polizei. In Plauen forderten Jugendliche die Überlassung eines alten Bahnhofgebäudes als Jugendhaus, das dem Einfluß der FDJ entzogen war. Ihr Sitzstreik wurde mit Polizeigewalt beendet. Ähnliche Vorfälle wurden aus Berlin, Rostock, Eisenhüttenstadt und Karl-Marx-Stadt berichtet. Allerdings sollte man sich davor hüten, aus diesen Ereignissen eine revolutionäre Einstellung der neuen Genera-

tion abzulesen, wie dies einige westliche Medien getan haben. Die Forderungen der Jugendlichen waren äußerst bescheiden: man wollte nichts mehr als einen Ort, an dem man zusammenkommen, sich unterhalten, spielen konnte – jenseits der Zwänge von Schule, Familie und Staat, kurz: die klassische Form der Gegenöffentlichkeit. Vgl. Lutz Dietze, Der Ausbruch aus dem Plan, *Die Zeit*, 51, 18. Dez. 1981.

33 Wie Stephan Hermlin es auch tat: »Das Wichtigste an Plenzdorfs Stück ist, daß es vielleicht zum erstenmal, jedenfalls in der Prosa, authentisch die Gedanken, die Gefühle der DDR-Arbeiterjugend zeigt. Auf den Brief würde ich nicht weiter eingehen. Der ist belanglos.« *Sinn und Form* (1973), H. 1, S. 244.

34 Ebd., S. 226–227.

35 Ebd., S. 231.

36 NDL 23 (1973), H. 3, S. 139–140. Vgl. Jäger, *Kultur und Politik in der DDR*, S. 149.

37 In *Mechanismen der Herrschaft* liefert Peter C. Ludz eine systematische Analyse verbrauchter Metaphern und Analogien, die sich auf empirische Daten aus »Metapherntest und Leerformanalyse« von Lehrbüchern und Wörterbüchern aus der DDR stützt.

38 Plenzdorf, *Die neuen Leiden des jungen W.*, S. 80–81.

39 Vgl. den Brief Biermanns an seine Mutter, »Es gibt ein Leben vor dem Tod«, *Der Spiegel* 39 (1976), wo er dieses Erlebnis beschreibt.

40 Vgl. Emmerich, *Kleine Literaturgeschichte* für eine ausführliche Beschreibung dieser Maßnahmen.

41 U. a. Thomas Brasch, Siegmar Faust, Bernd Jentzsch, Ulrich Schacht, Reiner Kunze, Jürgen Fuchs, Gerulf Pannach, Christian Kunert, Hans Joachim Schädlich, Sarah Kirsch, Wolfgang Hinkeldey.

42 Vgl. H. J. Röder, Fragwürdige Friedenspolitik, *Deutschland Archiv* 8 (1978), S. 803 ff.

43 Vgl. Giesela Helwig, Als Held wird man nicht geboren, *Deutschland Archiv* 3 (1979), S. 234 ff.

44 S. o. Weimann, »Kunst und Öffentlichkeit«.

45 Wortlaut in: FAZ, 21. 3. 1957.

Ursula Heukenkamp

Kunstbewußtsein und geistige Strenge
Zur Entwicklung der Lyrik in der DDR der siebziger Jahre

Lyrik hat meistens eine geringere Ausstrahlung als Werke anderer Gattungen. Wer heute von DDR-Literatur spricht, denkt an Prosa, auch an Dramatik von hohem Rang. Die Lyrik wird in ihrer eigenen Entwicklung kaum beachtet. Das war vor einem Jahrzehnt noch anders. Daß dem Anteil der Lyrik am Literaturprozeß weniger Bedeutung beigemessen wird, geht nicht darauf zurück, daß es am Publikum für Lyrik überhaupt fehlte. Es gibt im Gegenteil einen aufgeschlossenen und mit dem Erbe der deutschen Lyrik vertrauten, wenn auch nicht übermäßig großen Kreis von Gedichtlesern. Das Problem – darin sind sich jüngere Arbeiten zur DDR-Literatur einig – betrifft den Beitrag der jüngsten Lyrik zur Formung sozialistischer Literaturverhältnisse.

Der Vorrang der Prosa in der Literaturwissenschaft[1] spiegelt die Situation der Gattungen in der literarischen Öffentlichkeit ziemlich genau. Dabei ist nicht von Auflagenhöhen die Rede. Die sind bei Lyrikbänden immer kleiner gewesen. Aber in den letzten Jahren waren Neuerscheinungen, die zum Ereignis wurden, vorwiegend in der Prosa zu finden. Die gesunkene Publizität der Lyrik dagegen prägt selbst wiederum ihre Themen, ihre Sprache und ihr Adressatenbild.

1. Kritik der Bürgerlichkeit des Musters Erlebnislyrik
Verfremdung der Naturform lyrischer Rede
Traditionswechsel
Materialistische Bedenken gegen Geschichtsloses

Die Reaktion der Lyriker auf ihren zurückgegangenen Stellenwert besteht keinesfalls darin, daß sie sich um eine Annäherung an die Bedürfnisse des lesenden Publikums bemühten. Sie zeigt sich vielmehr in ziemlich schroffer Abweisung der überlieferten Lesegewohnheiten, in Veränderungen des lyrischen Stils, die eingeübte Rezeptionsverfahren ungültig machen und insofern als Erschwernisse gewertet werden müssen. Deutlich tritt in der jüngeren Entwicklung hervor, daß der Schein einer absichtsfreien Sprachform nach dem Muster des klassisch-romantischen Gedichtes nicht mehr gelten soll. Gedichte, die das Sprechen als Hervorbringen einer bestimmten Sprachverfassung zeigen, reagieren auf das Zeitlosigkeitspostulat, das den traditionellen Redegegenständen der Lyrik hartnäckig anhängt. Sie schieben das poetische Kalkül in den Vordergrund und machen es zum expliziten Gegenstand der Reflexion. In die Gedichte tritt eine unübersehbare Distanz zur naiven Rede, und gleichzeitig damit wird die Unmittelbarkeit der Kommunikation zwischen Autor und Leser oder Text und Leser unterbrochen. Es gibt zahlreiche Beispiele dafür, daß das Gedicht mit einem »Bild« einsetzt, das die Erwartungen des Lesers begünstigt, um die so aufgerufenen Lesestrategien anschließend zu annullieren. So in Wulf Kirstens *Schiefergebirge:*

ein abgebrochenes stück waldgebirge
kleine rodungsinseln
sparsam eingestreut.
glasaugen, murmeln mit schlieren.
auf granit und gneisen
großflächige kahlschläge.
der kammweg begangen
von holzfällern und wettläufern
guten mutes.
[...]
das ende der tannen
wurde soeben beschlossen
vom westwind. über allen
wipfeln ... schiefergebirge,
beschreib seine schönheit anders![2]

Die ersten neun Zeilen des Textes geben fast eine Idylle zu erwarten. In anscheinendem Einvernehmen kann von der allerdings eingeschränkten Naturlandschaft gesprochen werden. In den folgenden vierzehn hier nicht aufgeführten Zeilen mehren sich unter den Nomen diejenigen, die die Vernutzung der Landschaft anzeigen. Der Nominalstil offenbart seine Funktion. »Beschreibung« wird als wahllose Aufzählung von Erscheinungen demonstrativ dargeboten. Ihre Tendenz entsteht nicht beim Autor, sondern entspringt dem Zustand des beschriebenen Objektbereiches. Die letzten fünf Zeilen erst führen mit den beiden finiten Verbformen die Tätigkeit des Wertens und damit den Rückbezug auf das wertende Subjekt ein. Aber auch dies geschieht zuerst als Angebot zu einem Einvernehmen, zwischen Urteil des Autors nämlich und dem des Lesers, der sich die Melancholie des Verlustes zu eigen machen kann. Die letzten beiden Zeilen wehren diese erst herbeigeführte Übereinstimmung ab, da sie mit dem Ergebnis auch den Ertrag der gesamten vorangegangenen Kommunikation in Frage stellen. Der Text wird durch diesen Schluß als Versuch bewertet, als mißglückter noch dazu. Das Goethe-Zitat qualifiziert diesen Versuch als Ausführung einer traditionellen Vorlage. Nicht der einzelne Text, sondern das Verfahren insgesamt erhält in der verdrossenen Doppeldeutigkeit der Zeile: »beschreib seine schönheit anders!« eine Zurückweisung. Sie richtet sich nicht gegen Goethes *Wanderers Nachtlied,* sondern die ganze Lyrik des Einvernehmens von Ich und Natur als Wertsystem, das sich vom Kriterium »Schönheit« herleitet, ist verworfen.

Die explizite Reflexion über das Scheitern eines poetischen Modells verbindet sich oft mit dem Bezug auf dessen Geschichtlichkeit und Ursprung. Dadurch erweist sich dieses Scheitern als Bestandteil der poetischen Fiktion. Es ist nicht die Rede von existentiellen Krisen, sondern von der Unangemessenheit derjenigen Poetik, die sich auf »das Schöne [. . .] als universelles Symbol höchster menschlicher Angemessenheit« gründete.[3] Die Zitate aus klassischer Poesie in den jüngsten Gedichten Volker Brauns übernehmen selbst die Funktion, Reflexionen über das Verfahren anzustellen. Versstücke von Goethe, Shakespeare usf. distanzieren den Stil des Autors als bedingte Sprachverfassung, und zwar durch die Konfrontation, in der ihre eigene Bedingtheit ebenso sichtbar gemacht wird:

Woher soll ich es nehmen
wonach ich verlange
        aus diesem Sommer?
[. . .]
wie wächst mir das
        (ein wüster Garten hier
        der auf in Samen schießt)

Wonach die Dichter schrein in ihren Tiraden?
[...]
Aus den Wiesen? aus den Gewittern?
Wie herrlich leuchtet
Wie glänzt
Die Sonne in den städtischen Bächen ...[4]

Zwischen Zitat und Ich-Rede findet kein Ausgleich statt. Das lyrische Ich macht sich Selbstbewußtsein und Übereinstimmung mit Natur, wie sie das Ich in Goethes *Mailied* kundgibt, nicht zu eigen. Es setzt dem aber auch kein anderes, historisch verändertes Selbstverständnis entgegen.[5] Vielmehr streiten die Zitate im Text gegeneinander; der Lebensekel aus dem Hamlet-Monolog und später noch die fromme Ergebenheit im Kirchenlied von Paul Gerhard *Geh aus mein Herz und suche Freud* stellen von unterschiedlichen Seiten die triumphale Selbstbejahung der Verse Goethes in Frage.[6] Dem lyrischen Ich, als Gegebenheit des Textes kein alter ego des Autors, kommt dagegen nur die Rolle des Unvermögenden, mit sich selbst im Widerstreit Liegenden zu. Der Gedichttext bildet das auch durch seinen »Ausdruck« ab, indem er die fortwährenden Schwierigkeiten des Ich demonstriert, sich sprachlich zu fassen. Sie reichen bis hin zur sprachlichen Inkompetenz.

Das Ausstellen von Verfahrensweisen im Gedicht, die Demonstration des experimentellen Charakters der poetischen Rede und schließlich auch die sichtlich trügerische Identität des lyrischen Ich kommen insgesamt weder den Leseerfahrungen entgegen noch den vorhandenen Erwartungen an ein literarisches Werk. Wie diese Erwartungen sich in den beiden letzten Jahrzehnten entwickelt haben und in der Prosaliteratur, die sie aufgriff, auf Strukturen zurückwirkten, hat die Untersuchung Dieter Schlenstedts gezeigt.[7] Für die zeitgenössische Lyrik gibt es, immer bezogen auf die Leseröffentlichkeit in der DDR, keine gleichartige Korrespondenz. Es besteht sogar im Gegenteil ein Widerspruch zwischen einem offensichtlichen Handlungscharakter der Gedichte von Kirsten, Braun, Rainer Kirsch oder Karl Mickel und ihrem rigorosen Umgang mit den vorauszusetzenden Lesebedürfnissen.

Karl Mickels Gedicht *Die Elbe*[8] ist exemplarisch für den Bruch mit einem organischen Typ des lyrischen Gedichts. In den Text ist sowohl die Besprechung des Verfahrens eingearbeitet als auch der Verweis auf die Tradition, welche den konventionellen Rahmen bildet, in dem sich die lyrische Rede zu einem bestimmten thematischen Zentrum bewegt. Der zweite Teil des Gedichts wird von solchen »Nebentexten« ein- und ausgeleitet:

So sah ich das. Jedoch das exponierte
Material reicht weiter. Männer, Frauen
Vernetzt gekoppelt, schlagen Wellen, Fluß
Neben dem Fluß, der Verkehrsstrom
Reißt . . .

. . . Und Berufsverkehr
Heiß, daß Der mit Jenem, Der mit Dieser
Es (sein Wesen) treibt, und jedes Menschs
Verrichtung, wenn nur Eines, und nicht sofort
Ein Anderes die Lücke, wie es, besser
Oder schlechter, ist, füllt, fällt, nicht wäre:
Vgl. auch den Kommentar zu Pindar
Von Hölderlin, Belebendes (Kentauren).[9]

Mickels Gedicht beginnt wie das Kirstens mit einer geschlossen wirkenden Darstellung (Bild) dessen Geltung dann rückwirkend eingeschränkt wird. Sein Verfahren gründet in einer immanenten Ironie. Der Text scheint in jeder seiner Phasen einer der vorgegebenen Diskursformen zu entsprechen; jedesmal werden aber die Binnenverhältnisse in ihrer Gültigkeit durch übergeordnete Gliederungen negiert. Die gegenständlich darstellende Passage kann nicht als »Bild« gelesen werden, wenn der folgende Kommentar diesen Bildcharakter widerruft; und die Vorgangserzählung nicht als solche, wenn der Rahmen ihr den Status einer phantastischen Projektion zuspricht. Das Gedicht setzt seine vieldeutige Redeweise von Anfang an als notwendig, weil vom Redegegenstande, der Gedankenarbeit an den unterschiedlichen Dimensionen eines Bildes von Geschichte, erfordert. Nur in einem traditionellen Gedichtverständnis ist daher von einem Bruch zu reden. Geht man von diversen Traditionen aus, liegt dagegen ein Traditionswechsel vor. Mickel bezieht sich auf einen Typ rhetorisch-reflektierender Redeform, der in der Lyrik seit Klopstock ausgebildet worden ist. Zahlreiche Funktionen der Sprache im Gedicht, wie die Beschreibung oder die erörternde Reflexion, die in der Poetik des 19. Jahrhunderts ausdrücklich verworfen worden sind, können wiederaufgenommen werden, und dies – bei Karl Mickel – in demonstrativer Weise. Sie sind gegen den Anschein der Unmittelbarkeit und Selbstvergessenheit gestellt, mit dem das lyrische Ich umgeben schien. Die Abwendung von der sogenannten Erlebnislyrik und ihrem Angebot des Einvernehmens zwischen einem lyrischen Ich und einem mit ihm seiner selbstvergessenen Leser-Ichs wird jedoch nicht erst mit der Lyrik des letzten Jahrzehnts und den jeweils letzten Gedichtbänden der Autoren aus der mittleren Generation eingeleitet. Sie kündigt sich vielmehr seit der Mitte der sechziger Jahre an und verbindet sich eng mit der Beziehung jener Generation zur Poetik und Lyrik Georg Maurers. Auch Mickel selbst kann aber inzwischen als Beispiel gelten. *Die Elbe* ist von den hier angeführten Gedichten am entschiedensten in der Verfremdung der lyrischen Rede als Ausdruck des momentanen Zustands, obwohl sie das früheste ist. Bereits Mitte der sechziger Jahre wurde das »kurze Gedicht« von Karl Mickel zu einer Metapher für einen Typ gedankenloser, gleichsam im Zuständlichen verharrender statt handelnder Gedichte gemacht, gegen den er zusammen mit Adolf Endler zu Felde zog.[10] Dabei ging es nicht um äußere Formen und schon gar nicht um einen stilistischen Lakonismus, dem Mickel selber zuneigt. Das Verdikt gegen das »kurze Gedicht« meinte eine Poetik, die die Erlebnisaussage mit einer naiven Realismusvorstellung verband und zwischen beide ein ungenügend reflektiertes Stilideal, den schlichten oder einfachen Ton, als Vermittlungsglied setzte.

Der Vorgang insgesamt wie auch die nachweisbaren Verfahrensänderungen könnten im Sinne der russischen Formalisten als »Verfremdung« bezeichnet werden. Sie gilt der Funktion des lyrischen Gedichts in einem festliegenden literaturgesellschaftlichen Umfeld und richtet sich auf umfassende Kritik des gebräuchlichen Modells lyrischer Kommunikation. Dieses Umfeld wird von der Funktion der Literatur in der DDR gebildet. Ohne diese Referenzbeziehung wäre die sichtlich widersprüchliche, aber trotzdem auf Bedingungen der Kommunikation orientierte literarische Kritik, die die gegenwärtige Lyrik als Experiment entwickelt, eine rein formale Angelegenheit. In ihrem Bezugsfeld, einer Gesellschaft mit verbindlich formulierten und anerkannten Funktionen der Literatur, ist das kritische Experiment sinnvoll auf die Größe Wirkung bezogen.

In diesem Bezugsfeld ist es aber problematisch, den Terminus Verfremdung für die beschriebenen Verfahren anzuwenden.

Denn dieser Begriff ist hier in erster Linie an eine historische Phase der Entwicklung der deutschen sozialistischen Lyrik gebunden, vordringlich an den Namen Brecht. Als Nachfolger Brechts kann man aber die Lyriker, die im letzten Jahrzehnt in der DDR schrieben, nicht sehen. Sonst müßte man sich nicht nur über ausdrückliche, bezeichnete Positionen der Autoren hinwegsetzen, sondern auch den Paradigmenwechsel übersehen, der mit den Berufungen auf Brockes, Klopstock und Hölderlin angezeigt wird. Es handelt sich hier nicht um literarische Figuren, sondern um Protagonisten eines lyrischen Stils, der als rhetorische Tradition seit der Mitte des 19. Jahrhunderts wenig Nachfolge und noch weniger Verständnis fand. Für die Lyriker der mittleren Generation lag das Vorbild einer redenden Lyrik in dem Raum, welcher durch die sprachliche Verfassung der Subjektivität eingeräumt wurde. Deren Kundgabe maßen sie ein anderes Gewicht zu, als die Lyrik Brechts ihr zuweist. Mit Subjektivität ist nicht etwa die Beschränkung auf eine gemüthafte innere Welt gemeint. Im Gegenteil, Innerlichkeit wurde von den Autoren selbst unerbittlich kritisiert. Aber der Gedichttext sollte entschieden vom Ausdruckswillen des Autor-Subjektes geprägt sein und dessen Reflexion auf die eigene Welterfahrung kundtun. Dem Ausstellen von Verfahren im poetischen Text, das in den neueren Texten zu finden ist, geht wiederum ein anders strukturierter Begriff von Wirklichkeit voraus.

Andererseits wäre ohne den Einfluß Brechts die DDR-Lyrik nicht zu denken.[11] Seine Nachwirkungen sind bis in die Lyrik der jüngsten Zeit zu verfolgen, in der nicht abreißenden Tradition eines rigorosen Lakonismus zum Beispiel, dem sich Richard Pietraß, der seit Anfang der siebziger Jahre schreibt und 1980 den Band *Notausgang*[12] veröffentlichte, ebenso verpflichtet wie Bernd Wagner aus derselben Generation mit *Zweite Erkenntnis* von 1978.[13] Nachhaltig wirksam ist auch Brechts Begriff vom Gestus, und zwar als eine Art poetologischer Imperativ, der den sprachwissenschaftlichen Begriff vom Handlungscharakter sprachlicher Äußerungen vorwegnahm und dessen Anwendung auf die Poesie gleich einschloß. Er leitete die Kritik an einem Gedichttyp ein, der als monologisch zu wirken bestimmt war. Die sprachkritische Lyrik erhielt daher nicht wenige Impulse; andererseits wurde auch die Aufmerksamkeit für soziale Prägnanz geweckt. Nicht allein die Rollengedichte und Sprachporträts in Mickels *Eisenzeit* bezeugen diesen Einfluß; auch die Vorliebe fast aller jüngerer Lyriker für Porträt- und Rollengedichte schreibt ihn fort. Die eindrucksvollsten davon sind nicht die Dichter- und Künstlerporträts, von denen seit 1979 eine umfangreiche Anthologie, *Goethe eines Nachmittags,* vorliegt[14], sondern die selteneren Darstellungen eines sozial bestimmten Verhaltens von Menschen oder Menschengruppen aus einem sozialen Milieu, das vom eigenen unterschieden ist. So in dem Gedicht *Frauen* der 1946 geborenen Brigitte Struczyk:

[...] denn selten sah
man von ihrem Los erzählen
eine Frau von dieser Art.
Wenn sie ihre Maschen zählen,
wird bedacht, wieviel man spart.[15]

Trotz solcher Züge, zu denen auch die Öffnung der Lyrik für Themen und Gegenstände des Alltags und die Hinwendung zu einer sensualistischen Auffassung des Lebens gehören, entfernt sich die jüngste Generation der Gedichtautoren stärker noch als die vorangegangene von Brechts Poetik. Sie nehmen auf, was sie brauchen, wenden sich aber von kommunikationsbezogenen und operativen Formen ab und wählen ausdrucksbezogene.

Veränderungen in den Normen und Mustern einer Gattung, wie sie sich seit über einem Jahrzehnt in der Lyrik der DDR abzeichnen, berühren das Verhältnis zu anderen Gattungen oder sind von Umschichtungen im gesamten Gefüge der literarischen Formen beeinflußt. Gegenwärtig ist es die Prosa, die auf die Formgestaltung in der Lyrik zurückwirkt. Der Typ lyrischer Aussage, auf den sich die Ansicht vom Gedicht als »Erlebnis eines Aussage-Ichs« allenfalls beziehen läßt[16], tritt zurück. Das geschieht zugunsten von Diskursformen, in denen sich kein solches lyrisches Ich darstellt oder aber seine Gestalt zur Figur in Masken und Rollenspielen wird. Dagegen weist die Prosa Formen der Darbietung auf, die eine Gestalt in der Erlebnisnähe und unmittelbaren Betroffenheit des Autor-Ichs halten. Christa Wolfs Bemühungen um eine subjektive Authentizität des Erzählers und die ihr entsprechenden Erzählerfiguren in ihren Prosa-Arbeiten seit *Nachdenken über Christa T.* sind als Entwurf und Ausführung einer Sprachbehandlung dem gestalthaften lyrischen Ich und dessen Nähe zum Biographischen nicht unähnlich.[17] Das betrifft besonders die dem Leser zugewiesene Stelle und Teilnahme am »Dialog«, die als Sich-in-Beziehung-Setzen, Nachvollzug und schließliche Übereinstimmung von Autor-Ich und Leser-Ich bezeichnet werden könnte. Nimmt die Subjektivität in der Prosa den Platz ein, den die Lyriker nicht mehr beanspruchen? Oder besetzen neue Formen der Prosa seit Ende der sechziger Jahre den Platz der alten Erlebnislyrik?

In einer Alternative läßt sich das Verhältnis zur Prosa nicht festschreiben, besonders da die Autoren, Lyriker wie Erzähler, die Formentscheidungen aus inneren Notwendigkeiten ihres Mitteilungsanliegens fällen und nur selten aus gattungspoetischem Kalkül. Aber die Bedingungsverhältnisse zwischen den Bewegungen in Lyrik und Prosa sind dennoch sichtbar. Sie erweisen sich in der Veränderung der lyrischen Sprache, die auf der Leserseite als übermäßige Kompliziertheit erfahren wird. Nicht allein die Formentscheidungen gegen die Erlebnislyrik haben freilich das lyrische Ich und die entsprechende Rezeptionsweise verdrängt. Auch der Gegenstand der Lyrik, die Welt im Gedicht, hat sich gründlich verändert. Der materialistisch denkende Lyriker kann über die Folgen von naturwissenschaftlicher und technischer Entwicklung, die das Leben auch in der DDR seit Mitte der sechziger Jahre tiefgreifend beeinflussen, nicht hinwegsehen. Die Folgen davon sind nicht nur an Stoffen und Themen erkennbar; sie leiten auch ein theoretisches Umdenken ein.

2. Gewandeltes Weltbild der Lyrik
Bebaute Natur – soziale Erfahrungen – poetische Tätigkeit und praktische Arbeit

Kann das lyrische Ich im Atomzeitalter so reden wie zur Zeit der Postkutsche, der marxistische Autor in einer sozialistischen Gesellschaft so wie sein auf die Allmacht des Subjekts setzender Vorgänger zu Beginn des 19. Jahrhunderts? Das etwa ist der Kern der neu auftretenden Fragen. Die Antworten sind vielstimmig. Sie werden in der Naturlyrik dort gegeben, wo die Industrielandschaft die schöne Natur nicht nur verdrängt, sondern aus der Vermischung bizarre Formen neuer Landschaften entstehen:

Gerümpel. Stahlbetonverliese:
Die Regenwasserauffangbecken
Der braunen Obstbauparadiese.
Es stirbt das Land an seinen Zwecken.[18]

Ähnlich wie in diesem Gedicht von Jürgen Rennert aus der Mitte der siebziger Jahre erscheint bei Heinz Czechowski die behandelte Natur, wenn er 1981 über die Elbe, den Lieblingsfluß der DDR-Lyrik, schreibt:

In der von Abwässern jeglicher Art
Vergifteten Elbe
Leben, so lese ich ungläubig,
Noch Fische.[19]

Bei Wulf Kirsten, einem Landschaftsdichter im Sinne der Bindung seiner Arbeiten an die Regionen Mitteldeutschlands, heißt es 1974 bereits:

die zersiedelte siedlung,
wie sie verwegen abhängt,
zerfleddert und zerpflückt
zwischen wilden müllkippen,
die sich verzetteln
von unort zu unort.[20]

Die Abfallandschaft mit einem Scheinleben von Fäulnis, Zerfall und der Quasivegetation von Chemikalien findet sich bei Adolf Endler ebenso wie bei Uwe Kolbe, bei Ulrich Berkes ebenso wie bei Axel Schulze. Eine regelrechte Müllhaldenpoesie ist entstanden.[21] Sie brüskiert die Erwartung auf schöne Natur nicht allein durch unschöne Gegenstände oder »Bilder«, sondern auch durch die Komposition, die die bedrohte Landschaft als Auseinanderfallen in einzelne Teile einer toten Dingwelt darstellt. Mit der Dingwelt zerbröckelt stets auch die Wahrnehmung des Ich. Das Einvernehmen zwischen dem Ich und der Natur, welches die geheime Mitte des überlieferten Naturgedichtes gebildet hatte, wird, wie schon bei Kirsten zu sehen war, mehr oder minder demonstrativ aufgehoben. Daraus folgt auch, daß eine einvernehmliche Haltung des Ich mit sich selbst – sei sie Voraussetzung, sei sie Ziel des Vorgangs, den der Gedichttext darstellt – hinfällig wird. Seine Identität als Einheit des Textes verfällt der Kritik.

Gedichte über die Unmöglichkeit, Naturgedichte zu schreiben, entstehen nicht nur aus ökologischen Motiven, obwohl einer

Reihe der genannten Autoren die Absicht eines moralischen Appells an die Mitmenschen nicht abzusprechen ist. Doch braucht es hierzu, wie die Lyrik Eva Strittmatters und deren Wirkung deutlich macht[22], nicht des formalen Schocks, der mit Stilbrüchen, Montagen, Reduktionen der Syntax, Umkehrung traditioneller Metaphern usw. herbeigeführt werden soll. Dieser erklärt sich erst daraus, daß die schöne Natur selbst als tradiertes Element der deutschen Lyrik und als Sinnbild eines weltanschaulichen Kontinuums historisch aufgefaßt und kritisiert werden muß. Die DDR-Lyrik begann damit seit der Mitte der sechziger Jahre; die erste Stufe war das oft mißverstandene Bekenntnis zur neuen Schönheit der bearbeiteten Landschaft.[23] Erst das letzte Jahrzehnt brachte mit der allgemeinen Zunahme der Sensibilität für die Fragen der Umwelterhaltung und des Schutzes der Natur das Bewußtsein hervor, daß die Natur nicht ewig und sich nicht ewig gleich ist. Dieses bereitete den Boden nicht allein für die ökologische Thematik im engen Sinne, sondern eben auch für eine dialektische Aneignung der überlieferten Bildsprache und ihrer Bindung an den Subjektbegriff des klassischen Idealismus.

Das weltanschauliche Niveau in der Lyrik zur Thematik Natur ist durchaus unterschiedlich. Eine Reihe von Autoren bleibt bei der in Schillers Begriffen sentimentalischen Haltung vor der schwindenden Natur und mißt die Gegenwart an Idealbildern, die immer unwirklich waren. Erst die historische Kritik, die sich den Naturbegriff des historischen Materialismus zu eigen macht, kann nach der Natur fragen, die der Gegenwart und der gesellschaftlichen Organisation ihrer Produktion entspricht. Das muß nicht zwangsläufig zu jener fast naturfeindlich wirkenden Bejahung des technischen Fortschritts führen, den Volker Braun Anfang der siebziger Jahre in Verse brachte:

Natürlich bleibt nichts.
Nichts bleibt natürlich.
Die Signale wachsen grün, die Weichen
Der Äcker. Ich, der Nachfahr
Lauf über die grauen Entwürfe
Ohne Geduld ...[24]

Aber es muß eine Geschichtlichkeit des Begriffs von der Natur einleiten, der nicht den Zustand der Natur beklagt, sondern auf den Zustand der Gesellschaft zurückfragt, der die Qualität menschlicher Eingriffe in die natürliche Umwelt verursacht.

Deren Notwendigkeit wird vorausgesetzt, als Bedingung des Menschseins. Mit solchen Augen betrachtet, erscheint die Natur weniger uniform als in herkömmlichen Naturgedichten. Die Texte können genußvollen Umgang mit der vernünftig bearbeiteten Natur vorschlagen, wie es Volker Braun mit dem Gedicht *Durchgearbeitete Landschaft* in durchaus utopisch anmutender Weise getan hat.[25] Sie können Natur als Modell einer Welt nehmen, die der zweckhaften Funktion menschlicher Tätigkeit entzogen oder auch ihr entgegengesetzt ist, wie es der an die Landschaft der Rhön und Thüringens gebundene Walter Werner möchte.[26] Sie können schließlich auch gesellschaftliches Verhalten zur Natur zum sinnfälligen Exempel von Verhältnissen machen, auf deren bedingende Rolle der Text verweist, wie in dem ersten der sieben Gedichte aus dem Zyklus *Mottek sagt* von Karl Mickel:

In Tokio, sagt Mottek, sie verkaufen
Sauerstoff in Läden gegen Geld
Wer zahlt darf atmen, drei oder zehn Züge
Aus einer Maske, und in England
Sind, sagt Mottek, an der Nordseeküste
In einem halben Jahr gestorben Seevögel
Zwölftausend Stück und er weiß nicht warum
[. . .]   wer ein Auto kauft
Kauft den Autounfall, weiß er das?
Mottek sagt, er denkt, der Andre hat ihn[27]

Selbst der Auszug zeigt, daß Natur hier zum Gegenstand des Nachdenkens geworden ist. Das denkende Subjekt aber tritt ihr nicht in der Gestalt des »wahren«, also seiner gesellschaftlichen Rollen enthobenen Menschen und nicht allein als einsames Ich gegenüber. Es denkt vielmehr Konsequenzen eines Verhaltens zu Ende, dessen Verbreitung durch die faktische Realität der angeführten Exempel plausibel gemacht wird. Dadurch wird der Spielraum individuellen Verhaltens zur Natur in so hohem Grade überformt, daß die Sprache der Tatsachen die subjektiven Entwürfe zum Schweigen bringt. Der Schluß des Gedichtes spricht von bedingtem Verhalten des einzelnen, das dazu beiträgt, das verbreitete und allgemein erscheinende zu stabilisieren statt zu kritisieren. Der Widerspruch wird im einzelnen Individuum aufgesucht. Er zeigt sich in dessen Unfähigkeit, gemeinschaftliche Anliegen – und ein solches ist die Gestaltung der Natur – anders zu behandeln denn als abstrakt-allgemeine Angelegenheit, als die Sache »Anderer«. So handelt in der Konsequenz jedes Individuum nicht nur gegen eigene Bedürfnisse und vernichtet zum Beispiel den Sauerstoff zum Atmen; es täuscht sich sogar über sie hinweg und könnte so den eigenen Untergang beschleunigen. Auch dieses Gedicht redet unter anderem über die Unmöglichkeit, Naturgedichte zu schreiben. Nicht ein Zustand der Natur macht das Hindernis für Mickel, sondern jenes vorgeschriebene Verhältnis zwischen autonomem Subjekt und schöner Natur, das das Naturgedicht dort hinsetzt, wo der Autor Bedingtheit des individuellen Verhaltens sieht. Bezogen auf die Naturbeherrschung, die die warenproduzierende Gesellschaft praktiziert, ist das freie Beziehungsspiel von Mensch und Natur als Muster nicht mehr brauchbar.

Mickel macht ein Mißverhältnis zwischen dem Status des Individuums und der Fiktion des autonomen Subjekts sichtbar, das durch Industrialisierung und technischen Fortschritt einschneidend wird. Der Status des Individuums wird von ihm auf die historische Epoche bezogen. Es zeigt sich, daß die Frage nach Lyrik und wissenschaftlich-technischer Revolution nicht von der Entwicklung in der DDR allein beantwortet werden kann. Außerdem reicht diese Frage in diverse andere Bereiche hinein; in die der ästhetischen Strukturen auf der einen und die der Lebensweise der Individuen auf der anderen Seite.

Daher gehören auch die Gedichte, welche sich der Erfahrung der sozialen Bestimmtheit von individuellem Verhalten öffnen, zu den Antworten der Lyrik auf die Wirkung des technischen Fortschritts. Soziales Engagement ist für die Lyrik keine Neuheit; man denke an Chamissos greise Wäscherin vor 150 Jahren. Die Prägnanz dagegen, durch welche aus dem Daraufblicken und Darüberreden soziale Konkretheit in der Darstellung wird, schien gerade der Lyrik verschlossen. Zwar war bei Brecht mit den Rollengedichten und der Forderung nach dem sozialen Gestus der Weg eingeschlagen. Aber die Bindung der lyrischen Rede an die sozialen Erfahrungen ihres Autors, die zur Einschränkung des ›allgemeinmenschlichen‹ Charakters des lyrischen Ich führen mußten, hatte sich damit nicht durchgesetzt. Die Anstrengungen der folgenden Generation auf diesem Gebiet sind beeinflußt und gefördert von der kulturpolitischen Aufgabe, die vor der sozialistischen Gesellschaft seit dem Ende der fünfziger Jahre stand. Sie betraf die Zuwendung der Kunst zur Lebens- und besonders der Arbeitswelt zum einen und die Beendigung des sozialen Privilegs zum anderen, das sich in der bürgerlichen Gesellschaft mit der Produktion von Kunst wie mit deren Aufnahme verbindet.[28]

Eine thematische Verschiebung begann mit dem Einzug der Stadt als Lebensraum ins Gedicht. Gab es in den sechziger Jahren noch die Neigung, die Stadt zu naturalisieren oder sie als heimliche, vertraute Welt zu zeichnen, so nahm bald die Großstadt die Züge derjenigen Lebensweise an, welche durch die industrielle Produktion, die Disziplinierung des Lebensrhythmus, durch die Teilung in Arbeit und Freizeit und die Bauweise der Mietskasernen geprägt ist, die zwar das Erbe der kapitalistischen Stadt sind, aber weiterhin gebraucht werden. Mit Volker Brauns *Schöneweide* (»Bis ich mit dem Kopf durch die Wand seh/ Vor Jahr und Tag verbauter Stall/Auf Schöneweide in den Abwässern«) vom Ende der sechziger Jahre[29] begann die Großstadt soziale Welt im Gedicht zu werden. Braun eröffnete eine Reihe, die bis heute fortgesetzt wird. Der »Berliner Hof« oder die Straße in der Innenstadt sind keine beschaulichen Plätze. Wenn von Idyll die Rede ist, dann von »geometrischem Idyll«, wie es bei dem 1969 verstorbenen Uwe Greßmann heißt. Greßmann schrieb eine Großstadtlyrik, in der das Verhältnis von geträumter Vollkommenheit und Harmonie der menschlichen Angelegenheiten zur erfahrenen Welt sich in der Ironie ausdrückt, die sich im doppeldeutigen Aussehen der Dinge, eben dem Inventar der Großstadt, niederschlägt.[30] Sie hat mit der melancholischen Heiterkeit bei Kästner, an den man durch einzelne Zeilen erinnert sein könnte, nichts gemeinsam, weil es Greßmann fernliegt, die erfahrbare Welt zu verzaubern.

Vielleicht ist die Neigung, Hinterhöfe und Altbauviertel ins poetische Arsenal einzugliedern, auch geringer, wenn man nicht gelegentlicher Gast ist, sondern dort wohnt. Die sozialen Konkretheiten in der Lyrik der Jüngeren sind meist aus der eigenen Erfahrung geschöpft. In *Berliner Hof* von Richard Pietraß bestimmt sich die Mechanik des Bildes, d. i. der Darbietung der gegenständlichen Welt, aus ihrer Wirkung auf den Wahrnehmenden. Eine regulierte und begrenzte Wahrnehmungsfähigkeit entspricht sichtlich dem Zwang, den die Dingwelt als Lebenswelt überhaupt auf ihre Bewohner ausübt:

Und heute wie gestern
Richten die Leute ihr Tagwerk
nach dem Wechsel
Des wenigen Lichts.
Keine der Sperren weicht
Sicht zu geben auf einen
Horizont [. . .][31]

Das »geometrische Idyll«, ein Widerspruch in sich, ist nivelliert, so daß nur bedrängende Geometrie übrigbleibt. Der zehn Jahre jüngere Uwe Kolbe hat in seinem *Hoflied* ebenfalls das Stück Stadt im Hinterhof als Vergegenständlichung von Lebensweise aufgefaßt:

Sein rauher Boden
Von grauem Beton
[. . .]
Darauf die Kinder
Der Stimmen
Spielen Krieg
Mit den Hälsen.
[. . .]
Gelb der Geruch
Von rauchenden Steinen
Herab und heraus,
Heraus nur, heraus.[32]

In beiden Gedichten sind eigene Erfahrungen so dargestellt, daß sie sich nicht als die eines einzelnen ausnehmen. Beide bevorzugen eine beschreibende Diktion und vermeiden expliziten Ausdruck von Gefühlen. Aus diesen und verwandten Gedichten bei jüngeren Lyrikern läßt sich schließen, daß die soziale Perspektive nicht allein vom Umstand persönlicher Erfahrung abhängig gemacht wird. Die Absicht, das eigene Ich nicht als exemplarisches aufzufassen, sondern von seiner bestimmten Erfahrung Zugang zu der anderer zu finden, tritt hervor. Auch sie kann als ein Ergebnis der kritischen Auseinandersetzung angesehen werden, die mit dem Gedichttyp der Ich-Aussage und seiner hypertrophierten Subjektgestalt in der DDR-Lyrik geführt worden ist.

Kommunikationsbedingt, also auf die Erwartungen des Lesepublikums abgestimmt und dessen Ansprüche befriedigend, ist diese Veränderung der Welt in der Lyrik, die am Ende eben nicht nur einen Themenwechsel bedeutete, jedoch nicht. Vielmehr finden sich gerade die Lyriker nach wie vor an einer Ästhetik des Schönen gemessen, deren Regeln sie selbst schon allein deshalb nicht genügen können, weil jene einer vorindustriellen Phase der Ästhetik entstammen.[33] Derselbe Gegensatz zwischen Aussage- und Lesebedürfnissen entsteht auch da, wo die Lyrik, auf das Allgemein-Menschliche verzichtend, den sozial bestimmten Menschen darstellt, zum Beispiel den Arbeiter. Richard Leisings Gedicht *Mulackstraße*[34] gibt ein Bild der Arbeit des Mannes, der mit seiner Kiepe voll Kohlen dreißigmal elf Stufen hinunter in den Keller steigt und wieder herauf. Die Arbeit des Kohlenmannes wird nicht schwer genannt und auch nicht schmutzig; sie wird überhaupt nicht besprochen. Der Text verfolgt vielmehr den Ablauf des Arbeitsvorganges; keine Teilhandlung wird übersprungen; keine aber auch vom Subjekt der Tätigkeit abgelöst; jede Verszeile kommt auf den Kohlenträger zurück. Die Arbeit, die der Mann verrichtet und wie er sie verrichtet, erhält die volle Aufmerksamkeit auch dadurch, daß Wiederholungen, die gleiche ausführliche Beschreibung schon bekannter wie noch unbekannter Vorgänge und gelegentliche Verfremdungen (»Die Kiepe schiebt den Kohlenträger ins Haus«) das Texttempo stark retardierend beeinflussen. Im Gedicht wird – dank einer artifiziellen Naivität der Sichtweise – der alltägliche Vorgang zu einem bemerkenswerten Ereignis.

In seinem Gedicht *Bier. Für Leising* greift Karl Mickel auf dessen Enthaltsamkeit gegenüber dem rhetorischen Pathos bei der Rede von der Arbeit zurück. Mickels zweiflügliges Gedicht, ein reimloses Sonett, kommt nach zwei Quartetten, in denen von der Übereinstimmung mit Leising geredet worden ist, anscheinend unvermittelt auf eine Krankengeschichte zu sprechen:

Ich kenne eine Frau, vom Hörensagen
Aber verbürgt: Dreißig, neun Jahre am Fließband
Der zucken, wo sie geht und liegt, die Arme
Die läuft zum Psychiater, denn sie wünscht
Zu kündigen [. . .][35]

Das Gedicht geht in der Drastik der Anschauung von schwerer Arbeit noch über das Leisings hinaus. Auch der Umstand, daß von einer Frau die Rede ist und die Arbeit nicht schwer im landläufigen Sinne, nämlich aus männlicher Perspektive, ist bedeutungsvoll. Die Tatsache, daß mehr als die Hälfte aller

Arbeiter in der DDR Frauen sind, setzt sich nur langsam im Bewußtsein durch. Das Bild von der Arbeiterklasse war lange auch in der Literatur vom Mann und der entsprechenden Arbeit bestimmt. Mickels Drastik trägt provokanten Charakter. Sie wendet sich gegen das Vorurteil, daß die gesellschaftliche Bedeutung der materiellen Produktion und ihr Charakter in der sozialistischen Gesellschaft sich adäquat in der Lebenswirklichkeit der Produzenten umsetze. Dieses Vorurteil wird dort vermutet, wo keine körperliche Arbeit verrichtet werden muß. Das Gedicht ist unter anderem eine Selbstkritik. Mit Vorbedacht verweigert der Autor daher seinen Lesern ein Angebot, wie man sich zu den angeführten Fakten zu verhalten habe. Das Aussparen der Subjektivität, das in diesem Falle durch die episodisch beiläufige Einführung des Falles sowie seine Zuspitzung ins Absurde zusätzlich herausgestellt wird, funktioniert hier als Herausforderung an die mutmaßlichen Träger des Vorurteils. Mickel stellt sein Gedicht zugleich in einen kunstprogrammatischen Zusammenhang. Er verhindert, daß diejenige kathartische Wirkung herbeigeführt wird, durch welche die Fakten und die realen Widersprüche als Form annehmbar und damit erträglich werden.

Ganz direkt als Selbstkritik an der Kunst in der sozialistischen Gesellschaft ist der Hinweis auf die soziale Realität bei Andreas Reimann genommen:

[...]
Etliche, also zuviele der heimischen dichter
haben die alternde frau nicht gesehen [...]
[...] es füllt
ihnen das bier ab die frau mit dem kleinstlohn, sie zahlt extra noch steuern: so nährt sie die heimischen dichter [...][36]

Reimann ist moralisch, voller Vorwurf, nicht aber gegen irgendwelche anderen Gruppen in der Gesellschaft, sondern gegen die Künstler als Nutznießer von Arbeitsteilung. Ihre Unempfindlichkeit gegenüber der Situation derer, die durch ihre Arbeit den gesellschaftlichen Reichtum hervorbringen, wird gerügt. Das Gedicht ist jedoch dort undeutlich, wo es darauf ankäme, zwischen Künstlern und Kunst zu vermitteln. Aus dem bezeichneten Umstand der Arbeitsteilung allein ergeben sich noch keine Schlußfolgerungen für die Kunstfunktion. Der Haltung einer moralisierenden Kritik entspricht die formale Anordnung des

Textes, welche weder vom Gegenstand noch von seiner dialogischen Bestimmung her gegeben ist. Die äußere Form der asklepiadeischen Ode bleibt dem Thema und seiner Dimension, die das der gesellschaftlichen Rolle von Kunst im Sozialismus ist, äußerlich.

Der Äußerlichkeit ist nicht leicht zu entkommen, solange über die Differenzen zwischen sozialen Erfahrungen der verschiedenen Glieder der Gesellschaft, die hochgradig arbeitsteilig produziert, geredet wird. Weder die ins Detail gehende Beschreibung von Arbeitsprozessen, die eine ganze Reihe jüngerer Autoren anwendet (unter ihnen auch schreibende Arbeiter), gelangt zu der erwünschten sozialen Präzision, noch schafft es die moralische Forderung, wie sie bei Reimann zu sehen war. Wie die unterschiedlichen Ergebnisse zeigen, ist es nicht damit getan, das große Thema mit Respekt ins Gedicht aufzunehmen. Vielmehr muß auch der formale Ausbruch aus der Tradition gelingen, die das 19. Jahrhundert entwickelt hatte. Die Mitleidsgeste oder die pathetische Verweisung auf das Schicksal des armen Mannes sind zwar schon im Vormärz, etwa bei Weerth, widerlegt, aber deshalb doch als Muster noch nicht wirkungslos geworden. Die Umkehrung der Künstlerproblematik, die bei diesem Thema immer anklingt, so auch bei Reimann, wird aber dann erst möglich, wenn dieses »Darüberreden« abgetan ist.

Es handelt sich hierbei nicht allein um das Problem von Kenntnis und Erkenntnis, das Franz Fühmann bereits 1964 umrissen hat: »Was zum Beispiel empfindet ein Mensch, der weiß, daß er ein Leben lang so ziemlich dieselbe Arbeit für so ziemlich dasselbe Geld verrichten wird, als beglückend und was als bedrückend an eben dieser Arbeit; wo bringt sie ihm Reize, wo Freude, wo Leid, in welchen Bildern, auf welche Weise erscheint sie in seinem Denken und Fühlen usw.? Ich weiß es nicht [...]«[37] Dieses Problem hat seitdem keine endgültige Lösung erfahren. Außerdem erwies sich, daß Versuche, eine solche zu forcieren, nichts einbringen. Trotzdem hat sich die darin enthaltene Aufgabe für die Literatur nicht erledigt. So wirkt es als ständige Herausforderung, die einige, nicht alle Autoren, immer wieder annehmen. Für die Lyrik verbindet sich mit der Herausforderung auch eine Inventur ihrer Poetik.[38] Erlebnislyrik und Erfahrungen eines bestimmten und daher auch begrenzten sozialen Spielraums gehen nicht zusammen. Das lyrische Ich ist gerade deshalb Fiktion eines ganzen, der sozialen Bedingungen enthobenen Menschen, weil es ähnlich dem Subjekt der Erkenntnistheorie weit genug von jedem empirischen Ich entfernt ist, um eine Instanz allgemeinen Fühlens oder Denkens darstellen zu können. Es trägt daher aber auch von seinem bürgerlichen Ursprung her das Illusionäre eines rein Menschlichen an sich.

Auf die Art von Kompetenz des lyrischen Ich, welche sich aus der Idee eines die Individuen übersteigenden menschlichen Wesens herleitet, muß der Lyriker jetzt verzichten. Das Thema verlangt die Überprüfung der sonst vorausgesetzten Repräsentanz. Damit gehört es zu jenen Faktoren der gesellschaftlichen Wirklichkeit, die in die Strukturen poetischer Aussagen hineinwirken. Wie andere Faktoren, die sich aus der Dominanz der materiell-technischen Entwicklung bei der sozialistischen Gesellschaftsentwicklung ergeben, berührt es die innere Form der Lyrik. Mehr noch als andere Faktoren setzt dieser einen Maßstab für ihre Funktion als sozialistische Literatur.

Generelle Aussagen über die Lyrik eines Jahrzehnts lassen sich nicht machen. Wie es weiterhin die Neigung gibt, sich auf idyllische Naturflecken zurückzuziehen und die übrige Verwandlung der Landschaft zu beklagen, so findet sich auch immer wieder die Beschränkung auf den »weltfernen« Raum der inneren Welt. Doch ist die Auseinandersetzung mit den Veränderungen, die die Welt der Lyrik durch die veränderte Struktur ihres Gegenstandes erfahren hat, in den siebziger Jahren nicht mehr abgerissen.[39]

Seine eigene Geschichte hat das Thema bei Volker Braun. Mehrfach entwirft er in seinen Gedichten Arbeitergestalten, bald mit Namen versehen, so daß auf eine bestimmte Individualität verwiesen ist, wie Hanna Wagenseil in *Die Haltung einer Arbeiterin*[40], bald als namenlose Gestalt mit sinnbildlicher Bedeutung ausgestattet, so in *Allgemeine Erwartung*.[41] Auch die Verfahren wechseln. Über die Weberin Hanna Wagenseil wird im Stil der Chronikballaden Brechts berichtet. Im zweiten Gedicht dagegen konstituiert sich die lyrische Rede als innerer Monolog oder Bewußtseinsstrom, der den Ablauf des Arbeitsprozesses in einer Maschinenhalle während eines heißen Tages begleitet. Das sprechende Ich ist hier eine synthetische Gestalt; die (mutmaßlichen) Bewußtseinsinhalte der Arbeitergestalt werden in der Sprache und folglich auch aus der Perspektive des Autors präsentiert. Dieser Versuch, das Darüberreden auch formal zu negieren, wird wiederum korrigiert in Brauns jüngstem Gedicht dieser Art: *Material III: Die Gummikneteranlage*. Der Text steht in einem Zyklus *Der Stoff zum Leben*. Zu den Dokumentationen der Struktur des Gegenstandes Wirklichkeit in seiner Erfahrung, die der Autor mit diesem Zyklus vornimmt, gehört die Reflexion über die Lage des Arbeiters an der Gummikneteranlage. Braun gibt sich hier die strengste Rechenschaft über das von Fühmann benannte Problem. Der Autor spricht in seiner Sprache, aber über Bewußtseinslage und Motive eines Arbeiters. Braun wählt ein Verfahren, das die Nichtidentität zwischen Erfahrungen und Sprache bewußthält. Alle Schlüsse und Folgerungen werden, sobald sie ausgesprochen sind, kritisch befragt. Als seinen Anhaltspunkt weist der Autor-Sprecher den Tatbestand aus, daß der Arbeiter seine schwere Arbeit ernsthaft und ohne den Gedanken an eine bequemere macht. Das Bild der Arbeitergestalt, die diese Arbeit und die Gemeinschaft mit den Kollegen zum Leben braucht, entsteht aus den Erwägungen des Textes. Es ist nicht handhabbar, dafür aber genau im Ausweis der Verfahren, das dem Autor dazu dient, weder die Mühe des Verstehens zu verwischen noch eine Identifizierung mit seiner Haltung zuzulassen, der diese Mühe nicht vorausgegangen ist. Der Text weist sprachlich aus, daß die Deutungen nicht schon die Wirklichkeit sind:

Ihr seht ihn in den Walzsaal tappen pünktlich wie ein Gespenst:
Also würde ihm etwas fehlen, ganz abgesehn
Vom Zaster, von der Gewohnheit, von dem Geflachse
[...]
Ganz abgesehen davon! und daß das sein Werk ist, und ungeachtet
Er es aus Bewußtsein tut, aus der Notlage heraus
Aus Blödheit, also aus Bewußtsein, ungeachtet
Dieser Ausreden, ich mache es kurz, braucht er das
Weil er hier bestimmt, was mit ihm passiert und uns
Mal unterschlagen die Bedingungen [...]
Herrscht er hier, mal ganz abgesehn davon [...]
[...] daß er nicht weiß ob ihn einer versteht [...][42]

In den meisten der Gedichte herrscht eine große Spannung. Sie erscheint in der Überdehnung der Sätze, den übermäßigen Spannungsbögen, der Vermischung verschiedener Bewußtseins- und Sprachebenen. Ihre Ursache liegt darin, daß die Texte zwischen der einzelnen Arbeitergestalt und der geschichtlichen Bedeutung und Rolle der Klasse vermitteln, ohne die Differenzen dazwischen einzuebnen. Braun ist weniger von der unmittelbaren Erfahrung und dem sozialen Detail als im Gegenteil von der theoretischen Einsicht bestimmt. Diese aber hat zu verarbeiten, daß »für große Teile der Arbeiterklasse die Arbeit im Sozialismus [...] von ihrem technologischen Inhalt her nicht erfüllte schöpferische Arbeit [ist], sondern notwendiges Existenzmittel«.[43] Die Qualität der Gedichte Brauns liegt darin, daß die Darstellung andererseits diesen Sachverhalt nicht als Gegebenheit annimmt. Das zitierte Gedicht besteht vielmehr darauf, daß die Arbeit dem Arbeiter nichts Äußerliches und ihn von sich selbst Entfernendes ist. Trotz seines Titels, der die Maschine bezeichnet und so den Arbeiter gleichsam als deren Zubehör einführt, konstatiert der Text, daß diese Arbeit und die Gemeinschaft der Arbeiter die Selbstbestätigung des Mannes und seiner sozialen Beziehungen ist, ungeachtet der äußerst keimhaften Form dieser ihrer Produktivität. In der Spannung dieses Möglichen zum gegenwärtigen Zustand sieht Braun die notwendige Unruhe der Entwicklung des Sozialismus.

3. Veränderungen der Sprache der Lyrik: Komplizierter – strenger – unverbindlicher

Die Veränderung der Welt und folglich auch des aussagenden Ichs in der Lyrik griff auch in ihre sprachliche Konsistenz ein. Daß diese Sprache komplizierter geworden sei und als schwer zugänglich empfunden wird, ist oft zu hören. Dahinter steht die Beobachtung, daß die einprägsame Ausdrucksgestalt, die sich der Leser zu eigen machen konnte, indem er sie in die eigene Sprache aufnahm, nicht mehr anzutreffen ist. Die Wirkungskraft einer solchen Ausdrucksgestalt, mitunter einer Verszeile, die sich im Kopf festsetzt, ist nicht gering zu schätzen. Doch zeigt sich andererseits, daß sie oft den unbestimmtesten und allgemeinsten Formen, auch Formeln anhängt.[44] Wenn die Sprache der Lyrik komplizierter wird, so handelt es sich auch nicht um willkürliche Entscheidungen der Lyriker. Der Vorgang hängt mit dem Zweifel an der Gültigkeit jener allgemein verständlichen Sprache zusammen, die vor allem in der liedhaften Lyrik als Stilideal angestrebt wurde. Die Kritik daran beginnt nicht erst in der DDR-Lyrik und nicht im letzten Jahrzehnt. Sie verfügte mit Dichtern wie Erich Arendt, Georg Maurer und Johannes Bobrowski schon in der älteren Generation über eine solide Tradition. Andererseits befand sich die von Johannes R. Becher und Louis Fürnberg angeregte Bemühung um eine neue liedhafte Ausdruckslyrik im Widerstreit zu denjenigen, die an die moderne Lyrikentwicklung des 20. Jahrhunderts anschlossen. Auf Brecht konnten sich beide Richtungen berufen. Gegen das Plagiat der Einfachheit Brechts nämlich wie gegen die einfache Nachahmung der Gefühlssprache des 19. Jahrhunderts und ihrer bürgerlichen Nachfahren im 20. Jahrhundert wendete sich die von Lyrikern wie Karl Mickel, Adolf Endler, Rainer Kirsch und Elke Erb vorgetragene Kritik; eine Kritik, die bei allen namhaften Lyrikern seit Ende der sechziger Jahre als sprachkritische Tendenz auch innerhalb der Gedichte anzutreffen ist.

Mit Ausgang der sechziger Jahre wird Sprache zu einem Thema des Gedichts, bei Günter Kunert, auch bei Heinz Czechowski. Das verbindet sich wie schon vorher, etwa in Bobrowskis Gedicht *Sprache*[45], mit elegischen Haltungen. Die aufkommende Frage nach Brauchbarkeit und Mißbrauch der Sprache verlangt immer den Abschied von der Idee einer Sprache der Poesie, vor der alle Menschen gleich sind und die darum für alle spricht. Diese Trennung fiel um so schwerer, als mit ihr auch ein früher Anspruch der DDR-Lyrik, mit einer neuen Naivität, ganz unbelastet von der Tradition lyrischer Formen und Muster beginnen zu können, hinfällig wurde.

In Brauns Lyrik setzt sich das Bewußtsein von der Geschichtlichkeit poetischer Aussageweisen zuerst in der Präzisierung der Bedeutungen von Fahnenworten und Symbolen der Arbeiterbewegungen unter den konkret-historischen Bedingungen durch. Im *Revolutionslied*[46] organisiert Braun den Gedanken des Prozeßcharakters der sozialistischen Revolution, indem er die Forderung nach der Befreiung der Arbeiterklasse auf den gegenwärtigen Stand bezieht und neu bestimmt. Ihre fortdauernde Gültigkeit tritt aus der Bilanz von bereits Erreichtem: »Freie, wie sehr sind wir frei / Von Hunger, Kält und Pein?« und Festlegung des noch zu Erreichenden hervor. Das *Revolutionslied* ist eine Kontrafaktur auf einen Text aus Brechts *Svendborger Gedichten.*[47] Die abwandelnde Wiederaufnahme des älteren Textes, seiner Anredeform, seines Rhythmus, seiner inneren Gliederung, betont die Einsicht in die Geschichtlichkeit der symbolischen Zeichenwelt, durch die Wirklichkeit angeeignet wird. In den Gedichttexten von Brauns letztem Band tritt die Demonstration der Existenz von mehreren Sprachen im Bewußtsein eines Individuums hinzu. Die Unangeglichenheit von unterschiedlichen Sprachebenen in Texten, die krisenhafte Zustände der Individualität registrieren, weist auf die Widersprüchlichkeit eben dieses Bewußtseins hin. Statt der Einheit des Bewußtseins konstituieren seine Gedichte nun dessen Teilung in mehrere Sprachen, die unterschiedlichen Zuständen und Rollen des einen Menschen in der Realität der gesellschaftlichen Beziehungen entsprechen. Bechers Bemerkung, daß in jedem modernen Menschen mehrere »Andere« stecken, die voneinander nichts wissen und wissen wollen, bekommt samt seiner Umkehrung, der Suche nach dem identischen Selbst, ihre sinnfällige Anschauung in den aus Sprachstücken, widersprechenden Äußerungen, Floskeln und sinnvollen Bemerkungen zusammengesetzten Gedichten, die Braun Ende der siebziger Jahre im *Training des aufrechten Gangs*[48] vorlegt. Die »Anderen«, Sprachmasken und Rollen, drohen das lyrische Ich zu überwuchern, bis es darunter als Einheit nicht mehr zu erkennen ist. Zugleich eröffnet die Bewegung des Textes auch wieder eine Aussicht. Die unorganischen Elemente stehen nicht in starren Blöcken nebeneinander; sie sind in einen Dialog gebracht, so daß die Fremdheit mit sich selbst aufhebbar scheint.

Bei der Auseinandersetzung mit einem uniformen Begriff vom Lyrischen spielte die Sprachkritik in doppeltem Sinne eine Rolle, einmal als Kritik literarisch tradierter Sprache samt ihrer Bildwerte und andererseits als Beobachtung der zeitgenössischen Sprache und ihrer Aussage über die gesellschaftlichen Beziehungen, die die Individuen eingehen. Wulf Kirsten, der sich selbst einen »Wortesammler« nennt, arbeitet mit der Mehrschichtigkeit der Bedeutungen, die der Wortschatz aufweist. Er befragt Ausdrükke, Wendungen, ganze Wortfelder, wieviel Realität in der Praxis ihnen noch zukommt. So zeigt sich, wie schnell und in welchen Dimensionen das Leben sich in sozialkultureller Hinsicht verändert. Der Rückbezug des untersuchten Wortmaterials auf seine Verwendung im poetischen Bereich, den Kirsten fast nie ausläßt, überprüft dessen Rolle als konservierender Faktor und stellt damit den Realitätsverlust der Poesie, die der Ästhetik des Schönen folgte, zur Schau. Kirsten beschränkt sein Verfahren auf den begrenzten Bereich. Es ist die Bildwelt der klassisch-romantischen Poesie, die er messend und vergleichend an die Realität hält. Seine Gedichte präsentieren zwar, wie etwa die Sprache der Naturlyrik zu einer legendären wird und selbst die sogenannten einfachen Dinge, wie der Apfel am Baume, die Ruhe des Abends usf., in der Sphäre unserer realen Erfahrung kaum mehr eine Entsprechung haben.[49] Aber sie stellen ihre Beobachtungen weitgehend unter dem Vorzeichen des Verlustes dar. Kirsten faßt die entdeckte Geschichtlichkeit einer poetischen Welt und ihres sprachlichen Korpus wieder unter dem elegischen Aspekt; in seinen Gedichten wird die Welt betrauert, die da abhanden kommt.

Aus diesem Grund mußte sich Kirsten in einem ihm zugeeigneten Gedicht von Karl Mickel sagen lassen, daß dem Dichter nicht Melancholie zustehe, sondern Wissensdurst seine Tugend sei. Gedichttitel als Zueignung wie Mickels *Inferno XXXIV. Für Kirsten* sind häufig.[50] Die Lyriker begleiten die Wege ihrer Kollegen, mit Kritik sowohl wie mit Teilnahme. Das gilt auch wieder für die junge Generation. Mickel nun plädiert dafür, daß der Lyriker die gesprochene Gegenwartssprache als Basis seiner Arbeit ansieht. Er meint damit nicht die Nivellierung der Poesiesprache, die zeitweise in der jungen Lyrik angestrebt worden war, weil man Nähe zur Prosa mit Unmittelbarkeit des poetischen Ausdrucks gleichsetzte. Mickel ist vielmehr ein Anhänger strenger Formen und artifizieller Sprachgestaltung. Er hat keinen geringen Einfluß darauf, daß der Vers und traditionelle Strophenformen in der Lyrik wieder in Gebrauch kommen. Seine Forderung ist, daß die Lyrik die Ausdrucksstärke der Alltagssprache zur Kenntnis nehme, aus deren Wortschatz und Syntax, wo sie von der Schriftsprache abweichen, schöpfe und schließlich an Sprechchören und Losungen studiere, wie Rhythmen geboren werden. Das alles wird dann bei Mickel verfremdet und bearbeitet. Der Zweck seiner Verfahren ist das Experiment mit Sprachformen, nicht deren Nachahmung; sind Vertauschungen, ironische Übertreibungen der Normen, ist auch das Spiel.

Bei Mickel finden sich daher auch erste Versuche mit Elementen einer konkreten Poesie in der DDR-Lyrik. In dem Gedicht *Kindermund*[51] wird die altkluge Rede des Knaben an die zerstrittenen Eltern so angeordnet, daß jede Zeile aus zwei Teilen, Anrede an den Vater, Anrede an die Mutter, besteht. Die Folge der Halbzeilen, die jeweils untereinander stehen, kann auch fortlaufend gelesen werden, so daß sich zwei Texte in dem einen Gedicht zeigen. Die Zäsur zwischen den Halbzeilen liegt an verschiedener Stelle in den einzelnen Zeilen. Daraus ergibt sich im Schriftbild ein Riß, ähnlich einem zerrissenen Foto. Das ikonisch funktionierende Zeichen der gestörten Ehe wirkt komisch und bricht die stilistisch unangemessene Redehaltung des Knaben ein weiteres Mal. Neben solchen poetischen Effekten setzt Mickel auch Varianten des Sprechgedichtes ein, so in *Hofgeschrei.*[52] Dieser Text perfektioniert eine Schimpfrede aus dem offenen Fenster hinab in den Hof zu den spielenden Kindern so weitgehend, daß die semantische Funktion der in der Rede ständig wiederkehrenden Wörter hinfällig wird. Die Entwicklung des Textes verläuft über ihre wechselnde Stellung; seine Kohärenz besteht nicht im Sinn, sondern bildet sich durch die Wiederholung des ständig gefestigten Rhythmus. Sonst untergeordnete Funktionen von Sprache treten zutage; es zeigt sich die Verwandtschaft von Rede und Gesang sowie die Ausdrucksfunktion von Rhythmen.

Mickel geht nicht systematisch in solche Richtungen weiter. Er erprobt sie gleichsam als eine Vorschule für seine lyrische Sprache. Diese ist durchgearbeitet und soll sich der Absicht des Autors nicht durch unkontrolliert wirkende Normen, Vorbedeutungen oder unterschwellig auftretende Wertungen in den Weg stellen. Die kalkulierte Sprache, die dadurch entsteht, gibt vom modernen Bewußtsein eines in einer industrialisierten Gesellschaft lebenden Menschen Rechenschaft, aber auch von dem eines Marxisten, der streng historisch denkt. Das eben gelingt nicht, wenn Lyriker spontan und ohne Berechnung der Mittel auf die gleichen Erfahrungen reagieren. Mickels Sprache entgeht auch der Tendenz zur Reduktion, mit der Lyriker wie Arendt, aber auch Celan sich gegen die Last ungewollter Bedeutungen zur Wehr setzten. Daher braucht der Autor auch, anders als noch in seinen Gedichten der sechziger Jahre, den sprachlich demonstrierten Traditionsbruch nicht mehr, weil nicht zuletzt durch Ironie die verwendeten Traditionen offenliegen. Eine solche, im Sinne wahrgenommener Geschichtlichkeit zeitgenössische Sprache erscheint aber den Zeitgenossen alles andere als naheliegend und begreiflich. Im Gegenteil. Mickels Lyrik gilt auch geübten Lesern als hermetisch. Denn sie hält nicht jenen Fundus an Ansichten, Bedeutungen und Bildwerten bereit, zu dem der Leser über gesicherte Schlüssel mühelos verfügt. Der Anteil an »Innovation« ist so hoch, daß Verstehen zu einer mühevollen Arbeit wird.

Gerade Mickels Sprachbehandlung ist aber von den nachfolgenden Lyrikern als Anregung aufgenommen worden. Konnte Andreas Reimann noch 1974 eine Kritik an junger Lyrik mit einem satirischen Gedichttext illustrieren[53], den er aus beliebigen Zeilen der kritisierten Lyriker montiert hatte – damit zeigend, daß keiner eine besondere Sprache hatte und ihrer aller Sprache ungenau und allgemein war –, so herrscht jetzt in den Gedichten der Generation, die in den fünfziger Jahren geboren wurde, ein ausgebildetes Bewußtsein von der Funktionalität der Formen. Hier wird bereits von der Verfügbarkeit der Muster und Vorbilder ausgegangen, so daß eine ausgesprochen experimentelle Lyrik im Entstehen ist. Sie gründet sich auf den hohen Standard, den die vorangegangene Generation auch in bemerkenswerten theoretischen Arbeiten wie Rainer Kirschs *Das Wort und seine Strahlung*[54] und Elke Erbs Experimentaltextbuch *Der Faden der Geduld*[55] ausgebildet hat.

»Mancher wird Geschlossenheit vermissen, einen persönlichen Stil. Ihm entgegne ich, daß mir der Schneid fehlt, eine mir zugefallene Entdeckung zu patentieren und lebenslänglich auszubeuten«, merkt Richard Pietraß im Postskriptum zu seinem Band *Notausgang*[56] an. Die Trennung vom Muster der Erlebnislyrik führt bei ihm dazu, daß nicht jede Gedichtzeile als authentische Aussage des Autors zu fungieren hat. Das Verhältnis zwischen poetischem Text und unmittelbarer Erfahrung ist nicht zwingend. Dafür werden reichlich literarisch und andere sprachlich vermittelte Erfahrungen verarbeitet. So behandelt Pietraß in einer Reihe von Gedichten das Mißtrauen gegen die Ungenauigkeit des Sprachgebrauchs, aus dem er auf die Ohnmacht des dichterischen Wortes schließt und zugleich die Brauchbarkeit dieser Ungenauigkeit aufdeckt. Dabei zieht er vorwiegend Konsequenzen aus fremden Erfahrungen, mit der Berufung auf die Dichter dieses Jahrhunderts zum Beispiel. Er teilt sie, insofern ihm die jüngste Vergangenheit, der Faschismus etwa und seine Bewältigung, zum eigenen Problem wird. Geschichte, besonders die des eigenen

Volkes, erscheint bei diesem Dichter als unfreiwillig angetretene Erbschaft. Das Gedicht soll das Material Sprache kontrollieren, damit das auferlegte Erbe nicht der bewußten Reflexion entgeht, womit es unbewußt angenommen wäre. Die Thematisierung der Unzuverlässigkeit von Sprache ist eine Art, sich über den Sinn dichterischer Arbeit zu verständigen. Auch dieser gilt nicht als selbstverständlich voraussetzbar. Und auch hier wird die Verunsicherung nicht aus eigener Lebenserfahrung genommen, sondern auf die Begebenheiten des Jahrhunderts zurückgeführt:

Darf ich noch schreien nach so vielen Schreien?
Ist noch etwas zu sagen? Nach so viel Blei
Meine eifernde Stimme Ersäuft der Atlantik
Berge von Namenslisten Heizen euch ein.[57]

Als Antwort auf diese Fragen entwickelt Pietraß eine Verkargung seiner Sprache. Sie läuft nicht auf Scheu vor großen Worten allein, sondern auf eine Scheu vor Worten überhaupt hinaus. Um ein endgültiges Urteil etwa über die Möglichkeiten von Poesie handelt es sich jedoch nicht. Der Lakonismus wird fallengelassen, ehe er auf den Engpaß der Wortlosigkeit zuläuft. Der Autor verfügt, wie viele in dieser Lyrikergeneration, über einen Spielraum an poetischen Mustern, der es ihm erlaubt, sich in den unterschiedlichen Sprachformen zu versuchen, indem er durch sie hindurchgeht. Für die Sprache seiner Texte ist das poetische Kalkül ebenso wichtig wie das Maß an subjektiver Betroffenheit, das jeweils in sie eingeht.

Sogar in Liebesgedichten wird derzeit mit den Möglichkeiten, Ich zu sagen, gespielt. Das ist bei Uwe Kolbe der Fall, dessen Band *Abschiede* viele Sprachen spricht.[58] Von Nachahmung ist hier nicht die Rede, denn Kolbe erprobt das Fremde willentlich und fügt es seinen Zwecken. Wenn die poetische Sprache im Sinne der Selbstaussage weniger verbindlich ist, so gewinnt sie dafür an Ausdrucksmöglichkeiten und Nuancen. Denn nur scheinbar ist es ein Widerspruch, daß das Abrücken von der unreflektierten Ich-Aussage im Gedicht zur größeren Sensibilität für sprachliche Wirkungen führt. Der Zweifel an der allgemeinverbindlichen Identität sprachlicher Form, dessen Kehrseite Gewinn an Bewußtheit ist, schärft den Sinn für kühne und neue Wendungen wie andererseits auch für den Verschleiß von Wörtern, der dem Liebesgedicht sonst schnell zur Gefahr wird.

Kolbe arbeitet viel mit Sprachspielen. Er zügelt die Fülle von Einfällen und Impressionen, indem er Gedichte aus Satzreihen konstruiert, in denen jeweils nur ein Wort ausgetauscht wird, Zitate aufnimmt und abwandelt, einen ganzen Text aus Assoziationen zu einem Wort komponiert oder Paradoxien konstruiert. Die Wirkung solcher Verfahren dient hier zuerst der Selbstfindung. Der junge Autor (geb. 1959) verbirgt nicht, daß er eine authentische Sprache noch nicht gefunden hat; er ist sich offenbar nicht einmal gewiß, ob es sie gibt. Darin erfährt das Authentizitäts-Problem eine weitere Abwandlung. Der Autor strebt nicht unbedingt jene persönliche Ausdrucksweise an, die als Ausweis für Subjektivität zu fungieren hätte, aber er hängt erst recht nicht dem Stilideal der schlichten Liedhaftigkeit als einer Naturform lyrischen Sprechens an. Er hat sich vielmehr die Sprache anzueignen, die als gesellschaftlich Gegebenes verstanden wird. Die Poesie ist Arbeit, die am Verhältnis von Autor und Sprache anzusetzen hat.

Von der Spannung zwischen Sprache und Sprecher geht auch Bert Papenfuß aus, dessen Texte teilweise mit Intentionen Ernst Jandls in den sechziger Jahren verwandt sind.[59] Papenfuß zeigt, daß die Sprache verfügbar gemacht werden kann und solche Verfügbarkeit immer heilsam, weil ein Stück gewonnener Freiheit im Umgang mit sich selbst ist. Seine Texte sollen das durch Abwandlungen der gewohnten Sprache einleiten, die er zugleich als Verfremdungen von Denkgewohnheiten anlegt. Die Skala der Verfremdungsmittel reicht von willkürlicher Abwandlung des Schriftbildes über ikonische Darstellungen mit orthographischen Zeichen bis hin zu Sprech- und Dialogspielen, die in einer Runde von Sprechern stattfinden sollen. Hier deutet sich ein Weg an, die Kluft zwischen Gebrauchspoesie und literarischer Lyrik zu überwinden. Die Rückerinnerung an die Rolle gesprochener Texte findet bei dem jungen Autor ihr besonderes Medium, indem er sich von Rock und Beat anregen läßt. Dabei kommen nicht etwa Nachbildungen von Liedtexten heraus; vielmehr bleibt die Domäne der Lyrik die Sprache, aber eben als gesprochene. Von den Texten in Rock- und Beatmusik ist als Technik zu lernen, wie die Hierarchie der begrifflichen, semantischen Ebene abgebaut werden und welche sonst unbeachtete Dynamik der sinnlichen Wirkung von Sprache dabei freigesetzt werden kann. So kommt Papenfuß, wenn auch von ganz anderer Seite, auf den

Gedanken einer Poesie mit Gebrauchswert zurück, den Brecht in den zwanziger Jahren wie einen Fehdehandschuh ins Feld der Diskussion über Lyrik geworfen hatte.

Auch bei anderen Autoren der jüngeren Generation gelangt die Vorstellung von der Poesie als Spiel wieder zu Ehren, und zwar nicht als Spiel im Gedicht, sondern als spielende Beziehung zwischen Text und Lesern. Die artifiziellen Entdeckungen, welche die Lyrik dabei macht, werden nicht nur für sie fruchtbar. Auch die Prosa kann von dieser neuerlichen Wendung zur Vielseitigkeit poetischer Wirkungen profitieren, so wie sie jetzt vom theoretischen Niveau und dem Moralismus profitiert, die bei Lyrikern wie Becher und Bobrowski ausgeprägt worden sind. Und schließlich gehen von der sprachlichen Kultur auch Wirkungen auf die allgemein gesellschaftliche Kultur aus.

Anmerkungen

1 Zur Einschätzung der Prosa und ihrer Rolle im gegenwärtigen Literaturprozeß vgl. Dieter Schlenstedt, *Wirkungsästhetische Analysen* (Berlin: Akademie Verlag, 1979).
2 Kirsten, Beschreib Schönheit anders, in: *Neue Deutsche Literatur* 27 (1979), H. 9, S. 80.
3 Norbert Krenzlin, Vom Wert der Werte. Ergebnisse und Probleme der Ästhetik-Diskussion in der DDR, in: *Weimarer Beiträge* 28 (1982), H. 4, S. 147.
4 *Braun, Material 1: Wie herrlich leuchtet mir die Natur,* in: *Training des aufrechten Gangs* (Halle: Mitteldeutscher Verlag, 1979), S. 43.
5 Ganz anders die Verhältnisse in Brauns früherem Gedicht *Im Ilmtal.* Vgl. dazu Silvia Schlenstedt, Das WIR und das ICH des Volker Braun, in: *Weimarer Beiträge* 18 (1972), H. 10, S. 52–69.
6 Zur Motivstruktur in Brauns Text vgl. Ursula Heukenkamp, Überantwortete Sinngebung/Interpretation zu Volker Brauns Material 1 . . ., in: *Zeitschrift für Germanistik* 3 (1982), H. 2, S. 185–188.
7 Schlenstedt, *Wirkungsästhetische Analysen,* S. 67–85.
8 Mickel, *Eisenzeit* (Halle: Mitteldeutscher Verlag, 1975), S. 36.
9 Ebd.
10 Adolf Endler, Karl Mickel, *In diesem besseren Land.* Gedichte der Deutschen Demokratischen Republik (Berlin und Weimar: Aufbau, 1966), S. 5–7.
11 Zur Brecht-Rezeption vgl. Ursula Heukenkamp, Wandel einer Mitteilung, in: *Sinn und Form* 30 (1978), H. 5, S. 1079–1091.
12 Pietraß, *Notausgang* (Berlin und Weimar: Aufbau, 1980).

13 Wagner, *Zweite Erkenntnis.* Gedichte und Sprüche (Berlin und Weimar: Aufbau, 1978).
14 *Goethe eines Nachmittags.* Porträtgedichte. Eine Anthologie, hrsg. v. Ulrich Berkes und Wolfgang Trampe (Berlin und Weimar: Aufbau, 1979).
15 Struozyk, *Frauen,* in: *Auswahl 76*/Neue Lyrik, Neue Namen (Berlin: Neues Leben, 1976), S. 113.
16 Käte Hamburger, *Die Logik der Dichtung* (Stuttgart Klett 1957), S. 45.
17 Vgl. Christa Wolf, *Lesen und Schreiben.* Aufsätze und Betrachtungen. (Berlin und Weimar: Aufbau, 1971), S. 176–235.
18 Rennert, *An den Caputher Gärten,* in: *Märkische Depeschen* (Berlin: Union, 1976), S. 75.
19 Czechowski, Diät, in: *Was mich betrifft* (Halle–Leipzig: Mitteldeutscher Verlag, 1981), S. 75.
20 Kirsten, dorf, in: *der bleibaum* (Berlin und Weimar: Aufbau, 1977), S. 66.
21 Vgl. die Anthologie *Veränderte Landschaft,* hrsg. von Wulf Kirsten (Leipzig: Insel, 1979).
22 Ihre Auflagen übersteigen die aller anderen Lyriker in der DDR um ein Mehrfaches.
23 Vgl. die fast stereotyp weitergereichte Auffassung zur Naturlyrik in der DDR zuletzt bei David Bathrick, Die Zerstörung oder der Anfang von Vernunft? Lyrik und Naturbeherrschung in der DDR, in: *Natur und Natürlichkeit*/ Stationen des Grünen in der deutschen Literatur, hrsg. v. Reinhold Grimm und Jost Hermand (Königstein/Ts.: Athenäum, 1981), S. 150–167.
24 Braun, Landwüst, in: *Gegen die symmetrische Welt* (Halle: Mitteldeutscher Verlag, 1974), S. 27.
25 Braun, *Gegen die symmetrische Welt,* S. 32.
26 Vgl. Werner, *Die verführerischen Gedanken der Schmetterlinge* (Leipzig: Reclam, 1979).
27 Mickel, *Eisenzeit,* Nr. 16/1.
28 Es handelt sich hier um eine der Grundforderungen der sozialistischen Kulturpolitik, bei deren Durchsetzung das Programm der Bitterfelder Konferenz von 1959 nur eine Stufe war.
29 Braun, *Gedichte* (Leipzig: Reclam, 1972), S. 81.
30 Greßmann, Das moderne Idyll, in: *Der Vogel Frühling* (Halle: Mitteldeutscher Verlag, 1966), S. 103.
31 Pietraß, *Notausgang,* S. 9.
32 Kolbe, *Hineingeboren.* Gedichte 1975–1979 (Berlin und Weimar: Aufbau, 1980), S. 18.
33 Vgl. *Ästhetik heute.* Autorenkollektiv, Ltg. Erwin Pracht (Berlin: Dietz, 1978), S. 387–394.

34 Leising, *Poesiealbum 97* (Berlin: Neues Leben, 1975), S. 19.
35 Mickel, *Eisenzeit*, Nr. 40.
36 Reimann, *Die Weisheit des Fleischs* (Halle: Mitteldeutscher Verlag, o. J. [1975]), S. 55.
37 Fühmann, Brief an den Minister für Kultur, in: *Erfahrungen und Widersprüche*/Versuche über Literatur (Rostock: Hinsdorff, 1975), S. 7.
38 Vgl. Ursula Heukenkamp, Ohne den Leser geht es nicht/Gespräch mit jungen Künstlern, in: *Weimarer Beiträge* 25 (1979), H. 7, S. 47–50.
39 So wurden dem Bild von Wolfgang Mattheuer »Die Ausgezeichnete«, darstellend eine ältere Frau, allein an einem weißgedeckten Tisch sitzend, vor sich einen kleinen Tulpenstrauß, mehrere Gedichte gewidmet, u. a. von Andreas Reimann, *Die Ausgezeichnete*, in: *Das ganzehalbe Leben*, Gedichte (Halle, Leipzig: Mitteldeutscher Verlag, 1979), S. 28 und Bernd Rump, *Gedanken einer Arbeiterin zu ihrer Auszeichnung*, in: *Auswahl 78*. Neue Lyrik, Neue Namen (Berlin: Neues Leben, 1978), S. 123.
40 Braun, *Gegen die symmetrische Welt*, S. 56.
41 Braun, *Training des aufrechten Gangs*, S. 51/52.
42 Ebd., S. 51/52.
43 Marianne Krumrey, Monotonie oder Schöpfertum. Arbeit – Arbeiter – Arbeiterklasse in der Literatur, in: *Tendenzen und Beispiele*. Zur DDR-Literatur in den siebziger Jahren, hrsg. von Hans Kaufmann (Leipzig: Reclam, 1981), S. 45.
44 Man denke an Verszeilen aus Gedichten Uhlands oder Mörikes.
45 Bobrowski, *Wetterzeichen* (Berlin: Union, 1966), S. 37.
46 Braun, *Gegen die symmetrische Welt*, S. 44.
47 Brecht, Keiner oder alle, in: *Gedichte*, Bd. 4 (Berlin: Aufbau, 1961), S. 33/34.
48 Braun, *Training des aufrechten Gangs*, darin: »Mein Fehler, der mich nicht reut«, S. 11; »Ich den alles trifft und der alles vergißt«, S. 37 und »Material II: Brennende Fragen«, S. 51/52.
49 Vgl. Wulf Kirsten, *eisgang* und *der bleibaum* in: *der Bleibaum*, S. 23/24.
50 Mickel, *Eisenzeit*, Nr. 18.
51 Ebd. Nr. 10.
52 Ebd. Nr. 4.
53 Reimann, Die neuen Leiden der jungen Lyrik, in: *Sinn und Form* 26 (1974), H. 2, S. 439–448.
54 Kirsch, *Das Wort und seine Strahlung*. Über Poesie und ihre Übersetzung (Berlin und Weimar: Aufbau, 1976).
55 Erbe, *Der Faden der Geduld* (Berlin und Weimar: Aufbau, 1978).
56 Pietraß, *Notausgang*, S. 85.

57 Ebd. S. 35.

58 Kolbe, *Abschiede und andere Liebesgedichte* (Berlin und Weimar: Aufbau, 1981).

59 Papenfuß, bisher veröffentlicht in: *Auswahl 78*, S. 103–105.

Ulrich Profitlich

Das Drama der DDR in den siebziger Jahren

Wann das Neue beginnt, durch das die achte Dekade sich von der voraufgehenden abhebt, ist leicht zu sagen, richtet man den Blick auf das *Theater*, die Geschichte der auf DDR-Bühnen *aufgeführten* Stücke: mit aller Deutlichkeit in der Spielzeit 1972/73, ja schon mit der Hallenser Uraufführung von Ulrich Plenzdorfs *Neuen Leiden des jungen W.* im Frühjahr 1972. Die DDR-Theater, so unterschiedlich sie im übrigen sind, reagieren in ihrer Repertoiregestaltung auf die kulturpolitischen Ereignisse der Jahre 1971 und 1972 relativ unmittelbar. Eine ebenso entschiedene Zäsur läßt sich kaum ausmachen, untersucht man statt der Theaterspielpläne die Vielzahl der *Texte* ohne Rücksicht darauf, ob und wann sie in der DDR aufgeführt wurden. Nicht als ob es keine Einschnitte und Umbrüche in der Dramenproduktion gäbe, doch bei den einzelnen Autoren in höchst verschiedener Deutlichkeit und auch zu je andrem Zeitpunkt. Vieles von dem Neuen, das man für die siebziger Jahre zu reklamieren geneigt ist, tritt schon in einigen Stücken Müllers und Brauns aus der Mitte der sechziger Jahre zutage, während das dramatische Werk andrer, auch besonders erfolgreicher Autoren an diesem Neuen in geringerem Maße teilhat.

1. Themenwechsel: Das Individuum im Mittelpunkt

Solche Vorbehalte sind schon zu machen, betrachtet man den Wandel der behandelten Sujets. Auffällig im sozialistischen Zeitstück – nur von ihm soll zunächst die Rede sein, nicht von der dramatischen Behandlung der Klassengesellschaft in historischen und mythologischen Dramen – ist vor allem die Akzentuierung der Sorgen des Individuums. Wie in den andren Genres werden auch im Drama die Ansprüche des einzelnen an sich selbst und die Gesellschaft zum wichtigsten Gegenstand. Thematisiert wird das Bedürfnis nach Glück im eingegrenzten Bereich des sogenannten Privaten (z. B. in Rainer Kerndls *Der vierzehnte Som-*

mer, Paul Gratziks *Lisa,* Georg Seidels *Kondensmilchpanorama).* Thematisiert wird das schwer zu befriedigende Interesse an individueller Identität und Wahrhaftigkeit, der Wunsch nach Übereinstimmung von Denken und Handeln, frei von Anpassung und Selbstunterdrückung (z. B. in Armin Müllers *Sieben Wünsche,* Rainer Kerndls *Nacht mit Kompromissen,* Regina Weickers *Die Ausgezeichneten,* Volker Brauns *Tinka),* das Bedürfnis des Individuums nach einem unverwechselbaren Leben angesichts der Erfahrung der Einmaligkeit dieses Lebens und der Ernüchterung aller schwärmerischen Hoffnungen auf einen bald erreichten Kommunismus. Thematisiert wird auch das Interesse des Individuums, am Politisch-Allgemeinen aktiv teilzuhaben als dessen Mitschöpfer, nicht »bloß vorhanden« zu sein und eine »Grottenolmexistenz« zu führen.[1] Es ist ein Bedürfnis, das insbesondere junge Menschen als schwer erfüllbar in der ihnen als eingerichtet gegenübertretenden Gesellschaft erleben[2]; das aber auch (z. B. von Volker Braun) als ein Bedürfnis *aller* geschildert wird: »der Hunger nach schöpferischer Tätigkeit«[3], der Wunsch, ganz »gefordert« und »gebraucht« zu werden in einem Gemeinwesen, dessen Vorwärtsentwicklung unter andrem den eignen, je individuellen Beitrag zur Bedingung hat.[4] Unleugbar ist mit einem solchen Anspruch die Grenze zwischen individuellem und allgemeinem Interesse überschritten. Was Brauns Titelheldin Tinka mit ihrem Drang nach Selbstübereinstimmung durchzusetzen sucht, meint nichts Geringeres als Entfaltung der sozialistischen Demokratie, Aufhebung der Ungleichheit von Führenden und Geführten sowohl in den Betrieben wie im politischen Alltag schlechthin. Und zweifellos gibt es weitere Themen von überindividueller Bedeutung: weltrevolutionäre Konflikte, die Notwendigkeiten des »Epochenwiderspruchs« (z. B. in Kerndls *Jarash, Nacht mit Kompromissen),* die Beziehungen zwischen den sozialistischen Nationen, vor allem die Aussöhnung der im Weltkrieg verfeindeten Deutschen und Polen (Armin Müllers *Der goldene Vogel,* Kerndls *Die wilde Rotte)* u. a. Dennoch sind dies, betrachtet man die Gegenwartsdramatik der siebziger Jahre insgesamt, eher Nebenthemen. Dominierendes Sujet sind die Angelegenheiten des einzelnen, die nun mit einer Aufmerksamkeit und Anteilnahme behandelt werden, die ihnen im voraufgehenden Dezennium kaum je gewidmet wurden.

In den sechziger Jahren erschien der einzelne auf der Bühne

vorwiegend als *Versagender* oder *sich Bewährender* im Prozeß des ökonomisch-technischen Aufbaus – so gegen Ende des Jahrzehnts die Gruppe der Werkdirektoren, der »Planer und Leiter«. Unverkennbar bleibt dies auch in den siebziger Jahren eine wichtige Struktur: Held und Mitfiguren werden an unzweifelhaft verbindlichen ethischen Normen gemessen, gleichsam einer *Prüfung* unterworfen – nun allerdings häufiger in ihren zwischenmenschlichen Beziehungen als vor den Aufgaben der Technik und Ökonomie. (Besonders ausgeprägt ist dieses Verfahren in einigen Stücken von Albert Wendt und Jürgen Groß.) Hinzu tritt aber im neuen Jahrzehnt eine andre, gegenüber der voraufgehenden Phase beträchtlich verstärkte Tendenz: den einzelnen als Träger von *Bedürfnissen* und *Wünschen* zu präsentieren, deren Erfüllung oder Nichterfüllung den Stückinhalt ausmacht. Was am Dramenhelden interessiert, sind nicht allein seine mit moralisierendem Blick zu überprüfenden »Haltungen«; ebenso sehr richtet die Aufmerksamkeit sich auf seine Schicksale, auf die seinen Interessen und Zielen eigenen Verwirklichungschancen, auf die damit gesetzten Erfolge und Mißerfolge, auf die Leiden und Einbußen, die er hinnehmen muß. Hervorhebenswert ist vor allem die Tendenz, die Versuche der einzelnen zur Selbstfindung und Selbstbestimmung nicht als Partikularanliegen oder gar abseitige Marotten von schwierigen Außenseitern erscheinen zu lassen, nicht als Torheiten und Symptome übertriebener Empfindlichkeit, die ihre Träger vor allem als lern- und entwicklungsbedürftig ausweisen, sondern als Spezifikationen legitimer Bedürfnisse generell-menschlichen Charakters. M.a.W.: Die moralische Prüfung der Helden wird ergänzt oder ersetzt durch eine mehr oder minder rigorose Prüfung der Mitwelt und der in ihr sich artikulierenden Gesellschaft, die daraufhin befragt wird, welchen Raum sie den individuellen Interessen und Potenzen zur Entfaltung bietet. Die Akzente sind unterschiedlich: Einige Autoren, besonders eine in den vierziger Jahren geborene, um die Mitte der siebziger Jahre hervortretende Gruppe (Thomas Brasch, Stefan Schütz u.a.), neigen dazu, die Ansprüche des einzelnen so herauszustreichen, daß die Gesellschaft, bar jeder Dialektik, als feindliches Gegenüber erscheint, auf dessen angemaßte Allmacht das ausgelieferte Individuum nur selbstzerstörerisch, mit Anpassung oder Verweigerung, reagieren kann. Andre (zweifellos die Mehrheit) meiden einen solchen starren Antagonismus, zeigen, wie einerseits das Bedürfnis des Individuums, »sich in seiner Unverwechselbarkeit zu spüren, einen sozialen Impuls trägt«[5], andrerseits das gesellschaftliche Gefüge der Entfaltung von Phantasie und Produktivität des einzelnen eine – wenngleich noch unzulängliche und unzulänglich genutzte – Chance bietet (Volker Braun). Alle aber präsentieren die individuellen Ansprüche mit Sympathie, als allgemeiner Beachtung und ernsthafter Behandlung würdig. Auch Probleme, die schon in den sechziger Jahren auf die Bühne kamen, z.B. die Probleme von Jugendlichen, werden auf diese Weise ernstgenommen. Ernstgenommen wird schon Edgar Wibeau, der Held von Plenzdorfs *Neuen Leiden.* Was er für sich zu erreichen sucht, beweist nicht bloß Unreife, vorübergehende Entwicklungsstörungen und Anpassungsschwierigkeiten, es besitzt eine Substanz, die nicht widerrufen werden muß. Zumindest partienweise vertritt Edgar mehr als nur Partikularinteressen, nämlich die Interessen des einzelnen gegenüber der Gesellschaft schlechthin, Interessen, die als legitim vorgestellt werden und mehr als pädagogisch-taktische Aufmerksamkeit verdienen.

Jedenfalls im dramatischen Genre[6] gewinnt eine solche Bewertung der Individuum-Gesellschaft-Spannung erst in den siebziger Jahren Raum. Die Irritation, die sie auslöste, ablesbar an zahlreichen ins Grundsätzliche gehenden Kommentaren zu Plenzdorfs Stück oder zu der weit rigoroseren Sozialkritik in Rainer Kirschs unaufgeführter Komödie *Heinrich Schlaghands Höllenfahrt* (D[7] 1973)[8], wird verständlich, erinnert man sich noch einmal an die herrschenden dramaturgischen Gepflogenheiten der voraufgehenden Jahre, jener Phase, in der die sozialistische Gesellschaft sich als eine homogene »Menschengemeinschaft« verstand, die Harmonie von individuellen, Gruppen- und allgemeinen Interessen als erreicht galt. Für den Dramenautor bedeutete dieses gesellschaftstheoretische Axiom, daß er Interessenkonflikte nur als scheinbare und vermeintliche thematisieren konnte. Die Widersprüche, von denen die Dramen der späten sechziger Jahre leben, sind in der Tat überwiegend Pseudokonflikte. Was den Bedürfnissen des Helden entgegensteht, sind nicht die Ansprüche der Gesellschaft, sondern allenfalls seine eigenen konkreten Wünsche und Ziele. Diese nämlich entspringen einem Irrtum: der Held ist blind für das, was ihm wahrhaft nützt, für seine *wohlverstandenen* Interessen, verkennt, daß es wirkliches Glück für ihn anders als in der Durchsetzung des Allgemeinen nicht geben kann; m.a.W.: er ist nichts weiter als unreif, (noch) unfähig, sich in der fraglos wohleingerichteten Gesellschaft »zurechtzufinden«. Das schließt ein: Die den Stücken der sechziger Jahre zugrundeliegende Konstellation ist lösbar ohne nennenswerte Verluste, ohne einen schmerzlich empfundenen Preis. Die Lösung besteht darin, daß der einzelne sich mit der Gesellschaft, wie man sagt, »in Übereinstimmung bringt«, sich belehrt einfügt in die »sozialistische Menschengemeinschaft«. Auf deren Seite allein liegt die Vernunft, auf der Seite der Individuen dagegen ausschließlich das durch Einsicht zu korrigierende Versagen (z. B. in Paul Gratziks *Umwege* und Horst Salomons *Der Lorbaß*, deren Akteure im Stückverlauf zu dieser ihnen zunächst fehlenden Einsicht geführt werden). Kein substantielles Interesse muß um eines andren willen aufgeopfert oder auch nur beeinträchtigt werden. Opfer, Einbußen, Leiden oder gar Tragik sind dem Selbstverständnis dieser Phase fremd, haben einen Raum weder in den Ideologieangeboten der offiziellen Gesellschaftstheorie noch in der normativen Dramaturgie noch in größerem Umfang in der dramatischen Praxis. Das gilt ganz grundsätzlich – nicht nur für das Verhältnis Individuum/Gesellschaft, auch für die Beziehung Mensch/Natur. Eine der meistgebrauchten Losungen der späten sechziger Jahre ist Brechts Wort von der »Meisterungsmöglichkeit des menschlichen Schicksals«. Die Dramenhelden dieser Phase überwinden die ihnen entgegenstehenden Schwierigkeiten zumindest ansatzweise im Stückverlauf selbst. Schon in den späten fünfziger und frühen sechziger Jahren waren sie solche effektvollen Täter gewesen – freilich damals noch unter existentiellen Opfern, unter Selbstverleugnung, Heroismus und Askese. Seit Mitte der sechziger Jahre dagegen werden, sieht man von wenigen (oftmals durch die damalige Kulturpolitik behinderten) Ausnahmen ab, Verzichtleistungen und Einbußen kaum vermerkt; der Preis, den die Dramenfiguren dieser Phase für ihre Erfolge zahlen, trägt höchstens einen Nebenakzent.

Das ändert sich zu Beginn der siebziger Jahre. Wichtig wird nun ein Stücktypus, der die Unvereinbarkeit mehrerer berechtigter Zwecke herausarbeitet als ein echtes, nicht harmonisierbares Entweder-Oder. Raum erhält die Tatsache, daß, um ein Interesse durchzusetzen, andre, auch legitime Ansprüche zurückgestellt werden müssen, daß Versagungen und Härten für einzelne wie für Gruppen unumgänglich sind. Die Akteure des nun hervortretenden Dramentypus sind nicht ausschließlich »Subjekt«, nicht wirkungsmächtige »Meister« auf der »Königsebene«, sondern nur in eingeschränktem Maße fähig, sowohl gesellschaftliche Probleme als auch solche ihrer individuellen Biographie zu bewältigen. Gelingt ihnen etwas, sind es Teilerfolge, und diese sind erkauft durch existentielle Einbußen. Gerade das wird nun von vielen Autoren akzentuiert: weniger das Gelingen als die *Grenzen* des Gelingens und dessen *Preis*. Eindrucksvollste Beispiele hierfür bieten die Gesellschaftsstücke Müllers und Brauns, für die allerdings gerade in der hier beschriebenen Hinsicht der Beginn der siebziger Jahre keine Zäsur bedeutet. Sie zeigen Hemmnisse, deren Beseitigung außerhalb des je gegebenen Handlungsspielraums der Akteure liegt. Nach Müllers Auffassung ist es »einfach lebensnotwendig, daß man, solange wir eine so zerrissene Welt haben, eben diese Zerrissenheit auch in der eigenen artikuliert«.[9] Thema seiner Stücke *Zement* (U 1973), *Die Bauern* (U 1975) und *Traktor* (U 1974/75) sind die *Kosten* des sozialistischen Aufbaus, die Einbußen, welche die Individuen hinzunehmen haben, wenn sie freiwillig oder gezwungenermaßen sich auf gesellschaftliche Arbeiten einlassen.[10] An die Grenze des ihnen Möglichen gelangen auch die Protagonisten von Brauns *Die Kipper* (U 1972), *Hinze und Kunze* (U 1973), *Tinka* (U 1976) und *Schmitten* (U 1982). Jedes dieser Stücke legt Härtesituationen offen, die nicht ohne weiteres zu beseitigen sind. An einer solchen Akzentuierung liegt es, daß die Literaturkritik der DDR zur Charakterisierung der Dramatik Brauns und Müllers den lange Zeit kaum benutzten, auf die Auseinandersetzung mit der Klassengesellschaft eingeschränkten Begriff des »Tragischen« wieder bemüht.

Freilich gelten die am Werk Brauns und Müllers geschilderten Tendenzen nicht für sämtliche Autoren in gleicher Weise. Fast gar nicht für den überaus erfolgreichen Rudi Strahl, mit Einschränkungen für Helmut Baierl, Claus Hammel, Armin Stolper, Rainer Kerndl (um nur die wichtigsten zu nennen). In ihren Stücken – überwiegend als »Komödien« deklariert – erhalten Einbußen und Einschränkungen einen geringeren oder nur punktuellen Akzent oder werden in ihrer Bedeutung gemindert. Die Titelheldin von Stolpers *Klara und der Gänserich* (U 1973), vor die Alternative gestellt, in dem geliebten Hundsdorf zu bleiben oder eine neue, größere Aufgabe zu übernehmen, befolgt schließlich den Rat des Gänserichs, der sowohl das Schmerzliche des Verzichts anerkennt wie seine Notwendigkeit um eines unzweifelhaft höheren Gewinns willen: »Und Fortgehn ist Gewinn, zugleich jedoch Verzicht, doch alles andre heißt: man klebt am Alten. Also geh.«[11] – Ähnlich wird das Verhältnis der auf dem Spiel stehenden Interessen in Kerndls *Der vierzehnte Sommer* (U 1977) und *Nacht mit Kompromissen* präsentiert. In dem letzteren, in zwei Fassungen veröffentlichten Stück (D 1973, D 1976) steht das spontane Bedürfnis des Journalisten Martin Karrenbach, die volle Wahrheit über ein terroristisches Regime (Chile) zu veröffentlichen, gegen eine außenpolitisch-ökonomische Notwendigkeit. Der Held entscheidet sich für die letztere, den »Kompromiß«, nachdem er zu der Einsicht gelangte, daß dieser Kompromiß nicht ein »opportunistischer«, sondern ein »vernünftiger« ist.[12] Zwar bleibt am Ende »eine Spur Sehnsucht«, bleibt Karrenbachs Trauer über die Unmöglichkeit, dem Drang nach Selbstübereinstimmung und Wahrhaftigkeit zu folgen; das Schmerzliche dieses Verzichts erhält jedoch auf doppelte Weise ein Gegengewicht: durch den Gedanken, daß eben diese Sehnsucht es ist, die uns »wach« hält[13], und vor allem dadurch, daß Kerndl die Sehnsucht mit Momenten verknüpft, die sie arg belasten, ja diffamieren. Karrenbach nämlich erscheint nicht nur als derjenige, der unter einer schmerzlichen Einschränkung leidet, sondern auch als anmaßender politischer Abenteurer, als ungeduldiger Anarchist und »wildgewordener Romantiker«[14], der mit seiner »abstrakten Ehrlichkeitsidee«[15] zeigt, daß er im Begriff ist, elementare Verhaltensnormen zu mißachten, die kein Kämpfer für den Kommunismus je mißachten darf. Zweifellos unterscheidet seine schließliche Einsicht sich von dem Reifungsprozeß, den die Dramenhelden der sechziger Jahre durchlaufen, wenn sie die Identität ihrer wohlverstandenen eignen Interessen mit den gesellschaftlichen und damit die Entbehrlichkeit substantieller Entsagung begreifen. Die von Kerndl entworfene Konstellation ist schon darum eine andre, weil Karrenbachs Sehnsucht und die Erfordernisse der Politik in der Tat als gegenwärtig unvereinbar konzipiert sind, so daß die am Ende erreichte Einsicht die Einsicht in die Notwendigkeit eines *Verzichts* ist. Dennoch handelt es sich auch hier um ein Lernen, um eine Entwicklung des

Individuums, bei der kein Zweifel gelassen wird, daß es eine Entwicklung zum Höheren, Besseren ist: der Held ist ein »Junge«[16], den die gereiften Mitfiguren von oben herab belehren. Ebenfalls in einer Entwicklung der Hauptgestalt kulminiert Hammels *Rom oder Die zweite Erschaffung der Welt* (U 1974): Victoria Remer gibt eine Illusion auf, sträubt sich nicht länger gegen die Einsicht, daß ein für ihre Biographie bestimmender Verlust Bestandteil eines Weges ist, den aufzugeben Verblendung wäre, mit ihren eigenen Interessen ebenso unvereinbar wie mit denen der Gesellschaft. Als das »Kraftfeld«, das ihr Leben prägt, erkennt sie ihr überaus erfolgreiches politisches Wirken, etwas in sich Befriedigendes, das keiner zusätzlichen (privaten) Motivation bedarf. Eben darum nennt Hammel sein Stück eine »Komödie« – »der erreichte Sozialismus« macht es dazu: die Unfähigkeit aller, auch derer, die »das Handtuch werfen« wollen, vom Sozialismus »loszukommen«.[17] Was am Ende Unerledigtes bleibt – der schmerzliche, offenbar endgültige Mißerfolg aller Versuche Victorias, ihren Mann zurückzuholen, aber auch die verminderte Lebenserwartung des männlichen Protagonisten Schoknecht –, wird in Proportionen gerückt, die es zugleich eingestehbar und erträglich machen: »Wir haben ein gutes Leben, alles in allem.«[18] Entschiedener noch als Kerndls Dramatik zieht dieses Stück eine versöhnliche, ja heitere Bilanz, ohne darum durch eine restlose Lösung alles Bedrängenden in den Grenzen des Dramenmodells der sechziger Jahre zu bleiben.

2. Leiden an der Gegenwart: Gesellschaftskritische Elemente

Ein weiteres Moment läßt sich hinzufügen: Eingeschränkt ist in vielen Stücken nicht nur die Lösung, welche die Probleme *innerhalb* des Geschehensverlaufs finden; eingeschränkt ist auch die Chance, die ihnen für eine Lösung *jenseits* des Stückausgangs eingeräumt wird. Auch hierin zeigt sich, daß die früher übliche »heitere Sieghaftigkeit, das Pathos der ›Gründerjahre‹« nicht mehr als »durchgängig angemessen« empfunden wird.[19] In zahlreichen theoretischen Äußerungen wird dies vorgetragen, erstmals mit Entschiedenheit auf dem wichtigen VII. Schriftstellerkongreß 1973 (besonders durch Franz Fühmann[20]), und zwar als

Forderung – ein Zeichen, wie gering das Einverständnis darüber noch ist. In den Verlautbarungen der Funktionäre wie in der Mehrzahl der Theaterkritiken überwiegt während des gesamten Jahrzehnts das »Prinzip Optimismus«. Honecker erklärt auf dem IX. Parteitag (1976):

»Besonders teuer sind uns die Kunstwerke, die der großen Wahrheit über den Schöpfergeist und die Standhaftigkeit der Menschen in der DDR, über ihre Treue zu den sozialistischen Ideen und ihre Zukunftsgewißheit Ausdruck geben.«[21]

Nicht als ob damit ein »strahlender Eugen-Roth-Optimismus«[22] gemeint wäre. Ausdrücklich wird vielmehr gestattet (zumindest solange die Wünsche und Theoreme in programmatischer Allgemeinheit verbleiben), das gegenwärtig Unlösbare in den Dramen als solches zu zeigen und selbst das Wie einer zukünftigen Lösung offenzulassen. Ja, gerade darin sehen Theoretiker verschiedenster Position eine Eigenart des unersetzbaren, nicht in Wissenschaft auflösbaren Mediums Literatur: Fragen zu stellen, ohne sie sogleich zu beantworten. Andrerseits bleibt eine Forderung verbindlich, die seit den Kontroversen um die »Perspektive« auf dem IV. Schriftstellerkongreß (1956) immer wieder formuliert wurde: die Forderung, der Autor solle die Gesellschaft als in Bewegung begriffen (auf dem »Weg nach vorn« befindlich) zeigen und die Kräfte hervorheben, von denen die künftige Lösung des gegenwärtig Unlösbaren ausgehen werde.[23]

Überblickt man die Werke der siebziger Jahre, wird man nur wenige finden, die diesem Prinzip ganz und gar widerstreiten: die in der DDR entstandenen Stücke Thomas Braschs, insbesondere *Lovely Rita* (E 1974/75), oder Stefan Schütz' *Stasch* (E 1977), in denen zukunftsweisende Faktoren und die Chancen des historischen Handelns weder demonstriert noch reflektiert und statt dessen Stagnation, das Ausbleiben des Fortschritts als stückübergreifendes Phänomen gezeigt werden. Mit einigem Abstand ist auch die Bühnenbearbeitung von Brigitte Reimanns Roman *Franziska Linkerhand* (1978) hierhin zu rechnen: die Erwartung, das gegenwärtig Unbefriedigende werde sich lösen, wird in diesem Stück nur als Postulat einer Figur, als verzweifelter Hilferuf der Heldin formuliert, als ein Anspruch, der in dem, was auf der Bühne vorgeführt wird, wenig Bestätigung findet. – Verbreiteter ist ein andrer Stücktypus, in dem die *Langsamkeit* der Entwicklung, die *Langfristigkeit* des gegenwärtig Bedrängenden herausgearbeitet ist, ohne daß darum die geschichtliche Bewegung völlig ausgespart würde. Das gilt für Müllers *Bauern* oder Brauns *Hinze und Kunze*, das von der Verbindung zweier Leute in den »Härten der langsamen Revolution« berichtet. Ähnlich Brauns *Tinka*: Zwar ist am Ende des Stücks etwas in Bewegung geraten, zwar rühren sich Kräfte, welche die langanhaltende Stagnation aufzulösen versprechen; doch es wird deutlich, daß diese Bewegung nicht am nächsten Tage zum Erfolg führen wird. Der zugespitzte, schockierende Ausgang zeigt es: Die Heldin, die sich für die Entwicklung betrieblicher Demokratie einsetzte, wird erschlagen, eine Katastrophe, deren Aufgabe es ist, die Zähigkeit der Gegenkräfte zu verdeutlichen, die noch zu überwinden sind. An einem harmloseren Gegenstand demonstriert dasselbe Helmut Baierls *Der Sommerbürger* (U 1976). Gezeigt wird – wie eine Rezension es formuliert –, »daß so mancher voreilig ausgestellte Blankoscheck auf die Vorzüge der Zukunft zunächst wieder eingezogen werden muß, um erst einmal die angesammelten Rechnungen von heute und gestern zu begleichen«.[24] Ähnliches gilt für das Zukunftsbewußtsein, das Claus Hammels *Rom* formuliert. Eine seiner Hauptfiguren, der altgewordene Funktionär Schoknecht, erwirbt ein neues, keineswegs resignatives Lebensgefühl, nachdem er seine »Sicherheit« verlor, dabei zu sein, »wenn wir am Ziel sind«.[25]

Zweifellos entspricht die Zurückhaltung in der Darstellung des gesellschaftlichen Fortschritts bei einigen Autoren einer bewußt provokatorischen Schreibstrategie, einem Wirkungsmodell, das auf die Selbsttätigkeit des Publikums rechnet.[26] Wichtiger aber ist es – und das gilt für die Autoren insgesamt –, auf spezifische Erfahrungen der siebziger Jahre hinzuweisen, die auch in der Lyrik und Epik und in nichtdichterischen Zeugnissen dokumentiert sind. Man spricht von einem »neuen Geschichtsbewußtsein«, einem »neuen Zeitbewußtsein«.[27] Sein Ursprung ist die Einsicht, daß »eine längere Wegstrecke der Entwicklung« bevorsteht, in der »schnelle und grundlegende Veränderungen der Lebensqualität nicht zu erwarten sind«. Es ist die gegen bisher gehegte, illusionäre Vorstellungen gerichtete Überzeugung, daß man sich »auf lange Zeiträume der Kämpfe, auf die Mühsal und Langwierigkeit der Verabschiedung der Klassengesellschaft« einzustellen habe[28], ja, das radikalere Erlebnis völliger Stagnation, der »Windstille«[29], des Aufderstelletretens. Müller formuliert es in aller Schärfe in einem Interview des Jahres 1978: In der DDR, erklärt er, »befinden wir uns in einer Zeit der Stagnation, wo die Geschichte auf der Stelle tritt, wo die Geschichte einen mit ›Sie‹ anredet«.[30]

Hervorzuheben ist hier auch die mit der Ablösung von Ulbricht durch Honecker veränderte offizielle Gesellschaftsinterpretation. Das in den späten sechziger Jahren von Ulbricht vorgetragene Theorem vom Sozialismus als einer »relativ selbständigen ökonomischen Formation« tendierte dazu, die Beziehung zur Zukunft zu kappen. Die Zukunft erschien als das ganz Andre, zu fern, ein ausgeprägtes aktuelles Interesse zu beanspruchen. Der Blick richtete sich an erster Stelle auf die Gegenwart, auf das Positive an ihr, ihre Vorzüge im Vergleich zur *Vergangenheit,* auf das Geleistete und zu Bewahrende. Die zugehörigen Reaktionen waren Stolz und Triumph, das Gefühl des Zuhauseseins, eine gewisse Selbstgenügsamkeit, keineswegs aber ein Leiden an der Distanz der Gegenwart vom erhofften Finalzustand. Anders in den siebziger Jahren, nachdem der Sozialismus nicht mehr als relativ selbständige Formation verstanden wird, sondern als eine erste, niedere Phase der einheitlichen, kommunistischen Gesellschaftsformation. Die Gegenwart erscheint in einem Spannungsverhältnis zur Zukunft, als offen für Neues. Erst damit aber, daß Zukunft überhaupt stärkere Aufmerksamkeit erhält, drängt sich auch die Unzulänglichkeit der geschichtlichen Bewegung auf, ihre Zähflüssigkeit, erst damit wird im Extremfall das Aufderstelletreten bewußt, dem viele Dramatiker nun Ausdruck geben.

3. Ursachen der Stagnation

Zu fragen ist nach den *Ursachen,* welche die Dramatiker herausarbeiten, wenn sie Ungelöstes, Härten und Einschränkungen, Stagnation und Langwierigkeit schildern. Einige Momente seien schematisch skizziert:

1. Defekte im Bereich *individueller Moralität,* des »subjektiven Faktors«. In den fünfziger und sechziger Jahren hatte dieser Bereich einen starken Akzent getragen. Soweit Krisen, Mißerfolge und Verluste im Drama Platz fanden, wurden sie überwiegend zurückgeführt auf das Versagen einzelner: zunächst, bis in die frühen sechziger Jahre, auf eine verkehrte Einstellung zur neuen

Gesellschaftsordnung, später, in der Phase des NÖS und der beginnenden wissenschaftlich-technischen Revolution, auf ein Nachlassen revolutionärer Gesinnung, auf Bequemlichkeit, Risikoscheu und berufliches Unvermögen, das den Figuren größtenteils als Versagen zugerechnet wurde. Auch in den Stücken des achten Jahrzehnts verliert der subjektive Faktor seine Bedeutung nicht. Weiterhin gilt der Mensch – auch der einzelne – als verantwortlicher Schöpfer seiner Umstände, weiterhin die Gesellschaft als ein System von Chancen, die von den Individuen genutzt werden *können,* aber auch *müssen,* von Möglichkeiten, die, um wirklich zu werden, der individuellen Aktivität bedürfen. Dennoch verschiebt sich der Akzent. In größerer Zahl betonen die Autoren nun die Grenzen, die dem individuellen Engagement gesetzt sind durch »objektive« Momente, durch Gegebenheiten, die entweder den subjektiven Faktor deformieren oder seine Wirksamkeit im Gefüge der Kräfte einschränken. Die Mehrzahl der Autoren und Kritiker wird sich darüber einig, daß in der Dramatik der sechziger Jahre diese »objektiven«, der Kontrolle und Verantwortung der Individuen entzogenen Bedingungen vernachlässigt worden seien; man habe so getan, als hinge der »weitere gesellschaftliche Fortschritt nur vom Wollen ab«.[31] Was demgegenüber nun – freilich in von Autor zu Autor unterschiedlichem Grade – intendiert wird, sind Konstellationen, deren Lösung mehr voraussetzt als »Moral«, Einsicht und Besserung auf seiten der einzelnen.

2. Von den *»objektiven* Faktoren« ist zunächst der zu nennen, dessen Eingreifen mittelbar, durch Korrumpierung des »subjektiven Faktors«, geschieht: die *Nachwirkung der alten Gesellschaft* im Bewußtsein von Angehörigen der neuen. Man spricht bekanntlich von Überbleibseln (Relikten, Rudimenterscheinungen) der Klassengesellschaft, wo es gilt, die Existenz von Denk- und Verhaltensweisen zu erklären, die der sozialistischen Ethik widersprechen. Unter den Dramatikern ist es vor allem Heiner Müller, der dieser Ätiologie in seinem Werk eine zentrale Stelle gibt. Das gilt schon für *Die Bauern,* ein 1975 uraufgeführtes Stück aus den frühen sechziger Jahren, noch ausgeprägter für die Dramatik des folgenden Jahrzehnts: immer zeigt Müller die Vergangenheit als Faktor von bedeutendem Gewicht, als Alpdruck, der – gemäß dem bekannten Marx-Wort – auf dem Bewußtsein der heutigen Menschen lastet. In dem 1945 spielenden Stück *Traktor* pflügt ein

Mann unter Einsatz seines Lebens einen von Minen noch nicht völlig geräumten Acker. Zu dieser gefährlichen, einen »Helden« erfordernden Aufgabe kommt es, weil die Minenräumer, die zuvor das Feld absuchten, nachlässig verfuhren, verantwortungslos und als eingefleischte Individualisten, die sorgfältiger nur gearbeitet hätten, wäre das Feld ihr eignes gewesen. Müller charakterisiert diese Haltung als aus der Ausbeutergesellschaft stammende Erbschaft, indem er heraushebt, daß nicht anders auch die Arbeiter und Soldaten dachten, die während des Krieges die Minen bauten und legten. M.a.W.: gegenwärtige wie frühere Menschen, auch der Traktorist selbst, sind beherrscht von unbeschönigt-grausamer Eigensucht, und die erscheint als das elementare Hemmnis der neuen Welt. Selbst nach beendigtem Krieg geht die Schlacht weiter: zum Schlachtfeld wird die Brust jedes einzelnen. Auch in *Zement* macht Müller diese »subjektive« Hinterlassenschaft der »Vorgeschichte« zum Thema. Wieder erweist er die Zähigkeit von Dispositionen, die sich in der mehrtausendjährigen Geschichte der Klassengesellschaft herausbildeten und noch tief in den heutigen Menschen wurzeln (Egoismus, Brutalität, autoritäres Denken in Kategorien der Über- und Unterordnung, Eigentums- und Besitztrieb). Dies nicht zuletzt im Verhältnis der Geschlechter, und gerade daran, an den Geschlechterbeziehungen, enthüllt sich, wie schwer es ist, das ruinöse Erbe abzuschütteln. Müller zeigt einen beschwerlichen, leidvollen Prozeß, in dem Tschumalow, der Held des Stückes, zu lernen versucht, eine neue Haltung zu seiner Frau Dascha zu finden, sich zu lösen von Besitzdenken, Eifersucht und Brutalität; und er zeigt, wie umgekehrt auch Dascha Mühe hat, die Versteinerung und Verkrampfung zu überwinden, mit der sie ihre Emanzipation betreibt. Deutlich wird, daß möglicherweise die Generation Tschumalows und Daschas (und nur diese?) neben allen politischen und ökonomischen Erfolgen Verluste hinnehmen muß, die nicht einzuholen sind. Deutlich wird das Inkommensurable der menschlichen Gattungsgeschichte einerseits und der Biographie des einzelnen mit ihrer vergleichsweise winzigen Dimension andrerseits.

3. Einen weiteren »objektiven« Faktor bildet der *Widerstand der Natur* gegen ihre Aneignung durch den mit nur begrenzten Mitteln ausgestatteten Menschen. Besonders Volker Braun arbeitet diesen Faktor heraus – erstmals in seinem Stück *Die Kipper*,

das schon in den sechziger Jahren konzipiert, aber (in einer Neufassung) erst zu Beginn des nächsten Jahrzehnts aufgeführt wird. Sein Thema ist das Fortbestehen einer unwürdigen Dreckarbeit: ein Sandberg muß weggeräumt werden, damit die darunter gelegene Kohle abgebaut werden kann. Dazu wird menschliche Muskelkraft verwendet, für die Arbeiter körperlich wie geistig ruinös. Maschinen einzusetzen wäre technisch möglich, ökonomisch aber nicht (das Stück spielt in den fünfziger Jahren). So bleiben die Arbeiter an Produktionsweisen gefesselt, die noch aus der alten Gesellschaft stammen. Was hier vorliegt, ist ein »objektiver Widerspruch«, ein zähes Hindernis, das durch subjektives Engagement »nicht sofort zu vertreiben« ist.[32] – Widersprüche objektiver Natur präsentiert Braun auch in dem nächsten Stück *Hinze und Kunze.* Auch hier ist ein Entweder-Oder entfaltet, das eine schmerzlose Bewältigung nicht zuläßt. Hart, ja tragisch ist vor allem das Schicksal der weiblichen Hauptfigur Marlies. Ohne geringstes subjektives Versagen verliert sie ihren Mann und ihr Kind – beides, weil sie eine verantwortungsvolle Aufgabe vollenden will, die sie in einem chemischen Werk übernommen hat und auch übernehmen mußte; denn allein sie ist dazu imstande, ist unersetzlich unter den Bedingungen der frühen DDR-Zeit, in der es an ausgebildeten Technikern mangelt.

4. Ein andres, ständig präsentes Moment ist die Einwirkung des gegenwärtigen kapitalistischen Weltsystems in das sozialistische, der aktuelle Stand des sog. *Epochenkonflikts,* durch den Widersprüche innerhalb der sozialistischen Gesellschaft hervorgebracht und beeinflußt werden. Zwar treten Repräsentanten des kapitalistischen Systems seit den frühen sechziger Jahren im sozialistischen Zeitstück nicht mehr auf – eine verspätete, 1977 uraufgeführte Ausnahme ist Claus Hammels reißerische Kolportage *Das gelbe Fenster, der gelbe Stein* –, doch immer wieder werden Notwendigkeiten, existentielle Einschränkungen und Leiden thematisiert, als deren Ursprung die weltpolitische Situation, das Wirken des Klassenfeinds reflektiert wird (z. B. in Müllers *Zement,* Kerndls *Nacht mit Kompromissen,* Brauns *Guevara*). Ein Novum der siebziger Jahre ist das freilich nicht; auch in früheren Phasen war der Epochenkonflikt der am wenigsten bestrittene unter den »objektiven« Faktoren und die aus ihm herrührenden Opfer und Leiden die einzige Spielart zugelassener »Tragik«.

5. Mehr Aufmerksamkeit verdient eine letzte Gruppe »objektiver« Faktoren: *soziale* Widersprüche, Momente der gesellschaftlichen Ordnung (Verteilungsverhältnisse), die als Ursache von Leiden, Mißständen und Verzerrungen erstmals in den siebziger Jahren zu größerer Bedeutung gelangen. In der voraufgehenden Phase, als die DDR sich als »Menschengemeinschaft« verstand, wurden soziale Gegensätze im Drama entweder überhaupt nicht oder als aufgehobene, überwundene gezeigt (Ausnahmen: Müllers *Die Bauern* und *Der Bau* sowie die Dramatik Brauns); betont wurde die in der »Menschengemeinschaft« erreichte »moralisch-politische Einheit«. Seit dem XXIV. Parteitag der sowjetischen KP und dem darauf folgenden VIII. Parteitag der SED (1971) dagegen wächst die Bereitschaft, als Quelle von Übeln *strukturelle* Widersprüche (ererbte und »Entwicklungsprobleme« des Sozialismus) anzuerkennen und in solchen Widersprüchen nicht einen Makel, sondern einen Vorzug zu sehen: den Motor der Entwicklung einer als dynamisch interpretierten Gesellschaft. Das Gewicht, das dieses Moment als verursachender Faktor in dramatischen Texten erhält, ist allerdings höchst unterschiedlich. An erster Stelle sei wieder Volker Braun genannt. Niemand versucht konsequenter als er, bei der Herleitung von Mängeln und Härten den entscheidenden Widerspruch *in* die Gesellschaft – statt *zwischen* die Gesellschaft und das lernbedürftige Individuum – zu legen und die Reduktion »objektiver« Konfliktsubstanz auf »subjektive« Fehler zu überwinden.[33] Schon 1966, in einem offenbar erst 1975 veröffentlichten Notat, plädiert er für eine Dramatik, welche nicht Unterschiede des Charakters, sondern solche der »politischen und sozialen Stellung« der Akteure und die daraus entspringenden Interessengegensätze ins Zentrum rückt:

»Der aufwühlendste Widerspruch zwischen den Leuten, die in die sozialistischen Revolutionen verwickelt sind, ist der neuartige zwischen den politisch *Führenden* (die bewußt die Umgestaltung der Gesellschaft organisieren oder bewußt oder unbewußt hemmen) und den *Geführten* (die bewußt oder unbewußt die Pläne realisieren oder kritisieren). Auf beiden Seiten Aktivität und Trägheit, Hoffnung und Resignation. Auf beiden Seiten Entbehrung und Wohlleben, Anerkennung und Verlust. Es unterscheidet sie nicht der Charakter, kaum der Besitz, aber sehr die Mittel ihrer Macht. (Dabei sind die Leute nicht in Klassen auf eine Seite genagelt, sie werfen sich selber hin und her.)«[34]

Während Braun den beschriebenen »aufwühlendsten Widerspruch« in *Die Kipper* nur andeutungsweise herausarbeitet, macht er ihn in *Hinze und Kunze* zum Hauptthema. Hier verleiht er dem Verhältnis von Führenden und Geführten in der Tat »schreckliche«, ja ausdrücklich »tragisch« genannte Züge.[35] Wenn der Protagonist Hinze nach dem Verlust seiner Frau mit ›klaffendem Herzen‹ dasteht, so geht das zwar unmittelbar darauf zurück, daß er vergißt, »was richtig ist«: er verläßt den Platz, auf dem er gebraucht wird, »verrät« zugleich die allgemeine Sache und Marlies, seine Frau. Doch nicht allein eine solche Fehlreaktion des Helden, auch das, was zu dieser hinführt, das Verhalten seines Gegenspielers Kunze, gehört unter die Ursachen des schmerzlichen Ausgangs. Hinze, der nach Marlies' Worten nicht mehr »weiß [...], was richtig ist«, hat zugleich »recht«.[36] Unzufrieden mit der ihm gewährten Teilhabe an der Macht, fordert er ein gemeinsames Entscheiden und Planen aller, der Führenden wie der Geführten. Es ist eine Forderung, die Marlies ihn zuvor gelehrt hat, als sie von ihm »Demokratie« im Umgang mit den Arbeitern seines Betriebs verlangte. Daß der Parteifunktionär Kunze es hieran in seinem Verhältnis zu Hinze fehlen läßt, wird zwar nicht zur zwangsläufigen Ursache, aber zu einer substantiellen Bedingung von Hinzes Zusammenbruch. – Auch Brauns nächstes Stück *Tinka* behandelt das Verhältnis von Führenden und Geführten, die »Ungleichheit«, die zwischen den Angehörigen eines Industriebetriebs untereinander und im Verhältnis zu den übergeordneten Leitungsgremien besteht: »Die Kommandogewalt – da ist der Unterschied. Dunkert [der Werkleiter] hat mehr als ich [es spricht die Ingenieurin Tinka], und ich mehr als ein Dreher. Da sind wir ungleich. [...] Den Drehern muß mehr dran liegen als den Direktoren, diese Verhältnisse zu ändern. Denk ich zum Beispiel. Sie haben ein größres Interesse.«[37] – Aus demselben Stoffkreis wie *Tinka* entwickelt Braun *Schmitten* (U 1982). Wieder thematisiert er ein Moment der gesellschaftlichen Verteilungsverhältnisse, nämlich das Prinzip, bei der Zuweisung der (unterschiedlich begehrenswerten) Arbeitsplätze an die Individuen deren »Leistung« zum Maß zu nehmen, insbesondere das Vermögen, intellektuell anspruchsvolle, vor allem technische Vorgänge zu begreifen. Reflektiert und dargestellt werden die Folgen dieses Prinzips: daß die »klugen Leute« die »Dummen« ›auf den Grund treten‹, ungerührt, ja lachend zusehen, wenn diese ›stumm verbluten‹; daß Haltungen entstehen, die das Gegenteil von Solidarität sind und ›den Kommunismus auseinanderreißen‹.[38] Die Mitverantwortung der Gesellschaft hierfür ist umso größer, als die über das Schicksal der Einzelnen entscheidende »Dummheit« in der Sicht des Stücks nichts Naturgegebenes, nicht ein Mangel an »Begabung« ist – so allerdings erscheint sie der Heldin Jutta Schmitten selbst –, vielmehr ein Sozialisationsprodukt, Ergebnis sowohl einer autoritären Kindererziehung, in der »die Tradition aller toten Geschlechter« weiterwirkt, als auch ähnlich autoritärer Verkehrsformen zwischen Leitern und Arbeitern in der betrieblichen Hierarchie. Die Betroffenen reagieren auf ihre »Erziehung« unterschiedlich. Viele zwingen sich erfolgreich, die ihnen übertragenen Lern- und Arbeitsaufgaben zu bewältigen; das ihnen fehlende, durch das Übermaß an Reglementierung ausgetriebene Interesse an den Lerninhalten ersetzen sie durch andere Motive: Karrieredenken oder politisches Bewußtsein. Andre sind zu so verzerrtem Lernen und Arbeiten, das alles Spontan-Lustvolle (»Natürliche«) verloren hat, unfähig. Das gilt an erster Stelle für Frauen. Schon als Schulmädchen entziehen sie sich »kichernd« der Vergewaltigung ihrer Natur, einer Disziplinierung, welche die ihnen eigenen »Leibes- und Geisteskräfte und ihre Neigung«[39] unterdrückt. (Die Buben dagegen fügen sich der Repression und fressen den ihnen ebenso widerstrebenden Wissensstoff in sich hinein.) Wie *Tinka* endet auch diese »grobe«[40] Geschichte mit einer provozierenden Affekt- und Gewalthandlung. Jutta Schmitten, der unter den Bedingungen einer für die Individuen wie für den Planeten ruinösen (männlichen) Leistungsideologie das »eigene« Leben verweigert wird, läßt sich zu einer »kriminellen Bewältigung ihres Konflikts«[41] hinreißen – Zeichen dafür, welcher Druck sich angestaut, welches Ausmaß die Verstümmelung angenommen hat.

Braun ist unter den Autoren, die in die Ätiologie ihrer Stücke soziale Widersprüche aufnehmen, nicht der einzige. Plenzdorf zeigt in seinen *Neuen Leiden* ebenfalls mehr als individuell verantwortete Fehler: Bevormundung durch Erziehungsinstanzen und Zwang zur Heuchelei sind Phänomene sozialer Repression, deren Notwendigkeit gerade durch die Unangemessenheit und Tödlichkeit von Edgars Reaktion in Frage gestellt wird. Benachteiligung und Unterdrückung der *Frau* wird zum Thema in Müllers *Zement*, in Kurt Bartschs *Der Bauch/Die Goldgräber/Der Strick* (U 1974, U 1976, D 1977) und (mit Betonung der Überwindbarkeit durch persönliches Engagement) in Armin Stolpers *Klara und der Gänserich*, die Bedrohung durch *bürokratische* Apparate in Rainer Kirschs *Heinrich Schlaghands Höllenfahrt* und Stefan Schütz' *Majakowski* (E 1971), die Übermacht der Gesellschaft über den Einzelnen, der gebraucht und aufgebraucht und schließlich fallengelassen wird, in Thomas Braschs *Rotter* (E 1977), die Ungleichheit zwischen *Groß- und Kleinstadt* in Helmut Bez' *Jutta oder Die Kinder von Damutz* (U 1978). Das vielbeachtete Stück zeigt das Schicksal einer ungelernten Arbeiterin in einem Kleinstädtchen als eines, das durch diese Gegebenheit entscheidend geprägt ist. Es erinnert mitunter an Horváth und Marie-Luise Fleißer, wie Bez diesen objektiven Faktor herausarbeitet: nicht als allein determinierend, doch als gleichrangig mit dem subjektiven.

Im übrigen werden in der dramatischen Gesellschaftskritik nicht allein soziale Strukturen, Normen und Institutionen herausgearbeitet, die Beklagenswertes (Mißstände, Versagen, Leiden) im strengen Sinne verursachen oder begünstigen. Oft ist der Vorwurf weniger direkt, beschränkt sich auf den (meist unausgesprochenen) Tadel, Fehlreaktionen des Einzelnen und daraus entspringende Leiden würden von der Gesellschaft *zugelassen* (nicht verhindert). Hier ist offenbar die Stelle, an der schlechthin jedes Drama mittelbar zu einer Prüfung der Gesellschaft werden kann. Schon in den fünfziger Jahren wurde das so empfunden – vor allem die grundsätzliche Diskussion über Kohouts *So eine Liebe* (1958) belegt es. Liefen die Stücke der sechziger Jahre überwiegend darauf hinaus, an den Schicksalen der Akteure zu erweisen, wie wohleingerichtet die »Menschengemeinschaft«, wie kein Mensch guten Willens in ihr verloren sei, demonstrieren Dramatiker des achten Jahrzehnts das Gegenteil einer solchen Geborgenheit, zeigen Figuren, die von ihrer unmittelbaren Mitwelt verständnis- und lieblos behandelt werden und auf diese Situation mit Verstörung und Entfremdungsgefühlen reagieren. Die in den Stücken enthaltene Kritik – das wurde oben schon angedeutet – beruhigt sich nicht beim Aufdecken individuellen Versagens, sie fragt weiter nach der Mitverantwortung der Gesellschaft, nach den Möglichkeiten, die diese dem Einzelnen bietet, sich zu entfalten und ein humanes und einzigartiges Leben zu führen.[42]

Das gilt zunehmend für die Dramatik der zweiten Hälfte des Jahrzehnts, z. B. für Jürgen Groß' *Match* (U 1978). »Ob ausgesprochen oder nicht: Die Lebensqualität der Gesellschaft wird unter anderem danach bewertet, ob sie sich mit der Existenz von ›Stiefkindern‹ abfindet oder nicht.«[43]

4. Mythos und Geschichte: Erbe als Belastung der Gegenwart

Es war bisher von Dramen die Rede, die innerhalb der sozialistischen Gesellschaft spielen, sei es in deren Gegenwart, sei es – die Zahl solcher Werke nimmt zu – in deren vergangenen Phasen. Auf der andren Seite die dramatische Behandlung der *Klassengesellschaft* durch historische und mythologische Stücke. Auch in diesem Feld konkurrieren höchst unterschiedliche Positionen miteinander. Zu beginnen ist mit der seit den fünfziger Jahren überwiegend an offizieller und offiziöser Stelle vertretenen Forderung nach Akzentuierung progressiver Kräfte, nach Darstellung revolutionärer, zumindest »humanistischer« Heldenfiguren, welche als Vorläufer derjenigen beansprucht werden, die seit 1945 die DDR aufbauen. (»Der Sinn ihres Leidens und Widerstehns erfüllt sich in der *Realität des Sozialismus,* dessen überzeugte Vorkämpfer sie sind.«[44]) Solche Forderungen, die ein Interesse vor allem an der Kontinuität des Fortschritts nehmen (an der »welthistorische[n] Kontinuität [...], die zum sozialistischen Humanismus führt«[45]), werden auch im achten Jahrzehnt noch erhoben. Helmut Baierl genügt ihnen z. B. in *... stolz auf 18 Stunden* (U 1973), einem Rückblick auf den Aufstand der Hamburger Arbeiter im Jahre 1923. Auch Hammels *Humboldt und Bolivar* (U 1979) entspringt der Absicht, in Ereignissen der Vergangenheit den Keim von etwas aufzuspüren, was in der Gegenwart des sozialistischen Staates zu voller Entfaltung kam. Ohne die beiden Titelhelden zu widerspruchslosen Idealfiguren zu verklären, erinnert der Autor an die »ersten Regungen einer Tradition«, die in der heutigen DDR »aufgehoben und fortgesetzt« wird. Was das Stück zeigt, sind »Begebenheiten, die ganz vorn stehn in der Entwicklung unseres, des DDR-Verhältnisses zu kolonialen und halbkolonialen Ländern [...]«.[46]

Gegen das Aufsuchen von zukunftsweisenden »ersten Beispielen« und »Vorläufern« werden schon in den sechziger Jahren Gegenkonzepte entwickelt, die sich in der Folgezeit ausdifferenzieren. Das gilt namentlich für *Heiner Müller*. Statt die Repräsentanten der Klassengesellschaft mit einem heroischen und erfolgreich handelnden Gegenspieler zu konfrontieren, zeigt er – seit den Mythenadaptationen der sechziger Jahre *(Philoktet, Herakles 5, Ödipus, Prometheus)* – Gestalten, die sich zur Identifikation wenig eignen: nicht nur in der barbarischen Moral von Ausbeutersystemen befangene Schlächter, geldgierig, zynisch, sadistisch und eitel, sondern auch Kämpfer, die selbstlos das geschichtlich Notwendige zu tun suchen, dabei aber Opfer einer Verhärtung werden, zumindest die Fähigkeit einbüßen, vermeidbare Zerstörungen von unvermeidbaren zu unterscheiden, äußerstenfalls Resignierende, die ihrer Müdigkeit oder den Verlockungen individuellen Glücks erliegen. Hinzu kommt die Annäherung der auf diese Weise präsentierten Geschichte an die Gegenwart. Nur ausnahmsweise zeigt Müller das barbarische archaische Modell als bereits überwunden: so in der Gladkow-Bearbeitung *Zement*, wenn er im Anschluß an eine mythologische Einblendung – die Erzählung von Achills Rache an Hektor – vorführt, wie beim Aufbau der Sowjetunion der proletarische Revolutionär Tschumalow gegenüber dem bürgerlichen Ingenieur Kleist eine andre, weniger zerstörerische Verkehrsform findet als dreitausend Jahre zuvor der Grieche Achill gegenüber dem besiegten trojanischen Gegner. Als Hinweis darauf, daß die Menschheit in ihre »Geschichte« einzutreten sich anschickt, ist das freilich nur mit Einschränkung zu deuten. Es erhellt schon daraus, daß Tschumalow seinen Haß lediglich unterdrückt, nicht aufgibt. Dasselbe zeigen andre Einsprengsel, in denen die sozialistische Gegenwart der mythischen Vorzeit nicht entgegen-, sondern parallelgesetzt ist. Die vielgestaltigen Mühen der sowjetischen Kommunisten Tschumalow und Dascha weiten sich in eine menschheitsgeschichtliche Dimension, indem sie als Bestandteil (Fortführung) von epochenüberdauernden Arbeiten und Kämpfen präsentiert werden, die unter andren Bedingungen schon die mythischen Heroen Herakles, Prometheus und Medea unternahmen. Nirgends gibt es bei Müller ein selbstgefälliges Herabblicken auf die Vergangenheit, nirgends das Überlegenheitsgefühl der Gegenwärtigen, die es besser wissen und erfolgreich ausgeführt haben, was den Vorläufern noch mißlang. Die Vergangenheit gilt nicht als durch die Gegenwart erledigt, die Gegenwart nicht als Vollendung der Vergangenheit, vielmehr erscheinen beide als belastet und verunstaltet durch Widersprüche von äußerster Hartnäckigkeit, die den Wechsel der Gesellschaftsordnung überdauert haben und mit denen auch für die absehbare Zukunft zu rechnen ist.

So wenig wie die Mythenadaptationen intendieren Müllers in *historische* Zeit zurückgreifenden Stücke, von der jeweiligen gesellschaftlichen Situation ein detailliertes und ausgewogenes Bild zu geben[47] – »einen historischen Stoff nehmen und sauber abschildern«, erklärt der Autor, das könne und wolle er nicht; die Gegenwart mit ihren lösungsbedürftigen, bald nicht mehr lösbaren Problemen dränge zu sehr[48] –, und immer repräsentieren die auf die Bühne gebrachten Greuel mehr als die Brutalität der Klassengesellschaft und ihrer imperialistischen Kriege. Was Müller thematisiert, sind Gewalt und Grausamkeit als Probleme der *gesamten bisherigen* Geschichte, eingeschlossen die Geschichte der sozialistischen Bewegung. Die »Vorgeschichte« dauert an, eine Entscheidung in der von Marx formulierten Alternative »Kommunismus oder Barbarei« steht noch aus. Das gilt schon für die Shakespeare-Bearbeitung *Macbeth* (U 1972), in der die Welt als ein einziges Schlachthaus erscheint, als verroht nicht nur die Feudalherren präsentiert werden, sondern – aller Konvention entgegen – auch die von diesen gepeinigten Bauern. Dasselbe belegen jene Dramen, die sich der *deutschen*, vor allem der preußischen Geschichte zuwenden: *Die Schlacht* (E 1951–1974, U 1975), *Germania Tod in Berlin* (E 1956–1971, D 1977) und *Leben Gundlings* (D 1977). In diesen Stücken, in denen Müller mancherlei zeitraffende Anachronismen verwendet, die dem Gegensatz von historischem und Gegenwartsdrama den Boden entziehen[49], erscheint die Vergangenheit – wie schon einmal in den fünfziger Jahren bei Brecht und beim frühen Hacks – als Misere. Während aber Brecht und Hacks ihr Thema als *Lustspiel* auf die Bühne brachten, zeigt Müller die deutsche Geschichte als »Nachtstück« und »Greuelmärchen«. (Synonyme für das Wort ›Deutsch‹ sind ›Totschlagen‹ und ›Aufhängen‹.[50]) Die Perspektive, aus der Müller schreibt, ist nicht der souveräne Standpunkt des Komödienautors, nicht eine Überlegenheit, die das deutsche Unwesen als überholt ansieht und damit als im Prinzip schon besiegt. Getrieben vom Entsetzen über die epochenüberspannende Fortdauer des Übels, läßt Müller das Schreckliche nicht mehr als ein leicht Überwindbares erscheinen, sondern als tief verwurzelt in Institutionen und Mechanismen der Sozialisation, die auch in der heutigen sozialistischen Gesellschaft fortbestehn. Gegenkräfte, an die eine geschichtliche Hoffnung anknüpfen könnte, haben in diesem Deutschlandbild wenig oder keinen Raum – den größten noch in *Germania.* Das bisher nur im Westen aufgeführte Stück ist Müllers entschiedenster Versuch, »die DDR im Kontext der deutschen Geschichte zu sehen, die zum größten Teil auch eine deutsche Misere ist«.[51] Sein Verfahren, Szenen aus der nationalen Vergangenheit und solche aus der frühen DDR einander entgegenzusetzen, läßt zweierlei deutlich werden: das Fortwirken des Alten im Bewußtsein der Bürger des neuen Staates (Opportunismus, Habgier, Lieblosigkeit, sadistische Freude am Quälen, Unterwerfungslust)[52], in Ansätzen aber auch Zukunftsweisendes (Opferbereitschaft, produktive menschliche Beziehungen, Solidarität). Doch die Träger des Neuen sind keine strahlenden, positiven Helden: weder der als heroisch und verblendet zugleich gezeigte Kommunist, der am 17. Juni 1953 in einem Gefängnis unter den Schlägen seiner Mitgefangenen zusammenbricht, noch der junge Maurer, der auch nach der Zerstörung seiner Illusionen der Partei die Treue hält. Einen Anlaß zu ungebrochener Zukunftszuversicht gibt das Stück nicht; selbst die Visionen des alten Hilse (»Die roten Fahnen über Rhein und Ruhr«) sind relativiert als Phantasien eines Sterbenden, der darüber triumphiert, seit dem Bau der Moskauer Metro sein »eigner Chef« zu sein, aber offenbar blind ist für die neuen Widersprüche, die sich auftaten.

Ähnliches gilt für *Die Schlacht.* Positive geschichtliche Kräfte zeigt deutlich erst die Fortsetzung, mit der zusammen das Stück in der DDR aufgeführt wurde, *Traktor.* In *Schlacht* selbst sind es allein die sowjetischen Soldaten, die den tödlichen Kreislauf durchbrechen, während die Deutschen ihren Kampf ums Überleben ausschließlich durch gegenseitiges Töten zu führen wissen.[53] Völlig ohne wirkungsvolle Gegenkräfte schließlich ist die Welt, die *Gundling* und *Hamletmaschine* (E 1977) entwerfen. Keine der in *Gundling* gezeigten Intellektuellengestalten kann ihren rebellischen Impuls ungeschmälert bewahren. Als äußerste Reduktionsstufe von Vernunft und Widerstand bleibt Lessings »Schrei«, ein Protest gegen Klassizität und Wirkungslosigkeit, der auf rationale Analyse und Artikulation verzichtet. In diesen beiden Stücken, die von der (überwiegend nach Kriterien der Abbildästhetik urteilenden) DDR-Literaturkritik oft mit dem Vorwurf des Geschichtspessimismus belegt und bisher in der DDR nicht aufgeführt wurden, praktiziert Müller sein Verfahren des »konstruktiven Defaitismus«[54] am konsequentesten, tut wenig, was den Zuschauer bei dem Wagnis, dem gezeigten Schrecklichen eine Hoffnung entgegenzusetzen, bei der Verarbeitung der Enttäuschung unterstützen könnte.[55] Was dem Publikum zugemutet wird, ist ein (ans Widervernünftige grenzende) Akt des Protestes, der beinahe weniger *aus* Hoffnung geschehen kann als um der Hoffnung *willen*. – *Gundling* und *Hamletmaschine* bilden unter diesen Herausforderungen an den Zuschauer ein Äußerstes, einen »Endpunkt«. An ihnen gemessen, ist *Der Auftrag* (U 1980) ein »Zurückgehen, aber um woandershin weiter zu gehen«.[56] Auch hier verbindet den Zuschauer mit den fast zwei Jahrhunderte zurückliegenden Ereignissen (dem von der französischen Revolutionsregierung initiierten Versuch, einen Sklavenaufstand auf Jamaika zu organisieren) ein Problem von unverminderter Aktualität: Wie kann der Einzelne sich verhalten in Zeiten, in denen die Revolution ins Stocken gerät? Müller präsentiert gegensätzliche Antworten: einerseits die Reaktion des Sasportas, des Repräsentanten einer autonom gewordenen »schwarzen Revolution«, und die des Solidarität übenden französischen Bauern Galloudec – beide führen, aller Restauration im Mutterland der Revolution zum Trotz, den Kampf fort –, andrerseits, sehr viel breiter ausgeführt, die melancholische Haltung des weißen Intellektuellen Debuisson, der, »müde« geworden, zum Anwalt der Glücksansprüche des konkreten Individuums wird: »Ich will mein Stück vom Kuchen der Welt. Ich werde mir mein Stück herausschneiden aus dem Hunger der Welt.« Er vermag es um den Preis der »Verzweiflung«, gepeinigt von der Furcht »vor der Schande, auf dieser Welt glücklich zu sein«. Als müde und resigniert hatte Müller auch Lessing in *Gundling* charakterisiert: diesen verläßt ebenfalls der Antrieb, für die Durchsetzung seiner humanen Ideale zu kämpfen. Debuisson geht darüber hinaus durch die »Angst«, die er »vor seinem Hunger nach der Schande des Glücks« empfindet: ein Leben außerhalb des Aufstands kann er selbst nicht anders denn als »Verrat« ansehn. Ähnlich urteilt der in Paris gebliebene Antoine, dem die Nachricht vom Scheitern der ausgesandten Revolutionäre gilt. Mit seinem Gefühl der Leere und dem Versuch, zu vergessen, liefert er dem Zuschauer ein Rezeptionsmodell, das dieser ebenso erfüllen wie ablehnen kann.

Wie Müller verzichtet auch *Volker Braun* auf Herausarbeitung strahlender Identifikationsfiguren, und so wie Müller gibt auch er dem historischen Stoff eine höchst unterschiedliche Verknüpfung mit der sozialistischen Gegenwart. Ein auf Kontrastierung zielendes Verfahren, wie Müller es benutzt, wenn er der Tschumalow-Kleist-Begegnung als archaisch-barbarische Folie den Kampf zwischen Hektor und Achill unterlegt, wählt Braun in *Hinze und Kunze,* indem er hinter dem Arbeiter Hinze den »legendären Dramen-Bourgeois« Faust durchschimmern läßt – als Hinweis nicht auf ein zeitüberdauerndes Unerledigtes, sondern umgekehrt auf die Andersartigkeit der Gegenwart, auf ihren Abstand zur Vergangenheit. Durch die Erinnerung an die Faust-Gestalt soll das Neue Kontur gewinnen, das durch die sozialistische Gesellschaft möglich wurde. Größere Bedeutung für Brauns Dramatik aber hat das umgekehrte Verfahren: in den alten Stoffen Heutiges zu entdecken. So in *Großer Frieden* (U 1979), einem Stück, das weder Historie noch Parabel ist, aber reich an »parabelhaften Zügen«.[57] Behandelt wird eine Bauernrevolution im alten China, die »ungeheure Zwecke« auf ihre Fahnen geschrieben hat: nicht nur eine Neuverteilung des Besitzes, sondern auch »Gleichheit der Arbeit«, d. h. Aufhebung der vertikalen Arbeitsteilung, ein Ziel, dem die Aktualität auch im entwickelten Sozialismus nicht verlorenging. Der Rückgriff ins Dunkel des archaischen Asiens ist alles andre als eine Flucht aus der Gegenwart. Nicht nur ermöglicht er, dem Theater zu geben, »was des Theaters ist«, nämlich »größere Drastik und Komik der Darstellung«; was er zutage fördert, ist ein »Modellfall für Aufbruch und Versacken von Geschichte« überhaupt.[58] Braun präsentiert ihn mit der erklärten Absicht, den Zuschauer zu »verwirren«. Die Verwirrung, die heilsame Beunruhigung von »uns fraglosen Leuten«, auf die er es abgesehen hat, entspringt nicht nur dem Gedanken an die Unabgegoltenheit einer alten Hoffnung, sondern auch der Vergegenwärtigung objektiver und subjektiver Widerstände, die ihre Verwirklichung behindern. Diese herauszuarbeiten, ist das Hauptgeschäft des Stückeschreibers; gezeigt wird, wie die Revolution stagniert, wie der Versuch, am Rad der Geschichte zu drehen, zunächst ins Gegenteil des Erwünschten mündet: die

Zwangsarbeit wird verfeinert (»qualifiziert«) statt aufgehoben; die Revolution greift »nicht in die Tiefe«, *kann* es nicht, weil – wie Braun die Situation deutet – der niedrige Stand der Produktivkräfte es nicht erlaubt. Mit der Erinnerung, daß es immer noch die »alten« Kämpfe sind, die uns heute beschäftigen, verknüpft sich nach dem Willen des Autors ein weiterer Gedanke, dessen Resultat nun aber nicht »Verwirrung«, sondern Ermutigung des Zuschauers ist: die Überzeugung, daß – bei aller Identität der *Probleme* in Vergangenheit und Gegenwart – die *Lösungsbedingungen* (die Chancen, sie zu bewältigen) inzwischen beträchtlich verändert sind. Braun legt diesen Gedanken nahe durch unüberhörbare Hinweise auf die Prozeßhaftigkeit der Geschichte, die trotz aller Stockungen nie völlig zum Stillstand kommt. Derartige Hinweise sind bei Braun zweifellos deutlicher als bei Müller. Es ist dies, was Manfred Wekwerth in seiner Deutung des *Großen Friedens* im Programmheft der Uraufführung (Berliner Ensemble) meint, wenn er mit offenbarer Wendung gegen Müller einen Vorzug von Brauns Drama darin sieht, daß es seinen Gegenstand nicht »mit dem grimmigen und grausigen Geschichtspessimismus manch andrer Stücke heutiger Produktion« abhandle.[59] Ein solches Urteil scheint freilich eher von einem Wirkungskonzept aus gesprochen zu sein, in dem – mit den Worten Müllers – »Theater als Zustand« statt »als Prozeß« gilt[60]; zweifellos aber ist damit ein zumindest tendenzieller Unterschied der beiden Dramatiker getroffen, der selbst durch jenes Werk bestätigt wird, mit dem Braun dem fast ein Jahrzehnt älteren Müller am nächsten kommt: *Simplex Deutsch* (U1980). Das Stück, das weder eine einheitliche Fabel noch eine durchgehende Bühnenfigur besitzt, gibt in unverbundenen Szenen, die sowohl vor als nach 1945 spielen, Beispiele menschlicher »Unmündigkeit«. Auch hier fehlen, wie der Kritiker der *National-Zeitung* (2. 5. 1980) bedauernd bemerkt, »die bewußten Kämpfer gegen die Entmündigung des Volkes, gegen Imperialismus, Faschismus und Krieg«; jedoch werden die tödlichen, mörderischen und selbstmörderischen Kräfte zugleich als produktive begriffen, wenn auch nur der »Möglichkeit« nach: unter solchen Bedingungen nämlich, wie sie »am Nullpunkt 1945« eintraten:

»es handelt sich nicht um die ewige wiederkehr des gleichen, es kann auch anders kommen. auch der finstere moment ist ambivalent. die kleinen friedlichen leute, die ihren interessen nachgehen, sind, hysterisiert, imstande, kollektive greuel zu begehen, sie sind aber auch imstande, kollektive aufbautaten zu begehen. das grauen hat eine alternative, die positiven möglichkeiten im komischen fassen, das gelächter von unten, der karneval, die überlebenskraft der hamletischen totengräber. das grimmige vorzeigen des wahnsinns, der mich noch umgibt, bleibt moralisiererei, wenn nicht die andere möglichkeit durchscheint, nicht als erlösung, nicht als utopie, sondern innewohnende substanz der geschichte.«[61]

Während die historischen und mythologischen Gestalten bei Braun und noch ausgeprägter bei Müller einem »vorzeitlichen«, durch die Widersprüche der Klassengesellschaft bestimmten Bewußtsein verhaftet bleiben, zeigt *Peter Hacks* einige Figuren, die einer solchen Schranke mehr oder weniger ledig sind: »große Charaktere«, exemplarische Individuen, zu denen in den sechziger Jahren Jupiter *(Amphitryon)*, Herakles *(Omphale)* und René *(Margarete in Aix)* gehören, in den siebziger Jahren die Titelhelden von *Adam und Eva* (U 1973) und *Senecas Tod* (U 1980), Epimetheus *(Pandora;* D 1981), mit Einschränkungen auch Goethe, der abwesende Held des *Gesprächs im Hause Stein* (U 1976), der trotz aller auch ihm anhaftenden Grenzen ein Nachfahre Jupiters ist, ein »Genie«, anspruchsvoll gegen sich selbst und die Mitwelt, herausgehoben über die Borniertheit seiner Umgebung. Hacks selbst beschreibt in einem Essay aus dem Jahre 1976 das Geschäft der Kunst als »Sorge ums Vollkommene«, als »Entwurf vom möglichen Wesen des endgültigen, des ganz freien, des vollkommenen Menschen«.[62] Es sind Formulierungen, mit denen er Gedanken weiterführt, die schon in seinen poetologischen Aufzeichnungen der sechziger Jahre fixiert sind. Schon damals hatte er, wo er den durch ökonomische Bedingtheit und klassenmäßige Vermitteltheit nicht determinierten (»emanzipierten«, »wiederhergestellten«) Menschen als Gegenstand sozialistischer Dramatik beschrieb, von »Klassik« gesprochen, sich berufen auf einen in der Antike und Renaissance beheimateten Heldentypus, der »die Idee der Vollkommenheit überhaupt« verkörpere.[63] Was der Dramatiker, zur Nacheiferung aufrufend, herausarbeitet, ist freilich nie das »menschliche Wesen« in seiner Ganzheit, sondern immer nur ein »Teil« von ihm. Die idealen Entwürfe sind »überdeutlich« und damit zugleich einseitig (»durch Einseitigkeit eitel und in ihrem Ausschließlichkeitsanspruch undurchführbar«).[64] Die unaufhebbare Einseitigkeit bleibt als solche dem Zuschauer ständig bewußt, indem die Träger des »menschlichen Wesens« einer leicht komischen Behandlung ausgesetzt werden. So ist der von Hacks auf die Bühne gebrachte sterbende Seneca – der Charakteristik entsprechend, die der Autor von dessen historischem Vorbild entwirft – nicht nur »ein Genie«, sondern »überdem ein entzückender, rechthaberischer alter Herr«.[65]

Wie Müller und Braun zeigt auch Hacks nicht nur »Haltungen«, nicht allein das auf Produktivität und Genuß gerichtete Bemühen, sondern gleichfalls den Grad des Gelingens, das diesem Bemühen beschieden ist. Was die »großen« Individuen an erster Stelle erreichen, ist Selbstvollendung, d. h. Übereinstimmung dessen, was sie (aufgrund ihrer Anlagen) sein können und sollen, mit dem, was sie tatsächlich aus sich machen, allen äußeren, gesellschaftlichen Hindernissen zum Trotz. Es leuchtet ein, daß solche zu (partieller) Selbstübereinstimmung gelangenden Gestalten weniger Vorläufer der Gegenwart als der *Zukunft* sind. Sie »nehmen vorweg«, was erreichbar sein wird, wenn gegenwärtige Widersprüche, auch die des real existierenden Sozialismus, nicht mehr als Zwänge die Emanzipation des einzelnen einschränken – wobei man hinzufügen muß, daß eine dem offiziellen Gesellschaftsverständnis folgende Rezeption von Beginn an dazu neigte, die von Hacks auf die Bühne gebrachte Antizipation des befreiten Individuums als Abbild der Gegenwart, als Anlaß eines vorschnellen Triumphes zu nehmen, statt die Diskrepanz zwischen Wünschbarem und Erreichtem als Stimulus zu begreifen.

Wünschbares (»Denkbares« statt des »Machbaren«) entwickelt Hacks nicht nur, wo er die Selbstvollendung von einzelnen vorführt; zu utopischen Entwürfen steigert er seine mythischen und historischen Stoffe auch, wo er in ihrem Bilde Themen *überindividueller* (gesellschaftlicher, politischer) Reichweite abhandelt. Das geschieht schon Mitte der sechziger Jahre in *Margarete in Aix*, im folgenden Jahrzehnt z. B. im Finale des *Jahrmarktfestes zu Plundersweilern* (U 1975) und in *Pandora*. Erscheint in *Margarete*, verkörpert durch die Provence, das »Reich der Kunst und Humanität« als anschaubar existent – freilich unter unstabilen Ausnahmebedingungen –, präsentiert *Pandora* Utopisches vor allem im Modus einer durch eine Dramenperson ausformulierten Hoffnung, einer prophetischen Vision, die durch die Tatsache von Pandoras Wiederkehr ihre sinnliche Beglaubigung erhält. In seinen Schlußworten erklärt Epimetheus das erwünschte Ende des mit der Naturaneignung gegebenen Zwiespalts für »absehbar«: Je größer die industrielle Produktion, desto wirksamer wird sie selber die Zerstörungen heilen, die sie heute noch mit sich bringt. Die von Prometheus zum »Reichtum« »vermehrte Erde« ist im Begriff, in Epimetheus' Träume »hineinzuwachsen«.

Mit dem Begriff des »Vorgreifens« ist freilich der Wirklichkeitsbezug von Hacks' Geschichtsdramen und Mythenbearbeitungen nicht erschöpfend beschrieben. Den nach Vollkommenheit strebenden Figuren, die sich den Begrenzungen der je gegenwärtigen (Klassen-)Gesellschaft entziehen, stehen andre gegenüber, die ihre Entwicklungsbedürftigkeit nicht einmal einzusehn vermögen. Auch sie werden – deutlicher noch als die Träger humaner Haltungen – in ein komisches Licht gerückt: der Erzengel Gabriel *(Adam und Eva)*, Frau von Stein in ihrer unwillkürlichen »Bosheit« und »unedlen« Größe sowie im *Jahrmarktfest* und in *Senecas Tod* vor allem jene Figuren, welche die schon in den Stücken der fünfziger Jahre beginnende Filiation der sterilen und genußunfähigen Pedanten fortsetzen (Sosias, Iphikles u.a.). Einer ganz andren, von komischer Einfärbung freien Kritik verfällt der mythische Heros Prometheus. Wenn ihm, der durch unermüdliche Arbeit Pandoras Wiederkehr vorbereitet, Fähigkeit und Bereitschaft mangeln, den erfochtenen Sieg, das Ende »engen Eiferns, dummer Hast« zu »genießen«, so zeigt er sich einer Beschränkung verhaftet, die dazu führt, daß zuletzt Pandora nicht ihm, sondern dem Bruder Epimetheus, dem schauenden Dichter, zugehören wird, der die rückwärts gerichtete Sehnsucht in »Hoffnung nach vorn« zu verwandeln lernte. – Wichtiger ist, daß auch Stücke und Partien, die, über die individuelle Selbstvollendung hinausgehend, *soziale* Probleme aufgreifen, nicht ausschließlich auf Utopisches zielen. Wo immer Hacks im historischen und mythischen Material Aktuelles auffindet – nicht gelöste Probleme der sozialistischen Formation, deren Alltag ihm nicht unvermittelt als »poetisch« gilt –, thematisiert auch er die dem gesellschaftlichen Handeln gesetzten Grenzen, arbeitet Hemmnisse und Zwänge heraus, welche sich dem raschen Gelingen hinderlich und vereitelnd entgegenstellen. Zwar zeigt er – im Gegensatz zu Müller – die Widersprüche, die das Wirkliche und Mögliche vom Wünschbaren trennen, nicht als schmerzhaft und zerreißend, sondern als Vorläufiges, das dem Zuschauer die heitre Laune nicht zu verderben braucht; doch für die Zeitspanne, in der die Fabel verläuft, werden Notwendigkeiten und Hindernisse durchaus nicht geleugnet. Das gilt für Partien von *Rosie träumt* (U 1975), zumal für dessen Epilog, für das *Gespräch im Hause Stein*, das die verquere Rolle der Genies und der Frauen unter den Einschränkungen niederer Produktivkräfte als eine durch keinerlei Vorgriffe aufgehobene »Schwierigkeit« zeigt[66], und vor allem für die im antiken Persien spielende »Beamtentragödie« *Prexaspes* (E 1968, U 1976). Der Preis, um den der aufgeklärte Herrscher Darios im *Prexaspes*-Finale das historisch Notwendige durchzusetzen vermag, ist »Staatsvernunft«, Bewahrung und Ausübung von Macht, betrieben zwar ohne Blutdurst, doch nicht ohne Strenge und Gewaltanwendung. Eine Alternative besteht unter den gegebenen Umständen nicht: sowohl die privilegierten Gruppen als auch das Volk sind in Partikularinteressen befangen, so daß die zentrale Leitung, die der Stand der Produktivkräfte erfordert, ohne Zwang nicht durchsetzbar ist. Keineswegs enthält das Stück eine Rechtfertigung von Gewalt schlechthin; was es mit Bedauern, aber uneingeschränkter Heiterkeit billigt, ist die *notwendige* Machtausübung, d. h. die durch andre Formen der Kommunikation noch nicht ersetzbare.[67] Zwar läßt die Besonnenheit, mit der Darios seine Mittel einsetzt, hoffen, daß ein Schritt in Richtung einer besseren Zukunft (größerer Freiheit) getan ist; in eine Ausmalung von »Vollkommenem« mündet *Prexaspes* jedoch nicht.[68]

Fünfzehn bis zwanzig Jahre liegen zwischen Müllers und Hacks' Geburtsjahren und denen einiger Dramatiker, die ebenfalls mit historischen und mythologischen Stücken um die Mitte des achten Jahrzehnts hervortreten: *Jochen Berg* (geb. 1948), *Christoph Hein* (geb. 1944), *Thomas Brasch* (geb. 1945), *Stefan Schütz* (geb. 1944). Vergangenheitsdarstellung und Gegenwartsbezug sind freilich in ihren Stücken höchst verschieden. *Berg* zeigt in *Im Taurerland* (D 1978) die nach Tauris verschlagene Iphigenie als nicht mehr an Griechenland gebunden, aber in Tauris ebenfalls noch fremd, wo sie daran leidet, »Tat« und »Geist« nicht vereinigen zu können. *Hein* gibt in *Cromwell* (U 1980) ein Beispiel für das, was er »Gegenwartsdramatik mit historischen Stoffen«[69] nennt. Sein an Anachronismen und Anspielungen reicher Text zeichnet die dreihundert Jahre zurückliegende englische bürgerliche Revolution als widersprüchlichen Prozeß, in dessen Verlauf das Programm korrumpiert und die republikanische Freiheit vom Terror eingeholt wird. – Progressive Kräfte, Vertreter der Humanität innerhalb der historischen oder mythischen Vorzeit, wie man sie bei Berg und Hein zumindest in Ansätzen findet, sucht man in *Braschs Rotter* (D 1978 Bundesrep.) vergebens. Brasch behandelt die Geschichte zweier entgegengesetzter Figuren, die ihre ruinösen Verhaltensformen unverändert von einer Gesellschaftsform in die nächste mit hinübernehmen (aus der Weimarer Wirtschaftskrise in die NS-Zeit, schließlich in die Aufbaugesellschaft der DDR). Dies wie auch Braschs Absicht, den Zuschauer zu verstören, statt ihn zu belehren, zeigt zweifellos seine Nähe zu Müller. Doch nicht nur daß Brasch die vom Titelhelden Rotter bewiesene Fähigkeit, sich selbstlos für ein gesellschaftliches Ziel zu engagieren, als pathologisch entlarvt, während Müller allen Zweifeln zum Trotz dieses Vermögen als (vielleicht utopische) Bedingung für »Humanismus«[70] und Menschheitsfortschritt ansieht –; gegensätzlich ist auch der von den beiden Autoren herausgearbeitete politische Horizont ihres Themas. Die Verhaltensweisen, die z. B. in Müllers *Germania* als epochenübergreifend existent präsentiert werden – Verkehrsformen, die in Zynismus, Sadismus, Geldgier gründen, Gewalt, Totschlag, Verrat, Treubruch –, erscheinen unmittelbar als folgenschwere Hinderungsgründe gesellschaftlicher Entwicklung schlechthin. Was in Braschs *Rotter* auf dem Spiel steht, hat eine geringere Reichweite. So gewiß die Verhaltensdispositionen seiner beiden Protagonisten (Lackners zynischer Individualismus, Rotters aus dem Gefühl eigner Nichtigkeit entspringender Drang, sich besinnungslos im Dienst einer mächtigen politischen Bewegung aufzuopfern) bedenkliche gesellschaftliche Folgen haben, an erster Stelle sind sie als ruinös für ihre Träger selbst beschrieben. Deren Schicksal, das Schicksal zweier exemplarischer Psychopathen – repräsentativ für viele, aber nicht für die Gesellschaft schlechthin –, ist eigenständiges Thema des Stücks.

Schließlich *Schütz*, ein Autor, der Müllers Abneigung gegen beispielhafte Identifikationsgestalten nicht teilt: Wenn er in *Antiope und Theseus* (ursprünglich *Die Amazonen*, E 1974, D 1978) und *Heloisa und Abaelard* (E 1975, U 1978) den Konflikt einzelner mit den gesellschaftlichen Mächten ihrer Zeit thematisiert, dann zeigt er auf seiten jener, der von Selbstbehauptungs- und Emanzipationsdrang geleiteten Helden, sowohl verächtliche wie respekteinflößende Reaktionen. Die männlichen Protagonisten (Abaelard und Theseus) versagen: zu schwach, die den Mächtigen anfangs gebotene Opposition durchzuhalten, verraten sie ihre Liebe, unterwerfen sich der Staatsräson und zerstören durch diese Anpassung sich selbst. Ihre weiblichen Partner dagegen, Antiope und Heloisa, behaupten den Anspruch auf Selbstbestimmung bis zum Tod. So kommt Schütz den von der offiziellen Programmatik mehrheitlich formulierten Wünschen insofern entgegen, als er – emphatischer als viele andre in die Klassengesellschaft zurückgreifende Autoren – widerstandleistende Akteure vorführt. Andrerseits verstößt er gegen diese Wünsche nicht nur durch die Art, wie er seine Akteure stilisiert – als Einzelkämpfer, denen jeder Gedanke an Solidarität fremd ist –, sondern auch, indem er das, wogegen die Rebellion sich richtet, als Gesellschaft und Macht überhaupt erscheinen läßt, nicht als Klassengesellschaft, nicht als Macht in den Händen einer Ausbeuterklasse.[71] – Haß auf die Etablierten schlechthin spricht auch aus Schütz' *Kohlhaas* (E 1975/76, U 1978), in andrem Licht aber erscheint hier die Position des aufbegehrenden Rebellen. Wenn Kohlhaas nach der Erstürmung Wittenbergs darauf verzichtet, die eroberte Macht zu gebrauchen, so hat das seinen Grund nicht in schmählichem Zukreuzkriechen (wie die Unterwerfung Abaelards unter die Kirche), sondern in der Müdigkeit eines Mannes, dessen Zorn verraucht ist, ja, im Abscheu gegen die Gewalt, die nötig war und nötig sein wird. Und dies ist ein Motiv, dem das Stück den Respekt nicht versagt – trotz aller plausiblen pragmatischen Argumente, die der konsequent revolutionär gesinnte Knecht Herse gegen Kohlhaas' Anarchismus vorbringt, trotz aller fatalen Folgen des Machtverzichts sowohl für das Leben der Rebellen als auch für die Sache, die sie vertreten. Gründlicher noch als *Heloisa* und *Antiope* ist *Kohlhaas* – wie auch *Odysseus Heimkehr* (E 1974, D 1977) – ein Stück gegen Macht und Herrschaft. Wenden jene sich gegen den *Mißbrauch* der Macht, so *Kohlhaas* gegen die Macht (die »Ketten«, »die Ordnung«) schlechthin. Ohne Antwort und Widerlegung bleibt Kohlhaas' Befürchtung, durch Machtanwendung werde eben das versäumt und vereitelt, was mit ihrer Hilfe erreicht werden soll (»Leben«, »Freiheit«, »Gerechtigkeit«, »Menschlichkeit«).

5. Neue Formelemente

Am Werk von Schütz und einigen andern der zuletzt erwähnten Autoren ist auch das Neue ablesbar, das die Dramatik des vergangenen Jahrzehnts im *formalen* Bereich, im Bereich der theatralischen Mittel und Fabelstrukturen, charakterisiert. Da ist vor allem eine Zunahme phantastisch-surrealer Elemente – zweifellos in der Dramatik nicht so ausgeprägt wie in der Epik, dennoch unverkennbar, mißt man die Produktionen der siebziger Jahre an den Stücken des vorigen Jahrzehnts, die überwiegend durch die traditionelle Widerspiegelungsästhetik bestimmt sind. Braun fügt in *Schmitten* eine »unwirkliche Szene« ein, in der die Figuren »offen« miteinander umgehn. Schütz' *Fabrik im Walde* enthält Partien, die auf einer »Traumebene« spielen (ein Sägewerk tanzt mit dem Helden). Ähnliches findet sich in den Stücken von Brasch. Mittel des absurden und grotesken Theaters – in der DDR nur zögernd aufgenommen (größtenteils auf dem Umweg über die Literatur anderer sozialistischer Länder) – werden genutzt, wenn Brasch z.B. die Umerziehung seines Helden Rotter vom fanatischen Nationalsozialisten zum FDJ-Pionier als Verstümmelung einer Puppe bühnensichtbar macht. Allegorischer Natur ist die Versinnlichung des Verhältnisses von Individuum und Staat auch in Schütz' (ebenfalls in der DDR bisher unaufgeführten) Stücken *Der Hahn* (E 1974/77) und *Stasch* (E 1977): Der Schriftsteller Stasch erhält als Zeichen seiner Überwachung durch die Partei einen schmerzhaften übergroßen Stempel auf den Leib gedrückt. Der Drang zu spontanem, vom Staat nicht geregeltem Betragen verkörpert sich im Krähen derer, die diesen Drang am wenigsten unterdrücken können, ja, in einem leibhaftig auftretenden Hahn. Müllers *Germania* enthält als fratzenhafte Allegorie auf die fehlgelaufene deutsche Geschichte ein Clownsspiel, Friedrich II. tritt in Gestalt eines Vampirs auf, Hitler und Goebbels erscheinen als Gottvater und Maria, die westlichen Alliierten als die heiligen drei Könige usw. Keineswegs jedoch erschöpft sich das Phantastische im Allegorischen. Was zumal *Gundling, Hamletmaschine* und *Der Auftrag* an Surrealem, nachprüfbare Alltagserfahrung und ideologische Interpretationsmuster Brüskierendem enthalten, führt Traditionen der Bildfügung weiter, die den lange als dekadent geschmähten Avantgardebewegungen des Jahrhundertbeginns entstammen und alles andre erstreben als Veranschaulichung einer vorgängigen, begrifflich formulierbaren These. Man habe, erklärt Müller (und benennt damit einen wichtigen Gegensatzpunkt zum parabolischen Theater des späten Brecht[72]),

»die Leute daran gewöhnt im Fernsehen und überhaupt, daß man alles sofort diskursiv formulieren können muß, was man geboten kriegt, auch im Theater. Und diese Gewohnheit muß zerschlagen werden, damit überhaupt Theater wieder möglich ist, damit Theater überhaupt eine Funktion hat. Das kann ja nicht nur eine Illustrationsfunktion haben. Es muß ja eine vitale Funktion haben, und die geht nicht über dieses platte Verstehen.«[73]

Großenteils dieselben Autoren – Müller, Brasch, minder ausgeprägt Schütz und Braun (kaum dagegen Hacks) – sind es, die sich von den traditionellen, für die sechziger Jahre fast ausschließlich gültigen Fabelstrukturen lösen. Ihre Dramenhandlungen sind weder einheitlich noch kontinuierlich-chronologisch entfaltet. Übergangslos und für den Zuschauer verwirrend schieben unterschiedliche Wirklichkeitsebenen sich ineinander (Gegenwärtig-Wahrnehmbares, Tag- und Wachtrauminhalte, Erinnertes, Verdrängtes). Gleichzeitig verliert der Dialog an Bedeutung. Neben ihn treten epische Partien, projizierte oder gesprochene Kommentare, einmontierte Texte aus unterschiedlichsten Quellen (Collagen) und vor allem Funktionen der Bühne: Sprachliches wird zurückgedrängt durch Pantomime, Musik und Geräusch. Auch diese, teilweise im Film heimischen Verfahren, die ihren Ursprung ebenfalls in den Avantgardebewegungen des Jahrhundertbeginns haben, gelangen ins DDR-Drama nicht als formalistische Spielereien, sondern als Mittel, ›der Wirklichkeit beizukommen‹[74], Sachverhalte zu erfassen, die – wie die von Müller immer wieder thematisierte Bruchstückhaftigkeit der deutschen Geschichte – eine andere Präsentation gar nicht zulassen. Man müsse, erklärt Müller, ›eins in das andere reinziehen‹, dem Zuschauer möglichst viel gleichzeitig ›aufpacken‹, ihn einer ›Überschwemmung‹ aussetzen.[75] Unter den Gründen, die Müller für die bewußte (»synthetische«) Herstellung von Fragmenten nennt (Vorbild: Brechts *frühe* Fragmente, besonders *Fatzer)*, ist dieser, auf den Zuschauer bezogene, der wichtigste: Die Fragmentarisierung ergibt statt eines zuständlichen »Abbilds« ein »Versuchsfeld, auf dem Publikum koproduzieren kann«.[76] Ganz ähnlich spricht Braun mit Bezug auf sein Stück *Simplex,* das den

Untertitel »Ein Spielbaukasten« trägt, vom »Versuch eines Realismus, der diese sich selber zerraufende Welt noch faßt«[77], und auch er legt bei der Begründung des Baukastenprinzips den Akzent auf die Aktivität des Zuschauers. Dieser soll, statt von einem überlegenen Autor belehrt, selbst Zuordnungen herstellen, das Disparate entwirren, ja, seine eignen Widersprüche bemerkend, zum Mitspieler werden. Alles diene, erklärt Braun, dem Zweck, »die Illusion der Realität zu vermeiden zugunsten der Kommunikation mit dem Publikum, dem eigentlich interessanten Theatervorgang«.[78] Auch Braun geht mit solchen, letztlich auf ein Niederreißen der Theaterrampe zielenden Intentionen über die Parabeldramatik Brechts hinaus (die er damit keineswegs pauschal für unbrauchbar erklärt[79]). Es sind Gedanken, die bei Braun wie bei Müller als – eingestandenermaßen utopischer – Fluchtpunkt ihres Schreibens ihre Verbindlichkeit vermutlich auch für die achtziger Jahre nicht verlieren werden.

Anmerkungen

1 Diese Formulierung gebraucht die Titelheldin von *Franziska Linkerhand*, der Bühnenbearbeitung des Romans von Brigitte Reimann, abgedruckt in: *Theater der Zeit* 33 (1978), H. 6, S. 62–71, Zitat S. 69.

2 Die radikalste Auseinandersetzung mit der Frustration, die aus der Nichterfüllung dieses Bedürfnisses entspringt, gibt Thomas Brasch in dem 1974/75 entstandenen Stück *Lovely Rita* (in der DDR bisher nicht aufgeführt). Vgl. dazu das wichtige Interview mit Brasch in: *Theater heute* 18 (1977), H. 2, S. 45f. – Über das Verhältnis der jüngsten Generation zu Staat und Gesellschaft vgl. auch das Interview mit Manfred Karge und Matthias Langhoff in: *Theater heute* 19 (1978), Sonderheft, S. 46 sowie das Interview mit Jochen Laabs in: *Weimarer Beiträge* 26 (1980), H. 6, S. 51–73, bes. 55–58. Grundsätzlich dazu: Heinz Plavius, Positionsbestimmung, ebd., S. 136–147, bes. 143–145.

3 Vgl. Braun, Büchners Briefe, in: Georg Büchner III (München: edition text + kritik, 1981), S. 12.

4 Vgl. Silvia Schlenstedt, Interview mit Volker Braun, in: *Weimarer Beiträge* 18 (1972), H. 10, S. 41–51, bes. S. 42 u. 51.

5 Vgl. Hans Kaufmann, Veränderte Literaturlandschaft, in: *Weimarer Beiträge* 27 (1981), H. 3, S. 42.

6 Ansätze zu dieser Betrachtungsweise begegnen während der sechziger Jahre weniger in der Dramatik als in Werken anderer Genres. Man denke an Christa Wolfs umstrittenen Roman *Nachdenken über Christa T.* (1968), in dem der Anspruch des Individuums, ein unverwechselbar-eignes Leben zu führen, mit Ernst und Sympathie behandelt wird.

7 Folgende Siglen werden verwendet: E = Jahr der Entstehung. – D = Jahr des Erstdrucks in der DDR. – U = Jahr der ersten Aufführung in der DDR.

8 Daß die grundsätzlichen, gegen Plenzdorf und Kirsch gebrauchten Argumente – »schematische«, »undialektische« Fassung des Individuum-Gesellschaft-Verhältnisses, mißverstandener »Freiheits«-Begriff, Literatur als »Stütze des Individuums, nicht der Gesellschaft« – unverändert gültig bleiben, zeigt sich während des gesamten Jahrzehnts, am deutlichsten gegen dessen Ende in den Kritiken am Werk der oben erwähnten jüngsten Generation. Prinzipielle Äußerungen dazu bei Heinz Plavius, Positionsbestimmung, in: *Weimarer Beiträge* 26 (1980), H. 6, S. 141ff, Peter Ullrich, Nach dem Fest, in: *Theater der Zeit* 35 (1980), H. 2, S. 3 u. Klaus Pfützner, Gewinn und Defizit? in: ebd., H. 3, S. 4.

9 Zitiert nach: Gottfried Fischborn, *Künstlerische Subjektivität und Aneignung der Wirklichkeit im Drama* (Phil. Diss. B Leipzig, 1977), S. 120f.

10 Müller über die »Aktualität« des *Zement*-Stoffs: »Je mehr der Sozialismus den Gang der Geschichte bestimmt, desto notwendiger die Erinnerung, was er gekostet hat.« (In: *Neues Deutschland* 10. 10. 1973, S. 4)

11 Armin Stolper, *Stücke* (Berlin: Henschel, 1974), S. 337.

12 Kerndl, Nacht mit Kompromissen, in: *Neue Deutsche Literatur* 24 (1976), H. 9, S. 20.

13 Vgl. ebd., S. 67.

14 Ebd., S. 66 u. 28.

15 Ebd., S. 31.

16 Ebd., S. 66 u. 67.

17 Hammel, *Rom oder Die zweite Erschaffung der Welt* (Berlin und Weimar: Aufbau 1976), S. 121.

18 Ebd., S. 116.

19 Vgl. Hans Kaufmann, Literatur in einer dynamischen Gesellschaft, in: Eva und Hans Kaufmann, *Erwartung und Angebot* (Berlin: Akademie, 1976), S. 9–44, bes. S. 40.

20 *VII. Schriftstellerkongreß der DDR. Protokoll (Arbeitsgruppen)* (Berlin und Weimar: Aufbau, 1974), S. 258 u. 260.

21 In: *Sonntag* 1976, Nr. 21, S. 3.

22 Diesen Ausdruck gebraucht Fühmann in: *VII. Schriftstellerkongreß*, S. 260.

23 Die geschilderten Forderungen besitzen einen beträchtlichen Spielraum. Gegensätzliche Kritiken eines und desselben Werkes zeigen, daß die einzelnen Rezensenten auf der Akzentuierung des Fortschritts und der bewegenden Kräfte mit sehr unterschiedlicher Entschiedenheit bestehen. Gegen Stücke, die einerseits begrüßt werden und zur Aufführung gelangen (z. B. Plenzdorfs *Neue Leiden*), werden andererseits eben wegen ihres »statischen« Gesellschaftsbildes schwerwiegende Bedenken vorgebracht, oft verbunden mit dem gegen die Autoren gerichteten »Pessimismus«-Vorwurf. – Über die fortbestehende Aktualität des Pessimismus-Arguments vgl. das Interview mit Günter Kunert in: *Deutschland-Archiv* 1980, H. 11, S. 1230.

24 So Erika Stephan in: *Sonntag* 30 (1976), Nr. 14, S. 4.

25 Hammel, *Rom oder Die zweite Erschaffung der Welt*, S. 101.

26 Gegnerschaft und Bedenken gegen dieses Konzept sind am prägnantesten formuliert bei Ernst Schumacher, Brecht und sozialistischer Realismus heute, in: *Weimarer Beiträge* 24 (1978), H. 10, S. 156f. Schumacher spricht von einem Rückfall hinter Brecht, vom »Verlust an ideologisch-politischer Verbindlichkeit«.

27 So z. B. Walfried Hartinger in: *Literatur und Geschichtsbewußtsein*, hg. v. Manfred Diersch und Walfried Hartinger (Berlin u. Weimar: Aufbau, 1976), S. 18f.; an ihn anknüpfend: Dieter Schlenstedt, Literatur der DDR im Spiegel ihrer Literaturgeschichte, in: *Weimarer Beiträge* 26 (1980), H. 2, S. 31. Vgl. auch ders., Prozeß der Selbstverständigung, in: *Weimarer Beiträge* 22 (1976), H. 12, S. 22.

28 Vgl. Hans Kaufmann, Veränderte Literaturlandschaft, in: *Weimarer Beiträge* 27 (1981), H. 3, S. 31f.

29 Diesen Ausdruck gebraucht Thomas Brasch in einem Gespräch mit Christoph Müller, abgedruckt in: *Theater heute* 18 (1977), H. 2, S. 45f.

30 Produktiver Umgang mit Brecht. Ein Gespräch mit Heiner Müller, in: *Das Schauspielhaus* [Hamburg], April/Mai 1978, S. 3.

31 Vgl. Klaus Jarmatz, Ästhetische Fragen im Spiegel der Literaturkritik, in: *Neue Deutsche Literatur* 21 (1973), H. 8, S. 109–122, Zitat S. 120.

32 Braun, Offener Brief, in: *Theater der Zeit* 22 (1967), H. 8, S. 14.

33 Vgl. dazu Hans Kaufmann, Literatur in einer dynamischen Gesellschaft, in: Eva und Hans Kaufmann, *Erwartung und Angebot* (Berlin: Akademie-Verlag, 1976), S. 9–44, bes. S. 20f.

34 Braun, *Es genügt nicht die einfache Wahrheit* (Leipzig: Reclam, 1975), S. 18.

35 Braun, *Stücke 1* (Frankfurt: Suhrkamp, 1975), S. 73f.

36 Ebd., S. 116.

37 Ebd., S. 153.

38 Braun, *Stücke 2* (Frankfurt: Suhrkamp, 1981), S. 27.

39 Vgl. ebd., S. 30.

40 Vgl. Braun, Arbeitsnotizen zu »Schmitten«, im Programmheft der Leipziger Uraufführung (Spielzeit 1981/82, H. 14).

41 Ebd.

42 Zur Diskussion um die Grenzen literarischer Gesellschaftskritik vgl. z.B. den Beitrag von Reinhard Weisbach in: *Brecht 73* (Berlin: Henschel 1973), S. 32f. sowie Hans Kochs Ausführungen in: *Sonntag* 4. 12. 1977. Ausgewogener: Dieter Schlenstedt, Literatur der DDR im Spiegel ihrer Literaturgeschichte, in: *Weimarer Beiträge* 26 (1980), H. 2, S. 25–42, bes. S. 35f.

43 Hans Kaufmann, Veränderte Literaturlandschaft, in: *Weimarer Beiträge* 27 (1981), H. 3, S. 81.

44 *Zur Theorie des sozialistischen Realismus* (Berlin: Dietz, 1974), S. 324.

45 Vgl. ebd. S. 330; vgl. dazu auch Rolf Rohmer, Der Gang durch Widersprüche, in: *Theater der Zeit* 32 (1977), H. 7, S. 1–3; Erich Honecker, Aus dem Bericht an die 5. Tagung des ZK der SED, in: *Neues Deutschland* 18. 3. 1977: »Ohne jede Enge gilt es weiterhin, die progressiven und humanistischen Traditionen zu pflegen. Dabei gilt es, noch stärker als bisher, alles Wertvolle und Positive einzubeziehen, das sich [...] in Jahrhunderten herausgebildet hat und in der sozialistischen DDR seine Erfüllung findet.«

46 Hammel, Zu diesem Stück, in: *Theater der Zeit* 34 (1979), H. 8, S. 72.

47 Vgl. dazu das Interview mit Müller (und anderen) »Shakespeares Stücke sind komplexer als jede Aneignung« in: *Theater heute* 16 (1975), H. 7, S. 32–37, bes. S. 36.

48 Geschichte und Drama. Ein Gespräch mit Heiner Müller, in: *Basis* 6 (1976), S. 48–64. Zitat S. 51.

49 Vgl. ebd., S. 53.

50 Müller, *Germania Tod in Berlin* (Berlin: Rotbuch, 1977), S. 71.

51 Geschichte und Drama,S. 49.

52 Vgl. schon oben S. 125f.

53 Selbst der in der ersten Szene auftretende Kommunist kann als Anknüpfungsfigur nicht gelten. 1933, während der Selbstzerfleischungsphase des Proletariats, vermag er dem in die Hände der Nazis gefallenen Bruder (dem »Braunhemd«) weder zu vertrauen noch den erbetenen Tod zu geben. Im Versuch, sich nicht zu beflecken, wiederholt er das Schicksal des Neoptolemos in *Philoktet*, der, um eine Lüge zu vermeiden, eine Situation herbeiführt, die ihm noch weniger Auswegmöglichkeiten läßt. Vgl. dazu Gespräch mit Heiner Müller, in: *Sinn und Form* 18 (1966), S. 30–47, bes. S. 44.

54 Müller, Mauser (= Texte 6) (Berlin: Rotbuch, 1978), S. 85.

55 Das geschieht z. B., wenn in *Hamletmaschine* Ekel und Verzweiflung als Intellektuellenprivilegien erkannt werden, ermöglicht dadurch, daß »irgendwo [...] Leiber zerbrochen« werden (ebd., S. 96).

56 Diese Formulierung Müllers berichtet Martin Linzer in seinem Aufsatz »Messe der Meister von morgen?« in: *Theater der Zeit* 35 (1980), H. 7, S. 12–13. Zitat S. 13.

57 Vgl. das Interview mit Braun in: *Neue Zeit* 7. 2. 1978.

58 Vgl. *Leipziger Theater* 1979/80, H. 1.

59 Berliner Ensemble, *Großer Frieden,* 1979, o. S.

60 Müller, *Theater-Arbeit* (Berlin: Rotbuch, 1975), S. 121.

61 Braun, Arbeitsnotizen, in: *Theater der Zeit* 35 (1980), H. 7, S. 63.

62 Hacks, *Die Maßgaben der Kunst* (Düsseldorf: Claassen, 1977), S. 248f.

63 Hacks, *Das Poetische* (Frankfurt: Suhrkamp, 1972), S. 114.

64 Vgl. Hacks, Seneca-Essai, in: *Neue Deutsche Literatur* 26 (1978), H. 6, S. 79.

65 Vgl. ebd., S. 71.

66 Vgl. Hacks, *Maßgaben,* S. 393.

67 Gegen Versuche, die Reichweite der Parabel auf die antagonistische Klassengesellschaft zu beschränken, gab es Proteste in der DDR selbst. Man betonte ihre Gleichnishaftigkeit auch für die Geschichte des Sozialismus, ohne die »Grenzen der analogisierenden Methode« zu leugnen (vgl. z.B. Jürgen Engler, Stoffe, Kostüme und große Fragen, in: *Neue Deutsche Literatur* 26 [1978], H. 6, S. 133–139, bes. S. 139). Hacks selbst betont diese Grenzen in seinem »Seneca-Essai«, S. 68.

68 Utopisches füllt nur eine Enklave: »mitten [...] im Staat« errichtet der Darios-Vorgänger Kambyses, ein unaufgeklärter, grausam-launischer Despot, ein Paradiesgärtlein, eine »Welt außerhalb der Welt«. Der Lustort ist ein lächerlich-winziges Gehege, das seine Entstehung der Eitelkeit und dem Legitimierungsbedürfnis seines Erbauers verdankt, nicht Bild des Ziels aller Politik, sondern von dieser abgesondert, statisch und ohne Verbindlichkeit (Kambyses besudelt seine Schöpfung durch einen überflüssigen Mord). Keineswegs die Idee eines vollkommenen Ganzen wird hier diskreditiert; Kritik gilt vielmehr einer verfehlten Weise, mit dieser Idee umzugehen. Am Beispiel eines Zerrbilds zeigt Hacks den *Mißbrauch* utopischer Entwürfe. Auf solche Weise fügt auch *Prexaspes* sich in die Reihe seiner historischen Dramen und Mythenadaptationen ein.

69 Christoph Hein antwortet auf Fragen von »Theater der Zeit«, in: *TdZ* 33 (1978), H. 7, S. 51.

70 Vgl. Müller, Geschichte und Drama, S. 52.

71 Daß Schütz' an aktuellen Anspielungen reiche Texte auf Verfremdungen verzichten, welche die geschilderte Konfrontation mit Entschiedenheit als an eine historische Gesellschaftsform (die Klassengesellschaft) gebunden einschränken, hat die Kritik in der DDR immer wieder zum Widerspruch herausgefordert. Vgl. z. B. die Rezension Rainer Kerndls in: *Neues Deutschland,* 13. 5. 1978: »Doch Schütz

nimmt den historischen Anlaß zur pauschalen Verallgemeinerung: So geht's dem Menschen mit der Gesellschaft, der Widerspruch ist unaufhebbar – Menschheitsgeschichte als ewiger Kreislauf?«

72 Vgl. den gegen die realitätsarmen »Idealkonstruktionen« von Brechts Parabeln gerichteten Satz Müllers: »Der Autor ist klüger als die Allegorie, die Metapher klüger als der Autor.« (Müller, Keuner ± Fatzer, in: *Brecht-Jahrbuch 1980* [Frankfurt: Suhrkamp, 1981], S. 15).

73 Shakespeares Stücke sind komplexer als jede Aneignung, in: *Theater heute* 16 (1975), H. 7, S. 32–37, Zitat S. 36. – Das gilt auch für Brasch, namentlich für dessen *Rotter* und *Lovely Rita*. Brasch selbst spricht vom Theater als einem »Ritual«; Theater – erklärt er – solle nicht bereits Gewußtes noch einmal vorführen, sondern »zum Ereignis machen, was nicht sofort in Sprache faßbar ist« (zitiert durch Christoph Müller in: *Theater heute* 18 (1977), H. 2, S. 42).

74 Vgl. Müller, *Theater-Arbeit* (Berlin: Rotbuch, 1975), S. 125.

75 Vgl. Der Dramatiker und die Geschichte seiner Zeit. Gespräch zwischen Horst Laube und Heiner Müller, in: *Theater heute* 16 (1975), Sonderheft, S. 119–122, bes. S. 120f.

76 Müller, *Theater-Arbeit*, S. 125. Müllers Plädoyer zielt auf das »genuine« Fragment, d. h. auf einen Stücktypus, der unvollendet-rissig bleibt durch *innere* Widersprüche, selbst dort wo der Autor eine ›gewaltsame Vollendung‹ im äußeren Sinne zustande brachte. Vgl. dazu Müller, Keuner ± Fatzer, S. 19.

77 Braun, Arbeitsnotizen, in: *Theater der Zeit* 35 (1980), H. 7, S. 63.

78 Ebd.

79 Als weiterhin verbindlich sieht Braun Brechts »Methode« an, sein Verfahren, die – inzwischen veränderte – Wirklichkeit praktikabel darzustellen und den Massen »die Wahrheit so zu reichen, daß sie eine Waffe in ihren Händen sein kann. Diese dient heute hier, wo das Volk einiges in den Händen hält, einem universaleren Zweck und kann selbst universaler werden. Es ist nicht mehr nur die Frage ›Wer wen?‹, es ist die Frage ›Was für alle?‹« (Braun in einem Interview, gesendet vom DDR-Fernsehen am 17. 2. 1978). – Vgl. auch Brauns wichtigen Beitrag in: *Brecht 73* (Berlin: Henschel, 1973), S. 216.

Wolfgang Emmerich

Der verlorene Faden
Probleme des Erzählens in den siebziger Jahren

> »Es ist die einfache Reihenfolge, die Abbildung der überwältigenden Mannigfaltigkeit des Lebens in einer eindimensionalen, wie der Mathematiker sagen würde, was uns beruhigt; die Aufreihung alles dessen, was in Raum und Zeit geschehen ist, auf einen Faden, eben jener berühmten ›Faden der Erzählung, aus dem nun also auch der Lebensfaden besteht [. . .] Und Ulrich bemerkte nun, daß ihm dieses primitiv Epische abhanden gekommen sei, woran das private Leben noch festhält, obgleich öffentlich schon alles unerzählerisch geworden ist und nicht einem ›Faden‹ mehr folgt, sondern sich in einer unendlich verwobenen Fläche ausbreitet [. . .]«
>
> Robert Musil, *Der Mann ohne Eigenschaften*

1. Monologisches oder dialogisches Erzählen

Dem 1975 verstorbenen Rostocker Literaturkritiker Kurt Batt verdanken wir mehrere interessante Essays zur Erzählliteratur der Bundesrepublik wie zu der aus der DDR. Sie sind zwischen 1960 und 1975 entstanden, und im wesentlichen behandeln sie auch die Prosa beider deutscher Staaten aus eben diesem Zeitraum. Liest man die auf zwei verschiedene Bücher[1] verteilten Essays von Batt im Vergleich, gewissermaßen als einen Text, dann springt die Kontrastierung der zwei deutschen Literaturen, mit der hier gearbeitet wird, deutlich ins Auge. Der westdeutschen Erzählliteratur attestiert er (bei aller Differenzierung im einzelnen) einen gemeinsamen Trend, der sich an Stichworten wie geschrumpfte Tradition, Verinnerlichung der Revolte und Exekution des Erzählers (also: des erzählenden Subjekts) festmacht. Kein Zweifel, damit ist dieser Literatur eine insgesamt »absteigende Linie« unterstellt. Eine dazu gegenläufige Bewegung sichtet Batt in der Prosa der DDR bis zu den frühen siebziger

Jahren hin. Sie knüpft sich bei ihm an eine Kette von Autoren, die mehrere Generationen umgreift: Strittmatter, Bobrowski, Fühmann; Wellm, Kant, C. Wolf, de Bruyn, Jakobs, Kunert; Morgner, Schneider, S. Kirsch, Jendryschik, H. Schütz, Schlesinger, Jentzsch. Batt erkennt als Charakteristika dieser Prosa eine »neugewonnene Lockerheit und spielerische Leichtigkeit«, durch die sie sich »überflüssig gewordener informativer und didaktischer Komponenten entledigt« habe (S. 357). Hier sei – entscheidender Gewinn – eine »echte Kunstwirklichkeit« geschaffen, die die bisher dominante »schlichte Reproduktion von äußerer Realität« übersteige (S. 356). Insgesamt sei die literarische Entwicklung gekennzeichnet von einem »Prozeß der Auffächerung, der Individualisierung« (S. 347), den eine neuerdings »dezidierte Subjektivität« trage (S. 340). Mit der »denunziatorischen Vokabel Privatisierung« sei das »nicht zu fassen«; vielmehr würden »private« oder »existentielle« Probleme gerade jetzt, in diesem historischen Augenblick der DDR, frei und souverän behandelbar – »in dem Maße nämlich, wie der Sozialismus die Muttermale der alten Ordnung abwirft« (S. 351). Demzufolge präge den Prosaautor der DDR (wie die ihn produzierende gesellschaftliche Wirklichkeit des Landes) eine Doppelbewegung: »Auf der einen Seite die notwendige Integration in die Gesellschaft, auf der anderen Seite die Selbstbehauptung der eigenen Inkommensurabilität« (S. 358). Im Ton der Genugtuung (und in beinahe triumphierender Absetzung gegenüber der westlichen Erzählliteratur) heißt es dann:

»Hier [in der DDR] erscheint Erzählen nicht als stummes Vorsichhinsprechen, sondern als Aussprache, die des Gegenübers bedarf, als eine Gattungseigenschaft des Menschen; die sich freilich nur in einer Gesellschaft entfalten kann, wo die Menschen miteinander und nicht gegeneinander leben, wo sie kommunizieren.« (S. 342)[2]

Von diesen Behauptungen Batts ist, wenige Jahre nach ihrer Niederschrift, Wesentliches nicht mehr haltbar. Weniger gilt das für die Deskription der DDR-Erzählliteratur bis ca. 1972; umso mehr aber für die rückwärtigen Begründungen einerseits und die auf die Zukunft gerichteten perspektivischen Folgerungen, die Batt seinen Beschreibungen beifügt. Die späteren siebziger Jahre haben, sowohl was die DDR-Gesellschaft als auch was ihre Literatur angeht, Batts eher aus dem Wunschdenken geborene, im Ton der Beschwörung vorgetragene Diagnose Lügen gestraft. Die DDR als eine Gesellschaft des Miteinander, nahezu frei von den Muttermalen der alten Ordnung – und eine dementsprechend mit dem Gegenüber frei kommunizierende, also dialogische Erzählliteratur? Ein solches Fazit läßt sich im Jahre 1983 über die siebziger Jahre schlechterdings nicht mehr aussprechen. Vielmehr wird im folgenden darzustellen sein, wie die Erzählliteratur dieser Jahre aus der DDR einen Prozeß modifizierend wiederholt, der die (west-)europäische Erzählentwicklung zwischen ca. 1910 und 1930 kennzeichnet. Die DDR-Prosa wird zwischen 1965 und 1980 mit einer Geschwindigkeit und in einem Ausmaß »modern«, »gleichzeitig« mit der der westlichen Welt, das das vermutliche Scheitern eines gesellschaftlichen Aufbruchs (nämlich das Einmünden der demokratisch-sozialistischen Umwälzung seit 1945/49 in den statischen »realen Sozialismus«) signalisiert. Insofern besteht kein Anlaß zur geschmäcklerischen Befriedigung über den Anschluß der DDR-Literatur ans sogenannte Weltniveau.

Die entscheidende, seitdem anhaltende Krise des europäisch-westlichen Romans liegt bekanntlich im ersten Drittel unseres Jahrhunderts. In dieser historischen Phase, geprägt von Weltkrieg, Revolutionen und einem bis dahin nicht vorstellbaren Ausmaß an technisch perfektionierter Zerstörung und Gewaltanwendung gegen Menschen, war den sensibelsten Künstlern die teleologisch sinnhafte, auf die Fortschrittsidee hingedachte »Totalität einer Welt- und Lebensanschauung«, wie sie seit Hegel allem Erzählen vorausgesetzt wurde, endgültig abhanden gekommen. An Walter Benjamins treffende Lagebeschreibung sei in diesem Zusammenhang ruhig ein weiteres Mal erinnert:

»[. . .] nie sind Erfahrungen gründlicher Lügen gestraft worden als die strategischen durch den Stellungskrieg, die wirtschaftlichen durch die Inflation, die körperlichen durch die Materialschlacht, die sittlichen durch die Machthaber. Eine Generation, die noch mit der Pferdebahn zur Schule gefahren war, stand unter freiem Himmel in einer Landschaft, in der nichts unverändert geblieben war als die Wolken und unter ihnen, in einem Kraftfeld zerstörender Ströme und Explosionen, der winzige, gebrechliche Menschenkörper.«[3]

Nachdem sich der europäische Roman schon in der zweiten Hälfte des 19. Jahrhunderts schrittweise für die Darstellung bis dato nicht dichtungswürdiger sozialer Erscheinungen einerseits und aparter Bewußtseinsinhalte andrerseits geöffnet hatte, gab er jetzt Zug um Zug lange gültige Konstituenten der Romanform und des Erzählens überhaupt preis. Noch Georg Lukács hatte – das war im Jahre 1916 – dem zeitgenössischen Romancier unterstellt, ihm sei zwar die »extensive Totalität des Lebens nicht mehr sinnfällig gegeben«, gleichwohl sei er geleitet von der »Gesinnung zur Totalität«.[4] Diese »Gesinnung« (nicht die so gerichtete Sehnsucht) geht nun angesichts der erwähnten Umwälzungen den Autoren und ihren Werken verloren. Am genauesten hat das wohl Robert Musils Mann ohne Eigenschaften, Ulrich, formuliert, von dem unser Motto stammt. Gleichzeitig klärt seine subtile Reflexion darüber auf, daß Wirklichkeitserfahrung und das Erzählen von ihr (also Inhalt und Form) unauflöslich miteinander verknüpft sind. So wie die Menschen »im Leben« »das ordentliche Nacheinander von Tatsachen« lieben, »weil es einer Notwendigkeit gleichsieht«, so wie sie möchten, »daß ihr Leben einen ›Lauf‹ habe«, weil sie sich dann »irgendwie im Chaos geborgen« fühlen können – so sehnen sie sich auch nach einem Erzählen, das diesem »Lauf«, dieser Ordnung gehorcht, das sich mittels »als«, »ehe«, »nachdem« und am liebsten auch »weil« verknüpft: »Es mag ihm [dem Menschen] Schlechtes widerfahren sein, oder er mag sich in Schmerzen gewunden haben: sobald er imstande ist, die Ereignisse in der Reihe ihres zeitlichen Ablaufs wiederzugeben, wird ihm so wohl, als schiene ihm die Sonne auf den Magen.« Doch Musils Protagonisten wird bewußt, daß diese »perspektivische Verkürzung des Verstandes« angesichts des Weltlaufs nicht mehr funktioniert. Und so wie der »Lebensfaden« unterbrochen, verwirrt oder schlicht abhanden gekommen ist, so auch der »Faden der Erzählung«, die überlieferte »erzählerische Ordnung«. Erzählen heißt somit: Preisgabe des durchlaufenden (chronologischen, kausalen, sinnstiftenden) roten Fadens zugunsten des Ausbreitens einer »unendlich verwobenen Fläche«.[5]

Solche Welterfahrung hat demnach Folgen für alle tragenden Säulen des Erzählgebäudes: die Fabel, die Zeitverhältnisse, das Personal (den Helden vor allem) und nicht zuletzt für die Beziehung eines Autors zu seinen Lesern. Hatte die Fabel einst »alle Bezüge und Beziehungen in einen Brennpunkt« vereinigt und »das Verhältnis der Teile zum Ganzen [. . .] aus einem bloß linearen zu einem radialen« verwandelt, so hat die Erzählung im Zeichen der »Entfabelung« (Jakob Wassermann[6]) jetzt die Tendenz zur »Entorganisierung, Disintegrierung der geläufigen Realität« in sich und läßt, da eine verbindliche Zeiterfahrung im Sinne des »als«, »ehe« und »nachdem« nicht mehr existiert, die »innere, subjektive Zeit« wuchern; die »Erlebniszeit« löst sich radikal ab von der »Ereigniszeit«.[7] Zerschlagen sind von der historischen Erfahrung auch die überlieferten Vorstellungen gelingender menschlicher Individuation: der Weltlauf läßt sie nicht mehr zu, ja, er vollzieht sich diametral entgegengesetzt zu ihr. In einer Situation »universaler Entfremdung und Selbstentfremdung« reicht »das Individuum mit seinen Regungen und Gefühlen ans Verhängnis« nicht mehr heran; nicht mehr läßt sich vom »Konflikt zwischen den lebendigen Menschen und den versteinerten Verhältnissen« als Vorwurf des Erzählens sprechen, vielmehr sind die Menschen den gleichen entlebendigenden Versteinerungen unterworfen, denen die Verhältnisse bereits gehorchen.[8] Und ein Mensch, der nur noch »stockt und arbeitet«, wie es bei Gottfried Benn heißt, fällt aus allen geläufigen (idealistischen) Definitionen heraus – er ist »ein Mensch in Anführungsstrichen«.[9] Folgerichtig hat sich damit auch das *Verhältnis des Erzählers zu seinem Publikum* radikal verändert. Wer nicht mehr beispielhaft Erfahrungen vermitteln, nicht mehr aus einer »vorgreiflichen Gemeinsamkeit der Orientierung«[10] von Autor und Leser heraus erzählen kann, wer »selbst unberaten ist und keinen Rat geben kann«[11], hat, willentlich oder nicht, das dialogische, kommunikative Erzählen aufgekündigt, ist beim »stummen Vorsichhinsprechen« angekommen, das Batt der westlichen Erzählliteratur treffend diagnostiziert hat.

Wenn hier die Signaturen modernen Erzählens in Erinnerung gerufen wurden, so aus dem Grund, weil damit – so meine These – Kriterien der Beschreibung und der Analyse an die Hand gegeben sind, die bei einer Untersuchung neuerer Prosaliteratur aus der DDR hilfreich sind. Das ist im folgenden zu belegen, aber ebenso ist nach den Ursachen und der Wertigkeit eines solchen Erzählens zu fragen, das aus einem Kontext heraus entsteht, der DDR-Geschichte und DDR-Gesellschaft heißt.

2. Anfänge »gleichzeitigen« Erzählens: Christa Wolf, Fries und andere

Die Erzählliteratur der DDR vom Ende der vierziger bis zum

Beginn der sechziger Jahre, also über anderthalb Jahrzehnte, ist nicht anders als antimodernistisch, orthodox realistisch zu benennen, und ebenso ist es um die – spärliche – Prosa- bzw. Romantheorie dieser Ära bestellt. Das liegt nicht nur an der selbstgewählten Tradition der kritisch-realistischen und sozialistisch-realistischen Exilerzähler (Feuchtwanger, A. Zweig, L. Frank, Seghers, Bredel, Marchwitza u.a.), deren Schreibweisen man im Zeichen der antifaschistisch-demokratischen Neuordnung für vorbildlich erklärte und deren autoritative Wirkung lange vorhielt. Vielmehr ist umgekehrt diese Traditionswahl symptomatisch für die Weltanschauung, nach der der östliche Teil Deutschlands politisch geplant und organisiert wurde, einschließlich seiner Literatur. Der Glaube an die Durchsetzbarkeit einer wirklich neuen, humanen, sozialistischen Ordnung der Gesellschaft war ungebrochen, und also auch der Glaube an die Unaufhaltsamkeit des Fortschritts. Der Marxismus, verstanden als geschlossenes Lehrgebäude und nicht als Analysemethode, die sich für neue Erfahrungen offenhielt, erschien fraglos als geeignet, sowohl die jüngste Geschichte zu verarbeiten als auch die vorgefundenen gesellschaftlichen Verhältnisse zu verändern. Und wie die Weltanschauung, so das Erzählen: geschlossen, fortschrittsgläubig, optimistisch, rundum positiv. Wie die materielle Produktion sollte auch die literarische definierten Planvorgaben (denen der sozialistisch-realistischen Doktrin) folgen. Man glaubte, so hat es Eduard Claudius einmal sarkastisch formuliert, »der Schriftsteller sei einem Computer ähnlich, in den man die Programmierungskarte hineinstecken könne, und blitzschnell, ehe man sich's versehe, komme der fertige, nach Wunsch geschneiderte Roman heraus: ein Teil positiver Held in strahlend heller Sonne, zur notwendigen Kontrastierung ein wenig gewölkt, ein Teilchen wohldosierter Liebe, wie sie halt üblich ist, natürlich ein Gegenspieler, dieser aber schwach, schlecht und zuletzt unterliegend«.[12] Ernst Bloch war nicht der einzige, der auf dem IV. Schriftstellerkongreß 1956 vor einem »kurzfristigen Praktizismus« warnte, »die Poesie in die jeweiligen Abschnitte des geltenden Fünfjahrplanes [zu] tranchieren« und darüber »die Kraft des geschulten Träumens, das Salz der konkreten Antizipation, die Fülle der exakten Phantasie« zu vergessen.[13] So sind nicht nur die Aufbauromane der fünfziger Jahre, sondern auch noch die Ankunftsliteratur um 1960 (mitgetragen von später so wichtigen, aus der Orthodoxie ausbrechenden Autoren wie C. Wolf, de Bruyn und Jakobs) und die Entwicklungsromane der Strittmatter, Brĕzan, Noll und Max Walter Schulz von einem an traditionellen Mustern haftenden Schematismus der Fabelkonstruktion, der Heldenwahl und der Personendarstellung geprägt, der in seiner Konventionalität dem geschlossenen, naiven Weltbild der Autoren entspricht. Heinrich Küntzel hat jüngst über die »Schwierigkeiten einer außengelenkten Ästhetik« räsoniert, »moderne offene Formen für die Darstellung eines geschlossenen Systems und die erzieherische Absicht zu nutzen«.[14] Die Erzählliteratur der DDR ist bis weit in die sechziger Jahre hinein eine Beispielsammlung nicht nur für die Schwierigkeiten, sondern für die Unmöglichkeit einer außengelenkten Ästhetik (und dieser Status der Außenlenkung wurde ja weithin freiwillig akzeptiert!), offene Formen der Moderne in sich aufzunehmen.

Fundament einer solcherart traditionalistischen Erzähltheorie der geschlossenen Form ist der hartnäckig festgehaltene Totalitätsgedanke Hegelscher Provenienz. So warnte Max Walter Schulz noch 1964 eindringlich davor, »die Totalitätsforderung an den Roman« preiszugeben, und bestimmte als Koordinaten des genuin realistischen Romans die »poetisch-illusionäre (den realen Abbildern treu bleibende) Totalitätsempfindung oder Totalitätsvorstellung« und, zweitens, eine »gesellschaftsbildende rationale Idee«, die allein erst »geordnet ins Bewußtsein hebe, was dem unbewußten Sein an Einzelheiten entrissen wird. Als Marxist schreibt man Romane aus der Überzeugung, daß die Welt erkennbar und veränderbar ist und nicht nur auf verschiedene Weise poetisch interpretiert werden kann.«[15] Eben diese vieldimensionale und damit unverbindliche Nur-Interpretation der Welt warf man den Joyce und Proust, Kafka und Musil sowie ihren zeitgenössischen westdeutschen Schülern Grass und Walser vor. Letzteren attestierte Hermann Kant 1961 ein Weltbild, »in dem sich die heutige Gesellschaft als ein Scherbenhaufen darstellt, als eine Welt voll Disparität« – und die folgerichtig nichts anderes als »Scherbenliteratur« hervorzubringen in der Lage seien.[16] Für sich selbst nahm man dagegen in Anspruch, im Besitz eines intakten Spiegels, ohne Sprünge und Risse, ohne blinde Flecken (eben die marxistische Lehre) zu sein, der denn auch nach wie vor imstande sei, die ganze Welt als zusammenhängend-stetige, kontingente abzubilden.

Zweifel an dieser Totalitäts- und Widerspiegelungstheorie setzten bei einzelnen jüngeren Erzählern der DDR zu Beginn der sechziger Jahre ein. Es waren Zweifel von zweierlei Art. Zum einen begann man sich zu fragen (und dafür ist eine wachsende, die Landesgrenzen überschreitende Belesenheit der Autoren verantwortlich), ob die Spiegel, die einem da an die Hand gegeben wurden, wirklich so leistungsfähig, so wirklichkeitsmächtig waren, wie von der geltenden Literaturdoktrin behauptet wurde. Zunehmend nahm man die Defizite, das Phantasielose und Schematische der verordneten Schreibweise wahr und begriff die eigene ästhetische Position als die eines fragwürdigen »literarischen Isolationismus«.[17] Doch derlei ästhetische Zweifel an der Widerspiegelungstheorie konnten nur dort entstehen, wo auch die Skepsis am Vor-Gespiegelten, am Inhalt des eigenen Gesellschaftssystems einen Nährboden hatte. Auf die Dauer war es nicht möglich, die Augen davor zu verschließen, daß die vielzitierten »Muttermale« der alten Gesellschaftsordnung äußerst zählebig waren; daß es weiterhin Unterdrückungs- und Abhängigkeitsverhältnisse gab, daß Tabuzonen des materiellen und psychischen Elends weiterexistierten, die bislang kein literarischer Spiegel eingefangen hatte. Damit näherte sich die künstlerische Intelligenz – ihrer eigenen erwachenden Radikalität oft gar nicht wirklich bewußt – einem grundlegenden Zweifel an den Ordnungsbegriffen des Lebens und Arbeitens in der DDR: am Theorem von den nichtantagonistischen Widersprüchen, am Fortschrittsdogma und, wachsend, am Postulat einer stetig fortschreitenden ökonomischen Produktivität auf der Basis einer zu perfektionierenden, allseits wirksamen Technologie als Schlüssel zum »entwickelten Sozialismus« und endlich zum Kommunismus. Diese Richtung hatte der VI. Parteitag der SED von 1963 vorgegeben (und der VII. Parteitag von 1967 befestigte sie), indem er das »Neue Ökonomische System der Planung und Leitung« (NÖSPL) initiierte, dessen Hauptziel es war, die sozialistische Ordnung im Wege einer forcierten wissenschaftlich-technischen Revolution »rationaler«, »systematischer« und damit rascher durchzusetzen. Nicht bedacht wurde die von der Linken in westlichen Ländern bereits früh in Rechnung gestellte »Dialektik der Aufklärung«, das Umschlagen von menschenfreundlicher Rationalität in einen den Menschen instrumentalisierenden Absolutismus der Ratio. Die meßbare Zeit (als ökonomische Funktion der Effizienz), Leistung und Plan wurden zu fetischisierten Leitbegriffen eines *rechenhaften Sozialismus,* der den schon vorher geltenden Primat der Produktivkraftentwicklung verfestigte und auf eine neue Stufe hob.

Die erzählende Literatur der Jüngeren begann schon, sich kritisch mit den Spezifika des ›realen Sozialismus‹ im eigenen Lande auseinanderzusetzen, noch ehe das Neue Ökonomische System wirksam wurde. Die Widersprüche zwischen dem auf seine Selbstverwirklichung pochenden Subjekt und den Normen und Zwängen einer straff durchorganisierten industriellen Leistungsgesellschaft waren bereits vorher eklatant und wurden als drückender empfunden, seitdem die DDR-Bürger (die Künstler eingeschlossen) durch den Bau der Mauer in Berlin im August 1961 ihrer Gesellschaftsordnung gewissermaßen endgültig, auf Gedeih und Verderb, verschrieben waren. Plötzlich wird die erzählende Literatur der DDR von Protagonisten bevölkert, die, als einzelne, Ansprüche an die Gesellschaft formulieren (und nicht mehr nur umgekehrt). Plötzlich begegnen sozialistische Kader mit wirklich bedenklichen charakterlichen Mängeln – und ihnen konträre Individuen, die oft gerade außerhalb oder gegen die Partei, als anarchische Selbsthelfer, das Neue durchzusetzen versuchen, wie Erik Neutschs Brigadier Balla oder Strittmatters Ole Bienkopp. Plötzlich läßt die Literatur auch die Handlungsperspektive zu, daß gerade die besten – Ole Bienkopp, Hermann Kants Trullesand und, wenig später, Wolfs Christa T. – scheitern oder zugrundegehen.

Diesen gravierenden Veränderungen in Fabelkonstruktion und Heldenwahl korrespondieren bemerkenswerte Neuerungen in der Erzählweise. Rückblenden, Zeitenschichtung, innerer Monolog und Bewußtseinsstrom, ironische Brechung und Wechsel der Erzählperspektive – solche und andere bislang verpönte, im Westen seit Jahrzehnten geläufige Darstellungsmittel der Moderne sind zwar noch nicht gang und gäbe, verlieren aber dadurch, daß sie die offiziell akzeptierten erheblichen Werke der Jahre 1963–65 prägen – also C. Wolfs *Der geteilte Himmel,* Strittmatters *Ole Bienkopp,* Neutschs *Spur der Steine,* Kants *Die Aula* –, ihr bisheriges Stigma der Dekadenz. Nicht zu unterschätzen ist gewiß auch die Wirkung von Johannes Bobrowskis Prosabänden *Levins Mühle* (1964), *Böhlendorff und Mäusefest* (1965) und *Litauische Claviere* (1966), die souverän mit traditionellen und modernen Erzählmitteln gleicherweise operieren, ohne sich auch nur einen Deut um die im eignen Land verordnete Doktrin oder westliche Moden zu scheren. Insgesamt ist die aus dem Status quo ausbrechende Prosa vom Eindringen reflexiver Momente (besonders deutlich in der Wiederentdeckung der Erzählerfigur), von Subjektivierung, Differenzierung und Perspektivierung gekennzeichnet. Sie geht erste Schritte aus der Eindimensionalität in die »unendlich verwobene Fläche«, in die wirkliche Textur der Gesellschaft. Sie mißtraut der ›objektiven‹ Chronologie und Kausalität. Sie setzt aufs individuelle Beispiel und geht Verallgemeinerungen aus dem Weg. Was im Zuge solcher »verhohlenen Aneignung«[18] moderner Erzählmittel bis 1965 stattfindet, ist noch nicht die vollständige Preisgabe der geschlossenen Form, die der Totalitätsvorstellung und einer »rationalen Idee« verpflichtet ist. Sie bleibt im allgemeinen gewahrt, aber sie hat kleine Einlaßstellen bekommen, Poren, Haarrisse gleichsam im steinharten Beton, und die Möglichkeit besteht, daß sie sich ausdehnen.

Das geschieht nun unverkennbar in zwei Romanwerken der zweiten Hälfte der sechziger Jahre, in Fritz Rudolf Fries' *Der Weg nach Oobliadooh* und Christa Wolfs *Nachdenken über Christa T.* Sie haben endgültig mit dem geschlossenen Weltbild und der damit korrespondierenden schematischen Erzählweise gebrochen, und das wurde auch von der offiziösen Kulturpolitik sofort vermerkt: in der Form der Zensur. Fries' Roman konnte nur in einem westdeutschen Verlag veröffentlicht werden (und ist bis heute nicht in der DDR erschienen), und Christa Wolfs Buch war, wie die Autorin selber, massiven Angriffen und Restriktionen ausgesetzt.[19] *Nachdenken über Christa T.*, das 1968 im Mitteldeutschen Verlag Halle erschien, ist schon so häufig interpretiert und reflektiert worden, daß an dieser Stelle darauf verzichtet werden kann, es eingehender vorzustellen. Es sei nur an eine einzige Passage erinnert, die ohne alle Verbrämung offenlegt, daß die Tätigkeit des Erzählens der Autorin etwas Frag-Würdiges, nicht mehr Selbstverständliches geworden ist – und das gilt am Ende wohl nicht mehr nur für den speziellen Fall des Nach-Denkens über Christa T.:

»Wie man es erzählen kann, so ist es nicht gewesen. Wenn man es aber erzählen kann, wie es war, dann ist man nicht dabeigewesen, oder die Geschichte ist lange her, so daß einem Unbefangenheit leichtfällt. Allein daß man trennen muß und hintereinanderreihen, um es erzählbar zu machen, was in Wirklichkeit miteinander vermischt ist bis zur Unlösbarkeit [...]. Dies war, soviel ich sehe, immer der Fall bei ihr, Christa T. Niemals hat sie auseinanderhalten können, was nicht zusammengehört: der Mensch und die Sache, für die er eintritt, die nächtlichen unbegrenzten Träume und die begrenzten Taten im Tageslicht, Gedanken und Gefühle.«[20]

Es ist kaum bemerkt worden, daß Christa Wolf schon 1966 eine Kurzgeschichte veröffentlicht hat (überraschenderweise ohne alle Schwierigkeiten in der Anthologie *Texte 66* im Aufbau-Verlag), die nicht nur *in nuce*, sondern explizit und geradezu programmatisch alle jene Momente modernen Erzählens enthält, die zwei Jahre später *Nachdenken über Christa T.* konstituieren. Gemeint ist die Erzählung *Juninachmittag*, die ich hier dezidiert als den Anfang des modernen, »gleichzeitigen« Erzählens in der DDR bezeichnen will, wie es dann in den siebziger Jahren nahezu selbstverständlich wird.[21]

Auf den ersten Blick ist *Juninachmittag* nichts anderes als ein anspruchsloses Protokoll. Die Autorin registriert, streng autobiographisch, ein paar Stunden eines Sommernachmittags des Jahres 1965 auf dem bei Berlin gelegenen Klein-Machnower Gartengrundstück im Kreise der Familie. Dabei tut sie selber nichts weiter, als im Liegestuhl zu liegen, ein Buch zu lesen, mit Mann und Töchtern zu plaudern und: ein wenig nachzudenken. Eine Fabel gibt es nicht, und die erzählten Vorgänge könnten kaum beiläufiger, ja: unerheblicher sein. Der Erzählvorgang setzt sich überwiegend aus Impressionen, Reflexionen, Erinnerungen zusammen, ist innerer Monolog, der nur passagenweise durch die Wiedergabe kleiner Gespräche mit Familienmitgliedern und Grundstücksnachbarn unterbrochen wird – Gespräche, die gleichfalls alles andere als weltbewegend sind, aber doch dazu geeignet, den Bewußtseinsstrom der Erzählerin neuerlich in Bewegung zu setzen. Und dennoch handelt es sich, bei näherem Hinsehen, um ein Stück hochartifizieller Prosa, um ein Geflecht beziehungsreicher Verweise, Chiffren und Metaphern – ein Kunst-Stück geradezu. Den programmatischen (und, genauso wahr: antidoktrinären) Charakter dieser Textur gibt schon der erste Absatz zu erkennen: »Eine Geschichte? Etwas Festes, Greifbares, wie ein Topf mit zwei Henkeln, zum Anfassen und zum Daraus-Trinken?« (S. 216) Eine solche handfeste Geschichte will sich gerade nicht einstellen, statt dessen reiht der Text Anmutungen der Unsicherheit, der Verunsicherung, des Zweifels, ja: des Nichtwissenkönnens aneinander. Ist, was das Kind aus Borke schnitzt, Schiff, Dolch oder Regenschirm? Ist der Himmel überall in der Welt so voller Flugzeuge wie im Luftkorridor über dem eigenen Garten? Wie verständigen sich eigentlich Piloten im Luftverkehr, um Zusammenstöße zu vermeiden? Und was denkt ihr Mann »in Wirklichkeit« (S. 221), während er vorgibt, die einzige Frucht am Aprikosenbäumchen anzuschauen? – Die Verunsicherung bleibt nicht auf solche flüchtigen Details beschränkt. Zug um Zug wird deutlich, daß die Leitwörter »Unwissenheit und Zweifel« (S. 218) ein ganzes Lebensgefühl meinen, daß die Schwierigkeiten des Bezeichnens, des Einordnens und vollends des Bewertens ganz allgemeiner Natur sind. Ein Individuum gibt sich hier ohne alle Panzerung zu erkennen, dessen Identität weder im jeweils gelebten und gedachten Augenblick noch aufs Ganze gesehen gesichert ist – genauso wenig »zum Anfassen und Daraus-Trinken« wie die ganze Geschichte. In die Idylle des Juninachmittags brechen permanent Störerfahrungen ein, die die äußerliche Ruhelage der Erzählerin in Frage stellen: ein Düsenjäger, der die Schallmauer durchbricht, der Bericht einer Nachbarin von einem todbringenden Eisenbahnunglück, vor allem aber die ungebeten einschießenden Assoziationen und Erinnerungen des registrierenden Subjekts: an vergangene Träume, an Folter und Terror. Nicht weniger irritierend ist eine (nur angedeutete) aktuelle DDR-Umgebung der peniblen Ordnung (personifiziert im Nachbarn, der seinen Garten akkurat pflegt und nichts mehr fürchtet als die Pusteblumen von nebenan, sowie im Ingenieur mit dem »lindgrünen« Auto, der sich in allem und jedem »an Vorgedrucktes« hält, S. 222), die in der Erzählerin gegenläufige Bedürfnisse auslöst, eine lebendige Unordnung, Anarchie im wörtlichen Sinne zu erzeugen.

Der Ausgang der Geschichte entspricht dem Reflexionsvorgang »nahe der Grenze« (S. 227), der das ganze Protokoll durchzieht: Es gibt kein Fazit, keine Lösung, nichts Greifbares. Das Gewicht, die Bedeutung, der Ertrag dieses »federleichten Nachmittags« (S. 230), einer Ballonfahrt ins Blaue, bleibt im Ungewissen. Das Subjekt verharrt in seiner »Angst, wenn immer noch kein Boden kommt« (S. 230). Und auch die »Unsicherheit über die Zuverlässigkeit von Himmelslandschaften« (S. 219) – wo ist Ost, wo West, wenn ein Flugzeug von West-Berlin nach Westdeutschland fliegt? – ist nicht gewichen. Wurde im *Geteilten Himmel* am Ende noch klar geschieden zwischen dem richtigen und dem falschen Himmel, so steht diese Eindeutigkeit der Autorin jetzt nicht mehr zu Gebote. Insofern ist *Juninachmittag* auch eine leise Kontrafaktur zu der populären Erzählung von 1963. Im unauffälligen Gewand der short story hat Christa Wolf eine Revision des bis dahin gültigen Erzählens in der DDR vollzogen, die nichts mehr ließ, wie es war.

Juninachmittag ist noch nicht die weiträumige, vielsträngige Auseinandersetzung mit der DDR im Zeichen des NÖS, sondern nur ein Vorspiel dazu. Sie leistet die Erzählerin (ohne vordergründige Polemik) mit *Nachdenken über Christa T.*, einem Roman, der sich in Gehalt *und* Form gegen das Primat des Sachlichen, die Dominanz von Rationalität und Technik wendet und das objektiv Irrationale dieser fetischisierten rationalen Ordnungswelt herausstellt. Es ist bemerkenswert, daß die bei Christa Wolf zu verzeichnende Meidung einer auf Totalität zielenden Fabel mit »rationaler Idee« zugunsten der Montage von Erinnerungs- und Reflexionsfragmenten auch von einem Autor programmatisch vertreten wurde, der im wesentlichen Dramatiker ist: Heiner Müller. Sein Plädoyer von 1975 ist dabei bereits auf seine eigene Produktion seit Ende der sechziger Jahre anwendbar. Bei ihm ist zu lesen: »Die Not von gestern ist die Tugend von heute: die Fragmentarisierung eines Vorgangs betont seinen Prozeßcharakter, hindert das Verschwinden der Produktion im Produkt, die Vermarktung, macht das Abbild zum Versuchsfeld, auf dem Publikum koproduzieren kann. Ich glaube nicht, daß eine Geschichte, die ›Hand und Fuß‹ hat (die Fabel im klassischen Sinn), der Wirklichkeit noch beikommt.«[22] Damit ist angedeutet, daß der Übergang von geschlossenen, »organischen« Verfahren ästhetischer Produktion zu offenen, technisch montierenden durchaus nicht als Fahnenflucht in Richtung Dekadenz interpretiert werden muß, sondern auch einen emanzipatorischen Impuls haben kann, ja, notwendig wird, wenn gerade die geschlossene Form das Prozeßhafte verfälscht und so dem Publikum das Eindringen ins Dargestellte unmöglich macht.

Die DDR-Autorin Christa Wolf ist in der DDR-Ordnung, im Gehäuse der marxistischen Weltanschauung großgeworden (bekanntlich war sie einige Jahre Kandidatin des ZK der SED).

Umso heftiger fiel ihr Aufbegehren gegen die einst verinnerlichte Regelhaftigkeit im Leben und Schreiben aus (am schonungslosesten in der Reflexion über ihren Erstling *Moskauer Novelle,* in der sie sich selbst vorwirft, damals einen »Traktat im Sinne der Verbreitung frommer Ansichten«[23] geschrieben zu haben). Mit solchen Problemen hatte Fritz Rudolf Fries, von dem hier als dem anderen frühen ›Modernen‹ der DDR-Prosa die Rede sein soll, nicht zu kämpfen. Sein Element war von Beginn an die ästhetische wie politische Regellosigkeit. Aus der spanischen Literatur konnte er das Modell entleihen, das ihm als das geeignete für seine Art der Wirklichkeitsbewältigung erschien: den Schelmenroman. Eigentlich hätte der Schelm, der Pikaro in der DDR-Literatur gar nicht auftauchen dürfen, ist er doch ein »abnormer« Held, ein unernster Verneiner und Zerstörer, dem nichts heilig ist (also auch gewiß der ›reale‹ Sozialismus nicht). Für solche »Zerrbilder menschlicher Existenz« à la Grass und Böll gab es, so Claus Träger in einem Aufsatz von 1966, kein Daseinsrecht und »keinen Auftrag in einer von Grund auf normalisierten Welt«[24] namens DDR. Und doch vertraute Fries seine Interpretation der DDR und ihrer Gesellschaftsordnung in seinem Roman *Der Weg nach Oobliadooh*[25] einem Schelmen an, dem in Leipzig ansässigen Übersetzer, Romancier und Bohemien Arlecq, einer in vieler Hinsicht autobiographischen Figur. Sein Freund Paasch, Zahnarzt und werdender Familienvater wider Willen, ist zwar kein anarchistischer Pikaro, vielmehr, stets mit der entengelben Schirmkrücke ausgerüstet, ein versponnener Pedant, aber auch er taugt nicht als Vorbild. So stolpern denn die beiden durch die DDR der Jahre 1957/58 und auch einmal kurz, zur Flucht entschlossen, durch West-Berlin, um sich am Ende doch wieder in der DDR einzufinden – als Insassen einer psychiatrischen Klinik einigermaßen handlungsunfähig und perspektivlos. Ausgeträumt ist der Traum von einer »entfernten Sonnenstadt«, zu der »die eigene Stadt«, die DDR, nur »als das Filial und das Wirtschaftsgebäude« vorgestellt werden kann, wie es im vorangestellten Jean-Paul-Motto heißt. West-Berlin war diese Sonnenstadt nicht, geblieben ist allein das Land of Oobliadooh, die Welt des Jazz, Metapher einer poetischen Traumwelt jenseits der DDR-Realität.

Doch Fries' Roman ist nicht nur vom Gehalt her ein Text gegen die Norm und gegen das Normale. Auch seine Erzählweise stellt sich gegen die geltenden Regeln und befördert die Anarchie. Zwar existiert streckenweise ein kommentierender, den Erzählvorgang halbwegs zu einer Fabel ordnender Erzähler, aber der gibt allzu gern die Fäden aus der Hand und überläßt Arlecqs Bewußtseinsstrom die dann sehr zweifelhafte Regie. So geraten die subjektive Erlebniszeit Arlecqs und die objektive Ereigniszeit, wieder und wieder durch Glockenschläge von Kirche und Rathausturm in sein Bewußtsein gehämmert, in Konflikt miteinander. Fries, erkennbar geschult an den Klassikern der Moderne, vor allem Marcel Proust, der an mehreren Stellen verschämt beschworen wird, setzt seine Leser einem eminent assoziationsreichen, Vergangenheit, Gegenwart und Zukunft, Traum und Realität, Erlebtes und Vorgestelltes, Nahes und Fernes, Privates und Öffentliches mischenden Bewußtseinsstrom aus. »Denn Arlecq zieht zu allen Dingen Verbindungslinien«, heißt es einmal, »wirft über alles, was er sieht, hört, schmeckt, das Koordinatensystem seiner Vorstellungskraft. Gitterwerk oder Spinnennetz. Am Ende aber wird es ein Käfig.« (S. 26) Damit ist das Richtungslose, Kreisende, also Fortschrittslose dieser assoziativen Erzählweise benannt. An einer andern Stelle werden über drei Seiten hin Sinnes-Erinnerungen Arlecqs aufgereiht, die sich an das Wort »Brombeeren« knüpfen, und der Erzähler läßt seinen Helden selbst anmerken, wie ziel- und uferlos ein solcherart freischweifendes Assoziieren bleibt: »Nicht vorzustellen, in welchen Malstrom ein so simples Wort wie Brombeeren einen bringen kann, denkt Arlecq.« (S. 17) Dabei hatte er noch kurz vorher – in ironischer Absicht, wie sich später zeigt – sein Programm als Romancier verkündet, seine Vision eines Romans, der »in jedem Satz das Ganze sehen lassen« sollte, »so wie im Samenkorn auch der Baum enthalten ist, mit allem, Stamm, Gezweig, Blättern, Früchten, Vögeln und Sternen.« (S. 15) Fries tut in der Folge nichts anderes, als dieses quasi Lukácssche Programm des Romans als gestaltete Totalität zu falsifizieren. Gegen Ende ist von einem nun ganz anderen Romanprojekt die Rede: »Dazwischen baute er sich auf Zetteln die Fragmente seines Romans zusammen, der weder Anfang noch Ende hätte, willkürlich an einem Sommertag begänne, an einem Sommertag abbräche.« (S. 271) Zwischen diesen beiden Zitaten liegt der von den Zuständen im Osten wie im Westen hervorgerufene Desillusionierungsprozeß von Arlecq und Paasch, die Absage an dieses

»scheißblöde Fortschrittsgequassel« (S. 287), das er noch »im Kolleg zu seiner Beruhigung gelernt« hatte (S. 84). Die neue Ordnung, von der die beiden Helden geträumt haben, in der die Menschen sich nur dann lieben, wenn sie sich wirklich lieben, ist nicht zugänglich. »Immer dasselbe, sagte Arlecq. Die ganz praktischen Leute sperren einem das Himmelreich zu.« (S. 252) Statt menschlicher Lösungen und poetischer Wunder schießen die »automatischen Lösungen« und die »Wunder der Chemieindustrie« (S. 286) ins Kraut, nach denen Arlecq nicht der Sinn steht. Arlecq, im Begriff, den Entwurf seines Lebens literarisch zu fixieren, kann nur noch festhalten, was seine Biographie alles *nicht* enthält:

»keine psychologischen Konflikte großen Stils. Die Generationsfrage hatte den Krieg nicht überdauert. Wo gab es den jungen Mann, der sich bildend die Welt bereist. Die jähen Untiefen der Liebe. Die Große Metaphysische Frage. Der Klassenkampf. Der Sturm auf die Barrikaden. Die Apotheose der Fortschrittsgläubigkeit. Und er hatte nicht für umsonst sein Leben gegeben.« (S. 73 f.) Statt dessen nur noch Prosaisches: »Was blieb, ließ sich zu Papier bringen. Geburtsurkunde, Meldelisten, Polizeikarteien, Ausweise, Mitgliedskarten, Lesekarten, eine Examensbescheinigung, eine Eintragung auf dem Finanzamt zwecks Steuerklassifizierung, eine Sozialversicherung für Freischaffende. Erst die Krankengeschichten gaben Profil.« (S. 74)

Und etwas später heißt es: »Seine Biographie nach dem Leben verstimmt ihn, je weiter er damit in die Jahre kommt. Er sollte es besser mit Fantasiestücken versuchen. Das nichtgelebte Leben wäre am Ende das ergiebigste.« (S. 108) Am Ende konstatiert Arlecq – resigniert, melancholisch, auch zynisch?: »Viel wichtiger wird es sein, einmal Ideale gehabt zu haben [...], jung gewesen zu sein und sein Leben dann bei der Beobachtung des dialektischen Umwandlungsprozesses zu verbringen, bei dem aus Idealen Enttäuschung wird, Anpassung, ich weiß nicht was.« (S. 286)

Kein Zweifel, daß hier die schöne Totalitätsvorstellung vom nichtantagonistischen Verhältnis zwischen Individuum und Gesellschaft zerbrochen ist, und mit ihr der Spiegel, mit dessen Hilfe diese Vorstellung abgebildet werden sollte. »Scherbenliteratur«, hätte Hermann Kant urteilen müssen, wäre er Rezensent des Romans von Fries gewesen.[26]

Natürlich wäre es verfehlt, die Veränderung des Erzählens in der

DDR nur an zwei Autoren, Wolf und Fries, festzumachen. Es handelt sich um eine Modifikation des gesellschaftlichen und individuellen Bewußtseins, die eine größere Anzahl von Autoren (Lyriker und Dramatiker wie Prosaisten) erfaßt, gegen die sich freilich andere noch lange erfolgreich abschirmen. Wie umfassend diese Veränderung anzusehen ist, wurde erst nach dem VIII. Parteitag der SED 1971 sichtbar, als sich viele Schubladen öffneten und Erzählwerke zum Druck gelangten, an denen teilweise schon seit Mitte der sechziger Jahre geschrieben worden war. Neben Wolf und Fries sind vor allem Günter de Bruyn *(Buridans Esel; Preisverleihung)*, Alfred Wellm *(Pause für Wanzka)*, Karl-Heinz Jakobs *(Eine Pyramide für mich; Die Interviewer)*, Jurek Becker *(Jakob der Lügner; Irreführung der Behörden)* und Günter Kunert (dessen Roman *Im Namen der Hüte* freilich, nach der Erstveröffentlichung 1967 in der Bundesrepublik, erst 1976 in der DDR erschien) zu nennen, deren zwischen 1968 und 1973 publizierten Werken gemeinsam ist, daß sie dem gesellschaftlichen Status quo gegenüber innovativ wirkten. Sie stellten bestimmte Fragen zuerst, sie unternahmen als erste versäumte Analysen (auf ihre poetische Weise), sie kritisierten festgefahrene Normen und gaben den neuen Empfindungen vieler Menschen Ausdruck, die durch die gesellschaftlich-politischen Veränderungen (Mauerbau, forcierte Technologie, Dominanz der Apparate, Karrierismus) ausgelöst wurden – lange bevor die Presse, die Wissenschaften oder andere Institutionen als Diskussionsforen für solche Fragen sich öffneten. Damit wurde die Erzählliteratur der DDR in einem Ausmaß Seismograph gesellschaftlicher Beben, wie es in den fünfziger und frühen sechziger Jahren noch undenkbar gewesen wäre.

Mit in der DDR-Literaturwissenschaft geläufigen Formeln wie »Bilanz« und »Neubesinnung« (nach »Abschied« und »Ankunft«) ist dieser Prozeß in seiner Radikalität nicht zureichend zu fassen. Ebenso sind die von Dieter Schlenstedt vorgeschlagenen »Vorgangsfiguren« der neueren Prosa, die er als literarische Gestalt gewordene »komplexe Form der Organisation untheoretischer Erfahrung«[27] versteht, bis auf eine Ausnahme zu unscharf, wie es auch einer Verharmlosung gleichkommt, wenn derselbe Kritiker wertneutral vom »Umbau des Gattungsfeldes Prosa«[28] spricht. Die Prosa der Bilanz und Rechenschaft aus jenen Übergangsjahren ist ohne unmittelbar pädagogische Absicht, ernüchtert, skeptisch, ironisch-distanziert in einem Ausmaß, das bislang unerhört war. Die Erzähler stehen jetzt nicht mehr im ruhenden Zentrum erlernter Weltanschauung und gewohnter Wirklichkeitsaneignung, sondern an den Rändern, als fragende, analysierende, kritische Beobachter. Auch ihre Helden sind von den zentrifugalen Kräften gesellschaftlicher Bewegungen erfaßt, aus der Bahn geworfen, und suchen nach einem vorher noch unbekannten, nicht definierten Standort. Die zentralen Figuren – Wellms Lehrer Wanzka, de Bruyns Bibliothekar Erb und der Literaturwissenschaftler Overbeck, Jakobs' Professor Satie oder der »Planer und Leiter« Radek – sind »aus den Gewöhnungen herausgefallen«, wie es Schlenstedt, in diesem Fall treffend, bezeichnet hat[29], und die Frage stellt sich jedesmal, ob sie am Ende doch wieder den Gewöhnungen einer zweifelhaften Karriere anheimfallen, sich neuerlich in Anpassung üben – oder den Mut zu authentischer Selbstbestimmung finden. Das Verfahren dieser Autoren ist durchweg das der »moralischen Analyse«.[30] Das konkrete Verhalten der Protagonisten – fast alle Planer und Leiter, häufig Intellektuelle – wird gewogen auf der Waage einer idealen sozialistischen, humanistischen Moral, an der die Erzählerfigur als Instanz festhält – und fast immer als zu leicht befunden. Damit ist zugleich die Grenze solcher verhaltenskritischen Bilanzen angedeutet: Sie stoßen selten bis zum »Kausalkomplex« des wahrgenommenen Fehlverhaltens vor und bleiben, wie es Jochen Staadt für Jakobs' *Interviewer* treffend benannt hat, in »reformistischer Radikalität«[31] stecken. Zudem: sie bewegen sich erzählerisch in der Regel noch in ausgetretenen Bahnen. Die Fabel hat noch »Hand und Fuß«, die Erzählperspektive ist noch nahezu eindimensional (bei aller kritischen oder ironischen Distanz), der Erzählvorgang als ganzer wirkt überwiegend brav. Schon deutet sich an, was zu einer wichtigen Signatur des Erzählens der siebziger Jahre wird: Der Verlust von Totalität und Dialektik im vorgegebenen Sinn wird durch den unbestreitbaren Gewinn an konkreter Alltäglichkeit, an vordergründiger Wirklichkeitsnähe nicht einfach wettgemacht.

3. »Unvollendete Geschichten« seit den frühe[n] siebziger Jahren

Sprach man in den vergangenen Jahren mit DDR-Autoren, so wurde einem wieder und wieder bestätigt, daß der VIII. Parteitag der SED vom Juni 1971 tatsächlich große Erwartungen ausgelöst hatte. Es geht also nicht nur um die bekannte Tatsache, daß die Honecker-Rede auf dem 4. Plenum des ZK der SED vom Dezember 1971 den Weg freigab für eine stattliche Anzahl bereits fertiger Werke in allen Künsten, die bis dahin als zu riskant taxiert wurden (dazu gehörte vor allem *Die neuen Leiden des jungen W.)*. Vielmehr wurden auch eine Aufbruchsstimmung und Anspruchshaltung geweckt, deren literarische Erträge in den Jahren 1973 bis 1977 deutlich wurden. Das Blochsche Prinzip Hoffnung wurde für einige Jahre – bis zur Biermann-Ausbürgerung und ihren anhaltenden Folgen – zu einem Leitmotiv wichtiger kritischer Erzählwerke. Von Anna Seghers stammt der kluge Satz: »Die Angst vor der Abweichung wirkt entrealisierend.«[32] In dem Maße, wie diese Angst im Gefolge des VIII. Parteitags wich, wurde auch die Prosaliteratur aus der DDR in der Breite realistischer. Es entstanden Texte, die, teilweise bewußt an *Nachdenken über Christa T.* und sein Becher-Motto anknüpfend, auf dem »Zu-sich-selber-Kommen des Menschen« im »realen Sozialismus«, der nicht mehr als harmonische »sozialistische Menschengemeinschaft« interpretiert werden mußte, bestanden und emphatisch gegen den erstarrten Totalitätsbegriff einen offenen, dialektischen setzten; Werke also, deren Helden nicht vor den Anforderungen der Gesellschaft flüchteten oder sich feige arrangierten (wie z. B. Arlecq und Paasch oder de Bruyns Bibliothekar Erb), sondern die sich zur Wehr setzten, um einen produktiven Stoffwechsel mit der Gesellschaft sich mühten. Solcherart kämpferische Auseinandersetzung machte allerdings auch ein Scheitern möglich (wie schon in *Ole Bienkopp* oder *Nachdenken über Christa T.)*. Es begegnet denn auch nicht selten in Texten dieser Phase. Man denke an Plenzdorfs (oft genug traktierte, deshalb hier übergangene) *Neue Leiden* (1972) oder Volker Brauns *Unvollendete Geschichte* (1975) – Werke der politischen Offensive fern allem Defätismus.

Braun stellt in der Funktionärstochter Karin eine Jugendliche vor, die, von rigiden Eltern und Institutionen gebeutelt, die

»exotische Versuchung« anfällt, »sich vom gesellschaftlichen Leben abzukehren, ihre Ideale zu vergessen, ihre Aufgaben wegzuwerfen«.[33] Karin muß erfahren, daß die Gesellschaftsordnung, in der sie lebt, ihre »Mittel« so einsetzt, daß sie »den Zweck« vernichten: »die Sorge um den Menschen brachte den Menschen um.« (S. 83) Und an anderer Stelle heißt es: »Sie lebten einseitig. Sich politisch entwickeln hieß nicht gleich, sich menschlich entwickeln, das mußte sich widersprechen.« (S. 81 f.) Doch – und das ist das Entscheidende in diesem Zusammenhang – Karin gibt nicht auf, sie hält zu ihrem Freund Frank, der einen Selbstmordversuch unternommen hat – und damit »begannen, während die eine nicht zu Ende war, andere Geschichten«. (S. 98)

»Unvollendete Geschichten«: das könnte als Titel über vielen anderen Erzählungen dieser Jahre stehen, deren Autoren ihre Gesellschaftsordnung als eine offene, entwicklungs- und lernfähige einklagen. Das gilt vor allem für die jetzt in den Vordergrund rückende Literatur von Frauen über Frauen (was nicht unbedingt heißt: Frauenliteratur), Irmtraud Morgners *Leben und Abenteuer der Trobadora Beatriz*, Brigitte Reimanns *Franziska Linkerhand*, Gerti Tetzners *Karen W.* und die Anthologie *Blitz aus heiterm Himmel* (alle 1974 erschienen), den Erzählungsband *Lauter Leben* von Helga Schubert (1975) sowie die beiden Dokumentarmontagen von Sarah Kirsch und Maxie Wander, von denen später noch die Rede sein wird. Sie erzählen von Frauen (oder lassen Frauen sprechen), die Ansprüche an die (Männer-)Gesellschaft stellen, die sich ihre Natur nach ihren individuellen Vorstellungen aneignen wollen und ihre Lebensgeschichte wie die des ganzen Geschlechts als unabgeschlossene, noch einzulösende verstehen. Auch die großen Romane von Christa Wolf (*Kindheitsmuster*, 1976) und Hermann Kant (*Der Aufenthalt*, 1977) sowie Helga Schütz' Prosabände dieser Jahre handeln von »unvollendeter Geschichte« im Sinne Brauns. Sie thematisieren den vermeintlich fernab liegenden Vergangenheitsstoff der Nazizeit als etwas, das in der Gestalt von (lange tabuierten) Verhaltens- und Handlungsmustern des »gewöhnlichen Faschismus« in die Gegenwart der DDR hineinreicht; ein »Geschichtsbewußtsein«, das, nach einem Wort Volker Brauns, als ganz gegenwärtiges »Selbstbewußtsein« angeeignet werden muß[34], wenn eine zukünftige humane Gesellschaft der befreiten Verkehrsform möglich werden soll.

So wie die Prosaliteratur der »goldenen« frühsiebziger Jahre nach großen Themen greift und große, fast schon verlorengegangene Ansprüche formuliert, so zieht sie jetzt auch erzählerisch alle möglichen Register und sprengt endgültig den Käfig einer außengelenkten Ästhetik. Die schon thematisierten modernen Handhabungen der Fabel, des Helden, der Zeitverhältnisse, der Erzählperspektive u.a.m. werden zu geläufigen Verfahren einer Literatur, die sich ihrer »Angst vor der Abweichung« entledigt hat. Dabei können zumal durch die Technik der *Montage* Texte entstehen, deren konkrete Wirkung auf Leser in produktiver Weise offen bleibt (unter Umständen gegen die Wirkungsabsicht des Autors), also die selbstbestimmte Koproduktion des Rezipienten erfordert, wie Ingeborg Nordmann an Morgners *Trobadora*-Roman nachgewiesen hat: »Die zwei Funktionen der Montage – die Herstellung eines auf sozialistische Politik fundierten, gesellschaftliche Totalität umfassenden Sinns, die Destruktion eines einheitlichen Sinns durch die Kunsttechnik der Dekomposition der Wahrnehmungsweisen – fügen sich nicht zusammen zu einem Gestus, der den anderen dominiert.«[35] In diesem Sinne hat sich Irmtraud Morgner (in ausufernder Weise) der Technik der dokumentarischen Montage bedient, indem sie mit der Absicht historisierender Verfremdung, um »das Wundern zu erleichtern«, Entferntestes nah aneinandergerückt hat: Relikte mittelalterlicher Geschichte und DDR-Gegenwart, Legenden, Träume, Lieder und Gedichte (u. a. von den Kollegen Braun und Wiens), Zeitungsmeldungen, Forschungsberichte, Passagen aus einem Aufklärungsbuch, Realien aus Ernährungswissenschaft, Verhaltensforschung und zum Vietnamkrieg. Man könnte (wie das Karl Riha einmal für Heinrich Manns *Der Untertan* getan hat) von einer regelrechten »Unterwanderung der Geschichte durchs Dokument«[36] sprechen. Sie findet sich, in geringerem Ausmaß, z. B. auch in Plenzdorfs *Neuen Leiden*, in Brauns *Unvollendeter Geschichte* und in Klaus Schlesingers Erzählung *Mit neun* (später dann auch bei Kurt Bartsch, Hans-Joachim Schädlich und Thomas Brasch) – Prosatexten, in denen der einsinnige Erzählvorgang unterbrochen ist durch Versatzstücke anderer Sprach- und Bewußtseinsebenen: einen alten Romantext, den offiziösen politischen Jargon, die unzugängliche Erwachsenensprache. Wo die Erzählung einen Bewußtseinsstrom protokolliert (und das wird immer häufiger), sind solche dokumentarischen Einsprengsel schon selbstverständlich, wie in unser aller Alltagsbewußtsein.

Zur selbständigen und, wie sich erwiesen hat, produktiven Form ist die dokumentarische Montage dort erhoben, wo zwei Autorinnen sich auf die Rolle zurückgezogen haben, »Regisseurin authentischer Stimmen«[37] von DDR-Frauen zu sein. Die Rede ist von Sarah Kirschs *Die Pantherfrau. 5 Erzählungen aus dem Kassettenrecorder* (1973) und Maxie Wanders *Guten Morgen, du Schöne* (1978). Es ist eindrucksvoll, wie sich hier, vor allem bei Wander, Frauen über ihre Lebensgeschichte, familiale Sozialisation, neue Familie, Arbeit, Sexualität, aber auch über unerfüllte Sehnsüchte und Hoffnungen aussprechen. Sprechend erforschen sie unerforschtes Gebiet, entwerfen, indem sie das vergangene, gelebte Leben bewußt machen, neue Möglichkeiten des Zusammen- oder Alleinlebens. Hans Kaufmann hat kürzlich mit Recht darauf hingewiesen, daß solche Unternehmungen in der Tradition »früherer Phasen sozialistischer Kulturentwicklung« stehen, in denen versucht wurde, »zu direkter literarischer Selbsttätigkeit von Laienkreisen« zu animieren, »etwa in Tretjakows Produktionsästhetik, im Kindertheater der Asja Lacis und den daran anknüpfenden Überlegungen Benjamins, in gewissen Lehrstück-Versuchen Brechts«.[38] Den Bitterfelder Weg nennt Kaufmann in diesem Zusammenhang nicht. Daß derartige Verfahren der Dokumentarmontage in der DDR erst so spät eine Chance erhielten, ist wohl damit zu erklären, daß die normative Wirkung der vier Jahrzehnte alten Kritik von Georg Lukács an allen sogenannten nicht-gestaltenden, also die gesellschaftliche Totalität verfehlenden literarischen Verfahren (der Dokumentation, der Reportage, der Brechtschen Dramaturgie) so lange anhielt.

Das Bedürfnis nach unverstellter Selbstaussage, nach subjektiver Authentizität, wie sie einst Christa Wolf in *Lesen und Schreiben* (1968) gefordert hatte, äußert sich in der ersten Hälfte der siebziger Jahre am deutlichsten in einer allgemeinen *Mobilisierung der Phantasie* gegen ihre gesellschaftliche Drosselung. Über das Eindringen phantastisch-surrealer Elemente in eine bisher abgeschottete Tatsachenrealität bei Erich Köhler (schon 1963/64!), Fries, Morgner, Schlesinger, Jentzsch oder auch in C. Wolfs Prosaband *Unter den Linden* (1973) wird an anderer Stelle in diesem Band gehandelt. Hier sei nur auf die so wichtige *politische* Funktion dieses Vorgangs hingewiesen, den Heiner Müller in den gehörigen Zusammenhang gestellt hat: »auch die DDR [ist] ein Industriestaat [...] und [hat] die Tendenz [...], Phantasie zu unterdrücken, zu instrumentalisieren, auf jeden Fall zu drosseln. Und ich glaube schon, so bescheiden das klingt, die politische Hauptfunktion von Kunst ist jetzt, Phantasie zu mobilisieren.«[39] Wo die Phantasie durch die Massenprodukte der Kulturindustrie (die es in der DDR ja auch bis zu einem gewissen Grad gibt) und durch eine stereotype politische Imagerie permanent mit Klischees besetzt ist, »um zu verhindern, daß man Erfahrungen macht«[40], kommt unter anderm der Literatur die Aufgabe zu, die Einbildungskraft der Menschen wiederzuerwecken, eine Phantasietätigkeit in Gang zu setzen, die eine erstarrte Ordnungswelt produktiv anarchisiert, ent-ordnet. Somit ist das Eindringen freigesetzten Phantasierens in den Prozeß der Aneignung von Wirklichkeit nicht entrealisierend, sondern realitätserweiternd.

4. Tendenzen zivilisationskritischen Erzählens

Die in der ersten Hälfte der siebziger Jahre aufgekeimten Hoffnungen auf eine Realitätserweiterung im dezidiert sozialistischen, humanistischen Sinn sind rasch verwelkt. Die kritische Erzählliteratur spiegelt diesen Vorgang seismographisch genau ab. Dabei sind die Biermann-Ausbürgerung im November 1976 und ihre notorischen literaturpolitischen Folgen letztlich nur Symptome für einen umfassenderen Prozeß, nämlich die vorerst wohl endgültige Durchsetzung einer Zweckrationalität spezifisch realsozialistisch-preußischer Prägung, in der eine auf der Mobilisierung der Phantasie insistierende, ästhetisch souveräne (und das müßte ja nicht heißen: gesellschaftlich verantwortungslose) Literatur keinen Platz mehr hat. Karl-Heinz Jakobs hat dieser entscheidenden und derzeit offenbar nicht umkehrbaren Lageveränderung Ausdruck gegeben, als er 1979 das Fazit zog: »Ich kann die Lernfähigkeit des Systems in der DDR heute leider nicht mehr erkennen.«[41] Und konkreter auf die gesellschaftlichen Bedingungen dieser Lage zielend kommt Christa Wolf 1980 zu den Ursachen dieses gewandelten Autorbewußtseins: »Wir, ernüchtert bis auf die Knochen, stehn entgeistert vor den vergegenständlichten Träumen jenes instrumentalen Denkens, das sich immer noch Vernunft nennt, aber dem aufklärerischen Ansatz auf Emanzipation, auf Mündigkeit hin, längst entglitt und als blanker Nützlichkeitswahn in das Industriezeitalter eingetreten ist.«[42]

Freilich gibt es jetzt noch weniger als vorher *ein* Autorbewußtsein, *eine* erzählende Literatur der DDR. Im Gefolge der Biermann-Ausbürgerung spaltet sich die DDR-Literatur in drei Tendenzen auf: eine lernunfähig, halsstarrig am überlieferten Fundus politischer und ästhetischer Wirklichkeitsinterpretation festhaltende Literatur (in der Prosa z. B. durch Harry Thürk, Dieter Noll und Erik Neutsch vertreten), eine jetzt im Westen angesiedelte Literatur, die ihre DDR-Prägung zu vergessen sucht und auf dem Wege ist, ästhetisch wie politisch uninteressant zu werden (dazu gehören Reiner Kunze und Günter Kunert – im Gegensatz z.B. zu Sarah Kirsch oder Wolf Biermann, die kürzere oder längere Phasen der Sterilität überwunden haben), sowie drittens eine DDR-Literatur (teilweise in der Bundesrepublik angesiedelt), die unter Schmerzen an der Aufgabe festhält, neue Erfahrungen kritisch-reflektiert zu verarbeiten und die dem angemessenen Darstellungsmittel zu erproben. Meine Beobachtungen und Überlegungen beschränken sich im wesentlichen auf diese dritte, ein immer noch großes Spektrum umfassende Gruppe.[43]

Fragt man zunächst nach den gewählten Gegenständen und Vorwürfen der neuen kritischen Erzählliteratur, so lassen sich zwei gegenläufige Trends feststellen. Während ein beträchtlicher Teil der Autoren das Objektiv hartnäckig auf die unmittelbare DDR-Gegenwart und ihren Alltag richtet, meidet ein anderer Teil gerade die zeitliche und räumliche Nähe und begibt sich in eine historische bzw. mythische Vergangenheit oder in eine als grauenvoll antizipierte Zukunft. Gemeinsam ist allen, daß sie ihre Gegenwart nicht als sinnhafte Totalität und sich selbst nicht als tätig eingreifende, produktive Teilnehmer an den gesellschaftlichen Vorgängen begreifen können. Die humanistische Utopie, an die sie alle einmal glaubten, hat keinen Ort mehr. Die Geschichte erscheint ihnen als im schlechten Sinne »vollendet«, fertig, verbaut: »Kein Ort. Nirgends« für Menschen, die im lebendigen Stoffwechsel mit anderen, mit der Gesellschaft zu sich selbst kommen wollen, wie Heinrich von Kleist und Karoline von Günderrode in Christa Wolfs so betitelter historischer Parabelnovelle.

Dabei erweist sich vor allem der *Trend zum Alltag* als Gewinn und Verlust zugleich. Nie vorher hat man der DDR-Prosa soviel »echtes« Milieu, authentische Redeweisen, anschauliche Details über gewöhnliche Lebensvorgänge unter den Bedingungen des »realen Sozialismus« entnehmen können wie jetzt den Texten Klaus Schlesingers, Erich Loests, Ulrich Plenzdorfs, Kurt Bartschs, Günter de Bruyns oder Karl-Heinz Jakobs'. Statt der Planer und Leiter sind nun die kleinen Leute ins Visier genommen: Schlesingers »Teilkonstrukteur« Kotte oder Frau Wolzka, die Inhaberin eines Tante-Emma-Ladens, Loests kleiner Ingenieur Wolfgang Wülff oder de Bruyns Pförtnerin Anita Paschke, Plenzdorfs Verkäuferin Paula oder Jurek Beckers Lehrer Simrock, der später Brotfahrer wird. Bei Kurt Bartsch agieren sogar ein kleiner Zuhälter und eine Prostituierte im Ost-Berliner Milieu (*Wadzeck*, 1980). Auch Arbeiter hat diese Erzählliteratur vorzuweisen. Aber es sind gerade keine heroischen Aktivisten und politischen Kader, sondern ausgepowerte Handarbeiter, die unter die Räder geraten sind (bzw. schon lebenslang keine Chance hatten): Bartschs Putzfrau Johanna, die von sich sagt: »Ich war Trümmerfrau. Jetzt bin ich eine Ruine«[44]; Thomas Braschs Dreher Fasnacht, der den befohlenen Aufstieg zum Leiter des Büros für Neuererwesen nicht verkraftet; Hans-Joachim Schädlichs Bauarbeiter Dobruska, der sich's auch einmal im Speisewagen wohl sein lassen will und dem das schlecht bekommt; der einsame Heizer des Debütanten Wolfgang Hilbig; oder Paul Gratziks Transportpaule und Kohlenkutte. Viele dieser literarischen Figuren aus der »herrschenden Klasse« fliehen aus dem Verschleiß durch die Produktionsarbeit, in der weiter über sie verfügt wird, statt daß sie über die Produktion verfügen, in die Privatheit, in die Intimität der Kleinfamilie – um die Erfahrung zu machen, daß sie auch hier verschlissen werden. Denn entweder erfahren sie die Privatsphäre (die »Partnerbeziehung«) als eintönige Tretmühle, wo es allenfalls um Schrankwand oder Farbfernseher geht (wie in Loests *Es geht seinen Gang oder Die Mühen in unserer Ebene,* in Schlesingers *Alte Filme* oder in Beckers *Schlaflose Tage),* oder das einstige Familienglück wird zum Kampfplatz (wie gleichfalls bei Loest), ja Schlachtfeld (wie in Bartschs *Johanna. Deutscher Spielfilm*). Und es ist fraglich, ob der spürbare Wohlstand, in den viele von ihnen hineingewachsen sind (genauer: für den sie sich krummgelegt haben), ihr Glück vermehrt hat – man vergleiche dazu Fries' Erzählung *Beschreibung meiner Freunde* mit der wenige Jahre später erfolgten *Zweiten Beschreibung meiner Freunde.* Noch gibt es die unverbesserlichen Individualisten (die häufig gerade die hartnäckigsten Sozialisten sind) vom Schlage eines Transportpaule, eines Parteisekretärs Kast (bei Volker Braun) oder jenes Transportarbeiters Hartmut Wagner bei Erich Köhler, der in eine hoffnungslos platte, durchindustrialisierte Ebene einen beträchtlichen Erdhügel karrt, damit die Kinder rodeln können – und dafür von seiner ehemaligen, jetzt zur Bürgermeisterin aufgestiegenen Freundin Joana »Ungeheuer, Spinner, Ignorant« gescholten wird.[45] Häufiger sind jedoch Protagonisten, die zwar unter den »Mühen in unserer Ebene« leiden und dann und wann auch einmal aufbegehren wie Loests Wolfgang Wülff, im Grunde aber ihren Frieden mit der Gesellschaft, wie sie ist, gemacht haben und in Ruhe gelassen werden wollen. Sie machen ihre midlife-crisis unter realsozialistischen Bedingungen durch, und es zeigt sich, daß die viel Ähnlichkeit mit einschlägigen Krisenerfahrungen in anderen Gesellschaftssystemen hat.

Gewiß hat diese Prosa viele Vorzüge. Sie macht DDR-Provinzen – Sachsen und Ost-Berlin vor allem – sinnlich erfahrbar, wie auch seelische Provinzen eines neuen, durchaus spießigen Kleinbürgertums der DDR. Und manchmal gelingt gerade durch die Beschränkung auf den kleinen Ausschnitt und dessen minutiöse Abschilderung Bedeutendes, wie z. B. in Schlesingers *Leben im Winter* (1980), das in der Darstellung *eines* Tages (Mutter Marthas Geburtstag) an *einem* Ort (in ihrer Ost-Berliner Wohnung) fast so etwas wie ein Stück »Weltalltag der Epoche« (so hatte Hermann Broch einmal Joyces *Ulysses* gerühmt[46]) sichtbar macht. Hier korrespondiert die erzählerische Komposition der Engführung mit dem gesellschaftlichen Befund und läßt ihn deutlicher hervortreten: daß nämlich die vielzitierten realen »Handlungen« der Figuren – der abgearbeiteten Mutter Martha und ihres Cousins, des ehemaligen Knechts Albert, deren Lebensträume ausgeträumt sind; der Tochter Helga, die vor den Trümmern einer gescheiterten Ehe steht; der Männer mittleren Alters, die von ihren Kriegserlebnissen zehren; des Schülers Robert, der vom Direktor politisch drangsaliert wird und keinen Ausweg mehr weiß als einen Selbstmordversuch – unerträglich eng geworden sind. Ansonsten zeugen die Kleinheit der Gegenstände und die Detailflut dieser Prosa der Alltäglichkeit doch häufig davon, daß den Autoren mit dem Verlust der eigenen Lebensperspektive und des Glaubens an die Gesellschaftsordnung der DDR auch eine überzeugende, ursächliche Zusammenhänge aufdeckende Erzählperspektive abhanden gekommen ist. Mit dem Schrumpfen der Totalität zum Alltag ist eine Prosa der »neuesten Sachlichkeit« à la Hans Fallada entstanden, deren Stärke in der Beobachtung des Augenblicks, nicht aber in der Aufhellung des gesellschaftlich-historischen Zusammenhangs liegt.

Bei der dieser Alltagsprosa diametral entgegengesetzten erzählerischen *Rückwärtsbewegung in eine historische oder mythische Vergangenheit* ist auf Anhieb schwer auszumachen, ob es sich um Flucht, Rückzug und Camouflage oder aber um die Einsicht handelt, daß die Gegenwartsprobleme nur im Umweg über ein Bewußtmachen der nationalen Geschichte, ja: der Gattungsgeschichte zu bewältigen sind. Am leichtesten läßt sich die Frage noch dort beantworten, wo sich die Autoren – die schon genannten C. Wolf, Kant und H. Schütz sowie Schlesinger (*Michael*, 1971) und Jakobs (*Wilhelmsburg*, 1979) – auf die nationalsozialistische Vergangenheit als *eigene*, als DDR-Vorgeschichte einlassen. Hinter solchen Unternehmungen steht die Erkenntnis, daß die »neuen Häuser [...] schneller gebaut werden [mußten] als die Keller ausgeräumt werden konnten.«[47] Man fühlte die Notwendigkeit einer Revision, die einem kein fortschrittliches Geschichtsbuch, keine Heroisierung des Widerstandes und vor allem: keine Institution abnehmen konnte, »die deutsche Geschichte bis auf die Knochen frei [zu] legen, um zu verhindern, daß in Schuld und Unterdrückung das Verbrechen überlebt«.[48] Hier ging es zweifellos um nachzuholende Trauerarbeit, um einen Akt der individuellen und kollektiven Katharsis, der gleichzeitig eine Mahnung und Warnung an die Adresse einer Zeitgenossenschaft enthielt, die sich als »Sieger der Geschichte«[49] gerierte.

Nicht so weit entfernt sind Versuche angesiedelt, die weiter zurückliegende deutsche Geschichte als ursächliche Fundierung der gegenwärtigen, immer noch von Fremdbestimmung und Unterdrückung gezeichneten Geschichte aufzudecken. Vor allem Preußen wurde als fortwirkendes Trauma thematisiert, als gesellschaftlich-historische Konstellation, die eine souveräne, weltoffene Bürgerlichkeit nicht zuließ und den Grund zur noch in der DDR anhaltenden Verpreußung der Seele gelegt hat. In diesen Zusammenhang gehören Christa Wolfs *Kein Ort. Nirgends* und

Martin Stades historischer Roman *Der König und sein Narr* (1975), durch den ganze Regale voll genormter Geschichts-Belletristik aus der DDR Makulatur wurden.[50] Hier wurde die deutsche Geschichte als Prozeß einer fortschreitenden Deformation der menschlichen Triebstruktur in Richtung auf die Verwandlung von Fremdzwängen in Selbstzwänge, auf die Herstellung des autoritären Charakters sinnfällig gemacht, an deren Rändern die Intellektuellen – Kleist und die Günderrode oder Stades Gundling-Gestalt vom Hof des Soldatenkönigs – als tragische oder tragikomische Figuren angesiedelt sind. Gerade wo Intellektuelle und Künstler als fragwürdige, zumeist scheiternde Helden historischer Erzählungen auftreten (man denke auch an Gerhard Wolfs *Der arme Hölderlin*, Thomas Braschs *Eulenspiegel*-Version oder Bernd Wagners Grabbe-Geschichte *G. in B.*), werden die historischen Figuren zu Chiffren aktueller Erfahrung, die Texte zu politischen Parabeln. Am deutlichsten geschieht das in einigen Erzählungen Hans-Joachim Schädlichs, die aktuelle Erkenntnis, »Nähe« dadurch herzustellen versuchen (der Band heißt *Versuchte Nähe*), daß sie das Objektiv möglichst scharf auf vergleichbares Fernes einstellen. So wird ein *Besuch des Kaisers von Rußland bei dem Kaiser von Deutschland* (ausgangs des 19. Jahrhunderts) zum Gleichnis gegenwärtiger Abhängigkeitsverhältnisse und Herrschaftsrituale im sozialistischen Lager, und der »Todfall« des Renaissancepoeten Nikodemus Frischlin zum Sinnbild zeitgenössischer Drangsalierung aufrechter Intellektueller und der Zensur literarischer Werke. Ähnlich verfährt Stefan Heym in seinem *Ahasver*-Roman (1981), wenn er in der Gestalt des religiösen Eiferers und Luther-Schülers Paul von Eitzen den Dogmatismus und Doktrinarismus in der DDR treffen will. Hier stellt sich die Frage (wie bei vielen historischen Romanen der Inneren Emigration und des Exils), ob das historische Gewand der Camouflage nicht eher oberflächlich, willkürlich gewählt ist und folglich weder Vergangenheits- noch Gegenwartserkenntnis leisten kann.

Sehr viel radikaler setzt da eine erzählende Literatur an, die sich der Grundlagen des bis an die Gegenwart heranreichenden Geschichtsprozesses vor aller wissenschaftlichen Geschichtsschreibung zu versichern sucht, indem sie auf den *Mythos* als erste Rationalisierung erfahrener gesellschaftlicher Widersprüche zurückgreift. Sie folgt dabei, wissentlich oder nicht, dem Beispiel von Horkheimer/Adornos *Dialektik der Aufklärung*, die im zweckrationalen Denken und Handeln des Odysseus ein erstes Sinnbild unserer ganzen fragwürdigen Zivilisation entdeckte. Insofern ist die auf den griechischen Mythos rekurrierende DDR-Prosa (außer in Texten, die auch hier nur ein Arsenal von Fabeln und Gestalten ausbeuten, das zur Camouflage geeignet ist) fundamentale *Zivilisationskritik*. Sie begreift, was in den klassischen Mythen Gestalt geworden ist, nicht nur als Gleichnis, sondern als erste strukturbildende Gestalt einer zivilisatorischen Physiognomie der Unterdrückung, des Terrors, der Todesproduktion, die noch existiert (und die DDR wäre dann nur eine aktuelle Vergegenständlichung dieses dreitausendjährigen Zivilisationsprozesses unter vielen).

Den Anstoß hatte Heiner Müllers Theaterstück *Philoktet* (entstanden 1958–64) gegeben, das den Odysseus als Gestalt einer noch andauernden Vorgeschichte der Menschheit deutete, in der er sich mittels seines rationalen Kalküls, mittels der List und der Lüge bei absolutem Verzicht auf individuelle Moral und Mitleidsfähigkeit am besten zu behaupten wußte. Die Prosa der siebziger Jahre folgt diesem Vorbild, indem sie nicht mehr Prometheus oder Herakles, die menschenfreundlichen Aktivisten, als Projektionsfiguren des Mythos auswählt, sondern Gestalten des Leids und der Verzweiflung: Ödipus (in Braschs *Kargo*) und Kassandra (in Christa Wolfs Frankfurter *Kassandra*-Vorlesungen und der gleichnamigen Erzählung), Sisyphus (in Heiner Müllers nachgetragenen Prosaeinschüben zum Stück *Traktor*) und Marsyas. Wo die Mythen noch eine humanistische Verheißung bergen, wird mit ihnen abgerechnet. So hat Fritz Lineck eine Odysseus-Geschichte konstruiert, die den Helden zum Opfer seiner eigenen Landsknechte macht. Ein besonders gewiefter Bursche, Dartes, hat sich nach Odysseus' Ermordung bei Skylla und Charybdis an seine Stelle gesetzt und mimt jetzt erfolgreich den Helden von Troja. Geschichte wird offengelegt als gänzlich unheroischer, antihumaner Gewaltzusammenhang bar aller edlen Züge.[51] Um eine Rücknahme des Mythos, eine Kontrafaktur zu ihm, handelt es sich auch in Heiner Müllers Erzählung *Herakles 2 oder die Hydra*. Herakles zerstört sich selbst, nicht die Hydra, im Kampf mit ihr. Sein gewaltsamer Stoffwechsel mit der Natur, die er sich anzueignen versucht, produziert nicht Lebendiges, sondern Tod, am Ende den eignen: »in dem weißen Schweigen, das den Beginn der Endrunde ankündigte, lernte er den immer andern Bauplan der Maschine lesen, die er war und aufhörte zu sein und anders wieder war mit jedem Blick Griff Schritt, und daß er ihn dachte änderte schrieb mit der Handschrift seiner Arbeiten und Tode.«[52]

Wo die Geschichte in ihrer Gesamtheit, den Mythos eingeschlossen, nur noch als Alptraum erlebt wird, hat auch das Träumen von einer besseren Zukunft aufgehört. Die Utopie hat keinen Ort mehr, weder in der Vergangenheit noch in der Gegenwart und auch nicht in der Zukunft. Die neuere Erzählliteratur aus der DDR ist eine Literatur der *negativen Utopien*, geschrieben von den realen Ängsten ihrer Autoren, die an die traumatischen Zukunftsvisionen Kafkas und Orwells, Huxleys, Zamjatins und Lems anknüpfen. Sie verlängert Erfahrungen, die aus dem »realen Sozialismus« stammen, in die Zukunft und landet bei der Vorstellung einer endgültig entindividualisierten, durchorganisierten, totalitären Apparategesellschaft vor oder nach einem Atomkrieg, in der selbstredend auch die Poesie, die Bücher keinen Platz mehr haben. Den Anfang hatte 1964 Erich Köhler mit seinen *Kiplag-Geschichten* gemacht (die erst 1980 in der DDR erscheinen konnten) – man lese vor allem seinen phantastischen Bericht vom *Schicksal der Wollhauptschlangen* im »Lande WIR«. 1974 erschien Christa Wolfs *Selbstversuch*, 1981 Franz Fühmanns Erzählungsband *Saiäns Fiktschen*, der in den Jahren 1974–80 entstanden war. Das Beispiel Fühmann ist von besonderem Interesse. Einst hatte er in Märchen und Mythen ein noch einzulösendes Versprechen auf Humanität, Produktivität und Poesie erspürt und an die Möglichkeit seiner Einlösung in der Gegenwart geglaubt. Jetzt sieht er als Dominante der Gegenwart »gestockte Widersprüche«, »Entwicklung der Entwicklungslosigkeit«. Auch er macht, wie die Vorrede ausweist, die »Dialektik der Aufklärung« für diese Veränderung verantwortlich: »Der Schlaf der Vernunft, sagt Goya, gebäre Ungeheuer; das Stocken des Widerspruchs treibt Monstren heraus. Ich werde kaum etwas einwenden können, wenn man diese Geschichten als monströs bezeichnet.«[53] Fühmanns Prosastücke sind visionäre Abbildungen dieser Monstren auf gesellschaftlicher und individueller Ebene. Damit hat er, wie vor ihm Köhler und Wolf, eine böse Parodie auf die in der DDR seit langem in Blüte stehende Science-Fiction-Literatur geschrieben, die den »wissenschaftlich-technischen Fortschritt« verharmlost.

5. Schreiben angesichts der »gestockten Widersprüche«

Die Erfahrung der »gestockten Widersprüche« treibt nicht nur monströse Gestalten und Visionen hervor, sie läßt auch *das Erzählen selbst* endgültig stocken. Oder um noch einmal die Musilsche Metaphorik aufzugreifen: der (im Wortsinn) rote Faden durch das Labyrinth der Wirklichkeit namens »realer Sozialismus« ist sehr vielen Autoren verlorengegangen. Die »perspektivische Verkürzung des Verstandes«, die so lange vorgehalten hat und jetzt auf der weltanschaulichen Ebene nicht mehr funktioniert, versagt nun auch da, wo einer eine zusammenhängende Geschichte erzählen will. Das »primitiv Epische« ist abhanden gekommen, von den konventionellen Nach-Erzählern einer vorgestanzten Wirklichkeit vom Schlage Dieter Nolls (*Kippenberg*, 1979) einmal abgesehen: Erzählern, die es natürlich immer noch gibt und die auch wieder nachwachsen.

Auffälliges Zeugnis dieses Stockens ist das Fehlen der durchgeführten großen Form in der neueren Prosa der DDR. Ein Wurf wie Peter Weiss' *Ästhetik des Widerstands,* geschaffen aus der sich durchhaltenden politischen und künstlerischen Identität eines Autors über einen Zeitraum von mehr als zehn Jahren, ist derzeit in der DDR genausowenig vorstellbar wie in der Bundesrepublik. Dickleibige Romane wie Strittmatters *Der Wundertäter* (Band 3, 1980) oder Kants *Der Aufenthalt* markieren eher den Abschluß einer historischen Periode des Erzählens als eine neue Tendenz. Und andere ausnahmsweise einmal umfänglichere Bücher wie Christa Wolfs *Kindheitsmuster* oder Helga Schütz' *Julia oder Erziehung zum Chorgesang* (1981) sind gerade gekennzeichnet vom wiederholten Stocken, Abbrechen, Neuansetzen des Erzählvorgangs. Es sind im Grunde Montagen einer nur noch mit größter Mühe von einer Autoridentität zusammengehaltenen Vielzahl divergierender (zumeist zeitlich-biographisch weit auseinanderliegender) Wahrnehmungsweisen.

Die Klassiker der Moderne und ihre Erzählmittel sind mittlerweile umfassend und oft virtuos angeeignet – z. B. Joyce durch Plenzdorf, Kafka durch Hilbig *(Der Heizer),* Döblin durch Bartsch *(Wadzeck)* –, aber es reicht (und das ist kein abwertendes Urteil) in der Regel nicht zu großen Entwürfen wie bei den Vorbildern. Ein glänzendes Beispiel dieses nunmehr mühelos modernen, »gleichzeitigen« und doch begrenzten Erzählens ist

Ulrich Plenzdorfs Text *kein runter kein fern* (1978).[54] Es handelt sich um den inneren Monolog eines »gestörten« Jungen, des Bettnässers und Hilfsschülers Fleischmann aus Ost-Berlin, aus dem sein stockautoritärer Vater und der um keinen Deut bessere ältere Bruder Manfred, »Bulle« und Boxer dazu, mit allen Mitteln einen »anständigen Menschen« machen wollen, umso mehr, nachdem die Mutter des Kindes in den Westen gegangen ist. Plenzdorf protokolliert (erfindet) den Bewußtseinsstrom dieses von Gott und der Welt verlassenen Jungen (Schlesinger hatte in *Neun* etwas ähnliches versucht), der am 7. Oktober 1969, dem 20. Jahrestag der Republik, davon träumt, Mick Jagger (dem er geschrieben hat) »und die Schdons« (S. 70) gäben vom Dach des Springerhauses nahe der Mauer ein Konzert ganz allein für ihn – und damit »SETTISFEKSCHIN« (S. 71); der auch von seiner zärtlich geliebten Mutter träumt (und sie und die Rolling Stones: das fließt dann zu der Sehnsuchtsformel »MICKMAMA« zusammen, S. 75); der schließlich, da die liebevollen, gewaltlosen Träume nichts fruchten, sich vorstellt, »Panzermann« zu sein, um sich endlich an Bruder und Vater rächen zu können. In seinen »restringierten« Code, mit dem er ihn demütigende Vorgänge erinnert und nie gestillte Wünsche benennt (aber niemand hört ihm zu), ist ein zweiter, »elaborierter« Code einmontiert (so, wie er real sein Bewußtsein durchkreuzt): Fetzen aus dem Bericht eines Mediensprechers vom Jubiläumstag der DDR nach »zwanzig guten und kräftigen Jahren unserer Republik« (S. 71), der in einer Truppenparade der Nationalen Volks-Armee kulminiert.– Eine Geschichte ohne Anfang und Ende, ohne Fabel und deren Auflösung, ohne implizit oder explizit didaktische Leseanleitung, Richtung und Moral. Entweder der Leser begibt sich in die vor ihm ausgebreitete »verwobene Fläche« jenes Bewußtseinsstroms, arbeitet sich selbst reflektierend an ihr ab, oder die Lektüre ist sinnlos.

Plenzdorfs kurze Erzählung beschränkt sich auf ein kleines Segment aktueller gesellschaftlicher Erfahrung, das zwar gewiß kalkuliert ausgewählt ist, aber gleichwohl keine Repräsentanzfunktion in Anspruch nehmen kann. Sie steht damit in einer Reihe mit einer Vielzahl von neuen Prosatexten aus der DDR, die die Tendenz zu »immer kürzer werdenden Geschichten« haben – offenbar, weil man nur der präzisen Abschilderung des kleinen Ausschnitts die erwünschte Prägnanz zutraut. So gibt es eine

Fülle teilweise dokumentarischer, protokollartiger Miniaturen wie bei Reiner Kunze *(Die wunderbaren Jahre)* und Jürgen Fuchs *(Gedächtnisprotokolle)* oder – raffinierter – von Bartsch *(Kaderakte)* und Brasch *(Vor den Vätern sterben die Söhne;* Teile aus *Kargo)*. Es gibt Kurz- und Kürzestgeschichten (oft nur Einzelbeobachtungen und Momentaufnahmen aus dem eigenen Bewußtseinsstrom) von diesen Autoren oder auch von Adolf Endler (*Nadelkissen;* auf seinen Groß-Roman *Nebbich* warten wir noch vergeblich), Elke Erb *(Der Faden der Geduld)*, Frank-Wolf Matthies *(Morgen; Unbewohnter Raum mit Möbeln)* und Lutz Rathenow *(Mit dem Schlimmsten wurde schon gerechnet)*. Es begegnen plötzlich einsetzende, unerklärt bleibende Träume – kaum noch von einer wunderbaren, besseren Zukunft wie einst bei Irmtraud Morgner, sondern Alpträume (bei Hilbig, bei Rathenow und am überzeugendsten in Schlesingers Erzählungsband *Berliner Traum* und den neuen *Drei Berliner Träumen*) – oder verknappte Parabeln, deren Lehre wie ein schwarzes Loch anmutet (wie z. B. Günter Kunerts *Dornröschen* aus dem Band *Camera obscura)*. Auch Kunerts *Verspätete Monologe* (1980), mit denen er sich von der DDR und die DDR in sich zu verabschieden versucht hat, gehören hierher: kleine Prosa, die an die Tradition der »Philosophie in Revueform«, wie Ernst Bloch das einmal nannte (seine eigenen *Spuren,* Benjamins *Einbahnstraße,* Horkheimers *Dämmerung,* Adornos *Minima Moralia*), anknüpft, ohne sie freilich im reflexiven Niveau zu erreichen. Auch hier fällt wiederum eine »Gleichzeitigkeit« östlichen und westlichen Erzählens auf: Wo Totalität nicht mehr erfahrbar und die Dialektik verabschiedet ist, kann auch nicht mehr zusammenhängend, geordnet gedacht und erzählt werden. Übrig bleiben Wahrnehmungspartikel, Impressionen, Gedankensplitter, wie z.B. in der Bundesrepublik in Botho Strauß' *Paare Passanten.*

Für manche Autoren hat sich das Problem des Erzählens bis zu einem Punkt radikalisiert, an dem sie sich die seit Hofmannsthals *Lord Chandos*-Brief geläufige Frage stellen, ob überhaupt noch erzählt und gesprochen werden könne, und wo ihnen allenfalls jenes »stumme Vorsichhinsprechen« geblieben zu sein scheint, das Kurt Batt noch vor zehn Jahren der westlichen Literatur reserviert hatte. Sie sehen sich einer Situation konfrontiert, in der »alle unsere Worte längst gefressen sind von den Schweinen der Geschichte, [...] unsere alte Sprache längst vermodert ist in unseren Mündern«.[55] Der *Schrei* als vor- und außersprachliche Artikulation des ratlosen Menschen angesichts der Katastrophe erscheint manchen von ihnen als letzte noch verbliebene authentische Äußerungsmöglichkeit. Das Kunstwerk vermögen sie sich nur noch als ein »Gebilde« vorzustellen, »das aus seiner eigenen Explosion besteht«, wie es Heiner Müller paradox formuliert hat.[56] Die Sprache ihres Landes, ihrer Gesellschaftsordnung, in der sie großgeworden sind, erleben sie als eine absolut fremde, ja »schuldige«, den Apparaten und nicht den Subjekten zugehörige. Folglich kann, so schließt z.B. Hilbig, »inmitten des Organismus dieser Welt, dieser Zeit [...] die einzig menschenwürdige Sprache nur aus unbeendeten Sätzen bestehen«.[57] Und in Gert Neumanns Prosaband *Die Schuld der Worte* (1979) heißt es: »Alles Gesagte sind Reproduktionen alter Beschreibungen [...] eine allgemeine Verstummung wäre das Normale.«[58] Frank-Wolf Matthies schlägt, unter dem Einfluß von Peter Handke, vor, in einer Umwelt, »in welcher ideologien, mit zunehmender indoktrinierung & zunehmender eigen- & fremdverfälschung der ihr zugrundeliegenden theorien, stetig fragwürdiger werden«, zumindest aufs ständige Vergleichen, als ein Bewerten, ja Denunzieren, zu verzichten und sich aufs bloße Wahrnehmen, das Notieren von Einzelheiten zu beschränken[59] – ein Verfahren, dem ein Teil seiner reduktionistischen Prosa zu folgen versucht.

Der neue Status der Kunst, die sich im Extremfall auf den Schrei zurückzieht, läßt sich auch im mythischen Bild ausdrücken, wie es bei Fühmann *(Marsyas)*, Brasch *(Der Zweikampf)* und Heiner Müller (in seiner *Macbeth*-Bearbeitung) geschehen ist. Das aus der »lichten« Rationalität, dem Ordnungsdenken, der Sublimation entspringende Kunstschaffen im Geiste Apollons wird als unmenschliche Herrschaftskunst gewertet. Alle Sympathie gilt einer dionysisch wilden, ungeschlachten Kunst, wie sie in Marsyas Gestalt geworden ist: jenem Satyr-Hirten, der Apoll zum künstlerischen Zweikampf – Flöte gegen Leier – herausgefordert hat, der unterlegen ist und dem der Lichtgott zur Strafe bei lebendigem Leibe die Haut abziehen läßt. Der Schrei des Marsyas, »der seinem göttlichen Schinder die Saiten von der Leier sprengt«[60], wird zur Chiffre einer notwendig rohen, ordnungsfeindlichen und damit Herrschaft konterkarierenden Kunst.

Es liegt auf der Hand, daß das keine auf Anhieb volkstümliche, den Lesermassen zugängliche (Erzähl-)Kunst mehr zeitigen kann, sondern daß ihr Züge eigen sind, die Schimpfworte wie »hermetisch« oder »elitär« auf sich ziehen. »Der Druck der Erfahrung treibt die Sprache in die Dichtung«, heißt es einmal bei T. S. Eliot[61], und viele Erzähler, die noch vor Jahren die apollinische Klarheit der ästhetischen Gebilde auf der Grundlage des marxistischen Rationalismus favorisierten, würden sich heute in diesem Satz wiederfinden. Sie haben erkennen müssen (noch einmal mit Heiner Müller), daß im »Reich der Notwendigkeit«, wozu man die DDR rechnet, »Realismus und Volkstümlichkeit zwei Dinge« sind; »der universale Diskurs, der nichts und niemanden ausschließt«[62], die ersehnte Versöhnung von Realismus und Volkstümlichkeit, ist derzeit, unter den gegebenen Umständen, nicht möglich.

Die Literaturwissenschaft der DDR, die sich mit der Erzählkunst des eigenen Landes beschäftigt, hat die Augen vor neuen Tendenzen, wie sie hier skizziert wurden, nicht völlig verschließen können. Freilich ist ihre Art und Weise, das Material zu sichten, zu selektieren und schließlich harmonisierend zu bewerten, höchst problematisch. Michael Wegners Aufsatz »Realistisches Erzählen heute« aus den *Weimarer Beiträgen* 1979 ist ein instruktives Beispiel dafür.[63] Er registriert (ohne sich konkret auf Texte einzulassen) die Zunahme »›zentrifugaler‹ Romane«, »›fabelloser‹ Erzählprosa« (S. 18) und »vielgestaltiger Experimente beim Entwurf von Erzählstrukturen« und vermutet zweifellos zu Recht, daß solche Veränderungen »letztlich bestimmte [welche?!] veränderte Beziehungen von Künstlern zur empirischen Realität ausdrücken« (S. 19). Doch er hält hartnäckig an der unbelegten (widerlegbaren) Behauptung fest, daß diese Entwicklung »das Vertrauen von Autor und Leser in die gesellschaftlich-moralischen Wirkungsmöglichkeiten von Kunst« widerspiegle (S. 19 f.).

Dabei könnte ein wenige Monate später erschienenes und ausnahmsweise rasch vergriffenes Heft der gleichen Zeitschrift darüber belehren, wie es wirklich um das Vertrauen in die Wirkungsmöglichkeiten von Kunst gerade bei jüngeren DDR-Erzählern bestellt ist.[64] In den hier abgedruckten »Gesprächen mit jungen Autoren« kommen Studenten des Instituts für Literatur »Johannes R. Becher« zu Wort, deren Nüchternheit und Skepsis der von Fries oder Fühmann, H. Müller oder C. Wolf, Schlesinger oder Loest, Plenzdorf oder Bartsch in nichts nachsteht und deren Leitmotiv Thomas Braschs Frage sein könnte:

»Gegenwart, [...] wann war das?«[65] Dort befindet z.B. der Arbeitersohn Uwe Kolbe:

»Nun sind wir die Jüngsten, aber ich verspüre von angereicherter, konkreter Weltbürgerlichkeit nicht den Hauch (›statistisch‹), das heißt im Gewühle des veröffentlichten, unterschiedlichsten, dümmsten und wenig akzeptablen Zeugs. Meine Generation hat die Hände im Schoß, was engagiertes (!) Handeln betrifft. Kein früher Braun heute. [...] Ich kann noch weitergehen und sagen, daß diese Generation völlig verunsichert ist, weder richtiges Heimischsein hier noch das Vorhandensein von Alternativen anderswo empfindet.« (S. 46)

Andere Gesprächsteilnehmer benennen z.B. Dante, Schopenhauer, Dostojewski und Hamsun als Inspiratoren ihrer Arbeit und wollen von den sonst so gerühmten Vorbildern nichts wissen. Ungerührt tun sie die Erfahrung kund – gegen die »offizielle Anschauung von der Welt, die in der Schule, durch die Zeitung, durch das Fernsehen vertreten wird« –, daß der Mensch auch in der DDR »Objekt ist« und daß das wohl auch so bleiben werde. (S. 18) – Wie gesagt, es besteht kein Anlaß, über das neue Autorbewußtsein in der DDR und seine erzählerischen Konsequenzen zu frohlocken. Aber beschönigt oder gar verdrängt werden darf es nicht.

Anmerkungen

1 Vgl. Batt, *Revolte intern. Betrachtungen zur Literatur in der Bundesrepublik Deutschland* (München: C. H. Beck, 1975), sowie ders., *Widerspruch und Übereinkunft. Aufsätze zur Literatur* (Leipzig: Reclam, 1978), Abschnitt IV (S. 321–380). Die Seitenangaben im Text beziehen sich auf die letztgenannte Publikation.

2 Batt hat in diesen Aufsätzen nichts anderes als die *communis opinio* der DDR-Literaturwissenschaft zu ihrer eigenen Literatur der sechziger und frühen siebziger Jahre vorgetragen. Nur wird sie andernorts zumeist dogmatischer und farbloser formuliert. Vgl. z.B. Klaus Schuhmann, Weite und Vielfalt der Wirklichkeitsdarstellung in der DDR-Literatur, in: *Weimarer Beiträge* XXVI (1980), H. 8, S. 5–23, oder Hans Kaufmann, Veränderte Literaturlandschaft, in: *Weimarer Beiträge* XXVII (1981), H. 3, S. 28–53

3 Benjamin, Der Erzähler. Betrachtungen zum Werk Nikolai Lesskows, in: *Orient und Okzident* N. F. 1 (1936), S. 17f.

4 Lukács, Die Theorie des Romans, in: *Zeitschrift für Ästhetik und Allgemeine Kunstwissenschaft* 11 (1916), S. 245

5 Musil, *Der Mann ohne Eigenschaften* (Berlin: Rowohlt, 1930), S. 1043 f.

6 Wassermann, Kolportage und Entfabelung, in: *Wissen und Leben. Neue Schweizer Rundschau* 19 (1926), S. 366 f.

7 Erich von Kahler, Untergang und Übergang der epischen Kunstform, in: *Die Neue Rundschau* 64 (1953), S. 33

8 Theodor W. Adorno, Form und Gehalt des zeitgenössischen Romans, in: *Akzente* 1 (1954), H. 5, S. 412

9 Benn, *Doppelleben* (Wiesbaden: Limes, 1950), S. 200

10 Eberhard Lämmert, Vorbericht zu *Romantheorie. Dokumente ihrer Geschichte in Deutschland seit 1880.* Hrsg. v. E. Lämmert u. a. (Köln: Kiepenheuer & Witsch, 1975), S. XVIII

11 Benjamin, Krisis des Romans. Zu Döblins »Berlin Alexanderplatz«, in: *Die Gesellschaft* 7 (1930), Bd. 1, S. 562

12 Claudius, *Ruhelose Jahre. Erinnerungen* (Halle/S.: Mitteldeutscher Verlag, 1968), S. 362

13 Bloch, in: *IV. Deutscher Schriftstellerkongreß Januar 1956. Protokoll 1. und 2. Teil.* Hrsg. v. Deutschen Schriftstellerverband, H. 1 und 2 (Berlin: Aufbau, 1956), S. 84 f.

14 Küntzel, Von *Abschied* bis *Atemnot.* Über die Poetik des Romans, insbesondere des Bildungs- und Entwicklungsromans, in der DDR, in: *DDR-Roman und Literaturgesellschaft.* Hrsg. v. J. Hoogeven und G. Labroisse (Amsterdam: Edition Rodopi, 1981, Amsterdamer Beiträge zur neueren Germanistik, Bd. 11/12), S. 1–32; hier S. 4

15 Schulz, Muscheln, grüne Stachelbeeren, Kafka usw., in: *Forum* 18 (1964), Nr. 4, S. 12

16 Kant, in: *V. Schriftstellerkongreß vom 25.–27. Mai 1961. Referate und Diskussionsbeiträge* (Berlin: Aufbau, 1962), S. 166

17 Batt, *Widerspruch und Übereinkunft* (vgl. Anm. 1), S. 377

18 Küntzel, Von *Abschied* bis *Atemnot*, S. 8

19 Vgl. zu Wolfs Roman Manfred Behn (Hrsg.), *Wirkungsgeschichte von Christa Wolfs »Nachdenken über Christa T.«* (Königstein: Athenäum, 1978), insbes. die Einleitung des Herausgebers, S. 1–24. – Als dritter (chronologisch als erster) Autor wäre hier im Grunde noch Uwe Johnson zu nennen, dessen *Mutmassungen über Jakob* (1959) und *Das dritte Buch über Achim* (1961), von DDR-Erfahrungen genährt, gleich radikal wie Fries und Wolf mit der geltenden Erzähldoktrin brechen. Doch das gilt heute schon nicht mehr als DDR-Literatur: Der Autor hatte 1959 das Land verlassen.

20 Wolf, *Nachdenken über Christa T.* (Neuwied/Berlin: Luchterhand, 1969), S. 82 f.

21 *Juninachmittag*, in mehreren Anthologien und Erzählungsbänden der Autorin abgedruckt, wird hier zitiert nach *Nachrichten aus Deutschland. Eine Anthologie der neueren DDR-Literatur.* Hrsg. v. H. Brenner (Reinbek: Rowohlt, 1967), S. 216–230

22 Müller, Ein Brief [an Martin Linzer], in: ders., *Theaterarbeit* (Berlin: Rotbuch, 1975), S. 125

23 Wolf, Über Sinn und Unsinn von Naivität, in: *Eröffnungen. Schriftsteller über ihr Erstlingswerk.* Hrsg. v. G. Schneider (Berlin: Aufbau, 1974), S. 168

24 Traeger, Zweierlei Geschichte – zweierlei Literatur, in: ders., *Studien zur Literaturtheorie und vergleichenden Literaturgeschichte* (Leipzig: Reclam, 1970), S. 368 f. – Die einzige lizensierte Ausnahme eines Schelmen in der DDR-Literatur ist Erwin Strittmatters Held Stanislaus Büdner aus *Der Wundertäter* (1. Band 1957).

25 *Der Weg nach Oobliadooh* wird im folgenden nach der Erstausgabe im Suhrkamp Verlag 1966 zitiert.

26 Fries' Entwicklung als Autor verlief nach der Zurückweisung von *Der Weg nach Oobliadooh* in der DDR lange Jahre eher stockend. Seine Erzählungen und die Reiseliteratur der späten sechziger und frühen siebziger Jahre schließen sich großenteils wieder mehr an die Konvention an. Erst einige jüngere Erzählungen, vor allem die glänzende *Frauentags Anfang oder das Ende von Arlecq und Paasch* – gleichsam das Satyrspiel zur 16 Jahre älteren Tragödie – erreichen wieder das Niveau seiner Anfänge (vgl. *Sinn und Form* 34, 1982, H. 2, S. 359–372). – Vgl. zu Fries außerdem Friedrich Albrecht, Zur Schaffensentwicklung von Fritz Rudolf Fries, in: *Weimarer Beiträge* XXV (1979), H. 3, S. 64–92, sowie das Interview im gleichen Heft dieser Zeitschrift

27 Schlenstedt, *Die neuere DDR-Literatur und ihre Leser. Wirkungsästhetische Analysen* (München: Damnitz, 1979), S. 150

28 Ebd. S. 255 ff.

29 Ebd. S. 293 ff.

30 K. Schuhmann, Weite und Vielfalt (vgl. Anm. 2), S. 16

31 Jochen Staadt, Zur Entwicklung des Schriftstellers Karl-Heinz Jakobs – am Beispiel der Darstellung von Karrieren und Jugendlichen, in: *DDR-Roman und Literaturgesellschaft* (vgl. Anm. 14), S. 103–112; hier S. 106

32 Zitiert nach Volker Braun, *Das ungezwungene Leben Kasts* (Berlin/Weimar: Aufbau, erweiterte Auflage 1979), S. 188

33 Braun, *Unvollendete Geschichte* (Frankfurt/M.: Suhrkamp, 1977), S. 91

34 Braun, Literatur und Geschichtsbewußtsein, in: *Es genügt nicht die einfache Wahrheit. Notate* (Frankfurt/M.: Suhrkamp, 1976), S. 139

35 Nordmann, Die halbierte Geschichtsfähigkeit der Frau. Zu Irmtraud Morgners Roman *Leben und Abenteuer der Trobadora Beatriz nach Zeugnissen ihrer Spielfrau Laura,* in: *DDR-Roman und Literaturgesellschaft* (vgl. Anm. 14), S. 419–462; hier S. 461

36 Riha, »Dem Bürger fliegt vom spitzen Kopf der Hut«. Zur Struktur des satirischen Romans bei Heinrich Mann, in: *Text + Kritik.*

Sonderband Heinrich Mann (1971), S. 54

37 H. Kaufmann, Veränderte Literaturlandschaft (vgl. Anm. 2), S. 37

38 Ebd.

39 Müller, Gespräch mit B. Umbrecht, in: ders., *Rotwelsch* (Berlin: Merve, 1982), S. 111

40 Müller, Gespräch mit H. Farocki, in: *Rotwelsch*, S. 137

41 Interview mit Karl-Heinz Jakobs, in: *die horen* 1979, H. 2, S. 136

42 Wolf, *Büchner-Preis-Rede 1980* (Neuwied: Luchterhand, 1980), S. 2

43 Dabei wird mancher Autoren wie z. B. Erwin Strittmatter oder Hermann Kant vermissen, die keiner dieser drei Gruppen zuzurechnen sind. Interessanterweise haben sich diese Autoren in den letzten Jahren literarisch nicht mehr weiterentwickelt. Insbesondere Kants neuere Erzählungen sind, im Vergleich zu *Der Aufenthalt*, erzählerisch nicht profiliert und eher unernst. Auch tauchen hier manche Bücher nicht auf, die die fetteren Schlagzeilen gemacht haben (wie Stefan Heyms *Collin* oder Rolf Schneiders *November*). Auch diese Romane, am Rande der Kolportage angesiedelt, haben *erzählerisch* keine innovative Rolle gespielt. – Außer den genannten Einzelveröffentlichungen liegen meiner Analyse noch folgende Anthologien und Zeitschriften zugrunde: *Auskunft. Neue Prosa aus der DDR*. Hrsg. v. S. Heym (München: AutorenEdition, 1974); *Auskunft 2. Neueste Prosa aus der DDR*. Hrsg. v. S. Heym (München: Autoren Edition, 1978); *Geschichten aus der DDR*. Hrsg. v. H.-J. Schmitt (Hamburg: Hoffmann und Campe, 1979); *Geschichten aus der Geschichte der DDR 1949–1979*. Hrsg. v. M. Behn (Darmstadt/Neuwied: Luchterhand, 1981); *Gespräche hinterm Haus. Neue Prosa aus der DDR*. Hrsg. v. K. Franke (Frankfurt/Berlin/Wien: Ullstein, 1981) [aus der Bundesrepublik]; *Bestandsaufnahme 1. Debütanten 1971–1975* (Halle/Leipzig: Mitteldeutscher Verlag, 1976); *Bestandsaufnahme 2. Debütanten 1976–1980* (ebd., 1981), sowie die letzten Jahrgänge der Zeitschriften *Neue deutsche Literatur, Sinn und Form* und *Temperamente. Blätter für junge Literatur* [aus der DDR].

44 Bartsch, *Kaderakte* (Reinbek: Rowohlt, 1979), S. 60

45 Vgl. Köhler, *Hartmut und Joana oder Geschenke für Kinder* (Rostock: Hinstorff, 1980), S. 70

46 Broch, *James Joyce und die Gegenwart. Rede zu Joyces 50. Geburtstag* (Wien/Leipzig/Zürich: Herbert Reichner Verlag, 1936), S. 6

47 H. Müller, Fatzer ± Keuner, in: *Rotwelsch*, S. 144

48 Sylvére Lotringer im Gespräch mit H. Müller, in: *Rotwelsch*, S. 84

49 Stephan Hermlin im Gespräch mit Klaus Wagenbach, in: *Freibeuter* 1979, H. 1, S. 49

50 Stades neuer historischer Roman *Der närrische Krieg* (Stuttgart: Klett-Cotta, 1981) fällt demgegenüber überraschend ab. – Vgl. zur Preußen-Gundling-Thematik meinen Aufsatz: Der Alp der Geschichte. Preußen in Heiner Müllers »Leben Gundlings Friedrich von Preußen

Lessings Schlaf Traum Schrei«, in: *Jahrbuch für Literatur in der DDR* 2 (1982), S. 115–158

51 Fritz Lineck ist ansonsten nicht als Autor hervorgetreten. Seine Geschichte *Tod des Odysseus* ist zuerst in der rumänischen deutschsprachigen Zeitschrift *Neue Literatur* erschienen und dann von Konrad Franke in seiner Anthologie *Gespräche hinterm Haus* (vgl. Anm. 43) nachgedruckt worden. Sie läßt übrigens auch noch eine politisch bösartige parabolische Lesart zu, wie das nachgestellte Motto von Gerhart Hauptmann nahelegt (»Es gibt Esel, die tote Adler mit den Zähnen rupfen, um sich in ihren Federn zu wälzen«, S. 232).

52 Zitiert nach *Auskunft* (vgl. Anm. 43), S. 92. Müllers Prosatext ist als Kontrafaktur zu dem Theaterstück *Herakles 5* von 1966 zu verstehen, in dem Herakles allen Widerständen zum Trotz seine fünfte Tat, die Reinigung des Augiasstalls, letztlich *gelingt.*

53 Fühmann, *Saiäns-Fiktschen. Erzählungen* (Rostock: Hinstorff, 1981), S. 7

54 Die zuerst in den *Klagenfurter Texten 1978* (München: List) veröffentlichte Erzählung wird hier nach H.-J. Schmitts Anthologie *Geschichten aus der DDR* (vgl. Anm. 43) zitiert.

55 Brasch, *Vor den Vätern sterben die Söhne* (Berlin: Rotbuch, 1977), S. 49f.

56 Müller, Der Schrecken die erste Erscheinung des Neuen, in: *Rotwelsch,* S. 96

57 Hilbig, *Unterm Neomond. Erzählungen* (Frankfurt/M.: Fischer, 1982), S. 66

58 Neumann, *Die Schuld der Worte* (Frankfurt/M.: Fischer, 1979), S. 78

59 Matthies, *Morgen. Gedichte und Prosa* (Reinbek: tRowohl, 1979), S. 144f.

60 Müller, Der Schrecken, in: *Rotwelsch,* S. 96 – Vgl. dazu auch Bernhard Greiner, »Sentimentaler Stoff und fantastische Form«: Zur Erneuerung der frühromantischen Tradition im Roman der DDR, in: *DDR-Roman und Literaturgesellschaft* (vgl. Anm. 14), S. 249–328; hier S. 249–253

61 Zitiert nach H. Müller, *Rotwelsch,* S. 142

62 Müller, Der Schrecken, in: *Rotwelsch,* S. 95 und S. 98

63 Wegner, Realistisches Erzählen heute. Zu theoretischen Aspekten der internationalen Literaturentwicklung, in: *Weimarer Beiträge* XXV (1979), H. 3, S. 5–23

64 Vgl. *Weimarer Beiträge* XXV (1979), H. 7, S. 5–82

65 Brasch, *Kargo. 32. Versuch auf einem untergehenden Schiff aus der eigenen Haut zu kommen* (Frankfurt/M.: Suhrkamp, 1977), S. 48

Rainer Nägele

Trauer, Tropen und Phantasmen: Ver-rückte Geschichten aus der DDR

»Es ist um verrückt zu werden«
(Kleist, in: Christa Wolf, *Kein Ort. Nirgends)*

»SEI ES«
(Ontologisches Palindrom von D. E. Sattler)

1. Verschiebungen

»Noch niemals ist bei uns so viel über das phantastische Element in der Literatur diskutiert worden wie in der letzten Zeit«, bemerkt Friedrich Albrecht 1978 in einem Interview[1] mit Fritz Rudolf Fries. In der Tat häufen sich seit den späten sechziger Jahren in der DDR Bücher, Essays und Artikel, die Phantasie und das Phantastische als Momente literarischer Produktion in die Diskussion bringen.[2] Die zunehmende Verunsicherung überkommener Realismusmodelle einerseits, wachsende Experimentierfreudigkeit der Autoren andererseits[3] gaben und geben Grund zum Nachdenken. Mit Honeckers und Hagers Reden von 1971 und 1972 kam zudem noch zusätzliche Legitimation von oben.

Man sollte freilich nicht die immer wieder zitierte Honecker-Rede mit ihrem Zugeständnis an eine Literatur ohne Tabus auf sozialistischer Basis einfach in ursächlichen Zusammenhang mit der literarischen Produktion bringen – es sei denn in dem Sinne, daß sie experimentellen Autoren und Texten den Zugang zu Verlagen und Publikationsorganen erleichterte und möglicherweise die Schwelle der Selbstzensur niedriger setzte. Die Rede selbst, gewiß auch Ausdruck größerer Gelassenheit und Selbstsicherheit auf gesellschaftlich-politischer Ebene, deren Fragilität freilich nach der Biermann-Affäre von 1976/77 nur allzu deutlich wurde, setzte einen Verschiebungsprozeß im literarisch-künstlerischen Selbstverständnis voraus. Signale einer solchen Verschiebung gaben schon die intensivierten Auseinandersetzungen um den Realismusbegriff seit Mitte der sechziger Jahre[4] wie auch die

Lyrikdebatten von 1966, 1969 und 1972.[5] Eine zentrale Rolle spielt dabei der Versuch, Begriff und Erfahrung von Subjektivität mit dem gesellschaftlichen Prozeß neu zu vermitteln oder, radikaler noch, solche Erfahrung der erpreßten Versöhnung zu entziehen. Das Phänomen des Phantastischen im engeren Sinne – ein »Sinn«, der noch keineswegs feststeht, sondern zu entwickeln ist – ist von der Auseinandersetzung um Subjektivität nicht zu lösen.

2. Konstellationen

Daß es überhaupt das Thema des Phantastischen *als Problem* in der Literatur, spezifisch in der politisch engagierten Literat ur gibt, ist nicht selbstverständlich, so sehr es gerade im deutschsprachigen Bereich dafür gehalten wird. Es bedarf vielleicht des historisch und geographisch distanzierten verfremdenden Blicks, um das Merkwürdige solcher Selbstverständlichkeit ins Bewußtsein zu bringen. Wer lateinamerikanische Literatur liest[6], dem fällt eine andere Selbstverständlichkeit auf: für Autoren wie Pablo Neruda, Garcia Marquez, Vargas Llosa, Julio Cortázar, Alejo Carpentier, um nur einige unter vielen zu nennen, scheinen die Dichotomien von Engagement und Realismus einerseits, Phantastik, Mythos und experimentelles Spiel des Textes andererseits nicht zu existieren. Diese »Selbstverständlichkeit, mit der da Phantasie und Realität verwoben werden«, fasziniert unter andern den spanischgebürtigen DDR-Autor Fritz Rudolf Fries.[7] Sehr genau trifft er die Konstellation einer solchen Literatur:

»Kubanische Autoren wie Lezama Lima oder Carpentier geben uns das ganze Bild ihrer Welten, weil sie bis in [sic!] die Grenzen ihrer Sprache gehen können, eine Grenze, die von Spanien aus gewaltsam übers Meer verlegt worden war. Nur: was aufgenommen worden war, beginnt nun heimlich zu blühen und sprengt die Säulen des europäischen Bildungsgutes [...], dieses Amalgam [...] Descartes und die afrokubanische Mythologie bei Carpentier, das macht für mich den ungeheueren Reiz dieser Literatur aus, die zwei Welten in ihrer Verklammerung zeigt. Eine Welt, in der Ratio und Phantasie gleicherweise angesprochen werden ...«[8]

Falls das »bis *in* die Grenzen der Sprache« ein Druckfehler ist, hat die List der Vernunft den Setzer bewegt. Wo das Sprechen und

Schreiben in der Sprache von der Ideologie als »Rückzug in die Sprache« verdächtigt wird, bedeutet ein In-die-Grenzen-der-Sprache-Gehen eine explosive Grenzüberschreitung. Die Angst vor dieser Grenze ist die Angst vor jenem verführerischen »Reiz«, zu dem Fries sich bekennt. Die Genauigkeit seiner Reiz-Beschreibung liegt in dem, was eine cartesianische Denktradition der Ungenauigkeit zuschreiben möchte: in ihrer metaphorischen Bewegung, in der eine historisch-geographisch-politische Bewegung nicht nur als Textbewegung wiederkehrt, sondern in dieser Wiederkehr eine Umkehrung vollzieht, in der die Gewalt des Vereinnahmten gegen die vereinnehmende Gewalt sich richtet.

Es verdankt sich diese Konstellation gewiß einer spezifischen historisch-geographischen Situation, die nicht einfach auf europäische Verhältnisse übertragbar ist. (Freilich hat in einer gewissen Weise Bobrowski im Ineinanderspiel mythischer und geschichtlicher Elemente ähnliche Effekte geschaffen.) Aber die eine Bedingtheit weist auf die andere und stellt die Selbstverständlichkeit von der inhärenten Dichotomie politisch-realistischer Literatur gegen die Traum- und Trauerarbeit der Phantasie in Frage. Sie liquidiert die verdinglichte Teilung der Welt in einen sprachlichen und subjektiven Weltinnenraum und eine Welt der Gegenstände »draußen«.

Das Beispiel der lateinamerikanischen Literatur ist aber auch nicht einfach das exotisch Andere einer europäischen Tradition. Sie ist auch deren Double. Der europäische Kolonialismus und Imperialismus (im nordamerikanischen fortgesetzt) und ihr kultureller Logozentrismus reproduzieren ihre eigenen Widersprüche in dieser »andern« Literatur und empfangen sie gespiegelt zurück. Was Fries als Amalgam von Descartes und afrokubanischer Mythologie bei Carpentier aufspürt, ist schon widersprüchliches Moment der kolonisierenden Kultur und Gesellschaft (im sozialistischen Staat als kulturelles Erbe weiterhin am Werk), das nämlich, was Adorno und Horkheimer als Dialektik der Aufklärung diagnostiziert haben. Sie zeigten das Amalgam als immanentes der europäischen Aufklärung, wenn sie den Sadeschen Text als Kantischen lasen[9] und so vorwegnahmen, was einige Jahre später Jacques Lacan in Umkehrung wiederholte, indem er den Kantischen Text als Sadeschen las.[10] Das scheinbar Zufällige und Äußerliche der Zeitgenossenschaft erscheint als Moment einer immanenten Einheit des Denkens gegenüber der scheinbar wesentlichen Opposition, die als Konstruktion sich entpuppt. Die Konstruktion ist freilich selbst Teil der Dialektik der Aufklärung und reproduziert bis heute als Diskurs- und Theoriemaschine ihre Dichotomien, setzt Namen und Texte gegeneinander. Nähern wir uns wieder unserm eigenen Spiel- und Themenfeld, spielt, wo einst der Marquis de Sade gegen Kant antrat, jetzt zum Beispiel das »irrationale« Theater von Antonin Artaud gegen das »rationale« Theater Bertolt Brechts. Es ist eine konstruierte Opposition, die keiner aufmerksamen Lektüre standhält. Indessen verdient sie Interesse als Produkt jener Diskursmaschine, die dann von Heiner Müllers *Hamletmaschine* gründlich zerlegt wird.

Horst Heidtmanns ausführlich und reichlich dokumentierte Studie zur utopisch-phantastischen Literatur (vgl. Anm. 3) zeigt ein merkwürdiges Phänomen: lange bevor das Phantastische in der »hohen« Literatur und in den Literaturdebatten merklich mitspielte, gab es eine relativ florierende und stark rezipierte Unterhaltungsliteratur hauptsächlich von der Art der Science-Fiction. Einerseits dürfte die stillschweigende Toleranz wohl der spezifischen Tendenz dieses Genres zu verdanken sein, das die Phantasie immer schon in den Dienst der instrumentellen Vernunft zu stellen geneigt war. Die Duldung bedeutet aber auch in engen Grenzen ein Zugeständnis an offenbar bestehende Bedürfnisse und Wünsche, deren Charakter jedoch gleichzeitig aus der Reflexion verbannt oder auf anderer Ebene, etwa in den Realismusdiskussionen, verdrängt wurde. In der Tat sind die Realismusdebatten von einer besonderen emotionalen Tönung geprägt, deren Qualität für die Erkenntnis des Phänomens weit interessanter ist als die immer schon determinierten und vorhersehbaren Inhalte. Wo immer die Rede vom Realistischen und seinen Gegenteilen geht, schwankt der Ton zwischen abwehrender Ängstlichkeit und Aggression. Das gilt nicht nur für die DDR-Debatten, sondern auch für westliche. Selbst wo man für Überschreitung der imaginären Grenzen und Ufer des Realen plädiert, geschieht es häufig im defensiven Gestus. Was wird da verteidigt, wogegen baut die Angst da ihre Dämme und setzt verbissen Grenzen?

Heidtmann verweist auf die Angst vor der Manipulierbarkeit durch phantastisch-utopische Literatur: »Hatte doch gerade dieser Zweig der Massenliteratur den Boden für den Faschismus in besonderer Weise genährt.«[11] In der Angst vor der Manipulierbarkeit der Bedürfnisse spricht letzten Endes aber immer auch die Angst vor den Bedürfnissen und Wünschen selbst. Sie kaschiert sich im geschichtlichen Trauma des Faschismus, benutzt die Aggression der Nazi-Rhetorik auf die Vernunft als Waffe, um gegenwärtige Wünsche abzuwehren. Wer in preußischem Stechschritt im Namen der Opfer des Faschismus auf dem festen Boden der Wirklichkeit gegen den Irrationalismus marschiert, läuft Gefahr, daß der feste Boden hohl widertönt von der Resonanz der Rhetorik, die schon immer auf den Boden pochte, wenn sie Blut meinte.

Noch immer liebt deutsche Rhetorik es, auf den Boden zu pochen, auf dem man fest steht, sei es der feste Boden der »freiheitlichen Grundordnung« in der BRD oder der ebenso feste Boden sozialistischer Ordnung. Wo immer er evoziert wird, geht es um Ausschließung, die als solche gleichzeitig verdeckt werden soll: innerhalb der Grenzen des jeweils abgesteckten Bodens ist alles erlaubt: Grenzenlosigkeit in Grenzen, ordentliche Freiheit. Es ist eine Rhetorik, deren Tropen auch die Realismusdebatten bestimmen. Paradigmatisch laufen ihre Wendungen und Windungen noch 1976 in einem Aufsatz von Werner Neuber »Realer Sozialismus – Sozialistischer Realismus« ab.[12] Der Aufsatz richtet sich in seinem polemischen ersten Teil vor allem gegen Roger Garaudys Plädoyer für einen »Realismus ohne Ufer«. Die Polemik gerät zu einem Kampf der Metaphern und zum Kampf gegen die Metapher. Beschworen wird auch hier der Boden. Kommunismus, heißt es, gehöre »dem wirklichen (realen) Boden der Welt des internationalen Klassenkampfes [. . .] sowie dem tatsächlichen (realen) Geflecht der Widersprüche« an.[13] Metaphern haben die Tendenz zu gleiten: gute zehn Seiten später finden wir uns wieder auf festem Boden, aber der Boden ist jetzt nicht mehr der »reale« internationale Klassenkampf, sondern dessen Repräsentation, nämlich der sozialistische Realismus.[14] Dieses Gleiten suggeriert Identität einer realen Präsenz und deren Repräsentanz, wie schon der Titel, ebenfalls im Gleiten einer sprachlichen Wendung (Austausch von Adjektiv und Substantiv), vorwegnimmt. Gleichzeitig darf aber das Gleiten als solches nicht in Erscheinung treten oder muß zumindest als das Fließende und damit Bedrohliche eingedämmt werden; deshalb die Insistenz in der Verteidigung der »Ufer«:

»Jeder geschichtlich vorkommende Realismus hat seine historisch-soziale Quelle, und sie bestimmt letztendlich auch die Ufer des entstehenden Flusses [...]. Was sind aber die sogenannten ›Ufer‹ anderes als die Prinzipien, die Grundkriterien und Unterscheidungen?! ›Ufer‹ oder ›Prinzipien‹ – beides meinte und meint dasselbe.«[15]

Zeichen und Bezeichnetes kommen zur vollkommenen Identität: Ufer bedeuten »Prinzipien«, *nichts anderes.* Mutig geworden in der gesicherten Begrenzung der Ufer und Prinzipien, läßt der Autor Grenzenlosigkeit nun rhetorisch triumphieren: der sozialistische Realismus hat »ein absolut unbegrenztes Feld seiner Entwicklung«.[16] Wie verhält sich aber die prinzipielle Einuferung des Flusses zu seinem absolut unbegrenzten Feld? Hier kommt eine zweite Abwehrstrategie ins Spiel. Wo nämlich die Metapher in ihren tropischen Wendungen ans Unbehagliche und Widersprüchliche führt, wird sie selbst kurzerhand verworfen. Es war ja nur eine Metapher, ein Bild, wir halten uns ans Wirkliche.[17] Das bedeutet aber einen zweiten Bruch: die vorher deklarierte Identität von Metapher und Bedeutung fällt entzwei, wo die Metapher Konsequenzen hat, die auf dem Boden des Realen nicht zugelassen werden dürfen.

Ich bin ausführlich auf diesen Text eingegangen, weil darin exemplarisch das Ideologische im Diskurs übers Reale sich anzeigt. Doch geht es nicht um jene Art von Ideologiekritik, die hämisch-triumphierend – »jetzt bist du ertappt!« – mit dem Finger auf die Inkonsistenz der Metaphern verweist. Gewiß scheint Ideologisches in solchen Fugen und Rissen auf, aber nicht mehr als im kritischen Gestus, der über die Fugen zu verfügen glaubt. Nicht die Risse sind das Ideologische, sondern der Versuch, sie zu verkitten und zu verdecken unter der stillschweigenden Prämisse, es gäbe einen fugenlosen Text, eine in sich konsistente und mit dem Realen kongruente sprachliche Kette. Was als das »Reale« in solchen Texten von der Metapher abgehoben sich behauptet, entpuppt sich der genaueren Lektüre als ein Block unreflektierter und/oder verworfener Metaphern. Nicht die Metaphern an sich, auch nicht ihre Konsistenz oder Inkonsistenz sind das Ideologische, sondern die in ihnen arbeitende Verwerfung, das Spiel von Ausschließung und Einschließung.

Damit tritt ein Faktor auf, der drängt, die ursprüngliche Themenstellung anders zu fassen. Thema sollte jenes Phantastische sein, das, wie anfangs bemerkt, in der DDR in neuerer Zeit soviel Aufmerksamkeit auf sich zog. Implizit oder explizit ist damit immer schon eine binäre Konstellation vorausgesetzt: das Phantastische in Opposition zum Realistischen, das Innere und Subjektive in Opposition zum Äußeren und Objektiven. Mit der Metapher aber, sofern sie nicht bloß von ihrem Resultat her, sondern als Substitutionsprozeß betrachtet wird, erscheint ein Phänomen, das die binäre Konstellation sprengt: das Phantastische, das Bildhafte, das Imaginäre stehen nicht einfach einem äußeren Realen gegenüber, sondern sind vermittelt in einem sprachlichen Prozeß, den ich, der Terminologie Jacques Lacans folgend, das Symbolische nennen werde, als drittem Term zum Realen und zum Imaginären. Erst in einer solchen triadischen Konstellation, so meine These, lassen sich eingefahrene ideologische Zwänge in der Realismusdebatte sprengen.[18]

Dieses trianguläre Modell soll nicht einfach von außen hereingetragen werden. Es setzt eine dialektische Tradition fort, die von Hegels Kritik an der sinnlichen Unmittelbarkeit und der Herr-Knecht-Dialektik über Marx' Kritik am Fetischcharakter der Ware bis zu Adornos und Horkheimers Einschreibung des Mythos in die instrumentelle Vernunft einerseits und die Analyse dieser Vernunft in ihren phantasmatischen Produktionen andererseits reicht. Es würde den Rahmen dieses Textes sprengen, den Zusammenhang im Detail auszuführen. Punktuelle Hinweise müssen genügen. Anknüpfungspunkt bietet der Fetisch, dessen Analyse bei Marx wie bei Freud eine konstitutive Rolle spielt. Dabei finden sich bereits bei Marx explizit die drei Momente unseres triadischen Modells: der Fetisch Ware als der wahre Fetisch resultiert aus dem Eintritt des »realen Dings« in eine »phantasmagorische Form«[19] und einen symbolischen Zusammenhang mit Sprachcharakter: die Ware ist eine Sprachform, sie spricht in der »Warensprache« (MEW 23, 66), deren Struktur die des Saussureschen Zeichens ist, dessen Wert sich rein diakritisch im Verhältnis zu einem andern Wert bestimmt. In einer Fußnote führt Marx zudem noch die Spiegelsituation ein, in der die Konstitution des Subjekts der Konstitution der Ware verglichen wird:

»In gewisser Art geht's dem Menschen wie der Ware. Da er weder mit einem Spiegel auf die Welt kommt noch als Fichtescher Philosoph: Ich bin ich, bespiegelt sich der Mensch zuerst in einem andren Menschen.

Erst durch die Beziehung auf den Menschen Paul als seinesgleichen bezieht sich der Mensch Peter auf sich selbst als Mensch (MEW 23, 67).«

Das Reale tritt also in eine doppelte Form, in die phantasmagorische (das Imaginäre) und in die symbolische Wert- und Sprachform.

Diese Transformation des Realen in der phantasmagorischen Form und symbolischen Wertkette resultiert zwar in einem »Unwahren«, in Verzerrung, Verrückung, aber es ist nicht das Falsche einer binären Logik oder einer einfach aufhebbaren Täuschung, sondern das Produkt eines *systematischen Verblendungszusammenhangs.* Dies gilt sowohl für Marx wie für Freud und führt bei beiden zu methodischen Konsequenzen der Wahrheitsfindung. Das Wahre ist weder die punktuelle Verneinung des Falschen, noch ist es »hinter« der täuschenden Erscheinung, sondern es ist wesentliches Moment des verrückenden, verschiebenden, substituierenden Prozesses selbst. So geht es Marx nicht darum, den kopfstehenden phantasmagorischen Waren-Tisch in einen auf vier realen Holzfüßen stehenden »wahren« Tisch zu verwandeln, sondern jenem Prozeß der Umkehrung nachzuspüren. Und Freud sucht nicht im Trauminhalt das Wesentliche der Traumdeutung, sondern in der Traumarbeit und deren Mechanismen. Man hat bisher wenig beachtet, wie sehr Freud den Arbeitsbegriff radikalisiert in Wortbildungen wie »Traumarbeit« und »Trauerarbeit«. Er verlegt damit die Arbeit auf eine Szene, die der manuellen und industriellen Arbeitswirklichkeit weit entrückt scheint und die dennoch ihr nicht bloß analog ist, sondern Bedingung und Kritik zugleich.[20]

Im folgenden versuchen wir anhand der Lektüre einiger weniger ausgewählter Texte und Textstellen, nicht so sehr das Phantasmatische herauszulösen, sondern der Grenzziehung zu folgen, durch die Reales und Phantasmatisches einander im Gleiten der symbolischen Kette des Textes konstituieren und liquidieren.

3. Geister und Antigeisterbahn

Von der nötigen Phantasie, »die in Wirklichkeit eingebracht wird«, spricht der Klappentext der 1973 erschienenen Kurzgeschichtenanthologie *Die Anti-Geisterbahn.*[21] Von den hier versammelten Geschichten bemühen sich wohl einige, das Phantastische und Skurrile (d.h. das Absonderliche, Sonderbare, Befremdliche) ins »Wirkliche« und Allgemeine einzubringen. Aber manche zeigen eher, sei es mit Absicht, sei es die List des Textes, die Kollision, den Bruch. Sowohl in der Bemühung um Integration wie in der Insistenz auf den Bruchstellen ersteht ein Kaleidoskop von Konstellationen, in denen die Arbeitsweisen und Forderungen der Gesellschaft, der Phantasie und des Textes ineinander und auseinander spielen.

Die satirische Titelgeschichte von Walter Weller thematisiert fast programmatisch die Kollision von Produktionsideologie und spielerischer Phantasiearbeit. Der Rummelplatz als Szene hat karnevaleske Züge: Einschnitt in gesellschaftliche Kontinuität, ritualisierte und eben dadurch auch wieder gebändigte Enttabuisierung, Subversion und Befestigung bestehender Normen in einem. Im Rummelplatz sind die explosiven Momente des Karnevals weitgehend domestiziert, die Ausgelassenheit vereinnahmt in fungible Kraft durch Freude; so wenigstens will es die Zeitung: »Freude, Kraft und Zuversicht für die Meisterung der großen Aufgaben« (AG, 7). So wirbt die Achterbahn für ihre »hohe kulturpolitische Aufgabe«. Für den Geisterbahnbesitzer Ede ist das ein Problem. Er, der »mit Leib und Seele dabei« ist, entleibte lumineszierende Gerippe und Gespenster zu erfinden, weiß wohl, daß diese Bahn die Leute nicht auf Habt-Acht-Stellung bringt. Aber er möchte auch bei der Gesellschaft mit Leib und Seele dabei sein.

So entwickelt er mit Hilfe des Erzählers einen wahrhaft phantastischen Versuch der Umfunktionierung, durch die auch dieser letzte widerständige Rest, die Geisterbahn, der kulturpolitischen Aufgabe zugeführt werden soll. Es ist ein klassischer und buchstäblicher Aufklärungsprozeß: das Unheimliche soll rationalisiert werden, was bisher im düstern Halbdunkel lumineszierte, soll ins Tages- bzw. helle elektrische Licht treten und harmlos sich aufklären. Ein »milder Schein« verwandelt den Wolf in einen braven Schäferhund und die wilde Szenerie in idyllische Schäferei. Bis ins Genre-Detail reproduziert sich die bürgerliche Aufklärung des 18. Jahrhunderts, nur daß bei manchem Leser vielleicht im Hintergrund die bösen Verse und die maliziöse Melodie der Brechtschen Verse mitklingen: »In mildem Lichte Jakob Apfelböck/Erschlug den Vater und die Mutter sein«. Die Domestikation und Rationalisierung ergreift alle Ebenen und alle

Mittel aufgeklärter Kultur: der Teufel wird philosophisch, der Tod biologisch, die Gespenster werden psychologisch und die Hexen historisch erklärt.

Eine doppelte Reihe wird suggeriert: eine irrationale-phantasmatische (Teufel, Tod, Gespenster, Hexen) und eine wissenschaftlich-rationale (Philosophie, Biologie, Psychologie, Geschichte). Mit Hilfe der Technik soll die Vernunft das Irrationale auflösen. Aber Technik und Vernunft sind vorher schon Komplizen dessen, was sie vertreiben sollen. So wie die Technik die Teufel und Gespenster materiell produziert hat, die sie nun aufklären soll, hat auch das Denken, das sie verwerfen will, nicht nur seinen Teil daran, sondern war und ist »mit Leib und Seele dabei«. So kommt es zu einer doppelten Panne. Die erste produziert ironischerweise die Tücke der Technik. Bei der Probefahrt klappt die Skandierung von Finsternis und Helle nicht. Die Wagen stehen im leeren Dunkel still und fahren dann in den jeweils schon aufgeklärten Raum: »Nachdem die aufklärenden, anti-abergläubischen Darstellungen bereits abgelaufen waren« (AG, 14). In merkwürdiger Weise produziert nun aber gerade diese Fehlleistung den ursprünglichen Effekt der Geisterbahn: »Mir war unheimlich geworden«, sagt der Erzähler. Das Unheimliche ist der Effekt der Aufklärung, wie ja auch historisch der gotische Roman und die unheimlichen Geschichten im 18. Jahrhundert zu florieren beginnen. Die Hexen sind vertrieben, aber Ede kommt »mit öligen Händen und verrutschtem Schlips aus dem *verhexten* Innern gestürzt« (AG, 15 – Hervorhebung RN). Das Unheimliche, das Verhexte, das Phantastische entstehen gegen den Plan, aber aus ihm. Denen selbst, die das Phantastisch-Gespenstische vertreiben wollten, entfährt es: »Phantastisch! entfuhr es mir«, berichtet der Erzähler angesichts der zur Aufklärung angemeldeten Jugendgruppen, Brigaden, Rentner und Hausgemeinschaften (AG, 17 f.).

Die erste Panne läßt sich als technisches Problem innerhalb der instrumentellen Vernunft lösen, die zweite führt zum »antagonistischen Konflikt«: die Leute reagieren »falsch«. Die Frau des Erzählers schüttelt zuerst den Kopf, dann stellen Übelkeit und Ekel sich ein: Zeichen dessen, was der Verdaulichkeit und Integration sich entzieht. Zwei Mädchen beschäftigen sich offenbar gelangweilt mit Bindfadenabheben: sinnfreies Spiel als Protest gegen die von der Sinnlichkeit losgelöste Sinnfütterung.

Umso gewalttätiger behauptet der herrschende Sinn sich und verurteilt, was ihm widerspricht, zur Bedeutungslosigkeit. Dem Erzähler bedeutet das Kopfschütteln seiner Frau »gar nichts«; der Pionierleiter bestimmt zum voraus, daß die Kinder »bedeutend weiter« sind und erklärt diese Bedeutung am Ende gegen alle Evidenz zum »unvergeßlichen Erlebnis«.

Der herrschende Sinn strukturiert die Welt topologisch nach Zentrum und Rand, auf allen Ebenen vom Rummelplatz und Disneyland[22] über die institutionelle Raumverteilung[23] bis zur Strukturierung staatlich-politischer Geographie. Die sinnvoll erklärte Anti-Geisterbahn erhält den besten Platz auf der Wiese, ihr Besitzer wird zum »Mittelpunkt« (AG, 20). Aber er erfährt, daß das offizielle Zentrum nicht identisch ist mit dem heimlichen und unheimlichen: »Is nich, mitten im Leben«, beklagt Ede sich. »Mir kommt es jetzt vor, als wäre ich am Rande« (AG, 21). Ede fällt schließlich über den Rand. Er verkauft die Geisterbahn und verschwindet; es bleibt die Anti-Geisterbahn. Die subversive Dezentrierung scheint besiegt, aber es bleibt auch das Verschwinden von einem mit Leib und Seele: etwas wurde ausgestoßen.

Die Vertreibung der Geister zugunsten des einen Geistes[24] zielt auf die »Entgeisterte Bahn oder Gesellschaftliche Totalbahn« (AG, 23). In einer solchen gesellschaftlichen Totalbahn wird das Besondere, wenn nicht als Typisches integriert, zum Sonderbaren und Absonderlichen, zum Skurrilen, das mehrere Geschichten der Anthologie prägt, so Volker Brauns *Das unverdiente Glück Karraschs* (AG, 24–31). Die Erzählweise hat allegorischen Parabelcharakter: Illustration der »schmerzlichen Erkenntnis«, »daß unverdientes Glück schwer ist in diesem Land« (AG, 25). Freilich wird dieser parabolische Charakter auch gleichzeitig relativiert: »doch könnte, wer Lust hat an erfundenen Zusammenhängen, da den ersten Anlaß zu der schmerzlichen Erkenntnis sehn . . .« Der Zusammenhang zwischen einzelnem Fall und Allgemeinem ist ein »erfundener«, die Verknüpfung arbiträr. Aber ist nicht dies die Konstellation der Allegorie: daß in ihr der Bruch zwischen Einzelnem und Allgemeinem offen ist, daß sie die »natürliche« Immanenz des Sinns leugnet? Das wollen die vehementen Polemiken von Hegel bis Lukács wie auch das kulturpolitische Anathema gegen die Allegorie als ›Formalismus‹ verdrängen. Allegorie insistiert auf den Bruchstellen der Sinngebung und auf der Gewaltsamkeit des Sinns. Traditionell legitimierte sie freilich auch diese Gewalt aus der Transzendenz: durch den Lichtstrahl, der in Dürers »Melancholie« von außen auf die sinnlos herumliegenden Dinge hereinbricht und sie mit Sinn auflädt, oder durch die Schrift, die die an sich stummen Dinge zum Sprechen bringt. Wo die Allegorie in der Moderne wieder erscheint, ist solche Transzendenz ihr versagt außer in der Trivialliteratur. Braun verlegt die sinngebende Motivation scheinbar frivol in die Lust am Erfinden von Zusammenhängen: eine spielerische Lust, die einer beim Schreiben oder Lesen wohl haben könnte, gäbe es nicht die gesellschaftliche Zensur, die sich auf den Ernst ihres Sinns beruft.

In der Tat geht es in Brauns Geschichte ums Spielen. Karrasch gewinnt unverhofft 70 000 Mark beim Pferderennen. Ein singuläres Glück, aber Singularität ist schwierig »in diesem Land«. Karraschs Glück macht ihn zur »Ausnahme«, und Ausnahmen fallen entweder aus der Totalität heraus oder müssen gewaltsam integriert werden. Karrasch findet eine beinahe »dialektische« Lösung: er steigert die Ausnahme zum Extrem, bis sie ins gute Ganze zurückfällt. In einem riesigen Fest mit Kognak, Whisky, Gin und Sekt beschließt er, sein Vermögen »mit einer von allen gebilligten Sinnlosigkeit zu opfern« (AG, 30). Der karnevaleske Akt der gebilligten Sinnlosigkeit erlöst ihn aus dem Ausnahmezustand, die Ordnung ist wieder hergestellt: »Im Ganzen aber kam er wieder zur Ruhe, woran wir noch einmal sehn, daß er die Ausnahme war, die die Regeln des Landes bestätigte« (AG, 31).

Volker Braun ist einer der konsequentesten Dialektiker unter den DDR-Autoren, was für ihn heißt, Dialektik als poetische Form, als Modus des Schreibens bis in die Syntax, ja bis ins Wortspiel hinein agieren zu lassen. Es ist aber eine Form von Dialektik, die Gefahr läuft, in restlose Funktionalisierung umzuschlagen. Das Singuläre, die Ausnahme werden vereinnahmt, das Verrückte wird zum Öl der Maschine statt zum Sand im Getriebe. Das Ganze will immer das Wahre sein. Gelegentlich bedarf es dazu des Wunders wie in Charlotte Worgitzkys Geschichte *Karriere abgesagt* (AG, 62–80). Die Frau, die große Karriere machen will, braucht einen Engel, der ihr Schlaflosigkeit gewährt. Der Engel erscheint als die Gestalt gewordene Unmöglichkeit, immanent das Ganze zu rechtfertigen, so wie in Irmtraut Morgners Geschichte *Das Seil*[25] nur ein Seiltanz den Abgrund zwischen Privatsphäre und Arbeitsstelle notdürftig überbrückt.

Eine abgebrochene Karriere und ein zerschmetterter Körper zeugen am Schluß jeder Geschichte von der Lücke im System, die sich nicht schließt.

Ver-rückte Geschichten hindern den Zirkelschluß von Dialektik, in dem immer auch ein Stück Vergewaltigung ist, am Schließen; sie beharren auf dem Rest, der dem Schweigen gehört. Sie praktizieren negative Dialektik zwischen dem sogenannten Irrationalen und dem Rationalen, zwischen dem Besondern und dem Allgemeinen und schließlich zwischen Subjekt und Objekt, der Urszene aller Dialektik, dem Schlachtgrund von Identität. Auch diese Szene durchquert die Anti-Geisterbahn. Günter Kunert, Liebhaber von Wachskabinetten und verpuppten Subjekten, entstellt die vielbeschworene Suche nach dem Selbst zur Kenntlichkeit ihrer Wahrheit als die phantasmatische Verfolgung durch den andern. »Herr Robert, der Verfolger« (AG, 105–111) wird durch die Sprach(ver)wendung des ersten Satzes in eine Lage versetzt, in der er sich nicht sieht: »Eine Lage war für Herrn Robert entstanden, mit welcher fertigzuwerden sich Herr Robert nicht in der Lage sah.« Herr Robert sieht sich also nicht in der Lage, in der er ist: diese buchstäbliche Bedeutung der Redewendung setzt die Geschichte in Gang. Statt reflexiv »sich in der Lage« sieht Herr Robert Fußspuren, verrückte Dinge, eingedrückte Kissen, kurz Spuren einer Anwesenheit, Anlaß für Schrecken, wie er aus den Märchen spricht. Wie für Franz Fühmann, der den Märchen eine besondere Signifikanz in seinem Schreiben gegeben hat, haben Märchen auch für Kunert Aktualität. Aber wo bei Fühmann das Prinzip Hoffnung aus den Wunschbildern spricht, tritt bei Kunert der Schrecken aus der »zermürbende[n] Aktualität der Märchen« (AG, 107). Es ist die Aktualität des Vergessenen und Verdrangten, von dem das Subjekt sich absetzt, um es selbst zu sein: »es selbst«: das Subjekt; »es selbst«: das Verdrängte; das Pronomen bezeichnet indifferent beide, die sich abstoßen und suchen. Die Spuren verfolgen Herrn Robert, der sie verfolgt in fieberhafter Suche nach dem Urheber. So entsteht endlich eine Annäherung bis zum kritischen Doppelpunkt der Vertauschung, ohne daß sich die beiden je zur Identität verbinden:

»Herr Robert fühlte, daß er dem Verfolgten immer näher und näher kam und daß der Augenblick nicht mehr fern sein konnte, da er den Gesuchten zur Rede stellen würde: die Antwort darauf schien unausdenkbar, denn ihm war völlig schleierhaft, wozu er in ausgeschüttetes Mehl tappte und über irgendwelche von irgendwem ausgespannte Fäden stolperte, Kissen eindrückte, Tee überschwappen ließ, und aus welchem Grunde er denn ständig aufs Neue in diese Wohnung ging, wo niemand seiner harrte als Herr Robert, der sich den Sinn seines Erscheinens ja doch nicht erklären konnte (AG, 110f.).«

Herr Robert diesseits und Herr Robert jenseits des Doppelpunktes sind ein identischer Name in zwei Positionen. Herr Robert nach dem Doppelpunkt erscheint als Subjekt jener Tätigkeiten, nach deren Urheber Herr Robert vor dem Doppelpunkt suchte. Der Übergang geschieht über das dem Namen substituierte Pronomen (»er«: »ihm«/»er«), das in der Linguistik als »shifter« gilt. In ihm ist offenbar, was alle Zeichen prägt: das instabile Verhältnis des Zeichens zum Bezeichneten. Und doch ist es der Schein stabiler Signifikanz, an dem subjektive Identität sich festhält und mit dem sie verrutscht.[26]

Einige Geschichten weiter versucht ein Mann in Hans Ulrich Klinglers Erzählung *Der verlustreiche Werterhalter*, die Wertidentität der Objekte festzuhalten: »Es war einmal ein Mann, der hatte den Wunsch, alles so lange wie möglich zu behalten, auch sollten die Dinge nichts von ihrer Schönheit und Güte verlieren« (AG, 159). Aber eben dieses Festhalten läßt die Objekte in ihrer Gegenständlichkeit verschwinden: der schöne Tisch bedarf zur Bewahrung seiner Schönheit einer Decke, diese wiederum zu ihrer Bewahrung einer anderen und diese wiederum ... Von den so geschützten und entzogenen Dingen bleibt das Wissen von ihrem Wert, sie »selbst« sind vom Wunsch nach bleibender Signifikanz aufgelöst worden. Originale, Bilder, Platten werden ersetzt durch Kopien. Nur ein Objekt seines Begehrens ist noch der instabilen Vergänglichkeit und damit der bedrohlichen Nicht-Identität ausgesetzt: seine Frau. Schließlich entzieht er sich auch ihr, bis er sie begraben lassen kann: »Danach ging er durch seine verlassene Wohnung. Und sein Schmerz war groß. Doch hinter dem Schmerz war nichts« (AG, 161). Das Begehren nach unverrückter Identität hat auch das Subjekt aufgelöst. Nur der Tod und das Nichts sind selbstidentisch, und das Begehren nach Identität auch ein Todeswunsch.

4. Ortungen: Anderswo und Nirgends

Die *Anti-Geisterbahn* hat uns durch drei Sphären der Verrückung geführt: Verrückung von Rationalem und Irrationalem (Dialektik der Aufklärung), des Verhältnisses von Besonderem und Allgemeinem (Dialektik der Totalität) und des Verhältnisses von Subjekt und Objekt (Dialektik der Identität). In dieser dreifachen Verrückung und Dialektik arbeitet die Kritik sich am Wirklichen ab: an der Tendenz auch der sozialistischen Gesellschaft zur Rationalisierung, zur Totalisierung und zum Terror der Identität. Wo die Texte solchen gesellschaftlichen Zwängen entgegenarbeiten, wird das Bekannte zum Unbekannten und es entstehen die Effekte des Phantastischen, des Unheimlichen und des Absonderlichen. Was eine totalisierende Geschichtsschreibung in ihrer Fixierung auf »umfassende« und »übergreifende« Zusammenhänge an den Rand und über den Rand hinausdrängt, kehrt in den Geschichten wieder als Zentrum eines Wirbels, der die Perspektive zum Schwindeln bringt. Repräsentativ sind solche Texte, indem sie Repräsentation in Frage stellen.

Zu den frühesten größeren Versuchen in der DDR, Repräsentation im Roman zu verschieben, gehört Fritz Rudolf Fries' *Der Weg nach Oobliadooh.*[27] Der Roman erschien 1966 beim Suhrkamp Verlag, nachdem das Manuskript vom Mitteldeutschen Verlag abgelehnt worden war. Thema und Form dürften zur Ablehnung in der DDR beigetragen haben. Das Milieu einer jugendlichen Sub-Kultur mit Vorliebe für Jazz, Alkohol und verträumt-spielerisches Leben sprach ein Unbehagen an der sozialistischen Kultur aus, das, von der Ökonomie des Begehrens getrieben, bedrohlicher wirkte als direkte politische Kritik. Oobliadooh, nach einem Schlager von Dizzy Gillespie, ist der Name von Nirgendwo. Unter anderm erscheint der Name im Roman als Antwort auf den Entwurf einer konzentrisch geordneten Welt, die der Verleger Matthäus aus einem Buch zitiert: »Die Welt besteht aus konzentrischen umeinander geordneten Kreisen [...]. Nun ja, sagte Arlecq, auch ein Weg nach Oobliadooh« (S. 92). Der Verleger versteht »oublier«, und meint, »Mit Vergessen hat das wohl nichts zu tun«. Konzentrische Welt, Konzentration, Vergessen, der Name für alles und der Name für nichts, Hören, Verhören: alles gleitet ineinander und verschiebt sich.

Der Roman beginnt mit einem südlichen Vorspiel, das gleichzeitig ein Nachspiel ist: Abschied in einem Sommer »südlich der eigenen Stadt« (S. 9). Ein dreifacher Blick eröffnet die Perspektive: ein realer Blick aus der Mansardenkammer über die Dächer der Stadt, ein imaginärer »weiter als über die Dächer«, und ein symbolischer, der die lineare Zeit sprengt: »Er hatte den bibliophilen Blick, der reicht durch Jahrtausende, begrenzt sich an der Seitenzahl des Quartformats« (S. 9). Dem dreifachen Blick entspricht dreifache Wahrnehmung: »Die Ruinen haben scharf nachgezogene Linien wie von Canaletto, und eine Heiterkeit in b-Moll steigt mit den Dächern ins Frühlicht« (S. 10). Die Wirkung des Realen: das Zerstörte, die Ruinen weisen zurück in die Vergangenheit des Kriegs und werden von einer noch ferneren Vergangenheit *nach*gezogen und aufgehoben von einer musikalisch organisierten Zeit. Es ist eine durch und durch allegorische Welt im Sinne Benjamins, in der die Linien des Todes das Gegenständliche zeichnen. Später werden sie zum Stern geformt: wenn Gott (ein Verrückter aus der Irrenanstalt) quer über die Grabreihen läuft, »so schnitten sich Linien, die auf ein Blatt Papier übertragen, fast die Form eines Sterns ergäben« (S. 98). Die Repräsentation der Bewegung des irren Wirklichen auf dem Papier bringt seine allegorische Form zum Scheinen eines Sterns, allerdings nur »fast«, etwas ist immer verschoben. Das Reale, das Imaginäre und das Symbolische decken sich nicht. Phantasie folgt einer verschwenderischen Ökonomie des Überflusses: »Das nichtgelebte Leben wäre am Ende das ergiebigste« (S. 75).

Dennoch gibt es auch hier das Verlangen nach Geschlossenheit und Ganzheit: Arlecq »plagen schon hier, kaum für dies Dasein entworfen, die Sorgen des zukünftigen Romanciers, denn, so wägt er, indes Isabel sich im Winde wiegt, der aus dem Fluß steigt, so bedenkt er, sein Roman, so meint er, sollte in jedem Satz das Ganze sehen lassen ...« (S. 13). Aber schon in der Formulierung spaltet sich der Wunsch nach dem Ganzen von der Wirklichkeit. Quer zum Wägen des Romanciers bewegt sich das Wiegen Isabels. So entsteht ein anderes Romankonzept, ebenso quer zur Wirklichkeit, die diesmal als Rhetorik universeller Brüderlichkeit sich behauptet. »Arlecq übersetzte die Resolutionen der Konferenz für die brüderlich verbundenen, im Unabhängigkeitskampf stehenden Völker in Übersee und anderswo. Dazwischen baute er sich auf Zetteln die Fragmente seines Romans zusammen, der weder Anfang noch Ende hätte ...« (S. 187).

»Arlecq schreibend« bezeichnet zwei Subjekte: Arlecq und das Schreiben. Denn nicht nur wägt der schreibende Romancier die Wörter und Entwürfe, sondern er wird auch von ihnen gewiegt und getragen. Die sinnliche Ausstrahlung eines Wortes wie »Brombeere« wird zum Mahlstrom, in dessen Wirbel Beziehungen sich verknoten. Zwar ist es Arlecq, der »zu allen Dingen Verbindungslinien« zieht und »das Koordinatensystem seiner Vorstellungskraft« über alles wirft (S. 20), aber das »Gitterwerk« solcher Verbindungen ist zugleich das Sprachgitter, in dem das schreibende Subjekt gefangen ist, von dem es aber auch getragen wird.

Der Engel der Geschichte knüpft die Beziehungen. Arlecq, schreibend, träumt sich als diesen Engel über den Ruinen der Geschichte: »Arlecq glaubt sich Serafim über Sodom und Gomorrha« (S. 21). Es fehlt ihm und Isabel nur ein Regenschirm. Was haben Regenschirme mit Engeln zu tun? Zunächst nichts, als daß sie (abwesend, vermißt) auf der gleichen Seite wie der Serafim stehen. Wenig später im Text malt Isabel »mit schlanker brauner Hand in Weiß auf dem Grau des Pflasters einen Engel mit weiß bepuderten Haaren« (S. 23). Mit Klees Engel ist er verbunden durch Isabels Differenz von Klee: »Isabel strahlte und war albern, wie es Klee nicht gewesen wäre« (S. 23). Ein Leichenwagen fährt über den frisch gemalten Straßenengel und macht ihn zu einem Todesengel. Der Engel ist aufgelöst, statt seiner erscheint ein Flügel, ein Klavierflügel, auf dem ein Regenschirm liegt (S. 29). Die Verbindung von Flügel und Schirm ist freilich keine unschuldige mehr, und Arlecq erinnert sich denn auch prompt an Lautréamont. Solche Verbindungen beflügeln Arlecq und geben ihm »seine serafische Struktur« (S. 32). Mit einem Flügelschlag bringt er sich zu den Ruinen der Leipziger Universitat und sieht »die Geister der Aufklärung« »in die abgestürzten Räume und Hörsäle« ziehen (S. 32). Ein Flügelschlag, diesmal der Knall des zufallenden Klavierdeckels, holt ihn zurück. Die Engel kommen wieder: der Maler Georg Hübner hat sich auf sie spezialisiert, und sein Tod zitiert den größten herbei: »Der letzte und größte mußte der Engel des Todes sein, der sie alle in serafischer Gelassenheit überragte mit mächtig ausgebreiteten Flügeln« (S. 94). Schließlich erscheint auch Isabel als Engel des Todes: so wenigstens sieht Arlecq sie »in der Rolle des Todes« in Cocteaus Film *Orphée* (S. 155).

Der Engel dieser Geschichte ist nicht so sehr eine phantasmatische Gestalt, mag er auch gelegentlich in solcher erscheinen, als vielmehr der Flügelschlag der signifikanten Kette und der Name für die Fuge zwischen Wunsch und Wirklichkeit.

Gegenüber Fries' Roman erscheint Jurek Beckers *Jakob der Lügner* (1969)[28] als realistischer Roman par excellence. Das Thema, ein jüdisches Ghetto in Polen, vom Autor als Kind selbst noch miterlebt, gehört der geschichtlichen Wirklichkeit an, die Erzählweise, obwohl nicht die eines objektiven Berichterstatters, sondern eines Beteiligten, erhebt gerade dadurch den Anspruch auf Authentizität. Und doch geht es hier um den Realismus in einem andern Sinne, als Lukács es meinte. Es sind nicht so sehr die Abweichungen von einem engen Konzept des sozialistischen Realismus wie innerer Monolog, Verzicht auf »die« Perspektive, offenes Ende – Erzählformen, die Ende der sechziger Jahre in der DDR durchaus noch Anstoß erregen konnten – als die dem Text immanente Auseinandersetzung mit dem Realen und Fiktiven und deren Verschiebung ineinander. Hauptheld des Romans ist schließlich ein Lügner und das wirklichste, weil wirksamste Ding ein nicht existierendes Radio.

Der Roman beginnt mit der Gretchenfrage nach dem Realen: was ist das? »Ich höre schon alle sagen, ein Baum, was ist das schon, ein Stamm Blätter, Wurzeln, [. . .] na und?« (S. 5). Die materielle, »reale« Antwort erweist sich als Aufschub der Antwort, denn jeder Teil dieses realen Dinges »Baum« provoziert ja wieder dieselbe Frage: ein Stamm (was ist das schon?), Blätter (was sind das schon?) und so fort ins Unendliche. Die Form der Frage (was ist das *schon*?) stellt »schon« die Frage in Frage. Wir glauben ja »schon« zu wissen, was das ist, es ist immer »schon« vorausgesetzt, und deshalb – das ist die Pointe der Frage – eigentlich nichts. Was wir immer schon wissen, ist nichts für uns, das unbefragte Reservoir unserer unreflektierten Begriffe und Metaphern: das Reale. *Etwas* wird der Baum, wo er Signifikanz annimmt, also in die symbolische Verkettung eintritt. Die Hauptsignifikanz von Bäumen für den Erzähler ist, daß es sie im Ghetto *nicht gegeben hat*. Ihre Abwesenheit gibt ihnen dominierende Präsenz in einem Roman über jene finsteren Zeiten, die nach Brecht das Sprechen über Bäume fast zum Verbrechen machen. Ein Gespräch über Bäume eröffnet eine Geschichte aus jener Geschichte. Genauer: der Schatten der Bäume rahmt die Geschichte ein. Vom »berühmten Schatten« (S. 5) ist die Rede im ersten Abschnitt und noch einmal im letzten Satz: »Denn ich sehe noch die Schatten von Bäumen, und schlafen kann ich nicht, wir fahren, wohin wir fahren« (S. 270). Der Schatten der Bäume ragt in die Geschichte hinein, sie selbst bleiben draußen als das Reale. Die Geschichte »spiegelt« das Reale nicht, sondern setzt es *voraus*. Mit einer Antizipation und einer Voraussetzung beginnt der Roman: »Ich höre schon alle sagen, ein Baum ...« Das setzt voraus, daß von einem Baum schon die Rede war. Aber davon ist keine Rede, da dies der erste Satz ist. Nichts ist gesagt im Text vor dem ersten Satz außer dem Titel, und da ist kein Baum. Und doch haben wir natürlich das Wort schon gehört und gelesen, denn wäre es nicht so, würden wir es gar nicht verstehen, und wir würden nicht fragen, »was ist das *schon*?«, sondern »was ist das?« Und daß der Erzähler antizipierend hört, was noch gar nicht gesagt wurde, setzt einen Code voraus, der die Ökonomie der Signifikanz schon geregelt hat. In der Tat ist der Roman ein Hören von nicht Gehörtem, eine unerhörte Geschichte von Schatten, nicht nur Schatten von abwesenden Bäumen, sondern auch Schatten von sich nicht ereigneten Ereignissen, die ihren Schatten vorauswerfen und Wirklichkeit konstituieren. Und auch der Schatten ist nicht da und ist doch da: »Wieso werfen große Ereignisse ihre Schatten voraus, fragt man sich, weit und breit kein Schatten, ein paar Tage vergehen, belanglos für die Geschichtsschreiber. [...] Doch ich sage, die Ruhe vor dem Sturm ist gelogen, rein gar nichts ist gelogen, der Sturm ist schon da ...« (S. 78).

Die Antizipation setzt eine ungebrochene Verkettung der Dinge und Ereignisse voraus. Aber wäre die Kette ungebrochen, gäbe es auch keine Geschichte, zumindest nicht diese Geschichte. Denn diese Geschichte kommt in Bewegung dadurch, daß Unerhörtes geschieht: daß einer aus dem Ghetto in das Verwaltungsgebäude der Deutschen geht und lebend wieder herauskommt, daß einer, der Erzähler, in diesem Ghetto lebte und überlebte, um davon zu erzählen. Zwei Unwahrscheinlichkeiten, die diese Geschichte bedingen. »Die Wahrscheinlichkeit ist für mich nicht ausschlaggebend«, sagt der Erzähler, »es ist unwahrscheinlich, daß ausgerechnet ich noch am Leben bin« (S. 41). Das Reale erscheint an den Bruchstellen der Kette und zwingt zu neuen Verkettungen in der Fiktion, die zur Wirklichkeit und Wirksamkeit kommen.

Die Anwesenheit des Abwesenden bewegt durchgehend die Geschichte: die Toten zwingen den Überlebenden zum Erzählen; Rosenblatt und Piwowa teilen auch nach ihrem Tod die Wohnung Jakobs; Fajngold, der als Lebender aus Rücksicht auf Mischa und Rosa die fiktive Abwesenheit eines Taubstummen – einer, der nicht hört, wo alle hören wollen – angenommen hat, wird zur störenden Präsenz nach seinem wirklichen Verschwinden.

In dieser Konstellation wird Geschichten-Erzählen zur wirklichen Macht und zum zentralen Thema des Romans. So kann Mischa die Nachricht vom Radio nicht einfach erzählen; er sucht nach der richtigen Stelle in der Konstellation der Lage, bis die Situation die Stelle für ihn findet und aus der Nachricht ein Argument für einen Heiratsantrag macht. Die weitere und allgemeinere Situation des Ghettos aber schafft die schärfste und ironischste Pointe: die Erzählung vom fiktiven Radio führt zur Vernichtung des einzig existierenden Radios im Ghetto (S. 56).

Wirklichkeit als die ironische Konstellation von Fiktion und Realem verdichtet sich in einem Märchen, das den Angelpunkt des Romans bildet. Jakobs Pflegekind Lina hat vom Radio erfahren und läßt keine Ruhe, bis Jakob es ihr vorführt. Lina durchschaut Jakobs »Lüge«, nimmt aber sein Radiospiel an, als ob es wirklich wäre: damit ist aus der Lüge eine Fiktion geworden: ein Moment des Glücks in einer Unglücksgeschichte. In dieser Fiktion wird nun Jakob zum Märchenonkel und erzählt das Märchen von der Prinzessin, die krank wurde, weil sie eine Wolke wollte und keiner sie ihr bringen konnte. Ein praktischer Gärtnerjunge findet die Lösung: er fragt, woraus besteht eine Wolke? Aus Watte, sagt die Prinzessin. Wie groß ist eine Wolke? So groß wie ein Kissen. In Kürze kommt der Junge zurück und überreicht der Prinzessin einen kissengroßen Wattebausch und die Prinzessin wird gesund. Substitution hat stattgefunden: das reale, aber unerreichbare Objekt des Begehrens findet sich in seiner Metapher und heilt die Wunde des Begehrens. Freilich ist dies nur ein Aufschub, wie alle Geschichten. Am Ende erzählt der Erzähler Lina die »wahre« Geschichte über die Wolke. Aber diese Geschichte, erzählt auf der Todesfahrt im Zug, heilt nichts mehr – »wir fahren, wohin wir fahren«. Was sie bewirkt, ist eine andere Geschichte, Jakobs Geschichte von seinem Radio, die hier erzählt wird.

Ich höre schon alle sagen, was soll das schon: Reden über

Märchen, Fiktion und das unerreichbare Objekt des Begehrens, wo es doch um die wirkliche Geschichte von Barbarei, Leiden und Tod geht? Man könnte sagen: eben darum.

Fabulieren zu können wie Scholem Alejchem, wünscht Jakob sich gelegentlich. Irmtraud Morgner, die in besseren Zeiten lebt, kann dieser Fabulierlust unbekümmerter folgen, freilich nicht ohne Einschränkungen. Ihre wildesten Fabuliergeschichten, *Die wundersamen Reisen Gustav des Weltfahrers*[29], sind mehrfach gebrochen. Die Lügengeschichten des Großvaters werden von seiner Enkelin Bele H. verfaßt und von deren Freundin Dr. phil. Beate Heidenreich herausgegeben in einem Buch, über dessen Titel der Name Irmtraud Morgner steht. In den Brechungen deutet sich auch geheime Identität an; zumindest die Verfasserin und Herausgeberin teilen manches in der Differenz ihrer Funktionen: die Initialen B. H., das Alter, das Haus, in dem sie aufwuchsen, die Schulen (S. 155). Daß diese Zweieinheit ihr buchstäbliches Sein dem Kopf und der Hand einer leiblichen Person mit dem Namen über dem Titel verdanken, nimmt jeder Leser implizit an, auch wenn Literaturwissenschaftler gelegentlich so tun, als gäbe es da nur Differenz statt der Dreifaltigkeit eines schreibenden Subjekts in drei für sich seienden Personen. Bleibt Gustav der Weltfahrer: von ihm distanziert sich die Dreifaltigkeit einmütig, obwohl das, was sie ist, einzig durch ihn ist, das heißt durch sein Fabulieren. Eine zweite Konstellation kommt hinzu: das mittlere Paar Verfasserin/Herausgeberin trennt das Paar Autorin/Gustav und erlaubt ihm eine umso intimere Identität. Indem die zweieinige B. H. kritisch kommentierend Distanz schafft, kann I. M. ihren Gustav drauflos fabulieren lassen. Sie schreibt sich so einen Boden über die Bodenlosigkeit der Lügen; denn, wie die Herausgeberin sagt, dies sind keine Parabeln, sondern Lügengeschichten, d. h., sie sind nicht doppelbödig, »sondern bodenlos« (S. 75). Lügengeschichten sind Aussteiger aus *der* Geschichte. Sie sind Antigeschichten, erzählt von Subjekten, die vom transzendentalen Subjekt der großen Geschichte ausgeschlossen oder, was auf dasselbe hinausläuft, gewaltsam darin integriert sind. Die Dialektik der Sprache bringt es mit sich, daß sie das Subjekt spricht, indem sie von ihm gesprochen sein will. Die Spaltung in fiktiven Erzähler und realen Autor ist die Inszenierung dieser Dialektik von Identität und Differenz, und in der Art der Spaltung zeichnet eine reale historische Konstellation sich ab. In den Lügengeschichten Gustav des Weltfahrers erscheint eine doppelte Spaltung aufgrund einer doppelten Ausschließung: »Großvater Gustav war von Kultur ein Lügner, nicht von Natur. In ihm arbeitete die Schöpferkraft der Machtlosen« (S. 16). So erzählt er seine Lügengeschichten, in denen aber ein weibliches Subjekt ihre/nicht ihre Geschichte erzählt: »Frauen hätten ein schwach entwickeltes Geschichtsbewußtsein, weil sie wesentlich noch nicht in die Geschichte eingetreten wären. Um als Menschen zu leben, das heißt in die Historie einzutreten, müßten sie aus der Historie austreten: sich Natur aneignen. Zuerst ihre eigene« (S. 157).

In dem zwei Jahre später erschienenen großen Roman *Leben und Abenteuer der Trobadora Beatriz*[30] steigt eine Frau aus ihrer/nicht ihrer Historie aus, um in eine andere Geschichte einzusteigen. Nach über 800jährigem Schlaf kommt sie im Mai 1968 nach Paris und von da in die DDR, wo sie sich in einer neuen Geschichte zu finden sucht. Wiederum ist diese phantastische Geschichte durch zwei Figuren vermittelt, aber diese sind jetzt beide weiblich wie die Heldin, und die Herausgeberin zeichnet mit dem Autorennamen Irmtraud Morgner. Die Spalte zwischen erzählendem und erzähltem Subjekt, zwischen Historie und Geschichte scheint schmaler geworden. Aber die Annäherung hat ihre Kosten: wo die fabulöse Geschichte zur Historie wird, kommt es zu schwierigen Kompromissen.[31] Der Kompromiß verlangt sein Opfer: »das Wunschbild« der I. M. (S. 42), Beatriz de Dia, liegt am Ende zerschmettert auf dem Boden, während ihre Spielfrau Laura sich mit der Historie arrangiert. Im Wunschbild zerschmettert mit dem Objekt des Begehrens ein Stück des Subjekts des Begehrens. Beatriz liebte Raimbaud d'Aurenga, welches die provençalische Form des Geschlechts der Orange ist, das den Namen der Autorin fast vollständig buchstabiert: ORANGE: (M)ORGNE(R).

In merkwürdiger Weise wiederholt dieser sozialistische weibliche Bildungsroman eine Konstellation des bürgerlichen männlichen Bildungsromans, die bereits in Fries' Roman *Der Weg nach Oobliadooh* als die »klassische deutsche Konstellation« erscheint: »Goethe vor Mignon« (S. 16). Goethe vor Mignon: das heißt die Entscheidung für den aufgeklärten bürgerlich-aristokratischen Kompromiß; Goethe vor Mignon: das heißt auch die Entscheidung der sozialistischen Kulturpolitik für das klassische bürgerliche Erbe gegen die Romantik[32]; Goethe vor Mignon: das heißt freilich auch jene unvergeßlichen Lieder Mignons, die noch ihren verführerischen Appell ausstrahlen, wo der Rest des Romans gerade noch als Schul- und Bildungslektüre sein Dasein fristet. Der subversive Klang jener Stimmen, die der Integration und dem Kompromiß sich versagen, hat auch in der DDR-Literatur der letzten Jahre intensivere Resonanz gefunden. Die Neuentdekkung der Romantik zeugt auch hier von einer gewissen Ähnlichkeit zwischen den beiden deutschen Staaten, die bei aller gesellschaftlichen und politischen Differenz einen technokratischen Rationalismus gemeinsam haben, in dem es für Mignon bestenfalls die verklärende Grabstätte gibt. Aber die unglücklich Geopferten kommen als Gespenster wieder.

Kein Ort. Nirgends wird zum Treffpunkt zweier Gestalten, die die Literaturgeschichte der Romantik zuschreibt: Günderode und Kleist.[33] Die Konstellation, die Christa Wolf hier erfindet, bewirkt eine subtile Verschiebung. Es steht nicht einfach Romantisches gegen Klassisches, Rebellion gegen bürgerliche Ordnung, sondern in der imaginären Begegnung der beiden Figuren arbeitet die Differenz immanent im Romantischen. So sehr Günderode und Kleist den Anspruch einer gemeinsamen Sphäre teilen, spricht auch Differenz aus ihnen. Und wiederum ist es nicht nur eine Differenz zwischen ihnen, sondern auch in ihnen. Erst in solcher immanenten Differenz wird die traditionelle Dichotomie – aufschubweise freilich nur – aus den Angeln gehoben, statt bloß umgekehrt und damit perpetuiert.

Die Verlagerung ist nicht leicht in einem Kontext, wo das Bedürfnis nach klaren Fronten und Feindbildern beharrlich die Konflikte nach »draußen« schiebt. Selbst ein Autor wie Kunert kann der Versuchung nicht ganz widerstehen, Kleist, den Prügelknaben der anti-irrationalistischen Geschichtsschreibung seit Lukács, einfach in die andere Position zu bringen. »Was ihm fehlt, ist die Autoritätshörigkeit«, heißt es in der Rede zu Kleists 200. Geburtstag.[34] Dagegen wäre einzuwenden, daß die Intensität Kleistscher Texte gerade ihrem immanenten Konflikt von Autoritätshörigkeit und Leiden daran entspringt. Die rhetorische Öffentlichkeit einer Festrede verhindert die Auslegung solcher Immanenz, weil die Struktur dieser Öffentlichkeit in ihrer Angewiesenheit auf klare Identität keinen Ort, nirgends läßt für die verdrängten immanenten Konflikte. Kein Ort, Nirgends ist der Ort des Verdrängten, auch die wörtliche Übersetzung von U-topie. Aus Kleist und der Günderode will etwas sprechen, für das die Gesellschaft keinen Ort hat. Gleichzeitig aber können diese ortlosen Figuren, indem sie sprechen, nicht verleugnen, daß sie von einem bestimmten gesellschaftlichen und geschlechtlichen Ort aus sprechen, den sie sprechend verschieben möchten und an den sie sich klammern. Kleist vor allem. In ihm, mehr als in der Günderode, werden die Spannungen zum Zerreißen dicht: preußisch-männliche Autorität und Starre fühlt in sich »den Keim einer Südfrucht«, die treibt. Das nördliche Land, das ihr Reifen verhindert, ist nicht bloß draußen, sondern auch drinnen, nach außen gedrückt in Kleists erster Geste in der Erzählung: verkrampftes Sich-Festhalten am Sessel und verkrampfter Befehl loszulassen (S. 6). Die Günderode, potentiell Verbündete gegen die gebrechliche Ordnung der Welt, »ist Kleist nicht geheuer« (S. 12). Im »Zerrspiegel«, welcher »die andern uns sind« (S. 12), sieht Kleist sich als Ungeheuer im weiblichen Andern. Mit preußischer Härte kämpft er gegen »die zweite Stimme in ihm, die er unterdrückt, wie er es eisern geübt hat« (S. 14). So steht Kleist nicht einfach der Gesellschaft gegenüber, sondern auch mit ihr gegen sich. In der Suche nach sich verbirgt er sich vor sich, will nicht wissen, was ihm einfällt (S. 36). Die Günderode ist offener, braucht weniger Wälle gegen sich, aber auch sie ist nicht ohne immanenten Konflikt. Die Sehnsucht, ganz frei und unabhängig zu sein, bringt die Versuchung, die bestehenden Abhängigkeiten nicht einzugestehen und damit gerade im Versuch, zu sich zu kommen, sich vor sich zu verbergen. Es ist dies ein Motiv, das Christa Wolf seit dem *Nachdenken über Christa T.* verfolgt. Man verharmlost diese Texte und verdoppelt den blinden Fleck, wenn man die Bewegung des sich Verbergens im Versuch der ›Selbstverwirklichung‹ unterschlägt. Das Resultat ist Literatur als Lebenshilfe, die Bequemlichkeit, das Unangenehme nicht zu denken – im Namen der Emanzipation.

Solche Lebenshilfe verweigern Heiner Müllers Texte schon im Ansatz. Der gespaltene Blick Kleists, der sich immer auch mit dem Blick des andern sieht, ist bei Müller radikalisierter Grundzug seines Werkes.[35] Im gespaltenen Blick lösen alle allmächtigen Subjekte sich auf, »heißen sie nun Partei, Menschheit, Geschichte oder Selbstbewußtsein«.[36] Indem aber der so gespaltene und spaltende Blick unheilbar die ganze Gestalt des Imaginären teilt, verwirft er nicht die Bilder, sondern gibt ihnen die intensive Kraft des denkenden Bildes zurück. Gerade die Gestalt – »Gestaltung« übrigens ist nicht zufällig ein Lieblingswort mancher DDR-Kritiker – bedeutet das Ende der Bilder:[37]

Bilder bedeuten alles im Anfang. Sind haltbar. Geräumig.
Aber die Träume gerinnen, werden Gestalt und Enttäuschung.

Die Enttäuschung weist aber schon in eine doppelte Richtung: sie bezeichnet nicht nur den Katzenjammer im Morgengrauen nach dem Rausch der Utopie, sondern auch die Ent-Täuschung, Befreiung von Täuschung; diese freilich nicht ohne Schrecken bis zum Grauen und bis zum blutigen Terror, in dem das Bild sich erfrischt:

Der Kommunismus sogar, das Endbild, das immer erfrischte
Weil mit Blut gewaschen, wieder und wieder, der Alltag
Zahlt ihn aus mit kleiner Münze, unglänzend, von Schweiß blind

Die Ökonomie des Imaginären kommt ohne Blendung nicht aus. »Die Wolke, vom Flugzeug/Aus: ein Dampf, der die Sicht nimmt.« Schon der anakreontische Voyeurismus kennt diese Ökonomie und erblindet im Augenblick der letzten Enthüllung.[38] Wer sieht, sieht nicht mehr. Wie Rilke siedelt Müller das schöne Bild an einer Schwelle an, aber mit umgekehrter Blickrichtung: »Denn das Schöne bedeutet das mögliche Ende der Schrecken.« Dieser letzte Vers kehrt aber nicht bloß Rilkes Vers um (»Denn das Schöne ist nichts als des Schrecklichen Anfang«), sondern auch die eigenen vorangehenden Verse, in denen die schönen Bilder, die alles bedeuten im Anfang, in blinden Dampf, blutige Wirklichkeit und schweißigen Alltag übergehen. So stehen sie doch am Anfang des Schrecklichen. In der Tat schreibt Müller nicht eine einfache Umkehrung Rilkes und seiner eigenen Verse, sondern verschiebt sie: denn nicht *ist* das Schöne »das mögliche Ende der Schrecken«, wie es bei Rilke dessen Anfang *ist*, sondern es »bedeutet« das mögliche Ende. Dieses Bedeuten liegt nicht in der verdinglichten Gestalt des Bildes, sondern in seiner Differenz und Diskrepanz zum Andern. Das begründende »Denn« gründet nicht im Bild, sondern im Zwischen, das bis in die graphische Zeilenbrechung auf der Lücke besteht:

Zwischen den Zeilen Gejammer
auf Knochen der Steinträger glücklich
Denn das Schöne bedeutet das mögliche Ende der Schrecken.

Müllers Poetik einer negativen Dialektik ist negative Hermeneutik: »Mich interessierten die Unstimmigkeiten in dem alten Text«, schreibt er zu seiner *Prometheus*-Bearbeitung.[39]

Müllers Thema, die Revolution, läßt nichts an seinem Ort, sondern entwirft eine neue Topographie. Herakles' Kampf mit der Hydra[40] ist ein Geschichtsmodell, in dem die Linearität der Zeit gebrochen, fixierte Grenzen und Identitäten ständig verschoben werden. Schon der alte Mythos hat etwas von der Dialektik der Aufklärung in sich. Indem Herakles im Kampf mit der Hydra ein Stück wuchernd bedrohliche Natur besiegt, legt er schon den Grund zu seiner eigenen Niederlage. Das giftige Blut der besiegten Hydra, in das er seine Pfeilspitzen taucht, wird über den mit diesen Pfeilen getroffenen Nessus Herakles selbst treffen. Müller verdichtet diesen Zusammenhang in der Kampfszene: die klare Trennung von Subjekt und Objekt ist aufgehoben, das Schlachtfeld ist Kampfobjekt und Grund des Subjekts. Jeder Schlag gegen diese Natur ein Schlag gegen den eigenen schwankenden Grund. Nur im Imaginären konstituieren sich – auf Zeit – Subjekt und Objekt: »Lange *glaubte* er noch den Wald zu durchschreiten, in den betäubend warmen Wind, der von allen Seiten zu wehen *schien* und die Bäume wie Schlangen bewegte . . .« (S. 100, Hervorh. RN). Auch die Grenze von Metapher und ›eigentlicher‹ Bedeutung ist ironisch verrückt: die wie Schlangen bewegten Bäume sind Teil der Schlange, das ›Reale‹, die Bäume, bereits phantasmatische Interpretation des Andern. Herakles fragt anfangs noch, »was unter dem Boden sein mochte [. . .], wie dünn die Haut über dem unbekannten Unten« (S. 100). Was er lernen muß: daß das Unbekannte nicht in der Tiefe, nicht unter dem Boden ist, sondern daß die bewegte Oberfläche die Wahrheit schon ist. Herakles sucht die Bewegung in einer logischen Analyse zum Stehen zu bringen, die Antwort aber findet er »in dem zunehmenden Schwindelgefühl«.[41] Nichts bleibt an seinem Ort, die eigene Identität wird in Frage gestellt: »Oder war auch, was auf seinen Beinen über den zunehmend schneller tanzenden Boden ging, schon ein anderer als er.« (S. 101) So ereignet sich eine polymorphe Geschichte von Dekonstruktion und Konstruktion in den Tropen des Textes, in den

Wendungen der Schlacht, aus denen »er den immer andern Bauplan der Maschine lesen [lernte], die er war aufhörte zu sein und wieder war ...« (S. 103) Eine Zentralmetapher der Aufklärung – der Mensch als lesbarer Maschinenplan konstituiert sich so am unabschließbaren Ende einer schwindelerregenden Dialektik der Aufklärung, in der die Arbeit des Todes mit der des Lebens und der Schrift sich unauflöslich verknotet. In dieser »Handschrift seiner Arbeiten und Tode« verliert die Topographie von innen und außen ebenso ihre Bedeutung wie die Linearität der Geschichte.

5. Die Lücke im Kreis

Müllers Schrift der Geschichte widersetzt sich jedem Realismusmodell, das auf Abbildung beruht. Das gilt nicht nur für so dogmatische wie das am Beispiel Werner Neubers anfangs kurz analysierte, sondern auch noch für das so viel subtilere Modell Robert Weimanns.[42] Weimann betont, daß es nicht um »die Preisgabe der Abbildtheorie, sondern ihre Integration in einen größeren Funktionszusammenhang« geht (S. 163). Der Funktionszusammenhang erscheint in doppelter Form: innerliterarisch als »Zusammenhang zwischen literarischer Produktion und literarischer Rezeption«, die wiederum einen Zusammenhang »geschichtlicher Praxis« bilden (S. 166). Gleichzeitig stehen sie in einem differentiellen Zusammenhang »mit dem realen Prozeß der Naturbeherrschung und des Klassenkampfs« (S. 166). Es entsteht so eine doppelte, wenn auch in einem Zusammenhang verklammerte Geschichte von künstlerischer und materieller »Aneignung« der Welt, die sich wiederum verdoppelt in die »primäre Aneignung der Welt durch den Künstler und die sekundäre Aneignung der künstlerisch angeeigneten Welt durch den Leser« (S. 166 f.). Die im Begriff der Aneignung vorausgesetzte Trennung von aneignendem Subjekt und angeeignetem Objekt wiederholt sich auf der literarischen Ebene als Zusammenhang von »subjektiver Tätigkeit« vermittelt »durch das objektiv existierende Medium der Werke der Literatur«. Es unterscheidet Weimanns Modell von den nur dem Namen nach dialektischen, daß er nicht bei den verdinglichten Instanzen von Subjekt und Objekt stehen bleibt, sondern immer wieder auf den Zusammenhang zurückkommt. Dieser Zusammenhang ist zwar »innen« am Werk, aber mehr noch »draußen«, denn er ist das, was »*über*greift« und »*um*faßt«. »Der Begriff ›Aneignung der Welt‹ rückt den literarischen Prozeß der Schöpfung und Wirkung in den Zusammenhang einer übergreifenden geschichtlichen Bewegung.« (S. 167) Und die verschiedenen gesellschaftlichen Entwicklungen müssen »in einen übergreifenden historischen Zusammenhang gestellt und als Bestandteile *einer gesamtgesellschaftlichen* Bewegung gesehen werden« (S. 167, Hervorhebung RN). Unversehens nähern wir uns wieder der gesellschaftlichen Totalbahn, universalisiert bis zur historischen Totalbahn: »Der spezifische Beitrag der Literatur zur Aneignung der Wirklichkeit wird als Reflex eines umfassenden historischen Prozesses gesehen.« (S. 168) Das Reale, das im Spiegel der Abbildung als Reflex erscheint, ist somit entweder der symbolische Konnex einer universellen Grammatik (wenn auch eines dialektischen) oder – aber das ist nur die andere Seite – die phantasmatische Gestalt *eines* homogenen (wenn auch dialektischen) universellen Subjekts. Gegen solche »Antigeisterbahnen« verrücken phantastische, skurrile und mythische Geschichten die Geschichte, indem sie auf der Heterogenität des Realen bestehen; dieses aber ist nicht nur Objekt einer Aneignung, sondern ebenso des Verwerfens. Und das Verworfene hindert den Kreis der Dialektik am Schließen. »dem / Gleich fehlet die Trauer«.[43]

Anmerkungen

1 Friedrich Albrecht, Interview mit Fritz Rudolf Fries, in: *Weimarer Beiträge* 25 (1979), H. 3, S. 57.

2 Vgl. dazu: Günther Lehmann, *Phantasie und künstlerische Arbeit. Betrachtungen zur poetischen Phantasie* (Berlin/Weimar: Aufbau Verlag, 1966); Robert Weimann, *Phantasie und Nachahmung. Drei Studien zum Verhältnis von Dichtung, Utopie und Mythos* (Halle: Mitteldeutscher Verlag, 1976); Juli Karlajizki, *Was ist Phantasie? Ein Essay* (Berlin: Dietz Verlag, 1977); Kurt Batt, Realität und Phantasie. Tendenzen in der Erzählliteratur der DDR, in: *Neue Deutsche Literatur* (1976), H. 2, S. 10–28; Dieter Schiller, Nahe Spielwelt der Phantasie, in: *Kritik 75. Rezensionen zur DDR-Literatur*, hrsg. v. Eberhard Günther (Halle: Mitteldeutscher Verlag, 1976).

3 Eine ausgezeichnete Bestandsaufnahme und Dokumentation der Entwicklung phantastischer Literatur in der DDR bietet Horst Heidtmann, *Utopisch-phantastische Literatur in der DDR. Untersuchungen zur Entwicklung eines unterhaltungsliterarischen Genres von 1945–1979* (Dissertation Hamburg 1980 – erscheint demnächst in Buchform). Heidtmann konzentriert sich stark auf die Unterhaltungsliteratur, besonders Science-Fiction, schließt aber auch ›ernste‹ Literatur ein und bietet gerade dadurch einen hervorragenden Beitrag zur Wechselwirkung der auch in der DDR noch bestehenden abgestuften literarischen Produktions- und Rezeptionssphären.

4 Vgl. dazu u. a.: Heidemarie Risch-Kohl, *Das historische Subjekt und die gesellschaftliche Perspektive in der Literatur der DDR nach dem VI. Parteitag der SED* (Dissertation Berlin/FU 1979), bes. S. 165 ff.; Klaus Jarmatz, *Forschungsfeld Realismus. Theorie, Geschichte, Gegenwart* (Berlin: Aufbau Verlag, 1975); *Literatur und Geschichtsbewußtsein in den 60er und 70er Jahren,* hrsg. v. Manfred Diersch und Walfried Hartinger (Berlin: Aufbau Verlag, 1976); *Ansichten. Aufsätze zur Literatur der DDR,* hrsg. v. Klaus Walther (Halle: Mitteldeutscher Verlag, 1976); Hans Kaufmann, Zur DDR-Literatur der siebziger Jahre, in: *Sinn und Form* 30 (1978), S. 171–176.

5 Vgl. dazu: Jay Rosellini, Poetry and Criticism in the German Democratic Republic, in: *New German Critique* 9 (1976), S. 425–435; Rainer Nägele, Deutsche Demokratische Republik, in: *Geschichte der politischen Lyrik,* hrsg. v. Walter Hinderer (Stuttgart: Reclam Verlag, 1978), S. 338–360.

6 Lateinamerikanische Literatur hat in der DDR, teils durch Vermittlung rückkehrender Emigranten aus diesen Ländern, eine sehr viel frühere Verbreitung und Rezeption gefunden als in der Bundesrepublik.

7 Fritz R. Fries im Interview mit Friedrich Albrecht in: *Weimarer Beiträge* 25 (1979), H. 3, S. 59.

8 Ebd. S. 42 f.

9 Adorno/Horkheimer, *Dialektik der Aufklärung* (Frankfurt/M.: S. Fischer, 1969).

10 Lacan, Kant avec Sade, in: Lacan, *Ecrits* (Paris: Editions du Seuil, 1966), S. 765–790.

11 Heidtmann, *Utopisch-phantastische Literatur,* S. 97.

12 Neuber, Realer Sozialismus – Sozialistischer Realismus, in: *Ansichten. Aufsätze zur Literatur der DDR,* hrsg. v. Klaus Walther (Halle: Mitteldeutscher Verlag, 1976), S. 7–53.

13 Ebd., S. 8.

14 Ebd., S. 19.

15 Ebd., S. 8 f.

16 Ebd., S. 10.

17 Ebd., S. 9.

18 Als Einführung in die Konstellation der Triade von imaginär-symbolisch-real können die folgenden Aufsätze aus den *Ecrits* dienen: »Le stade du miroir comme formateur de la fonction du Je«, S. 93–100 (besonders zum Imaginären); »L'instance de la lettre dans l'inconscient ou la raison depuis Freud«, S. 493–528 (besonders zum Symbolischen); »D'une question préliminaire à tout traitement possible de la psychose«, S. 531–583 (besonders zum Realen). Zur Konstellation der drei vgl. auch »Le séminaire sur ›La lettre volée‹ «, S. 11–61. Vgl. auch Shoshana Felman, On Reading Poetry: Reflections on the Limits and Possibilities of Psychoanalytical Approaches, in: *The Literary Freud: Mechanisms of Defense and the Poetic Will* (New Haven: Yale Univ. Press, 1980), S. 119–148.

19 Marx/Engels, *Werke,* Bd. 23: *Das Kapital* (Berlin: Dietz Verlag, 1974), S. 86. – Im folgenden Text zitiert als MEW 23.

20 Eine gewisse Ausnahme bildet die in Anmerkung 2 zitierte Studie von Günter Lehmann, der versucht, Phantasie als Produktivkraft in einem anthropologischen Rahmen zu entwickeln.

21 *Die Anti-Geisterbahn. Geschichten: heiter, komisch, skurril, phantastisch,* hrsg. v. Joachim Walther (Berlin: Buchverlag Der Morgen, 1973). – Im folgenden Seitenzahlen im Text unter der Sigle AG.

22 Zur Strukturierung und Topologie von Disneyland vgl. Louis Marin, Disneyland: A Degenerate Utopia, in: *Glyph* 1 (1977), S. 50–66.

23 Zur Signifikanz institutioneller Topologie vgl. James Siegel, Academic Work: The View from Cornell, in: *Diacritics* 11 (1981), S. 68–83.

24 Vgl. Friedrich Kittler, Einleitung, in: *Austreibung des Geistes aus den Geisteswissenschaften,* hrsg. v. F. Kittler, (Paderborn: Schöningh, 1980), S. 7–13.

25 Morgner, Das Seil, in: *Auskunft. Neue Prosa der DDR,* hrsg. v. Stefan Heym, (Reinbek: Rowohlt, 1977), S. 48–54. – Die Erzählung bildet auch einen Teil des 1974 erschienenen Romans über die Trobadora Beatriz.

26 Meister solcher Umkehrungen ist der argentinische Autor Julio Cortázar, dessen Axolotl-Geschichte (unter andern) eben diese Vertauschung von Subjekt und Objekt im Moment der Faszination vor sich gehen läßt. Die Erzählung »Axolotl« erschien zuerst 1956 in *Final del juego;* deutsch in: Cortázar, *Der Verfolger* (Frankfurt/M.: Suhrkamp, 1978), S. 25–32.

27 Fries, *Der Weg nach Oobliadooh* (Frankfurt/M.: Suhrkamp, 1975). – Im folgenden Seitenangaben im Text nach dieser Ausgabe.

28 Becker, *Jakob der Lügner* (Berlin: Aufbau Verlag, 1969); westdeutsche Ausgabe (Darmstadt: Luchterhand, 1970). – Seitenangaben im Text nach der Luchterhand-Ausgabe.

29 Morgner, *Die wundersamen Reisen Gustav des Weltfahrers* (Berlin: Aufbau Verlag, 1972); westdeutsche Ausgabe (Frankfurt/M.: Fischer

Taschenbuch Verlag, 1975) – Seitenangaben im Text nach der Fischer-Ausgabe.

30 Morgner, *Leben und Abenteuer der Trobadora Beatriz* (Berlin: Aufbau Verlag, 1974); westdeutsche Ausgabe (Darmstadt: Luchterhand, 1976) – Seitenangaben im Text nach der Luchterhand-Ausgabe.

31 Vgl. dazu Biddy Martin, Socialist Patriarchy and the Limits of Reform, in: *Studies in 20th Century Literature* 5 (1980), S. 59–74.

32 Ausführlicher dazu Peter U. Hohendahl in diesem Band.

33 Wolf, *Kein Ort. Nirgends* (Berlin: Aufbau Verlag, 1979); westdeutsche Ausgabe (Darmstadt: Luchterhand, 1979) – Seitenangaben im Text nach der Luchterhand-Ausgabe.

34 Günter Kunert, *Heinrich von Kleist – Ein Modell* (Berlin: Akademie der Künste, 1978), S. 12.

35 Vgl. dazu die ausgezeichnete Studie von Genia Schulz, *Heiner Müller* (Stuttgart: Metzler Verlag, 1980): »Der Funktionärsblick auf die Realität ist immer eine Seite an Müllers Texten geblieben – seine unmittelbare Gleichzeitigkeit aber mit einer Art dauernder Selbstblendung, einem Blick ›von der falschen Seite‹, einem ›Dem-Gegner-ins-Auge-Blicken‹ und mit dessen Augen sehen, diese Spaltung des Blicks macht das Werk einzigartig.« S. 2.

36 Ebd., S. 16.

37 Müller, Bilder, in: Müller, *Geschichten aus der Produktion 2* (Berlin: Rotbuch Verlag, 1974), S. 7; alle folgenden Zitate ebda.

38 Vgl. dazu R. Nägele, Das Imaginäre und das Symbolische. Von der Anakreontik zum Schleiersymbol, in: *Goethezeit. Festschrift für Stuart Atkins*, hrsg. v. Gerhart Hoffmeister (Bern/München: Francke Verlag, 1981), S. 45–63.

39 Müller, *Geschichten aus der Produktion 2*, S. 55.

40 Herakles 2, ebd., S. 100–103.

41 Vgl. zum Schwindelgefühl Theodor W. Adorno: »Dialektik, die nicht länger an die Identität ›geheftet‹ ist, provoziert, wo nicht den Einwand des Bodenlosen, der an seinen faschistischen Früchten zu erkennen ist, den des Schwindelerregenden. Der großen Dichtung der Moderne seit Baudelaire ist das Gefühl davon zentral; der Philosophie wird anachronistisch bedeutet, sie dürfe an nichts dergleichen teilhaben.« Adorno, *Negative Dialektik* (Frankfurt/M.: Suhrkamp, 1975), S. 42.

42 Als Grundlage benutze ich Weimanns Thesen zur Realismus-Theorie, die den ersten Teil seines Aufsatzes »›Realismus‹ als Kategorie der Literaturgeschichte« bilden, in: *Literatur und Literaturtheorie in der DDR*, hrsg. v. P. U. Hohendahl und P. Herminghouse (Frankfurt/M.: Suhrkamp, 1976), S. 163–188.

43 Friedrich Hölderlin, Mnemosyne, V. 50–51, Stuttgarter Ausgabe, Bd. 2, S. 198.

Sara Lennox

»Nun ja! Das nächste Leben geht aber heute an« Prosa von Frauen und Frauenbefreiung in der DDR

Als 1974 in einem Interview die Frage nach der Beziehung der Geschlechter als einem Thema ihrer Kurzgeschichte *Selbstversuch* gestellt wurde, gab Christa Wolf mit Temperament und Indignation die folgende Antwort:

»Jetzt werde ich mich zügeln müssen, denn wir kommen auf eines der Themen, bei denen mir leicht die Galle überläuft, eben weil der radikale Ansatz, von dem wir ausgegangen sind (›Befreiung der Frau‹), steckenzubleiben droht in der Selbstzufriedenheit über eine Vorstufe, die wir erklommen haben und von der aus neue radikale Fragestellungen uns weiterbringen müßten. Fragestellungen der Art (wie ich sie gerade mit dieser Erzählung provozieren will): Ist es denn das Ziel der Emanzipation, kann es überhaupt erstrebenswert sein, daß die Frauen ›werden wie die Männer‹, also dasselbe tun dürfen, dieselben Rechte wie sie bekommen und immer mehr auch wahrnehmen können, wo doch die Männer es so sehr nötig hätten, selbst emanzipiert zu werden?«[1]

Im Verlauf der siebziger Jahre stellten Schriftstellerinnen in der DDR, allen voran Christa Wolf, zunehmend diese Frage nach der Wünschbarkeit der ihnen angebotenen Emanzipation. Zwar wurden die Bedingungen der Frauenbefreiung in der DDR durchaus im Kontext einer internationalen feministischen Bewegung diskutiert, doch wäre es falsch, die in den siebziger Jahren einsetzende Debatte über dieses Problem in der DDR allein oder hauptsächlich auf den Einfluß des westlichen Feminismus zurückzuführen. Statt dessen gilt die Unzufriedenheit der Frauen, wie Wolf dagegenhält, zu einem großen Teil ihren Lebensbedingungen in der DDR, und zwar sowohl dem dort erzielten gesellschaftlichen Fortschritt in bezug auf den Status der Frau (erheblich größer als im Westen) als auch den strukturbedingten Einschränkungen dessen, was die DDR den Frauen bieten konnte. Ein Großteil der DDR-Frauenliteratur schildert kompetente Frauen in verantwortlichen Positionen, die »ihren Mann stehen«, für die Gleichberechtigung eine Selbstverständlichkeit ist. Allerdings zeigen diese Werke auch Frauen unter dem Streß der Anforderungen von Familie und Beruf, oft allein mit Kindern, erschöpfte, verwirrte und unglückliche Frauen. Wenn auch wirtschaftliche Unabhängigkeit und gleichberechtigte Teilnahme am öffentlichen Leben unerläßliche Voraussetzungen für die Emanzipation der Frau sind – d. h. für die Möglichkeit, es den Männern gleichzutun –, so sind sie gleichzeitig ungenügend, da sie eine Verwandlung des privaten Bereichs außer acht lassen, in dem die Pflichten und unbefriedigten Bedürfnisse der Frau weiterhin bestehen bleiben. Wie die Äußerung Christa Wolfs andeutet, müßte die wahre Emanzipation der Frauen alle Bereiche des menschlichen Lebens berühren und Männer, Frauen sowie die Qualität ihrer Beziehungen zueinander von Grund auf umwandeln.

Fraglos müssen solche Probleme der Frauenemanzipation im Zusammenhang mit der Geschichte der DDR betrachtet werden, und dabei erweist sich ein grundlegender Unterschied zur Literatur westlicher Feministinnen. Für die Schriftsteller und Schriftstellerinnen der DDR ist es der Sozialismus, der die totale Umwandlung des Lebens herbeiführen und die Entfaltung aller menschlichen Fähigkeiten gestatten soll, »dieses Zu-sich-selber-Kommen der Menschen,« das Wolf dem *Nachdenken über Christa T.* als Motto voranstellt. Die Frauenliteratur der DDR geht von der Voraussetzung aus, daß gerade ihre Gesellschaft die Selbstverwirklichung und das Glück der Menschen nicht nur möglich, sondern geradezu notwendig machen sollte – eine Voraussetzung also, auf die sich westliche Feministinnen wohl kaum berufen können. In der Nachfolge von *Christa T.* ließ sich an zahlreichen Werken Enttäuschung über den DDR-Sozialismus ablesen, weil dieser nach Ansicht der Autoren durch sein Beharren auf instrumentalem Denken und seine einseitige Ausrichtung auf wirtschaftliches Wachstum und privaten Konsum als vermeintliche Schlüssel zum Glück der Menschen wesentlich zur Entfremdung und Deformation der DDR-Bürger beigetragen habe. In seiner *Kleinen Literaturgeschichte der DDR* behauptet Wolfgang Emmerich, seit Biermanns Ausbürgerung 1976 und dem nachfolgenden Exodus vieler anderer Autoren hätten sich männliche DDR-Schriftsteller im Inland und im Ausland hauptsächlich darauf beschränkt, die Mißstände und Probleme in der

DDR aufzuzeigen. Dagegen seien es vor allem Schriftstellerinnen gewesen, die die früheren utopischen Träume von einem besseren Leben nicht in Vergessenheit geraten ließen: »Es sind Frauen aus der DDR, denen in den letzten Jahren am ehesten ein Blick auf die ›vergegenständlichten Träume‹ des ›instrumentalen Denkens‹ (Christa Wolf) gelungen ist, der diese Vergegenständlichung wieder in Bewegung, wenn auch nicht zum Verschwinden gebracht hat ...«[2] Es scheint, als ob gerade diese Widersprüche und Schwierigkeiten ihres Lebens zwischen öffentlicher und privater Sphäre zusammen mit dem traditionellen weiblichen Hang zum Intimen, zum Gefühl und zum Erotischen die Frauen in der DDR vor allen anderen dazu befähigt hat, auf die Fragen sowohl weiblicher als auch allgemein menschlicher Erfüllung im Sozialismus einzugehen. Die Situation hat sich entschieden verändert, seit Patricia Herminghouse 1974 schrieb: »Leider stellt man bald fest, daß im Bereich der Literatur ebensowenig weibliche Autoren tätig sind wie auf anderen kulturellen Gebieten in der DDR.«[3] Die im vergangenen Jahrzehnt beträchtlich angewachsene Frauenliteratur hat bereits damit begonnen, Möglichkeiten für gesellschaftliche und historische Kursänderungen zu skizzieren, die Frauen – aber auch Männer – wirklich frei machen könnten. Eine Feststellung Günter de Bruyns von vor zehn Jahren gewinnt in diesem Zusammenhang provokative Bedeutung: »Vielleicht haben Natur und Geschichte die Frauen dazu prädestiniert, Humanität zu bewahren. Durch Unterdrükkung der Erziehung zum Unterdrücken, zur Brutalität, zum Töten entgangen, kann ihre Befreiung zur Befreiung der Menschlichkeit werden.«[4]

1. Das Subjektwerden der Frau: Christa Wolf und Maxie Wander

Christa Wolfs Analyse der Unzufriedenheit der Frauen in der heutigen DDR-Gesellschaft mag als paradigmatisch gelten für die Positionen der DDR-Autorinnen im letzten Jahrzehnt. Ihre Analyse erstreckt sich auf zwei verschiedene, jedoch strukturell verwandte Ebenen. Einerseits hat sich Wolf, wie zahlreiche ihrer Schriftstellerkollegen, in ihren Schriften von Anfang an mit den Möglichkeiten für die subjektive Entfaltung beschäftigt. Dabei erkundet sie Modelle für alternative Formen einer zukünftigen Subjektivität und protestiert zugleich gegen die Barrieren, die man jener heute in den Weg stellt. Die Frage »Wann, wenn nicht jetzt?« zieht sich bezeichnenderweise wie ein roter Faden durch *Christa T.* Aus der gegenwärtigen Perspektive ist es klar, daß die Subjektivität, um die es Wolf hauptsächlich geht, eine geschlechtsbezogene ist und daß sie ihr Werk zunehmend den Hindernissen widmet, mit denen eine von Männern beherrschte Gesellschaft der weiblichen Selbstverwirklichung den Weg verstellt. Nach wie vor dem Marxismus verpflichtet (ungeachtet ihrer Vorbehalte dem Sozialismus der DDR gegenüber), geht Wolf davon aus, daß Männer und Frauen durch ihre Interaktion mit der Welt und untereinander als soziale Wesen bestimmt werden. Durch die Gleichberechtigung der Frauen hat die DDR die Grundlage dafür geschaffen, daß Frauen überhaupt als Subjekt auftreten können, und sie haben diese Chance wahrgenommen. So sagt Wolf in ihrer Einführung zu Maxie Wanders *Guten Morgen, du Schöne:* »Frauen, durch ihre Auseinandersetzung mit realen und belangvollen Erfahrungen gereift, signalisieren einen radikalen Anspruch: als ganzer Mensch zu leben, von allen Sinnen und Fähigkeiten Gebrauch zu machen.«[5]

Die weitere Entwicklung der Frauen stößt jedoch auf die Beschränktheit des männlichen Sozialcharakters. Seit *Selbstversuch* verwendet Wolf in vielen ihrer Werke den Begriff »Liebe«, um damit eine schöpferische, auf Selbstverwirklichung angelegte Beziehung zwischen Menschen zu beschreiben, und sie vertritt die Ansicht, daß die Männer in der heutigen DDR unfähig sind zu lieben; die Bedingungen für eine nichtentfremdete Existenz unter Gleichgestellten sind damit nicht vorhanden:

»Auch wir können nicht – töricht, es zu leugnen – der Marxschen Voraussetzung für nicht entfremdete Existenz genügen: ›Setze den *Menschen* als *Menschen* und sein Verhältnis zur Welt als ein menschliches voraus, so kannst du Liebe nur gegen Liebe austauschen, Vertrauen nur gegen Vertrauen etc.‹ Ja: Ökonomisch und juristisch sind wir den Männern gleichgestellt; und nun erfahren wir (wenn es wirklich Liebe ist, was wir meinen, nicht Besitz und Dienstleistung auf Gegenseitigkeit), bis zu welchem Grad die Geschichte der Klassengesellschaft, das Patriarchat, ihre Objekte deformiert hat und welche Zeiträume das Subjektwerden des Menschen – von Mann und Frau – erfordern wird. Immer noch müssen viele Frauen sich verstellen, damit ihre Liebe zum Tauschwert für das unreife Liebesverlangen vieler Männer werden kann. (GM, S. 14)«

Oder, mit den Worten der Günderrode in Wolfs *Kein Ort. Nirgends:* »Wir sind auf den ganzen Menschen aus und können ihn nicht finden.«[6]

Die Gründe für diese Schwierigkeiten zwischen Männern und Frauen in der DDR im Bereich der Mikrostruktur, wie Biddy Martin sie bezeichnet[7], sind natürlich historischer Natur und hängen mit der Makrostruktur der DDR-Gesellschaft zusammen. In ihren Werken, die sich mit der Zukunft *(Selbstversuch)* und der Vergangenheit befassen (den drei neueren Texten über die Romantikerinnen und der Rede zum Büchner-Preis), hat Wolf zu ergründen versucht, warum die Befreiung der Frau im »real existierenden« Sozialismus nicht erreichbar ist. Im *Selbstversuch*, der im Jahr 1992 spielt, extrapoliert sie von den gegenwärtigen Entwicklungstendenzen in der DDR und verkündet eine Zukunft, in der dank den Errungenschaften der Wissenschaft und Petersein Masculinum 199 Frauen in der Tat zu Männern werden können. Doch hat die Heldin schon vor dem Geschlechtswechsel viele männliche Züge angenommen: beispielsweise hat sie zugunsten ihrer Karriere auf Liebe und Familie verzichtet und kann auch auf Kommando einschlafen. Die Geschichte hat jedoch noch einen weiteren Aspekt: im Namen der Wissenschaft unterdrückt die Heldin ihre Bedürfnisse nach Liebe zu ihrem Professor, der sowohl die DDR-Hierarchie – die Forderung der Partei nach Askese – als auch allgemein den Typ eines Liebhabers repräsentiert, dem eine Frau zu gefallen wünscht. Das bedeutet, daß die Heldin, obwohl fast ganz integriert und erfolgreich in der Welt des Mannes, dennoch eine Frau mit einer weiblichen Persönlichkeit und deren subjektiven Bedürfnissen bleibt, wie sehr sie auch unterdrückt sein mögen. Als sie jedoch vollends zum Mann wird, stellt sie fest, daß ihre neue Persönlichkeit nach dem Modell der positivistischen Wissenschaft geformt ist: starr, der Außenwelt gegenüber verschlossen, vorgeformt und fertig, »wie im Kino«[8], und sie kann nicht lieben. Sie verlangt daraufhin, in eine Frau zurückverwandelt zu werden. Man könnte sagen, daß Frauen die wissenschaftliche Eroberung der Objektwelt – jenes vom Bürgertum begonnene und von der DDR unbesehen übernommene historische Experiment – bis zum Abschluß weiterverfolgen, nur um letztlich festzustellen, daß sie den Menschen nicht glücklich macht. Wie Anders in Wolfs Erzählung geben sie deshalb dieses historische Unternehmen auf und beginnen von einem anderen

Ausgangspunkt her und auf der Grundlage ihrer eigenen Bedürfnisse selbst ein Experiment in Gang zu setzen: den »Versuch zu lieben. Der übrigens auch zu phantastischen Erfindungen führt: zur Erfindung dessen, den man lieben kann« (UDL, S. 169).

In den Texten über die Romantikerinnen geht Wolf genauer ein auf die historischen Zusammenhänge zwischen den Strukturen der männlichen Persönlichkeit und dem instrumentalen Denken. Zugleich weist sie nach, wie historische Entwicklungen den Frauen gestatteten, sich psychische Möglichkeiten zu erhalten, die für die Männer unzugänglich wurden. Die bürgerliche Revolution in Frankreich bot – und entzog schon sehr bald wieder – sowohl Männern als auch Frauen bislang ungekannte Möglichkeiten zur Selbstverwirklichung. Besonders in Deutschland entarteten die Ideale der bürgerlichen Revolution sehr rasch in kleinbürgerliche Unterwürfigkeit und Krämertum, die – so Wolf – eine Mittelklasse hervorbrachten, »die sich vom bürgerlichen Katechismus nichts zu eigen gemacht hat als das Gebot: Bereichert euch! und den hemmungslosen Gewinntrieb in Einklang zu bringen sucht mit den lutherisch-kalvinistischen Tugenden Fleiß, Sparsamkeit, Disziplin ...«[9] In diesem Zusammenhang bleibt Männern wenigstens die Wahl einer aktiven Anpassung an die neuen Gegebenheiten. Savigny in *Kein Ort. Nirgends* verkörpert beispielhaft diesen neuen und engeren bürgerlichen Geist, wie die Günderrode Kleist klarmacht: »Savigny hat für alles ein Entweder-Oder. Sie müssen wissen, Kleist, er hat einen männlichen Kopf. Er kennt nur eine Art Neugier: die Neugier auf das, was unanfechtbar, folgerichtig und lösbar ist« (KON, S. 117). Der gleiche Augenblick, so erklärt Wolf in ihrem Günderrode-Essay, der es den Frauen ermöglicht, überhaupt zu Menschen zu werden, macht die Männer, die sie lieben könnten, ihrer unwürdig: »dieser gleiche historische Augenblick zwingt die Männer zur Selbstaufgabe, zur Selbstverstückelung, beschädigt ihre Fähigkeit zu lieben, zwingt sie, die Ansprüche unabhängiger, zur Liebe fähiger Frauen als ›unrealistisch‹ abzuweisen« (LS, S. 262). Der Verlust des Kontakts zur Realität der Männer, nunmehr definiert durch Politik, Produktion, Handel und Forschung, hat auch negative Folgen: die Frauen verinnerlichen ihre Unterlegenheit, werden kindisch, zu Furien oder zu schönen Seelen, sie werden überflüssig und verstummen. Nur in den seltensten Fällen bieten ihnen, wie hier der Günderrode und

Bettine, ihre Distanz zu der wirtschaftlichen Sphäre eine Gelegenheit zu deren Einschätzung und Kritik. Andererseits ist das Schicksal der Günderrode, obwohl extrem, auch wieder typischer in Hinsicht auf die Optionen, die der weiblichen Subjektivität seit dem Einsetzen der bürgerlichen Ära offenstanden: ihre Liebe zu einem verheirateten Mann, der ihr an Leidenschaft nachsteht, wird verschmäht, und sie begeht Selbstmord. Ihr Ausspruch, »was mich tötet, zu gebären«, hat eine bestimmende Funktion für Wolfs Essay.

Die einleitenden Abschnitte dieses Essays deuten an, daß zwar das wachsende Interesse an der Romantik einige Hoffnung bietet, die zu Beginn des bürgerlichen Zeitalters begangenen Fehler wiedergutzumachen, daß sich andererseits jedoch das Dilemma der Subjektivität im heutigen Deutschland nur wenig unterscheidet von jenem, dem sich die damalige Generation gegenübersah. Die Deutschen, sagt Wolf, sind »ein zerrissenes, politisch unreifes und schwer zu bewegendes Volk, dem technischen Fortschritt anhängend statt der Humanität« (LS, S. 226). Die Worte, die die Romantiker für ihre Zeit fanden, klingen uns heute wieder seltsam vertraut: »›Ein pigmäisches Zeitalter, ein pigmäisches Geschlecht spielt jetzt, recht gut nach seiner Art‹« (LS, S. 227). Weiterhin fällt auf, daß Wolf in ihren Arbeiten zur Romantik keine Unterscheidung trifft zwischen den Schicksalen der beiden deutschen Staaten nach 1945, und auch die Parallelen zwischen der Lage der Romantikergeneration, die sie beschreibt, und jener der Künstler und Intellektuellen in der DDR erscheinen in unmißverständlicher Betonung. Das Beispiel der Göttinger Sieben erinnert an die Unterzeichner des Protestschreibens gegen Biermanns Ausbürgerung; heute wie damals können die Deutschen wählen zwischen einem Deutschland, das die elenden Traditionen der Vergangenheit weiterschleppt, und einem, das sie unter fremder Herrschaft von oben her reformiert. Die junge, romantische Generation hat mittlerweile entdeckt, was auch Christa T. als ihr Schicksal erkannt hatte: »Sie sind die ersten, die es bis auf den Grund erfahren: Man braucht sie nicht« (LS, S. 230). Das Leiden, die Schizophrenie und die Verzweiflung, die die Entdeckung der eigenen Überflüssigkeit mit sich bringt, aber auch die Einsicht, daß »kein Ort, nirgends« auf dieser Erde die Gewähr bietet, glücklich leben zu können; dies ist vor allem der Gegenstand von Wolfs Kleist-Günderrode-Erzählung. Und nach

Ansicht der Autorin hat sich seit dem Aufdämmern des bürgerlichen Zeitalters wenig geändert, weder in Hinsicht auf die Möglichkeiten zur Entfaltung der menschlichen Subjektivität noch bezüglich einer Verbesserung der Geschlechterbeziehungen.

In ihrer Büchner-Preis-Rede im Jahr 1980 präsentierte Christa Wolf die bislang umfassendste Darstellung der Verbindungen zwischen der männlichen Unfähigkeit zu lieben und den Strukturen wissenschaftlichen Denkens, entsprechend der Analyse in *Selbstversuch*. Männer können deshalb nicht lieben, weil sie sich zunehmend in den Strukturen des instrumentalen Denkens verfangen, die sie davon abhalten, die Fülle der Wirklichkeit zu erkennen und sich selbst zu kennen. »Wer sich selbst nicht kennt, kann kein Weib kennen.«[10] Aber das ist noch nicht die schlimmste Folge, die der blinde Glaube der Männer an Wissenschaft und Technologie als Garantien des Fortschritts nach sich zieht. Eine starke Ähnlichkeit mit Horkheimers und Adornos *Dialektik der Aufklärung* ist unverkennbar, wenn Wolf behauptet, die Vernunft habe den einst vorhandenen emanzipatorischen Gehalt aufgegeben, als sie auf die Ebene des reinen Zweckdenkens und des Utilitarismus herabsank. Die Rationalität des wissenschaftlichen Zeitalters ist zur Irrationalität geworden, unfähig zur Selbstkritik, weil diese im System nicht vorgesehen ist. Diese Kultur hat die Warnungen in den Wind geschlagen, die enthalten sind in der letzten Szene im Leben ihres unermüdlich schaffenden Kulturhelden Faust, »der das Geräusch der Spaten, die ihm sein Grab schaufeln, in grotesker Selbsttäuschung seiner glückhaften Zukunftsvision einpaßt« (BPR, S. 2). Vernunft, in ihr Gegenteil verwandelt, gipfelt in Selbstzerstörung. Männer sind nicht nur unfähig, Frauen zu lieben: sie können nichts außer dem Tod lieben. Auch hierbei unterscheidet Wolf nicht zwischen den beiden deutschen Staaten, sondern hält es für wahrscheinlich, daß beide das gleiche Schicksal teilen werden, »daß das Land zu beiden Seiten der Elbe im Fall der ›atomaren Auseinandersetzung‹ als eines der ersten ausgelöscht sein würde« (BPR, S. 13).

Christa Wolf behauptet aber auch (wie zuvor schon die Kritische Theorie), daß die Frauen an der Fortentwicklung dieser Kultur keinen Anteil hatten und deshalb eine privilegierte Stellung einnehmen, von der aus sie Kritik üben können.[11] Anfänglich ganz auf den häuslichen Bereich beschränkt, waren die Frauen zwar Ausgeschlossene, sie wurden aber häufig zu

Opfern, wie Wolf in einer ausführlichen Litanei von Klagen der Frauen darlegt, womit sie ihre Kenntnis der feministischen Literatur von Simone de Beauvoir bis heute unter Beweis stellt. In diesem Jahrhundert nun ist die Frau in der Geschichte des Mannes aufgetaucht, und man hat ihr zugestanden, wie Anders in *Selbstversuch*, auch ein Mann zu werden: »Nach den Kriegen, als sie sich in seiner Produktions- und Vernichtungmaschinerie bewährt, als sie den Mann ersetzt hat, erfährt sie als äußerstes Zugeständnis: Sie sei wie er. Dies wird sie ihm nun beweisen. Sie arbeitet wie ein Mann, das ist der Fortschritt. Und es *ist* ein Fortschritt« (BPR, S. 9). Dennoch fühlt sie sich unbehaglich innerhalb der männlichen Kategorien, weil sie erkennt, daß sie nicht eigentlich die Frau ist, die die Männer meinen. Wolfs Argument ist ein dialektisches: von ihrer Warte teils innerhalb, teils außerhalb der Männerwelt können die Frauen das für sie Unzulängliche, aber auch das für jeden Zerstörerische dieser Kultur erkennen und beurteilen. Sie wendet sich an die deutschen Männer im Osten wie im Westen, wenn sie auf den gefährlichen Boden hinweist, auf dem sie sich bewegen: »Meine Herren. Freunde, Kollegen. Genossen: Meinen Sie nicht, meint ihr nicht, selbst für leichte Füße wird der Boden mittlerweile etwas dünn?« (BPR, S. 10). Indem sie sich die eigene Befreiung zum Ziel setzt, wird die Frau für Wolf zum Subjekt der Geschichte, dessen Kampf gegen die Zwänge einer selbstzerstörerischen Kultur möglicherweise auch den Mann befreien kann. Nach Ansicht Christa Wolfs können die Frauen die Führung übernehmen, wenn es darum geht, die Menschheit aus der Sackgasse zu führen, in welcher sowohl Kapitalismus als auch Sozialismus angelangt sind, und ihr den Weg zu zeigen zu einer anderen Geschichte und zu der »phantastischen Erfindung« von Menschen, die einander lieben können.

Es muß betont werden, daß Wolfs Behauptungen im positiven Sinn utopisch sind, denn die Frauen, an die sie sich mit ihrer Analyse wendet, beginnen sich in der DDR bereits zu regen. In Maxie Wanders wichtiger Sammlung von Interviews, *Guten Morgen, du Schöne,* werden Haltungen dokumentiert, die, obwohl noch unvollständig artikuliert, den von Wolf beschriebenen sehr ähneln. Dabei könnte keine der in Wanders Buch interviewten Frauen in irgendeiner Weise als Dissidentin bezeichnet werden. Alle sind bemerkenswert enthusiastisch über die Errungenschaften des DDR-Sozialismus und seine Auswirkungen auf ihr persönliches Leben und größtenteils davon überzeugt, daß in der DDR die Gleichberechtigung der Frau Realität geworden ist. Vielleicht noch beeindruckender als diese Überzeugung von der objektiven Gleichheit von Frauen und Männern ist das Gefühl persönlicher Stärke und Unabhängigkeit, das in den Interviews zum Ausdruck kommt. Diese Frauen haben erkannt, daß die Gegenwart eines Mannes für die wirtschaftliche und emotionale Sicherheit einer Frau nicht länger erforderlich ist. »Vielleicht ist das Emanzipation«, meint Erika D., eine einundvierzigjährige Dramaturgieassistentin, »daß die Dinge, die früher zu Katastrophen geführt haben, heute kein Problem mehr sind, daß eine Frau sagen kann: Wenn du nicht mitmachst, dann mach ich es alleine. Obwohl das nicht einfach ist« (GM, S. 97).

Nichtsdestoweniger ist in vielen dieser Interviews ein Unterton von melancholischer Unzufriedenheit zu entdecken: die gewaltigen Erfolge der DDR-Gesellschaft haben die Frauen nicht glücklich machen können. Von Ruth B., einer Kellnerin, stammt die ernüchternde Feststellung: »Immer ... Immer glaube ich noch, no ja, an die Wahrheit, an irgendetwas, was noch kommen muß. Das kann doch nicht alles gewesen sein« (GM, S. 85). In die gesellschaftliche Ordnung integriert, beginnen die Frauen in der DDR, deren Mängel zu empfinden und zu artikulieren. Außerhalb dieser Ordnung entstehen Sehnsüchte nach dem, was in ihr nicht möglich ist. »Die Nächte sind mir am liebsten«, sagt Ruth B. »Es ist keine Ordnung da, in die man sich pressen muß« (GM, 85). In dem Traum, mit dem Wanders Buch beginnt, empfindet Lena K. Liebe, im Sinne Christa Wolfs, als eine Beziehung, die ihre subjektiven Bedürfnisse völlig befriedigen kann – obwohl sie fürchtet, diese Liebe sei für sie unwiederbringlich verloren: »Letzte Nacht habe ich einen meiner Kafka-Träume gehabt. Ein Traum von sanfter Liebe mit einem, dessen Gesicht ich nicht sehe. Und ich renne früh in die Stadt, wo sie am dichtesten ist, und ich will ihn wiederfinden. Aber ich habe einen dicken Bauch und eine alte Brust, und es ist zu spät. Von diesem Mann habe ich schon als Kind geträumt, und dieses Verlangen nach dem Absoluten habe ich bis heute« (GM, S. 21). Ähnlich wie Karoline von Günderrode und eine Vielzahl anderer Frauen gießt Lena K. in das Gefäß der romantischen Liebe all jene Bedürfnisse, die in der Gesellschaft, in der sie lebt, unerfüllt bleiben. Dabei begreift sie sehr wohl, daß ihr Sehnen nach Liebe dem Verlangen nach Erfüllung und Selbstverwirklichung entspringt und daß die Unerreichbarkeit dieser Liebe kausal – wie die Anspielung auf Kafka andeutet – mit einem System gesellschaftlicher Strukturen in Zusammenhang steht, das nicht nur diese Liebe unmöglich macht, sondern allein schon die Sehnsucht danach als Irrationalität erscheinen läßt.

So können Frauen in der DDR zu Trägerinnen dessen werden, was die Kultur unterdrückt – »Das dem herrschenden Selbstverständnis Unbewußte, das Unausgesprochene, Unaussprechliche ...« (GM, S. 12), wie Wolf es in ihrer Einleitung zu Wanders Buch umreißt. Nachdem die Frauen juristische und politische Gleichberechtigung im Sozialismus erhalten haben, sind sie nunmehr in der Lage, die Unzulänglichkeiten dieses Systems zur Sprache zu bringen. Wie Wander in den einleitenden Bemerkungen zu den Interviews feststellt, birgt dieser Akt bereits die Möglichkeit einer Veränderung: »Glück lebt man, Belastendes spricht man aus, um es zu begreifen, um sich davon zu befreien« (GM, S. 8). Gerade die Unglücklichkeit und Unzufriedenheit dieser Frauen, ihre Sehnsucht nach mehr, als ihnen der Sozialismus der DDR zu bieten vermag, begreift Christa Wolf als eine utopische Note, eine Hoffnung auf eine andere und bessere Lebensweise: »Fast jedes der Gespräche weist durch Sehnsucht, Forderung, Lebensanspruch über sich hinaus und gemeinsam – wenn man das Buch als Zusammenkunft verschiedenster, im Wichtigsten einiger Menschen sieht – geben sie ein Vorgefühl von einer Gemeinschaft, deren Gesetze Anteilnahme, Selbstachtung, Vertrauen und Freundlichkeit wären« (GM, S. 9).

2. Die wichtigsten Werke der siebziger Jahre

Das rapide Anwachsen der Frauenliteratur in den letzten acht Jahren bestätigt in vieler Hinsicht die Behauptung Wolfs, daß die Frauen als Trägerinnen von Alternativen zu den gegenwärtigen Verhältnissen in der DDR auftreten können. Viele der Kurzgeschichten und Romane beschäftigen sich mit den Themen, die auch in *Guten Morgen, du Schöne* anklingen: sie beklagen das Versagen der DDR, eine Form des Sozialismus zu entwickeln, welche die Selbstverwirklichung möglich macht, sie reden, oft satirisch, über die »doppelte Last«, die man den Frauen als Arbeiterinnen, Müttern und Geliebten aufgebürdet hat, und sie suchen tastend nach Alternativen, die über die Beschränkungen des heutigen Lebens in der DDR hinausweisen. Das Auftauchen dieser Art von Literatur, die ausdrücklich und selbstbewußt den Erfahrungen von Frauen gewidmet ist, läßt sich auf die Jahre 1974–75 datieren. Natürlich waren auch schon vorher Frauen als Haupt- oder Nebenfiguren in der DDR-Literatur aufgetreten, doch behandelten diese Werke gewöhnlich vor allem die Funktion der Frau im öffentlichen Leben und verwendeten die Frauenfiguren häufig, wenn männliche Autoren am Werk waren, um allgemeinere Aussagen über die Möglichkeiten für das Leben in der DDR zu illustrieren.[12] 1975 erschien die von Edith Anderson herausgegebene Anthologie *Blitz aus heiterem Himmel*, die speziell auf die Unterschiede im Leben der Männer und der Frauen in der DDR einging. Sieben Erzählungen von bekannten DDR-Autoren schildern das Schicksal von Figuren, die eine plötzliche Geschlechtsumwandlung durchmachen. Dabei muß man den Beiträgen der Männer zumindest zugestehen, daß sie die im Alltagsleben der DDR überall anzutreffenden sexuellen Vorurteile benennen, doch sind es auch hier die Erzählungen von weiblichen Autoren – *Selbstversuch* und Sarah Kirschs *Blitz aus heiterem Himmel* –, die die Lebensbedingungen für Frauen in der DDR am tiefsten ausloten. Obwohl weniger tiefgründig als *Selbstversuch*, liefert *Blitz aus heiterem Himmel* wesentliche Einsichten in die Möglichkeiten der Liebe zwischen Männern und Frauen in der DDR. So äußerte sich beispielsweise Wolfgang Emmerich zu Kirschs Erzählung:

»Doch steckt gerade in dem Kernsatz: ›jetzt, wo ich selbern Kerl bin, jetzt krieg ich die Ehmannzipatzjon‹, die entscheidende Kritik. Er macht deutlich, daß, was selbstverständlich ist in der Freundschaft zweier Männer – Hilfsbereitschaft, umfassende Achtung, Solidarität –, durchaus nicht selbstverständlich (ja zur Zeit wohl unmöglich) ist in der Beziehung zweier Partner unterschiedlichen Geschlechts. In der idyllischen ›Lösung‹ der Geschichte steckt also beträchtliche Skepsis, wo nicht Bitterkeit: Die erworbene Freundschaft unter Gleichen (eben unter Männern) ist ja ganz offenbar erkauft mit der Preisgabe der sexuellen Beziehung, die vorher von der Erzählerin als hohes Glück gekennzeichnet wurde«.[13]

Wie bereits dargelegt, ist auch in Wolfs *Selbstversuch* die männliche Unfähigkeit, Frauen zu lieben, ein zentrales Thema, und das

Scheitern von Beziehungen zwischen den Geschlechtern erscheint bis zum Ende der Dekade noch häufiger als Gegenstand der Frauenliteratur.

Bereits im Jahr zuvor, 1974, waren drei wichtige Romane von DDR-Schriftstellerinnen erschienen. Brigitte Reimanns *Franziska Linkerhand,* beim Tod der Autorin 1973 unvollendet, und Gerti Tetzners *Karin W.* schildern Probleme der beruflichen und persönlichen Erfüllung der Frau vom weiblichen Standpunkt. Obwohl keiner der beiden Romane eine Verbindung herstellt zwischen dem Leben der Heldin und dem geschlechtsspezifischen Charakter der Frauenprobleme, wie es viele später erschienene Texte tun, untersucht *Franziska Linkerhand* den Schnittpunkt zwischen dem Berufs- und dem Privatleben einer Architektin. »Es muß, es muß sie geben«, sagt Franziska, »die kluge Synthese zwischen Heute und Morgen, zwischen tristem Blockbau und heiter lebendiger Straße, zwischen dem Notwendigen und dem Schönen, und ich bin ihr auf der Spur, hochmütig und ach, wie oft, zaghaft, und eines Tages werde ich sie finden.«[14] Auch *Karin W.* befaßt sich mit den Zusammenhängen zwischen den Möglichkeiten zu einem neuen Leben, die in der DDR den Frauen offenstehen, und den Problemen, die diese Möglichkeiten gleichzeitig mit sich bringen. So hat Karins ältere Freundin Linda eine Karriere gemacht, die Karin als »Grundmuster für diese Zeit«[15] betrachtet, denn dem Erfolg im Beruf opferte sie ihre Ehe und das Sorgerecht für ihren Sohn. Ihre Entscheidungen bereue sie aber nicht, behauptet Linda: »Von Rücksichtslosigkeit könnte überhaupt keine Rede sein, höchstens von gesellschaftlicher Unreife ihrer ehemaligen Familie.« Aber Karin wird nachdenklich: »Warum machte sie aus ihrem gesellschaftlichen Notstand eine Tugend und erhob ihn zum Lebensmuster für Kind und Kindeskinder? Welchen Sinn hatten dann ihre Opfer? Ergaben sich aus meinem anderen Aufwachsen und Leben in anderer Zeit nicht auch andere Fragen?« Die hier erhobenen Fragen werden von der Frauenliteratur im Verlauf der siebziger Jahre immer wieder aufgegriffen:

»Ein Leben nach Lindas Muster will ich nicht.
Welches will ich?
Wo ist mein eigenes Muster?«[15]

Während die in *Franziska Linkerhand* und *Karin W.* zur Sprache kommenden Probleme für die Frauen in der DDR neu sind, bleiben beide Romane in der Form traditionell; ihre Fragen nach der Gestalt des Lebens von Frauen in der DDR ziehen keine Fragen nach der Gestalt der Erzählung nach sich. Dagegen erörtert Irmtraud Morgner im dritten großen Frauenroman des Jahres 1974, *Leben und Abenteuer der Trobadora Beatriz nach Zeugnissen ihrer Spielfrau Laura*, die spezifische Beschaffenheit der weiblichen Erfahrung und experimentiert bei ihrer Darstellung gleichzeitig mit verschiedenen literarischen Formen. Fast noch wichtiger als die hier angeschnittenen feministischen Themen war die unerhörte Form ihrer Darstellung: Kunst, Phantasie und Erotik erscheinen in der DDR in der Gestalt einer 840 Jahre alten Troubadorin, die die revolutionären Visionen aus dem Paris von 1968 mit sich bringt, weil sie hofft, daß sie in der DDR verwirklicht werden können. Indem sie die Phantasien in die Geschichte montiert, zerstört Morgner deren Kontinuität – als Beispiel für die Frauen, die, so Morgner, nur unter dieser Voraussetzung Teil der Geschichte werden können. Sie besteht darauf, daß nur ein offener und mosaikartiger Text die Wahrheit über die Formen des Frauenlebens wiedergeben kann und demnach für Schriftstellerinnen die einzig mögliche Art des Schreibens darstellt: »Abgesehen vom Temperament entspricht kurze Prosa dem gesellschaftlichen, nicht biologisch bedingten Lebensrhythmus einer gewöhnlichen Frau, die ständig von haushaltsbedingten Abhaltungen zerstreut wird. Zeitmangel und nicht berechenbare Störungen zwischen zu schnellen Würfen ohne mähliche Einstimmung, ich kann nur voll ansetzen oder nicht.«[16] In diesem Montage-Roman kommt es zu Überschneidungen und Spannungen zwischen verschiedenen Bereichen der Wirklichkeit und der Phantasie, dokumentarische Texte treffen auf Legenden, während die beiden Frauen, Beatriz und ihre Spielfrau Laura, eine Straßenbahnführerin, in der DDR von heute ihren Weg gehen. *Trobadora Beatriz* greift damit in vieler Hinsicht die historischen Bedürfnisse der Frauen in der DDR auf und stellt den starren, linearen und geschlossenen Strukturen des wissenschaftlichen Sozialismus eine Form gegenüber, die dem Subjektiven, dem Spontanen und dem Unerwarteten Raum bietet, gleichsam als Modell für eine Geschichte, die der Vielfalt wie der Eigenart geöffnet ist.

Allerdings zeigt sich bei näherer Betrachtung, daß »trotz der

Polemik gegen das Patriarchat, ja vielleicht gerade deswegen, der Text die von ihm eröffneten emanzipatorischen Möglichkeiten letztlich einschränkt«[17], wie Biddy Martin in einem beachtenswerten Essay über Morgners Roman kürzlich feststellte. Im Jahr 1974, angesichts einer liberalen Kulturpolitik und vor dem Schock der Ausbürgerung Biermanns, konnte Morgner an die Fähigkeit des DDR-Sozialismus zur Selbstreform glauben, wie aus der Schlußpassage des Romans hervorgeht:

»Beatriz durchquerte ein Land, in dem Frauen, wenn sie die gleiche Arbeit wie Männer verrichten, schlechter bezahlt wurden, und eins, in dem sie für die gleiche Arbeit gleichen Lohn erhielten. Dort ließ sie sich nieder und nahm Arbeit beim VEB Hochbau Berlin. Keine Kampagne ohne die betriebseigene Trobadora, keine Versammlung, kein Festival. Beflügelt von den Liedern der Beatriz de Dia, erfüllte und überfüllte der VEB Hochbau seine Produktionspläne. Der Wohnungsmangel in der Hauptstadt Berlin schwand. Sonnabends ermannten und erweibten sich die Mieter ab und zu und rafften Unkraut und Unrat von den Plätzen vor ihren Haustüren. Sonntags versprühten Flugzeuge der Interflug goldene Worte der Trobadora über die Spaziergänger. Da überwand die proletarische Solidarität ihrer Bewohner, international bewährt, sogar die Barriere der Familie. Denn natürlich war das Land ein Ort des Wunderbaren. (TB, S. 687–688)«

Von jenseits der Grenzen bringt Beatriz die Phantasie in die DDR, doch verschmilzt ihre subversive Kraft schließlich mit der Wirklichkeit der DDR, die dank ihrer Kritik in eine bessere Zukunft aufbricht. Beatriz, überflüssig geworden, stirbt am Ende des Romans, und Laura, die einen fortschrittlichen Mann geheiratet hat, übernimmt es, die von der Trobadora veranlaßten Änderungen weiterzuführen. Trotz aller thematischen und formalen Kühnheit und seiner Bedeutung für jüngere Frauenschriftsteller bleibt dieser Roman in mancher Hinsicht in der herkömmlichen Einstellung der DDR zur Frauenemanzipation befangen, wie die »Gute Botschaft der Valeska«, von Laura beim Begräbnis der Trobadora verlesen, demonstriert. Indigniert über ihre Behandlung als Frau in der DDR, murmelt Valeska vor sich hin, »Man müßte ein Mann sein« – und verwandelt sich in einen. Als Mann kann sie eine Frau lieben, ihre Freundin Shenja in Moskau, wo sie, sicher nicht zufällig, auch eine vorbildliche Frauenkommune entdeckt. Praktischerweise verschwinden ihre männlichen Attribute, wenn sie mit ihrem Gatten Rudolf im Bett zusammen ist. Andererseits werden ihre Probleme als Frau in der DDR durch die Verwandlung zum Mann hinreichend gelöst, doch gibt es noch eine bessere Lösung: »Eine Frau mit männlicher Vergangenheit müßte man sein« (TB, S. 679). So scheint die am Ende von Morgners Roman verkündete »gute Botschaft« zu lauten, daß die Frauen ihre Emanzipation im Sozialismus erreichen, indem sie die bisherigen Vorrechte des Mannes als Subjekt der sozialistischen Geschichte übernehmen – oder, vielleicht genauer, indem die spezifisch weibliche Lebensweise und Erziehung und die damit verbundenen Erfahrungen abgeschafft werden. Trotz der scheinbar offenkundigeren feministischen Kritik bleibt Morgners *Trobadora Beatriz* damit hinter der radikalen Infragestellung dieses Modells in Wolfs *Selbstversuch* zurück.

3. Die neue Generation

Die jüngeren Autorinnen, deren erste Werke während der letzten fünf Jahre in der DDR erschienen, haben Irmtraud Morgner an Erfindungskraft noch nicht eingeholt (obwohl ihr Einfluß mitunter sehr deutlich zu erkennen ist). Trotzdem überrascht in diesen Werken die häufige und vielfältige Ablehnung des Optimismus und der Versöhnung mit der Gesellschaft, die in der *Beatriz* zum Ausdruck kamen. Oft gelangen die Texte nicht einmal bis zu der Ebene der vorläufig noch unklar artikulierten Hoffnungen in *Guten Morgen, du Schöne,* und es fällt auf, daß die Autorinnen in vielen Fällen ihre Unzufriedenheit in die Form des Traumes gekleidet haben, um eine Sehnsucht vorzutragen, die die Realität in der DDR nicht zu erfüllen vermag. Rosemarie Zeplins Sammlung von Kurzerzählungen, *Schattenriß eines Liebhabers,* verweist im Titel auf Christa Wolfs Ausgabe von Günderrodes Werken, *Der Schatten eines Traumes,* während die Erzählungen selbst mehr an Ingeborg Bachmanns Prosa erinnern: sie schildern die Situation von Frauen, die durch ihnen kaum bewußte gesellschaftliche Beziehungen zutiefst unterdrückt werden. In der Titelgeschichte zum Beispiel wird Annette die Geliebte eines älteren, verheirateten Universitätsbeamten, der sie in unregelmäßigen Abständen besucht, um ihr seine leidenschaftliche Liebe zu erklären, dunkle Anspielungen auf gegen ihn gerichtete Verschwörungen zu machen und um sich nicht selten besinnungslos zu betrinken. Annette gehorcht seinen Wünschen und unterwirft sich seinen Forderungen und erkennt dabei kaum seine Verachtung für sie. Aber ihr Körper spricht seine eigene Sprache und reagiert mit Nasenbluten und Anfällen von Schluckauf. Nach dem unerwarteten Tod ihres Liebhabers stellt Annette fest, daß sie kein Fleisch mehr essen kann – vielleicht die Folge einer zu engen Beziehung zu einem »großen Tier«. Zeplins letzte Geschichte, *Die kleine Seejungfrau*, betont die Stummheit dieser Märchenfigur, ihre Unfähigkeit, das eigene Leiden zum Ausdruck zu bringen. Lisa, die Heldin, der man auf der Arbeitsstelle das Leben schwer macht und die im dritten Monat schwanger ist, weigert sich, für ihre unglückliche Freundin Angelika zu sorgen, die sich kurz zuvor von ihrem Mann getrennt hat. Angelika, alleingelassen, begeht Selbstmord. Keine der beiden Frauen kann Hilfe von ihrem Mann erwarten, und keine verfügt über eine klare Vorstellung davon, wie sie besser geliebt werden könnte. Lisa ist durchaus bereit, das ständige Kritisieren ihres Geliebten an ihrer kleinbürgerlichen Herkunft hinzunehmen, begrüßt es sogar, und ihre Vorbehalte sind, wie der Erzähler mitteilt, ausgesprochen vage: »Lisa zog sich nach den ersten stürmischen Monaten ihrer Liebe in ein geheimes Reservat unbestimmter Sehnsüchte zurück, in einem Mann verkörpert, der nicht kam, sie zu erziehen, sondern zu bewundern.«[18] Lisas einzige Hoffnung in Hinsicht auf eine gefühlsmäßige Beziehung, die ihren Bedürfnissen entspräche, ist ihr ungeborenes Kind, doch fügt sie sich am Ende der Geschichte dem Verlangen ihres Geliebten nach Abtreibung. Zeplins junge Frauen existieren am Rande der Verzweiflung; keine der Geschichten zeigt einen Ausweg, der ihnen die Möglichkeit für ein besseres Leben eröffnet.

Doris Paschillers lange Erzählung *Die Würde* ist fast ebenso trostlos. Sie beginnt mit der Hochzeit von Johanna, einer unentschlossenen, unsicheren, schwangeren Braut, die nur heiratet, weil ein Leben als unverheiratete Mutter noch unerträglicher sein würde. In ähnlicher Weise erduldet sie auch das spätere Eheleben, da ihr scheinbar keine andere Wahl bleibt:

»Sie wußte, daß sie nicht aus dem Streß herausfallen durfte, und alles, was sie seit Jahr und Tag zu immer derselben Zeit sah, war ein Haltegriff, an dem sie sich weiterzog. Und in ihr stand immer etwas auf, das sich über alle Schmerzen hinwegsetzte, dann zog sie ihren Mund zusammen und starrte vor sich hin in irgendein anderes Gesicht. Man darf sich nicht preisgeben, sonst lebt man in Unsicherheit. Wer ohne Haut ist, kann nicht mehr atmen, und außerdem muß man wissen, warum man gehorcht.«[19]

Das einzig positive Element, das diese realistische Geschichte vom alltäglichen Elend gelegentlich unterbricht, ist ein Lied, dessen Text lautet: »Hör den Gesang deines Vogels, / daß ein jeder von uns in sich trägt / sein Lied von der Freiheit / seine Meere von Unendlichkeit, / seine Himmel über der Erde ...« (W, S. 38). Doch taucht das Lied nur in seltenen und vereinzelten Augenblicken auf, und die Tatsache, daß Johannas Unglück nicht allein von der Ehemisere herrührt, wird unmißverständlich dem Versagen der Gesellschaft zugeschrieben. Für sie gilt, wie für Christa T.: »Man braucht sie nicht.« »So war es«, berichtet die Erzählerin, »nicht die monotone Arbeit, die sie erschreckte, sondern die Angst, derjenige zu sein, der sich nicht brauchbar machen konnte, derjenige, der sich nichts mehr sagen konnte, weil man ihn geduckt hatte. Sie war außer der Zeit und sie wartete, daß die Zeit zu ihr zurückkehrte oder sie in die Zeit« (W, S. 47). Johanna verläßt ihren Mann, kehrt aber wieder zu ihm zurück – »die Wahl zwischen zwei Einsamkeiten« (W, S. 75). Auch diese Geschichte endet mit dem Selbstmord einer Frau, Dyomee, die das darstellt, was in Johannas Leben fehlt: »Johanna hatte sie verpaßt. Dyomee hatte ihr Leben wie ein roter Traum aus Schönheit gestreift. Aphrodite« (W, S. 125). Es scheint, als ob Johannas Leben weitergehen wird wie zuvor, jedoch ohne nennenswerte Spuren jener menschlichen Würde, von der der Titel der Erzählung spricht.

Daneben gibt es andere junge Schriftstellerinnen, die den Frauen in ihren Texten mehr Möglichkeiten zugestehen. Charlotte Worgitzkys Sammlung von Erzählungen, *Vieräugig oder blind,* die aus den Jahren 1970 bis 1977 stammen, ist von besonderem Interesse aufgrund der darin verfolgbaren, fortschreitenden Perspektivenverschiebung während dieser Zeitspanne. Die früheste Erzählung, *Quäze* (1970), denunziert die in dem häuslichen Alltag eines scheinbar emanzipierten Liebespaares eingebetteten sexuellen Vorurteile mit der gleichen Schärfe wie die Schriften westlicher Feministinnen aus dieser Zeit. Obwohl beide freie Schriftsteller sind und vereinbart haben, alle häuslichen Arbeiten zu teilen, muß Quäze sich doch schließlich um die Einzelheiten des täglichen Lebens kümmern, da ihr Freund sich als rührend hilflos erweist, einfach unfähig, einkaufen zu gehen, sauber zu machen oder einen Knopf richtig anzunähen. In *Karriere abgesagt* gelingt es der Heldin, zu einer gefeierten Superfrau der DDR zu werden – »der goldene Höhepunkt unseres Programms, die Krönung, Ausdruck der bei uns Wirklichkeit gewordenen Gleichberechtigung: Eine Frau! Mutter von vier Kindern, Stadtverordnete, Direktorin«[20], wie ein Fernsehreporter bei einem Interview verkündet – weil ein Engel ihr die Gabe verliehen hat, ohne Schlaf auszukommen. Worgitzkys frühe Erzählungen beschäftigen sich demnach, wenn auch nicht ohne beißende Satire, immerhin mit typisch weiblichen Problemen, die sich wahrscheinlich im Rahmen des in der heutigen DDR-Gesellschaft gegebenen Spielraums korrigieren ließen.

Dagegen gelangen spätere Erzählungen in diesem Band zu tiefergreifenden Analysen der Lage von Frauen in der DDR. Die bedrückendsten Erzählungen handeln von jungen Leuten und verraten deutlich den Einfluß der Diskussion um Ulrich Plenzdorfs *Die neuen Leiden des jungen W.* In der letzten und längsten Geschichte, *Verdorbene Jugend* (1977), geht Worgitzky über Plenzdorf hinaus. Ulrich, ein junger Lehrling und Sohn streng autoritärer Eltern, verliebt sich in Barbara, Klassenerste, FDJ-Sekretärin und werdende Ärztin, mit aufgeklärten Eltern, die auch der Partei angehören. Ulrich läßt Elternhaus und Lehre im Stich, und Barbara hält ihn in der Gartenlaube ihrer Eltern versteckt. Barbara wird schwanger, und die Liebe erweist sich für sie als eine Alternative zu dem nüchternen und pflichtbewußten vorbildlichen Leben, das sie bisher geführt hatte; in einem Brief an Ulrich, aus dem der Band seinen Titel bezieht, versucht sie ihren Sinneswandel zu erklären:

»Über die Sprüche Deines Vaters kommt sich meine Mutter natürlich erhaben vor, aber sie merkt nicht, daß ihre Sätze auch nur Phrasen sind, mit denen sie ihre eigenen Erfahrungen zur allgültigen Weisheit erklärt. Die Meinung, daß Liebe blind macht, steckt da nämlich genauso drin: Mein Kind, du überbewertest deine Gefühle, glaub mir, später wirst du darüber lächeln. Ich fühle mich nämlich überhaupt nicht blind. Im Gegenteil: Seit ich Dich kenne, sehe ich viel mehr und viel besser als vorher, weil ich alles nicht nur mit meinen Augen aufnehme, sondern gewissermaßen auch durch Deine – vieräugig also, nicht blind (VOB, S. 236).«

Barbaras einfühlsame Eltern sind, wenn auch auf eigene, sanftere Weise, genauso wie Ulrichs brutaler Vater darum bemüht, daß ihre Tochter den Erwartungen der DDR nachkommt. Sie überzeugen Barbara davon, daß sie an ihre Zukunft denken muß, und sie willigt in eine Abtreibung ein. Als Ulrich dies erfährt, verschwindet er spurlos. Denkt man an das Vorbild der *Neuen Leiden,* kann man sich unschwer vorstellen, was aus ihm geworden ist. Selbst die Möglichkeit zur Versöhnung von Individuum und Gesellschaft, von Arbeit und Subjektivität, die Plenzdorfs Stück noch offenhielt, ist in Worgitzkys Erzählung nicht mehr gegeben.

Die Autorin ist sich durchaus bewußt, daß Liebe für Frauen oft problematisch ist und nicht unbedingt mit ungetrübtem Glück gleichzusetzen ist. Die erste Erzählung in diesem Band, *Eva* (1976), ist paradigmatisch für die Schwierigkeiten der Frauen mit der Liebe. Bei nahezu jedem Geschlechtsverkehr wird Eva schwanger, sie muß ihre Arbeit aufgeben, um für ihre Kinder zu sorgen, und ihre Familie muß sich finanziell mehr schlecht als recht durchschlagen. In dieser Lage, bevor Abtreibungen legal wurden, kam eine spontane, selbstverwirklichende Liebe für sie natürlich nicht in Frage. Nach einer Scheidung heiratet sie wieder, um der Sicherheit willen: »Hätte man sie nach Liebe gefragt, Eva hätte ohne Zögern mit Ja geantwortet. Noch nie hatte sie zu einem Menschen so viel Vertrauen gehabt« (VOB, S. 11). Erotisches Ungestüm führt zu Schwangerschaften: »Ein Jahr lang verweigerte sich Eva ganz ihrem Mann. Schon vor Zärtlichkeiten hatte sie Angst, Angst, sie könnte doch nachgeben« (VOB, S. 13). Nach all ihren selbst vorgenommenen illegalen Abtreibungen ist sie erlöst, als sie erfährt, daß die Schwangerschaftsunterbrechung legalisiert wurde, doch ist es ihr durch ihre früheren Schwierigkeiten unmöglich geworden, erotischen Gefühlen nachzugeben. So ist sie schließlich sogar dankbar, als ein Krebsverdacht eine Hysterektomie erforderlich macht – nun ist wenigstens keine Schwangerschaft mehr zu befürchten. Das Spektrum der Möglichkeiten für Frauen, wie es Worgitzky in *Vieräugig oder blind* vorstellt, liegt zwischen denen von Eva und Barbara: eine Vergangenheit, in der die Frauen an biologische Gesetze gefesselt waren, und eine Gegenwart, in der die Emanzipation mit von Männern diktierten Bedingungen gekoppelt ist – keine der beiden Optionen gestattet den Frauen, glücklich zu werden und sich selbst zu verwirklichen.

Helga Schuberts *Lauter Leben* nähert sich der Frauenfrage nur indirekt und zaghaft, obschon aus vielen ihrer Erzählungen unerfüllte Sehnsucht spricht. In der einführenden Erzählung, *Meine alleinstehenden Freundinnen,* wird deutlich, daß eine alleinstehende Frau trotz aller Probleme oftmals ein volleres und menschlicheres Leben führen kann, wenn sie es nur wagt, ein Leben allein zu unternehmen. Viele dieser scheinbar einfachsten Geschichten haben ungelöste Probleme des Alltags zum Thema: die Schwierigkeit, mit anderen Menschen Kontakt aufzunehmen, einen Liebhaber oder einen Ehemann zu finden, eine Affäre mit einem verheirateten Mann aufrechtzuerhalten, kurze Augenblikke des Glücks zu finden und zu genießen. In der *Ausnahme,* zum Beispiel, kann ein Liebespaar ausnahmsweise einmal einen Vormittag miteinander im Bett verbringen. Solche Ausnahmen sind selten, aber nicht unmöglich, und der Glaube daran gibt die Kraft zum Durchhalten. Die letzte Geschichte des Bandes erinnert an Christa T.'s Hoffnung auf ein zumindest minimales häusliches Glück: In ihrer Phantasie baut die Erzählerin ein Haus, das allen ihren Wünschen bis ins letzte entspricht, bis hin zum Gelächter der Seevögel, die um es herumfliegen. Auf dem Land, wo sie ihr Haus baut, würde sie von der Arbeit ihrer Hände leben und nicht länger nur als Besucher angesehen werden, denn sie würde es zu ihrem eigenen gemacht haben. Sarah Kirschs Nachwort zu Schuberts Werk findet eine treffende Formel für die Hoffnungen auf alltägliche Utopien, die dort zum Ausdruck kommen: »Sie ermuntert uns: eher lassen wir uns vom Donner erschmeißen, bevor wir uns mit Verhältnissen begnügen, die nicht menschlich sind. Oder: LIEBER EIN BLUTIGES OHR UND ZUFRIEDEN.«[21]

In dem Erzählband *Klopfzeichen* wählt Monika Helmecke Formen, die oft in den Bereich des Phantastischen überwechseln, wenn sie versucht, Möglichkeiten für Frauen aufzuspüren, wo keine zu existieren scheinen, wo Liebe und Beruf von vornherein unvereinbar erscheinen. In der ersten Erzählung, *Erich,* steht die Heldin Lisa vor der Entscheidung, entweder ihre Karriere als Lehrerin in Berlin oder ihre Liebe zu ihrem seltsamen und schöpferisch veranlagten Freund Erich aufzugeben, der in einer gemütlichen Kleinstadt lebt, ihr Märchen erzählt, aber an Arbeit gänzlich uninteressiert ist. Lisa entscheidet sich für ihren Beruf und sagt zu Erich: »Träume Deine Träume allein weiter. Ich kann nicht mehr«[22] – was sie aber nicht hindert, sich weiter nach Erichs

Träumen zu sehnen. Die gleiche Zwiespältigkeit erscheint bereits im Titel von *Lauf weg! – Kehr um!*. Elisabeths Wunsch, zwei verschiedene Leben zu führen, geht in Erfüllung, und sie lebt eines zusammen mit ihrem Mann und den Kindern, und eines allein als Pianistin und Komponistin. Mehr und mehr zieht sie es vor, in der Welt ihrer Arbeit zu leben, doch fehlt ihr zur Vollendung ihrer Oper das Lachen von Kindern, und sie hat vergessen, wie es klingt. Der Preis einsamer Arbeit ist zu hoch und die Arbeit selbst unbefriedigend, so daß sie schließlich für immer zu ihrer Familie zurückkehrt. Gerda, die Hauptgestalt der Titelerzählung, ist nicht bereit, das Los einer alleinstehenden Mutter zu tragen und entschließt sich zu einer Abtreibung. Danach bildet sie sich ein, der abgetriebene Fötus sende ihr immer noch »Klopfzeichen«. An dem Tag, an dem ihr Kind hätte geboren werden sollen, erscheint sie in der Klinik und verlangt, entbunden zu werden, verzweifelt schreiend: »Ich will nicht mehr allein sein, nein, ihr könnt es mir nicht nehmen, nein, nein, nein!« (K, S. 132).

Die letzte Erzählung dieses Bandes, *Ich werde ich*, ist wieder einmal dem Thema Geschlechtswechsel gewidmet, und es scheint, als sei hier eine vorläufige, wenn auch resignierte Bereitschaft zu entdecken, das Beste daraus zu machen, was die DDR zur Zeit den Frauen bietet. Karins Körper stirbt bei der Geburt; ihr Gehirn wird dem Körper eines achtundfünfzigjährigen Mannes eingepflanzt. Im Gegensatz zu Morgners Valeska ist sie »ein Mann mit weiblicher Vergangenheit« – ihr männlicher Körper und die in sie als Mann gesetzten Erwartungen bleiben ihr fremd, einschließlich des Verlangens ihrer Gattin nach Erotik und Liebe. Zum Selbstmord bereit, entschließt sich Karin / Hans, nichtsdestoweniger die ihr als Mann gebotenen Möglichkeiten auszuprobieren: »In diesem Leben nun bin ich Mann. Nie mehr Fenster putzen, aufwischen, bohnern, nie mehr Staub wischen, einkaufen. Dafür muß ich bezahlen, als Mann« (K, S. 199). Immerhin, die Möglichkeiten sind nicht nur auf die Gegenwart beschränkt. »In fünfzehn Jahren habe ich noch ein junges Gehirn, aber einen alten Körper; wenn ich dann sterbe, könnte man mein Gehirn in einen anderen Körper bringen. War das nicht Seelenwanderung?« (K, S. 199). Helmecke, so scheint es, glaubt immer noch an die Geschichte, und ihre Erzählung vom Geschlechtswechsel bietet die Aussicht, daß, wenn auch nicht die Gegenwart, so doch die Zukunft den Frauen eine Lebensweise ermöglichen könnte, die besser wäre, als Frau zu bleiben oder Mann zu werden, so wie beide Geschlechter heute definiert sind.

Helga Königsdorfs *Meine ungehörigen Träume*, gewidmet »Meiner Liebe, die mir täglich stirbt und die ich immer neu erschaffe«[23], träumt auch von der Zukunft. Die Titelgeschichte der Sammlung besteht aus fünf Träumen, die, wie die Erzählerin uns wissen läßt, von einem Fieber und der Lektüre von sechzehn Erzählungen Irmtraud Morgners am Vortage inspiriert sind. Wie Morgner schreibt auch Königsdorf Märchen und Legenden um für die Frau von heute und versucht, im Schlaf ihre Probleme mit Männern zu lösen. »Ich habe mich in meinem Leben häufig«, berichtet die Erzählerin, »und nicht nur in meinen Träumen, um die Ergründung der Spezifik des männlichen Seins bemüht. Aber immer wieder habe ich dabei mein Versagen hinnehmen müssen« (MUT, S. 68). Auch *Die Nacht beginnt am Tag* verfolgt die Zusammenhänge zwischen Traum und Wirklichkeit. Eine in ihren Träumen erscheinende Eule verweist auf die Unzulänglichkeiten des wachen Lebens; die Erzählerin übernimmt diese Kritik auch für den Tag: »Ich gehe in meinen Tag hinein und weiß, daß ich diesen Tag ändern muß, will ich in der Nacht das Glück zurückgewinnen« (MUT, S. 111).

Die letzte Erzählung dieses Bandes, *Hochzeit in Pizunda*, berichtet in Tagebuchform von der Entscheidung einer Frau, eine zwanzigjährige Ehe zu beenden, da die Beziehung sich in Gewohnheit und Resignation erschöpft. Wie so oft in der Literatur der letzten beiden Jahrhunderte dient ein außereheliches Verhältnis als Auffangbecken für die Enttäuschung der Erzählerin über das, was ihr die Gesellschaft zugesteht, während ihr dagegen die Liebe gestattet, auf die Suche nach sich selbst zu gehen: »In meiner Liebe zu dir suche ich mich« (MUT, S. 129). Die Erzählerin ist sich bewußt, daß ihre eigene Unzufriedenheit und ihre Suche nach Selbstverwirklichung auf die historisch neue Lage der Frau zurückzuführen sind: »Jede Benachteiligung frißt ein Stück von meinen Möglichkeiten. [...] Ich bin nicht mehr bereit, mich dienend zu verströmen und zu glauben, das wäre meine Bestimmung« (MUT, S. 138).

Doch gleichzeitig sind die Forderungen, die sie im Namen der Liebe an das Leben stellt, utopische Forderungen nach menschlichem Glück, die nicht nur für Frauen gelten:

»Die Welt mit ihren konkreten Herausforderungen als Fundament. Darüber erheben sich kühn, heftig, selbstbewußt die gedanklichen Konstruktionen. [. . .] Alle Denkmodelle sind zugelassen, und beinahe alles wird begründbar. Wo sind die Fixpunkte? Bizarre Ornamente, die durch die Kollisionen mit der Realwelt zerstört werden, die sich neu erheben und die, ehe man sich versieht, einen erstaunlichen Einfluß erlangen. Zwischen allen wolkenähnlich die farbige Landschaft der Phantasie, die den Boden und die Schwerkraft negiert (MUT, S. 139 f.).«

Die Erzählerin mißt den Alltag an ihren Visionen eines möglichen Lebens und zieht es dann vor, lieber für eine unbekannte Zukunft zu kämpfen, als eine unzulängliche Gegenwart hinzunehmen.

Bei den jüngeren Schriftstellerinnen war es vor allem Christine Wolter, die die Dimensionen der heutigen Unzufriedenheit der Frauen und ihr Verlangen nach Alternativen jenseits der gegebenen gesellschaftlichen Verhältnisse am gründlichsten erforscht hat. Viele der Erzählungen in ihrem ersten Buch, *Wie ich meine Unschuld verlor*, verraten Bedauern über den Verlust früherer Hoffnungen. Bereits die Titelgeschichte als die erste dieses Bandes stellt den Anschluß her zum heutigen Leben der Frau in der DDR. In Erinnerung an die Ereignisse, die zum Verlust ihrer Unschuld führten, berichtet uns die Erzählerin, daß sie ihre erste Liebe zwar aus den Augen verloren habe, sich aber gerne an ihn erinnere: »Ich habe eine Menge Andenken an ihn; in meinem Nähkasten liegt der Myrtenstrauß, den er bei unserer Hochzeit trug.«[24] Ausgediente Ehemänner werden nun ebenso leichten Herzens abgelegt wie die erste Mädchenliebe. Im *Märchen* verbringt ein geschiedener Mann einen Nachmittag mit seiner ehemaligen Frau und seinem Sohn am Meer, wo Mann und Frau kurz über ihre gemeinsame Vergangenheit und ihre getrennte Gegenwart sprechen. »Ich habe mich geirrt«, sagt die Frau, »es ist schwer allein. Ich glaube auch, ich bin weniger begabt, als ich damals dachte« (WIMUV, S. 49).

Die Frauen in diesen Erzählungen sind tapfer und stark; das Leben hat ihnen nicht gegeben, was sie von ihm erwartet hatten, doch tragen sie bereitwillig und ohne Selbstmitleid die Konsequenzen ihrer Wahl, bei der sie Unabhängigkeit und Erfahrung der Sicherheit und der Konvention vorzogen. Nur *Ich habe wieder geheiratet* präsentiert eine Alternative zum schwierigen Leben dieser vielen alleinstehenden Frauen. Hier tritt als neuer Ehepartner eine Frau auf, die willens ist, ihr Teil zu einer fruchtbaren Beziehung beizutragen. Obwohl die Erzählung die Möglichkeit einer erotischen Annäherung der beiden Frauen streift, schließt ihre »Ehe« Beziehungen zu Männern nicht aus, denn das Wichtigste an dieser Partnerschaft sind die Unterstützung und das gegenseitige Verständnis der Frauen füreinander.

Die Schlußerzählung, *Keine Geschichte*, beschäftigt sich mit der Form der hier gesammelten Kurzgeschichten und kann vielleicht sogar die Vorliebe der neueren DDR-Frauenliteratur für diese Form erklären. Eine Lyrikerin erhält von der Brigade, der sie ihre Gedichte vorträgt, den Auftrag, eine Geschichte für sie zu schreiben: »hart, handgreiflich, heiß, aber auch hiesig und heutig« (WIMUV, S. 114). In dem kleinen Hotel, in dem sie ihren zehntägigen Urlaub verbringt, wird sie am gleichen Tag, dem 8. März, Zeuge einer Hochzeitsfeier und einer Feier zum Internationalen Frauentag, zu der eine Gruppe Frauen zusammengekommen ist. Die Hochzeitsfeier endet mit einem betrunkenen Bräutigam, die Frauentagsfeier damit, daß sich zwei Frauen und zwei Männer zu einem Schäferstündchen davongemacht haben. Beide Begebenheiten wären nach ihrer Meinung geeignet für »die pralle Geschichte, die sie hätte erzählen können«, doch keine entspricht ihrer eigenen Erfahrung: sie ist weder die neue Braut mit privatem Eheglück noch die sozialistische Superfrau, die am Frauentag gefeiert wird. Was sie an diesem Abend durchlebt, ist ein seltsamer und erotischer Traum, der kaum in den Rahmen der Geschichte hineinpassen würde, die ihre Brigade wünscht. Wie das Leben vieler Zeitgenossinnen besteht auch ihres aus einer Mischung von Alltäglichem und unerklärbaren Wünschen und Sehnsüchten – Thema und Gestaltungsprinzip eines Großteils der neueren Frauenliteratur in der DDR.

Wolters zweites Buch, *Die Hintergrundsperson oder Versuche zu lieben*, unternimmt es, die Identifizierung einer weiblichen Alternative einen Schritt weiterzutreiben. Einerseits läßt sich dieses komplexe Werk verstehen als ein Versuch zur Einleitung des am Ende von Christa Wolfs *Selbstversuch* vorgeschlagenen Experiments: »der Versuch zu lieben.« Gleichzeitig kann man Wolters Kurzroman lesen als eine Kritik gewisser traditioneller literarischer Themen und Formen vom Standpunkt der Frau, wobei vor allem Goethe und der Bildungsroman in Frage gestellt werden. Karla, ledige Mutter und Dolmetscherin, begleitet eine Gruppe von Filmleuten nach Italien. Dabei bringt Wolter die

Bedeutungen ins Spiel, die Italien in der deutschen Literatur angenommen hat: es steht für Sinnenfreude, Spontaneität und ein zügelloses Leben – aber das moderne Italien bedeutet auch, im Gegensatz zur DDR, Kapitalismus und Verbrechen. Auch Namen spielen in der Geschichte eine bezeichnende Rolle: Werther ist der Regisseur, der sich mit den Bedingungen in der DDR arrangiert hat, Eva die Frau, die wegen ihrer italienischen Liebe die DDR verlassen hat. Karla, die Heldin, ist die Hintergrundsperson, und zwischen ihrem Beruf als Dolmetscherin und dem, was hier von ihr als Frau erwartet wird, bestehen deutliche Parallelen. Sie soll als ein transparentes Medium fungieren, um die wichtigen Interaktionen zwischen Männern zu fördern; dagegen steht ihr Verlangen, selbst als Subjekt aufzutreten, und zwar als ein neues Subjekt der sozialistischen Geschichte, als Karla neben Karl Marx. Wie Christa T. will sie sich nützlich machen: »Ich möchte«, sagt Karla, »auf meine Art an der Vervollkommnung unserer Welt teilnehmen.«[25] Allerdings nicht, darauf besteht sie, auf Kosten ihres eigenen Glücks: »Ich habe lange mit einer unklaren Erwartung gelebt. Die Zukunft! Irgendwann würde es beginnen, es, von dem ich nicht wußte, was es war: das Leben. Aber der Beginn verschob sich ...« (H, S. 141).

Auf der Suche nach dem Glück hat Karla eine neue und schwierige Lebensweise ausgesucht, deren Ausgang nicht abzusehen ist, die aber trotz aller Probleme der Langeweile und der Routine vorzuziehen ist: »Daß sie das Abreisen, das Herumhetzen, das Zurückkommen in Kauf nehmen würde, weil es schlimmer war, jeden Morgen in ein vollklimatisiertes Büro zu kommen und bis zum Nachmittag an einer Schreibmaschine zu sitzen« (H, S. 122). Werthers Filme dagegen attackieren überholte Lebensformen nur mit halbem Herzen: für die Frauen hält man ein bewährtes Happy-End parat: sie finden neue Männer. »Es tut mir leid, Werther«, denkt Karla, »du bist ja unrettbar altmodisch« (H, S. 44). Ihrem Leben fehlt eine »Fabel«, die es zusammenhält: »Dolmetscherreisen, Übersetzungen, Kongresse, Simultan und Transkription, Begegnungen, Trennungen, Verluste und neue Bekanntschaften, von Ort zu Ort. Augenblicke, gebündelt. Dem Rahmen nachgehen,Episoden aufreihen. Übersetzen, reisen, hier sein oder dort, aber nicht die Fabel kennen. Wo war die Fabel?« (H, S. 153) Im Gegensatz zu dem normalen Rhythmus des Lebens und der realistischen Erzählung sucht Karla eine ausgefüllte Zeit, wie Liebe und Reisen sie möglich machen: »ein Zauber, der alle Maße außer Kraft setzt. Da wird man von sich selbst getrennt, vom gewöhnlichen Leben, von dem sicheren Bild, das man von sich hat. Da findet bei mir etwas statt, was ich Zeitdehnung nennen würde« (H, S. 170). Doch nicht nur mit Hilfe des Außergewöhnlichen vermag Karla zu wachsen und sich selbst zu verwirklichen, sondern auch durch ihre zarte und sorgende Beziehung zu ihrem Kind, einer anderen Form der Liebe. Wieder in Berlin, denkt Karla darüber nach, was ihr Kind für sie bedeutet: »Nicht nur du brauchst mich, ich brauche dich auch, Kind. Taub wäre ich ohne dich geblieben, stumm, zugeschlossen. Was für ein dummes Wort: Selbstverwirklichung. Denn man wird wirklich durch die anderen, die anderen sind es, durch die wir existieren, für die wir existieren« (H, S. 200). Hierin dürfte Karlas Eigenschaft als »unbeispielhaftes Beispiel« liegen, wie Christa T. Ihre historisch beispiellose Situation als autonome Frau schafft unvorhersehbare und nahezu unüberwindliche Schwierigkeiten, eröffnet aber auch – zuweilen – ein reicheres und erfüllteres Leben, als es Frauen je zuvor gekannt haben.

In dieser Hinsicht gehört der Ausgang des Romans mit seiner Anspielung auf andere Werke, die sich mit dem Problem subjektiver Erfüllung im Sozialismus beschäftigen, zu den hoffnungsvolleren unter den neueren Frauentexten in der DDR. Im Vergleich mit dem bunten Italien ist Berlin farblos, »Stadt Grau«, doch ist Karla froh, zurück zu sein, und sie erkennt die Farben Italiens wieder im Berliner Sonnenuntergang. Der am Ende des Romans vor dem Abendhimmel tanzende grellbunte Drachen erinnert an Uwe Johnsons *Mutmassungen über Jakob* (geschrieben in der DDR), wo der Drachen den Liebenden ins Bewußtsein ruft, daß nur im Himmel über einem geteilten Deutschland ihre Liebe Wirklichkeit werden kann. Noch deutlicher sind jedoch am Ende von Wolters Roman die Bezüge auf *Der geteilte Himmel* (1963); Christa Wolfs damalige Hoffnungen, daß der Sozialismus Ritas Sehnsucht nach Glück befriedigen könnte, werden von Wolter aufgegriffen und weitergeführt. Die subjektiven Bedürfnisse, die in der *Hintergrundsperson* von Italien symbolisiert werden, werden nicht aufgehoben, wenn Karla nach Deutschland zurückgekehrt; die Farben bleiben am Himmel, sozusagen als Inspiration. Bei Wolter bleibt zumindest die Hoffnung, daß sich aus der Erfahrung von Frauen in der heutigen DDR etwas ableiten läßt, das den Sozialismus dort in die Richtung jenes »Versuchs zu lieben« umlenkt, von dem Wolter und Wolf sprechen.

4. Zusammenfassung: Weibliche Gegenmodelle zum Bestehenden

Bleibt zu fragen: »Was will das Weib?« Oder genauer gesagt, welche Alternativen für eine andersartige Geschichte, für andere Formen der Selbstverwirklichung und ein anderes Subjekt werden von den Schriftstellerinnen der DDR vorgestellt? Dabei wäre zu bedenken, daß diese Alternativen, wenn sie die Bedürfnisse der Frauen in der DDR tatsächlich erfüllen sollen, nicht nur die unmittelbaren Probleme der Frauen dort lösen dürfen, sondern auch den Weg zu einer anderen Lebensweise zeigen müßten, die die Frage nach dem menschlichen Glück beantworten kann. Bezüglich dieser Alternativen müssen wir wieder auf das Werk von Christa Wolf zurückkommen, das formal und thematisch am weitesten vorgedrungen ist in Richtung auf neue Arten zu leben, um die sich auch die jüngeren Schriftstellerinnen bemühen. Zahlreiche feministische Wissenschaftlerinnen in den Vereinigten Staaten haben darauf aufmerksam gemacht, daß Wolf versucht – häufig durch formale Strategien ihres Werkes –, eine neue Form weiblicher Subjektivität zu postulieren, die die gegenwärtigen Daseinsweisen der Frau mit berücksichtigt.

Wenn, wie Myra Love behauptet hat, »die Identifikation von Subjektivität und Herrschaft im Kern des Patriarchats begründet ist«[26], so versucht Wolf zumindest seit *Christa T.*, diese Identifikation zu durchbrechen. In diesem Werk bietet das »Nachdenken« der Erzählerin über ihre tote Freundin ein Modell für eine neue Art der Erkenntnistheorie, in der ein Subjekt ein anderes Subjekt nicht nur sucht, sondern sich ihm gleichzeitig auch hingibt und dabei selbst verwandelt wird. Die Art und Weise der weiblichen Wahrnehmung im *Selbstversuch* beruht, im Gegensatz zu der männlichen, auf Gegenseitigkeit und auf Empfangsbereitschaft. Anders erklärt, daß selbst vertraute Objekte, wie beispielsweise eine Stadt, für Frauen und Männer verschiedene Bedeutungen haben: »Zwar erinnerte ich mich, was ihr ›Stadt‹ war; eine Fülle immer wieder enttäuschter, immer sich erneuernder Hoffnung. Ihm – also mir, Anders – eine Ballung unausschöpfbarer Gelegenheiten. Er – also ich – war betäubt von einer Stadt, die mich lehren wollte, daß es meine Pflicht war, Eroberungen zu machen, während die Frau in mir noch nicht die Technik verlernt hatte, sich zu zeigen und falls die Situation es so wollte, klein beizugeben« (UDL, S. 147). Dieses Fehlen starrer Grenzen zwischen Personen und Objekten wird zur Komponente der Erzählstruktur von *Kein Ort. Nirgends,* wo die Unterschiede zwischen der Erzählerin und ihren Gestalten nur schwer auszumachen sind. Von diesen werden besonders Kleist und die Günderrode so empfänglich füreinander, daß sie praktisch die Gedanken des anderen lesen können. »Berührung« nennt Wolf dieses neue erkenntnistheoretische Modell in ihrer Einführung zu *Guten Morgen, du Schöne;* es ist eine Form, die sich radikal von Positivismus und Objektivität absetzt.

Dieses neue weibliche Subjekt unterscheidet sich jedoch nicht nur durch eine anders geartete Wahrnehmung der Welt, sondern ist auch anders beschaffen als das männliche Subjekt der europäischen Geschichte. Ein Großteil der feministischen Forschung zu Wolf hat die Folgerungen untersucht, die sich aus Wolfs Nachdenken über »die Schwierigkeit, ich zu sagen« für Frauen ergeben. Da das Sprachsubjekt männlich ist, haben Frauen besondere Schwierigkeiten, sich als Subjekt in der ersten Person zu behaupten; andererseits widerspräche es aber auch dem Interesse ihrer endgültigen Befreiung, wenn sie sprachlich in der gleichen Form aufträten wie die männliche erste Person. Eben die hier angedeutete Schwierigkeit, die Beschaffenheit des Subjekts zu definieren, zeigt die Fragwürdigkeit der Vorstellung eines einheitlichen und zentralen Subjekts überhaupt. Wolfs Subjekt geht in die Erfahrungen über, die es zum Teil ausmachen. »Niemals«, schreibt der Erzähler in *Christa T.,* »hat sie auseinander halten können, was nicht zusammengehört, den Menschen und die Sache, für die er eintritt, die nächtlichen unbegrenzten Träume und die begrenzten Taten im Tageslicht, Gedanken und Gefühle« (NCT, S. 68). Weiterhin ist das Subjekt, von dem Wolf spricht, ein im Werden begriffenes, das sich in der Gegenwart aus den Erfahrungen der Vergangenheit selbst schaffen muß, ohne der Vergangenheit Gewalt anzutun. *Kindheitsmuster* läßt sich nicht nur lesen als ein Versuch zur Auseinandersetzung mit dem deutschen Faschismus, sondern auch als ein

Bemühen, die eigene Vergangenheit mit in die Gegenwart hineinzunehmen. Der erste Satz von *Kindheitsmuster* gilt für beides: »Das Vergangene ist nicht tot; es ist nicht einmal vergangen. Wir trennen es von uns ab und stellen uns fremd.«[27] Daneben muß die Erzählerin einen Weg finden, die bei der Betrachtung ihres Lebens verwendeten Personalpronomina – »sie«, »du«, »ich« – zu verschmelzen, was ihr wahrscheinlich am Ende des Buchs gelungen ist, als sie zum ersten Mal in der ersten Person reden kann, nur um zu sagen: »Ich weiß es nicht« (KM, S. 530). Die von Christa Wolf angestrebte »phantastische Genauigkeit« könnte die Erfahrung des Subjekts wiedergeben, »ein unglaublich verfilztes Geflecht, dessen Fäden nach den strengsten Gesetzen ineinander geschlungen sind« (KM, S. 354) – eine Aufgabe, die eine lineare Sprache zu leisten außerstande ist. Was die ineinander verflochtenen Ebenen von Zeit und Persönlichkeit in *Kindheitsmuster* zeigen können, ist die Uneinheitlichkeit dieses weiblichen Subjekts, das die immensen Schwierigkeiten bei der eigenen Konstituierung als Subjekt ihrer Geschichte eingesteht und bereitwillig auf sich nimmt.

Um sich selber zu schaffen, bedarf das weibliche Subjekt auch neuer Formen für eine produktive Interaktion mit anderen Menschen, für Wechselbeziehungen, die auf Freundschaft und Liebe beruhen. Nur gelegentlich findet man das Modell für eine solche Subjekt-Subjekt-Beziehung zwischen Männern und Frauen, obwohl sie in der »Geselligkeit« der Gruppe um die Brentanos bereits vorweggenommen scheint, wie der Erzähler in *Kein Ort. Nirgends* bemerkt: »Kleist ist noch nie unter Menschen gewesen, die ihre Grenzen gegeneinander so weit überschreiten und sich doch nicht verfeinden. Ein Widerschein der Hoffnung, gewisse Träume seiner Jünglingsjahre, deren er sich heute schämt, könnten wahr werden: Zutrauen kein Unding, Liebe kein Phantom« (KON, S. 110). Viel häufiger sind dagegen solche Wechselbeziehungen zwischen Frauen anzutreffen. Die Frauen in *Guten Morgen, du Schöne*, sagt Wolf, haben Formen eines Selbstbewußtseins entwickelt, »das nicht zugleich Wille zum Herrschen, zum Dominieren, zum Unterwerfen bedeutet, sondern Fähigkeit zur Kooperation« (GM, S. 19). Auch westliche Feministinnen unterstützen einander auf diese Weise, und was immer auch sonst an ihnen auszusetzen ist – in dieser Hinsicht empfiehlt Wolf ihr Vorbild den Frauen in der DDR: »wieviel

Solidarität untereinander, wieviel Anstrengung, die eigene Lage zu erkennen, wieviel Spontaneität und Erfinderlust in ihren Selbsthilfeunternehmen, wieviel Phantasie, welche Vielfalt. Ich kann nicht finden, daß wir in der DDR gar nichts davon zu lernen hätten« (GM, S. 17). Am deutlichsten beschreibt Wolf diese fruchtbare Beziehung zwischen zwei weiblichen Subjekten in ihrer Diskussion der Romantikerinnen. »Diese jungen Frauen haben einander etwas zu geben, was ein Mann ihnen nicht geben könnte, eine andre Art Verbundenheit, eine andre Art Liebe. Als könnten sie, allein miteinander, mehr sie selbst sein, sich ungestörter finden, freier ihr Leben entwerfen – Entwürfe, die denen der Männer nicht gleichen werden« (LS, S. 253). Insbesondere die Freundschaft zwischen Bettine von Brentano und Karoline von Günderrode ist ein Modell für eine solche Wechselseitigkeit, die Frauen gestattet, ihre tiefsten sinnlichen, emotionalen und intellektuellen Bedürfnisse zu erkennen, zu erforschen und zu entfalten: »Miteinander denken aus Liebe und um der Liebe willen. Liebe, Sehnsucht als Mittel der Erkenntnis brauchen; denkend, erkennend nicht von sich selber absehen müssen; einander ›die Schläfe brennen‹ machen von ›heißem Eifer in die Zukunft‹« (LS, S. 313) – ein Experiment auf der Grundlage weiblicher Erotik, Zärtlichkeit und Verständnis, dessen Tragweite wir erst heute langsam wiederentdecken.

Schließlich ließe sich von Wolfs neueren Werken noch sagen, daß sie die feministischen Zwecke der Autorin nicht nur in den Textstrategien erfüllen, die verschiedene Modelle einer weiblichen Subjektivität skizzieren, sondern auch in ihrem Inhalt, insbesondere durch die Verwendung der Geschichte in erlösender Funktion. Getreu ihren Blochschen Ursprüngen hat Wolf es unternommen, konkrete Utopien der Vergangenheit auszugraben und uns zur neuerlichen Prüfung vorzulegen; für sie vertreten die Romantikerinnen einen Augenblick, in dem Europa zögerte, um dann doch den falschen Weg einzuschlagen. Eine Rückkehr zu den Experimenten in Liebe, Gemeinschaft und philosophischem Erfindungsdrang, zu den Wurzeln des Marxismus, könnte uns heute alternative Richtungen für unseren jetzigen Kurs zeigen. In Bettines Briefen an die Günderrode findet Wolf eine Alternative zu Faust, ein Gegenmodell zu dem modernen Produktivismus:

»Welch andre Szene! Nicht die Kampfansage auf Leben und Tod, nicht die bedingungslose Unterwerfung der Natur; nicht die Hybris des

›faustischen‹ Menschen, der Erkenntnis nur gewinnt, indem er die Natur auf die Folterbank nimmt, ihr falsche Geständnisse abzwingt mit Hebeln und mit Schrauben. Eine andre Art Fortschritt. Eine andre Art Magie als das Teufelswesen, dem Faust sich verschreibt und an dem er, ein sich selbst fremd Gewordener, zugrunde geht. [. . .] Welch Gegen-Entwurf an den Wurzeln einer in die Irre gehenden Kultur. Welche Kühnheit im Gespräch der beiden Frauen (LS, S. 314 f.).«

Ein utopisches Modell, das nicht weiter verfolgt wurde, war die von Bettine und der Günderrode vorgeschlagene »Schwebe-Religion«, »die, hätte sie nur eine geringe Chance gehabt, verwirklicht zu werden, die Männerkultur der Aggression nicht an den Rand der Selbstvernichtung getrieben hätte; denn diese beiden Frauen symphilosophieren über eine Religion der Lebensfreude, des Sinnengenusses und der Humanität, machen sich ›Regierungsgedanken‹, wie sie ›die Welt umwälzen‹ wollen ›mit lachendem Mund‹« (LS, S. 312).

Aus Wolfs Werk über die Romantikerinnen spricht ein tiefer Pessimismus über den Lauf der Geschichte. Zum Beispiel sagt sie in *Kein Ort. Nirgends,* es sei »unser unausrottbarer Glaube, der Mensch sei bestimmt, sich zu vervollkommnen, der dem Geist aller Zeiten strikt zuwiderläuft« (KON, S. 150 f.). Dennoch ist in ihren neuesten Texten eine Wiederannäherung an die Idee der gesellschaftlichen Umwandlung zu erkennen, wie ihr Essay über Bettine verrät. »Nun ja! Das nächste Leben geht aber heute an« ist der Titel des Essays und auch dieser Studie, denn Wolf hat versucht, mit den Romantikerinnen (und mit Christa T.) das zu leisten, was Bettine mit ihrer beispielhaften Liebe für die Günderrode geleistet hat. In einer Zeit tiefer politischer Repression kehrt Bettine zu den revolutionären Leidenschaften ihrer Jugend zurück. »Es ist offensichtlich«, erklärt Wolf: »Mit dem Günderrode-Buch will sie das Vermächtnis ihrer eigenen Jugend an die übernächste Generation weiterreichen« (LS, S. 301). Ebenso offensichtlich ist, daß auch Christa Wolf der nächsten DDR-Generation sowohl das Vermächtnis der Romantikerinnen als auch das ihrer eigenen Jugend anbietet. Wolf steht der Erzählerin in *Christa T.* näher als Christa T., ist der Bettine verwandter als der Günderrode. »Wie es mit Bettine weiterging, wissen Sie«, teilt Wolf der Adressatin ihres Bettine-Essays mit, »wissen, wie sie nicht aufhören konnte, Vorschläge zu machen für eine andere, nichttötende Art, auf der Welt zu sein« (LS, S. 318). Man könnte einen großen Teil der neueren Frauenliteratur in der DDR in diesem Licht betrachten. Auf der einen Seite verraten viele dieser Werke einen Pessimismus der dem Christa Wolfs ähnelt, wenn es um die Möglichkeiten für Frauen in der DDR geht, Freiheit und Glück zu finden. Andererseits ist gerade die Tatsache, daß sie über die Unzufriedenheit der Frauen dort schreiben, ein Anzeichen für die Hoffnung der Autorinnen, daß man dieses Leben im Sinne der von ihnen aufgezeigten Alternativen umwandeln könnte. Wie Wolf in ihrer Rede anläßlich der Verleihung des Büchnerpreises überzeugend darlegte, ist selbst die aus der Verzweiflung entstandene Literatur letztlich immer ein Protest gegen die beschriebenen Zustände: »Die an sich selbst verzweifelnde, ihrer selbst überdrüssige Literatur muß – Selbstverzweiflung, Selbstekel aufhebend – bleiben« (BPR, S. 12). So kann auch die heutige Frauenliteratur der DDR als ein Appell für »das nächste Leben« verstanden werden. Wenn man sie ernst nimmt, wie Wolf dringend nahelegt, könnte sie dazu beitragen, die dargestellte zerstörerische und unglückliche Welt zu verwandeln: »Soll Literatur endlich einmal, dieses eine Mal, beim Wort genommen und herangezogen werden, um sichern zu helfen den Bestand des Irdischen« (BPR, S. 14).

Aus dem Englischen von Reinhart Jost

Anmerkungen

Mein besonderer Dank gilt Gertraud Gutzmann, die freundlicherweise die für eine eigene Arbeit bestimmten Materialien mit mir teilte. Ohne ihre großzügige Hilfe wäre meine Untersuchung nicht zustandegekommen.

1 Kaufmann, Gespräch mit Christa Wolf, in: *Weimarer Beiträge* 20 (1974), H. 6, S. 108.
2 Emmerich, *Kleine Literaturgeschichte der DDR* (Darmstadt: Luchterhand, 1981), S. 203.
3 Herminghouse, Wunschbild, Vorbild oder Porträt? Zur Darstellung der Frau im Roman der DDR, in: *Literatur und Literaturtheorie in der DDR,* hrsg. v. Peter Uwe Hohendahl und Patricia Herminghouse (Frankfurt/M: Suhrkamp, 1976), S. 287.

4 de Bruyn, Fragmente eines Frauenporträts, in: *Sinn und Form* 24 (1972), H. 4, S. 793–797, zit. nach Herminghouse, S. 320.

5 Wolf, Berührung, in: Maxie Wander, *Guten Morgen, du Schöne* (Darmstadt: Luchterhand, 1978), S. 18. Im folgenden Seitenzahlen im Text unter der Sigle GM.

6 Wolf, *Kein Ort. Nirgends* (Berlin: Aufbau-Verlag, 1979), S. 137. Im folgenden Seitenzahlen im Text unter der Sigle KON.

7 Biddy Martin, Socialist Patriarchy and the Limits of Reform. A Reading of Irmtraud Morgner's *Life and Adventures of Troubadora Beatriz as Chronicled by her Minstrel Laura*, in: *Studies in Twentieth Century Literature* 5 (1980), H. 1, S. 59–74.

8 Wolf, Selbstversuch, in: *Unter den Linden* (Darmstadt: Luchterhand, 1974), S. 167. Im folgenden Seitenzahlen im Text unter der Sigle UDL.

9 Wolf, *Lesen und Schreiben. Neue Sammlung* (Darmstadt: Luchterhand, 1980), S. 228. Im folgenden Seitenzahlen im Text unter der Sigle LS.

10 Wolf, *Büchner-Preis-Rede 1980*, Sonderdruck für die Freunde des Luchterhand Verlages, S. 6. Im folgenden Seitenzahlen im Text unter der Sigle BPR.

11 Siehe auch Wolf, »Komm! Ins Offene, Freund!« Können wir den Frieden retten? in: *Süddeutsche Zeitung*, 20./21. Februar 1982, S. 100.

12 Siehe Helen Fehervary, Die erzählerische Kolonisierung des weiblichen Schweigens. Frau und Arbeit in der DDR-Literatur, in: *Arbeit als Thema in der deutschen Literatur vom Mittelalter bis zur Gegenwart*, hrsg. v. Reinhold Grimm und Jost Hermand (Königstein/Ts.: Athenäum, 1979), S. 171–195 und Wolfgang Emmerich, Nachwort, in: Sarah Kirsch/Irmtraud Morgner/Christa Wolf, *Geschlechtertausch* (Darmstadt: Luchterhand, 1980), S. 101–127.

13 Emmerich, Nachwort, S. 112–13.

14 Reimann, *Franziska Linkerhand* (München: Deutscher Taschenbuch Verlag, ²1978), S. 582.

15 Dieses und die folgenden Zitate aus: Tetzner, *Karin W.* (Darmstadt: Luchterhand, 1979), S. 206–7.

16 Morgner, *Leben und Abenteuer der Trobadora Beatriz nach Zeugnissen ihrer Spielfrau Laura* (Darmstadt: Luchterhand, ³1976), S. 258–59. Im folgenden Seitenzahlen im Text unter der Sigle TB.

17 Martin, S. 61. (Übersetzung von R. Jost)

18 Zeplin, *Schattenriß eines Liebhabers* (Berlin: Aufbau, 1980) S. 153.

19 Paschiller, *Die Würde* (Berlin: Buchverlag Der Morgen, 1980), S. 19. Im folgenden Seitenzahlen im Text unter der Sigle W.

20 Worgitzky, *Vieräugig oder blind* (Berlin: Buchverlag Der Morgen, 1978), S. 88. Im folgenden Seitenzahlen im Text unter der Sigle VOB.

21 Kirsch, Nachsatz für Helga Schubert, in: Schubert, *Lauter Leben* (Berlin: Aufbau, 1977), S. 158.

22 Helmecke, *Klopfzeichen* (Berlin: Verlag Neues Leben, 1979), S. 47. Im folgenden Seitenzahlen im Text unter der Sigle K.
23 Königsdorf, *Meine ungehörigen Träume* (Berlin: Aufbau-Verlag, 1978), S. 5. Im folgenden Seitenzahlen im Text unter der Sigle MUT.
24 Wolter, *Wie ich meine Unschuld verlor* (Berlin: Aufbau-Verlag, 1977), S. 17. Im folgenden Seitenzahlen im Text unter der Sigle WIMUV.
25 Wolter, *Die Hintergrundsperson oder Versuche zu lieben* (Berlin: Aufbau-Verlag, 1979), S. 187. Im folgenden Seitenzahlen im Text unter der Sigle H.
26 Myra Love, Christa Wolf and Feminism. Breaking the Patriarchal Connection, in: *New German Critique* 6 (1979), H. 1, S. 32.
27 Wolf, *Kindheitsmuster* (Berlin: Aufbau-Verlag, 1976), S. 9. Im folgenden Seitenzahlen im Text unter der Sigle KM.

Patricia Herminghouse

Vergangenheit als Problem der Gegenwart: Zur Darstellung des Faschismus in der neueren DDR-Literatur

Als das bundesrepublikanische Fernsehen die Rechte an der amerikanischen *Holocaust*-Serie erwarb, lehnte es die DDR ab, sie ebenfalls zu kaufen. Schon aus rein wirtschaftlichen Gründen war es kaum zu vertreten, eine immense Summe in harter Währung für eine Sendereihe zu bezahlen, die die meisten ihrer Bürger ohnehin durch das Westfernsehen empfangen konnten. Die Ablehnung wurde damit erklärt, daß es keinen Grund gebe, anhand eines ahistorischen Machwerks im Stil amerikanischer Unterhaltungssendungen den Bürgern der DDR Details einer Vergangenheit vorzuführen, mit denen sie – im Gegensatz zu den Bundesbürgern – dank der langen antifaschistischen Tradition ihres Staates bereits vertraut seien. Diese Feststellung enthielt durchaus Zutreffendes: gerade in der Sowjetzone entstanden in den ersten Nachkriegsjahren einige der besten Filme über das Dritte Reich[1], und Bücher über diese Epoche der deutschen Geschichte haben – bei einer Bevölkerung von nur 17 Millionen – in der DDR Millionenauflagen erreicht.

Was also bewog eine Autorin vom Range Christa Wolfs, ihren Roman *Kindheitsmuster* (1976) mit der Feststellung zu eröffnen: »Das Vergangene ist nicht tot; es ist nicht einmal vergangen«?[2] Oder abschließend die Frage zu stellen:

»Hat das Gedächtnis seine Schuldigkeit getan? Oder hat es sich dazu hergegeben, durch Irreführung zu beweisen, daß es unmöglich ist, der Todsünde dieser Zeit zu entgehen, die da heißt: sich nicht kennenlernen zu wollen?

Und die Vergangenheit, die noch Sprachregelungen verfügen, die erste Person in eine zweite und dritte spalten konnte – ist ihre Vormacht gebrochen? Werden die Stimmen sich beruhigen?«[3]

Wolf, wie auch der Dramatiker Heiner Müller *(Die Schlacht, Germania Tod in Berlin)*, der Lyriker und Dramatiker Volker

Braun *(Simplex Deutsch)* und viele andere, sieht dieses Kapitel der deutschen Geschichte in einem neuen Licht. Während sich die hergebrachte »antifaschistische Tradition« der DDR-Literatur anhand der Lehren der Vergangenheit das Bild einer besseren, sozialistischen Zukunft entwarf, weist nunmehr der Ansatz der neuesten Literatur in die entgegengesetzte Richtung: sie untersucht die heutige Gesellschaft und findet überall Spuren der vermeintlich bewältigten Vergangenheit – zwar nicht als Rassendenken, Genozid und Militarismus, sondern im Alltag in Form von autoritären Haltungen, Konformität, Feigheit, Grausamkeit wie auch Bemühungen, die Erinnerung an frühere Überzeugungen und Handlungen zu verdrängen.

»The past is never dead. It's not even past.« Diese Feststellung findet sich nicht nur in Christa Wolfs einleitenden Sätzen, sondern auch in anderen neueren Werken, die sich mit der Ära des Nationalsozialismus beschäftigen. In der Bundesrepublik dient sie Alfred Andersch als Motto für *Winterspelt* (1974)[4]; schon 1968 war sie in der DDR das Motto von Wolfgang Johos *Das Klassentreffen.*[5] Erich Loest dagegen stellt sie an den Schluß seiner Geschichte *Pistole mit sechzehn* (1977): »Faulkner wußte: ›Das Vergangene ist nicht tot, es ist nicht einmal vergangen.‹«[6] Durch den Verweis auf Faulkner läßt sich die Quelle dieser vielzitierten Zeile unschwer ermitteln: sie stammt aus *Requiem für eine Nonne* (1951), Faulkners erstem Werk nach der Verleihung des Nobelpreises im Jahr 1949.

Im Mittelpunkt des Stückes steht der Versuch der früheren Temple Drake und jetzigen Mrs. Stevens, eine höchst anrüchige Vergangenheit im Bordellmilieu zu vertuschen. Ihre schwarze Hausgehilfin, die ihre dunkle Vergangenheit kennt und teilt, hat Temples Baby umgebracht, um sie daran zu hindern, mit einem der Männer aus jener Zeit von zu Hause fortzulaufen. Temple Stevens und ihr Ehemann lassen lieber die Schwarze hinrichten, als daß sie das dürftige Mäntelchen ihrer neuen Ehrbarkeit preisgeben. »Den halben Preis: ein Kind und eine rauschgiftsüchtige Negerhure am Galgen: mehr brauchte ich für meine Immunität nicht zu bezahlen«[7], bemerkt ihr Gatte zu einem Onkel, der versucht, die Schwarze zu retten. Als der Onkel Temple beschwört, ihre Schuld einzugestehen, beharrt sie eigensinnig darauf, daß jene Frau, die sie einmal gewesen ist, nicht mehr existiert: »Temple Drake ist tot.«[8] Auf diese Ansicht erwidert der

Onkel mit dem bekannten Ausspruch, daß die Vergangenheit niemals tot sein kann.

Zwar führt die Verleihung des Nobelpreises gewöhnlich zu einer verstärkten Aufmerksamkeit für das Werk des so ausgezeichneten Autors, doch ist damit nur unzureichend erklärt, warum die Bühnenversionen[9] von Faulkners Roman in Europa, wo sie uraufgeführt wurden, weitaus erfolgreicher waren als in den Vereinigten Staaten, wo sie erst 1959 auf die Bühne kamen und noch dazu wenig Anklang fanden. Man ist versucht, den europäischen Erfolg des Stückes damit zu erklären, daß Faulkners Geschichte von Schuld und Verantwortlichkeit gewissermaßen als Paradigma für die Lage der Deutschen selbst verstanden werden konnte – vor allem zu einem Zeitpunkt, an dem der Kalte Krieg seinen Höhepunkt erreichte und mit der Gründung von Warschauer Pakt und NATO die Weichen für die Zukunft gestellt wurden. Beide Frauen teilen, wie die beiden deutschen Staaten, eine gemeinsame, düstere Vergangenheit. Doch gelingt es der einen, unter dem Deckmantel der Ehrbarkeit, den die jetzige Verbindung gewährt, der anderen die volle Verantwortung und Schuld zuzuschieben, während sie selbst in den Sünden der Vergangenheit befangen bleibt.

1. Das Dritte Reich in der älteren DDR-Literatur

Ein Blick auf die verschiedenen Weisen, in denen das Problem des Faschismus bzw. Nationalsozialismus in der DDR-Literatur behandelt wurde, ist höchst aufschlußreich, wenn man verstehen will, warum die Frage nach der Vergangenheit in den siebziger Jahren erneut in den Vordergrund ruckte. Faschismus und Zweiter Weltkrieg gehörten von Anfang an zu den Themen der DDR-Literatur; Therese Hörnigk und Hans Jürgen Geerdts ist durchaus zuzustimmen, wenn sie behaupten, daß der Antifaschismus als grundlegendes Thema die literarische Landschaft der DDR geprägt hat.[10] Gleichzeitig sollte man sich aber auch daran erinnern, daß Georgi Dimitroffs Definition des Faschismus aus dem Jahr 1935 als »die offene, terroristische Diktatur der reaktionärsten, am meisten chauvinistischen, am meisten imperialistischen Elemente des Finanzkapitals« die Prämisse lieferte, auf die sich das ganze Gebäude des literarischen Antifaschismus gründete.[11] Die Tendenz, durch die Verwendung des Begriffs »Faschismus« einer Assoziation von »National« mit »Sozialismus« vorzubeugen, aber auch die hartnäckigen Versuche, in der Vorstellung des Volks eine Verbindung zwischen Sozialismus und klassischem Humanismus herzustellen, sind symptomatisch für die Bemühungen in den frühen Jahren der DDR, öffentliche Unterstützung für die sozialistische Alternative zu mobilisieren.

Diejenigen Autoren, die erkannten, daß nicht nur die deutsche Landschaft, sondern vor allem auch die deutsche Mentalität von den Trümmern des Krieges befreit werden mußte, gehörten vorrangig zur älteren Generation, die vor dem Ersten Weltkrieg geboren wurde und nun aus dem Exil zurückkehrte – Alexander Abusch, Johannes R. Becher, Willi Bredel, Hans Marchwitza, Ludwig Renn, Anna Seghers und Friedrich Wolf als die bekanntesten –, aber auch jene müssen genannt werden, die die politischen Gefängnisse und Konzentrationslager überlebt hatten, wie etwa Bruno Apitz und Eduard Claudius. Die schon bald erscheinenden Erinnerungen und Romane, in denen sie ihre Erlebnisse schilderten, sollten die deutsche Bevölkerung über die andere Seite der Kriegsgeschichte aufklären und dadurch den Aufbau einer sozialistischen deutschen Gesellschaft vorbereiten. Da entsprechende Vorbilder für dieses Unterfangen fehlten, griffen die meisten dieser Autoren auf die literarischen Modelle der dreißiger Jahre zurück.

In dem Roman *Das siebte Kreuz*, in Mexiko geschrieben und veröffentlicht und bereits 1946 in Berlin neu aufgelegt, schildert Anna Seghers beispielsweise die Geschichte eines Angehörigen einer illegalen Widerstandsgruppe, der aus einem Konzentrationslager im Rheinland entkommt und sich durch die Hilfe einfacher, überwiegend unpolitischer Leute, die ihr eigenes Leben aufs Spiel setzen, in Sicherheit bringen kann. Der optimistische Ausgang des Romans spiegelt jene Art der Zuversicht, die es nach Ansicht vieler Autoren zu fördern galt, um der Bevölkerung Mut zum Wiederaufbau zu geben: »Wir fühlten alle, wie tief und furchtbar die äußeren Mächte in den Menschen hineingreifen können, bis in sein Innerstes, aber wir fühlten auch, daß es im Innersten etwas gab, was unangreifbar war und unverletzbar.«[12]

Auch Bruno Apitz' *Nackt unter Wölfen* (1958), in der DDR das populärste Buch über die Kriegsjahre, hält sich an diese Formel, obwohl es erst wesentlich später erschien. Apitz' weitgehend autobiographische Darstellung eines von dem illegalen internationalen Lagerkomitee organisierten Aufstands im Konzentrationslager Buchenwald in den letzten Kriegstagen vermittelt ein ergreifendes Bild vor allem durch die ausführliche Schilderung der Gefahren, die jene politischen Gefangenen auf sich nahmen, um einen kleinen polnischen Jungen vor Auschwitz zu retten. Als die revoltierenden Häftlinge aus den Toren von Buchenwald hervorbrechen und hügelabwärts auf Weimar zuströmen, tragen sie das Kind auf ihren Schultern: »Einer Nußschale gleich schaukelte das Kind über den wogenden Köpfen. Im Gestau quirlte es durch die Enge des Tores, und dann riß es der Strom auf seinen befreiten Wellen mit sich dahin, der nicht mehr zu halten war.«[13] Die symbolische Bedeutung ist unverkennbar: die neue Gesellschaftsordnung, entstanden aus der Zerstörung des Faschismus, kann nun das Erbe von Weimar antreten. Aber wie wichtig es auch war, daß ihre Geschichte erzählt wurde – der Männer, die aus Buchenwald ausbrachen, der Arbeiter, die den Widerstand organisierten, der Künstler, die im Exil gegen den Faschismus arbeiteten –, so handelte es sich dabei doch größtenteils um exemplarische Fälle. Sie besaßen demnach keinerlei Geltung für jene Millionen, denen nichts anderes übrig blieb, als ihre eigenen, andersartigen Erfahrungen und ihre Einsicht, wie sehr sie sich selbst in den Kriegsjahren kompromittiert hatten, zu verdrängen. Mit zynischer Zuspitzung erläuterte Stephan Hermlin:

»Man ernannte sich selbst zum Sieger der Geschichte. Diese Formel breitete sich sofort aus, wie ein Kreisel in einem Wasser, in das man einen Stein geworfen hat, jeder Bürger der DDR konnte sich nun als Sieger der Geschichte fühlen. Dadurch, daß man dem Volk diese Schmeichelei sagte und es entlastete, war es dann auch leichter zu regieren. Es ist schwer, auf die Dauer Leute zu regieren, die sich irgendwie schuldig fühlen.«[14]

Daß diese Haltung ursprünglich selbst von einigen der Autoren vertreten wurde, die sie dann in den siebziger Jahren scharf kritisieren, läßt sich an den zustimmenden Bemerkungen Heiner Müllers zu einem Roman Willi Bredels aus dem Jahr 1952 ablesen, die 1953 veröffentlicht wurden: »Die Schwierigkeit ist, in der zwölfjährigen blutigen Niederlage der deutschen Arbeiterklasse ihre historische Überlegenheit, gegründet auf die Existenz der Sowjetunion, sichtbar zu machen, und in den Besiegten die Sieger von morgen, in den Getöteten die Unbesiegten.«[15] Nicht allein, daß eine solch einseitige Auffassung der Vergangenheit zur Selbstgerechtigkeit verleitet: auch die fast ausschließliche Beschränkung auf die antikommunistischen Elemente des Faschismus trug dazu bei, den Blick auf die zumindest ebenso bedrohlichen Aspekte des gewöhnlichen Faschismus zu verstellen. Gemeint sind hier die autoritäre Struktur, Brutalität, Opportunismus, Antisemitismus, kulturpolitische Praktiken und ein fragwürdiger Nationalismus, die in ihrer Gesamtheit die Mikrostruktur des täglichen Lebens durchdrangen.

Selbst vor der offiziellen Gründung der DDR wurden schon Stimmen laut, die Kritik übten an der Neigung allzuvieler Autoren, bei der Schilderung ihrer persönlichen Kriegserlebnisse zu verharren, anstatt ihre Aufmerksamkeit den Aufgaben der Gegenwart und den Zielen der Zukunft zu widmen. Walter Ulbricht, selbst Exilant in der Sowjetunion, erklärte: »Das [Exil] war einmal und ist jetzt vorbei. Wenn sie das Privatbedürfnis danach haben, kann man sie nicht hindern, aber sie können von uns nicht verlangen, daß wir ihnen Papier dazu geben.«[16] Individuelle Anliegen und Erfahrungen sollten den gesellschaftlichen Prioritäten untergeordnet und der Rolle der Arbeiterklasse beim Widerstand gegen den Faschismus und beim Aufbau einer neuen Gesellschaftsordnung der Vorrang eingeräumt werden. Der Übergang vom Faschismus zum Sozialismus, die Mobilisierung aller Kräfte für den Aufbau einer neuen Gesellschaft wurde zur Losung des Tages erklärt. Dieser Forderung entsprach die sogenannte »Aufbauliteratur« der frühen fünfziger Jahre mit ihrem optimistischen Vertrauen in die Fähigkeit von Literatur und Erziehung, die Massen zu »wandeln« und sie in der Verfolgung sozialistischer Ideale aufklärend anzuleiten. Mit den Worten eines DDR-Kritikers: »Man ging allein vom Inhalt aus und erhoffte von der Fabel und dem Figurenaufbau direkte Identifikationsmöglichkeiten, vorwärtsweisende Tendenzen und eine mobilisierende Wirkung.«[17] Das Problem war nur, daß ein solch rationalistisches Schema das Vermögen der Literatur weit überschätzte, jene Millionen anzusprechen und von Grund auf zu ändern, die noch nicht zum Kreis der Aufgeklärten gehörten. Das betraf die Mitläufer, die ehemaligen Frontsoldaten und die politisch indifferenten Bürger, die sich bereits zweimal mit den Verhältnissen »arrangiert« hatten, nur um zu überleben: zuerst während der zwölf Jahre faschistischer Diktatur und anschließend – wobei sie zur Verleugnung ihrer früheren Identität gezwungen waren – in dieser neuen Gesellschaftsordnung, die wie ein Phönix aus der Asche des Nationalsozialismus entstanden sein sollte. Therese Hörnigk hat darauf hingewiesen, daß die komplexe Problematik dieser Situation schon an den Lebensläufen mancher Autoren anschaulich wird. Nicht jeder konnte von sich behaupten, altbewährter Antifaschist zu sein; einige hatten unter dem Einfluß der nationalsozialistischen Ideologie gestanden und versuchten nun, nicht nur sich selber Rechenschaft über die eigene Vergangenheit zu geben, sondern gleichzeitig ihre Mitbürger anzuspornen, die Wandlung zum »Neuen Menschen« des Sozialismus zu vollziehen.[18]

Bereits Mitte der fünfziger Jahre wuchs die Erkenntnis, daß die Generation der zwischen den beiden Weltkriegen geborenen Deutschen nicht in der Lage war, die optimistischen Erzählungen von Heldentum im Widerstand und rascher Bekehrung von der Irrlehre des Nationalsozialismus zu den Einsichten des Sozialismus auf sich zu beziehen. Für diejenigen, die im Dritten Reich aufwuchsen und womöglich als Soldaten dafür kämpften, erwies sich die Vergangenheit als derart problematisch und verwirrend, daß ihre Bewältigung nahezu unüberwindbare Schwierigkeiten bereitete. Marianne Lange hat 1955 auf diese Tatsache aufmerksam gemacht: »Die Generation, die den Irrweg der deutschen Nation gläubig oder gleichgültig mitgegangen ist, und ihn nachher erst als Irrweg erkannte, hat in unserer Literatur noch nicht für sich selbst und damit für Millionen deutscher Menschen gesprochen. Es gibt zum Beispiel noch keinen Roman über den Zweiten Weltkrieg, der den Wandlungsprozeß unserer jungen Generation zeigt.«[19]

Zu der Generation, die sich lange vergeblich mit dem Problem der Vergangenheit quälte, gehörten einige der wichtigsten Autoren der siebziger Jahre: Hermann Kants und Christa Wolfs Schweigen zu diesem Thema dauerte noch zwei weitere Jahrzehnte; auch Heiner Müller wartete bis 1974 mit der Veröffentlichung des 1951 begonnenen Stückes *Die Schlacht*, und erst 1977 erschien *Germania Tod in Berlin*, 1956 begonnen und 1971 vollendet. Hermann Kant gab zu verstehen, daß er bereits in seiner Studentenzeit, 1952 bis 1956, versucht hatte, den Roman *Der Aufenthalt* niederzuschreiben, und auch später noch einmal, in den sechziger Jahren, als er sogar öffentlich aus dem Manuskript vorlas.[20] Doch erst nach der Veröffentlichung einer Episode, »Lebenslauf, zweiter Abschnitt«, in einer Anthologie aus dem Jahr 1970[21] war er endlich fähig, den Roman zu vollenden. Das gleiche gilt für Christa Wolf, in deren *Nachdenken über Christa T.* (1968) Episoden in *Kindheitsmuster* bereits angedeutet werden und die schließlich eine Episode, »Blickwechsel«, 1970 in *Lesen und Schreiben*[22] veröffentlichte. Zwar waren von Franz Fühmann und Erich Loest, die als Soldaten am Krieg teilgenommen hatten, bereits in den fünfziger Jahren bedeutende Werke über ihre Erfahrungen erschienen, die jedoch in der Schärfe ihrer Selbstkritik weit hinter Fühmanns *Zweiundzwanzig Tage oder Die Hälfte des Lebens*[23] und Loests *Pistole mit sechzehn* zurückblieben. Fehlendes Selbstbewußtsein und eine Kulturpolitik, die sich an den unmittelbaren Bedürfnissen der Produktion orientierte, erzwangen die Vertagung einer gründlichen Bewältigung der Vergangenheit auf einen günstigeren Zeitpunkt – der dann zwei Jahrzehnte auf sich warten ließ.

In ihrer Rede auf dem IV. Schriftstellerkongreß im Januar 1956 warnte Anna Seghers davor, das Kriegsthema zugunsten einer Behandlung von Fragen des Tages zu vernachlässigen: »Denn jedes Stück noch nicht restlos begriffenen Lebens verlangt nach Gestaltung, damit man die Gegenwart völlig begreift. Das Fehlen des Themas, über das wir jetzt sprechen, ist nicht nur eine Lücke in unserer Literatur, sondern auch im Bewußtsein der Menschen.«[24] Sie äußerte ihre Enttäuschung über das Ausbleiben einer schonungslosen Auseinandersetzung mit der Vergangenheit und das Vorherrschen eines leichtgläubigen Optimismus in bezug auf die Zukunft und forderte wahrheitsgetreue Darstellungen der Erfahrung junger Menschen unter dem Faschismus:

»Gewiß, es ist keine leichte Aufgabe, zu beschreiben, wie junge Menschen, verwirrt und betört von nazistischen Lügen, an dem barbarischen Angriffskrieg Hitlers teilnahmen, wie sie, vielleicht zuerst selbst freiwillig oder bestürzt, an den Grausamkeiten teilnahmen gegen die Völker, die ihre Freiheit verteidigten, jäh oder langsam verstanden, zu was sie mißbraucht wurden und Krieg und Faschismus zu hassen begannen. Doch diese Arbeit, so schwer sie gerade für einen deutschen Schriftsteller ist, in seinem Bewußtsein und in der Darstellung, ist heute dringend notwendig.«[25]

Die Diskussion über die lückenhafte Behandlung der Kriegserfahrung, die auf diesem Schriftstellerkongreß begann, wurde auf der theoretischen Konferenz zum Thema »Widerspiegelung des zweiten Weltkriegs in der Literatur« im Oktober 1957 fortgesetzt. Das Hauptreferat hielten zwei Vertreter dieser jüngeren Generation, Hermann Kant und Frank Wagner. Ausgehend von der derzeitigen Zielsetzung der DDR, »die bewußte Teilnahme aller arbeitenden Menschen am sozialistischen Aufbau, [. . .] ihre innere Verbundenheit mit der Sache des Sozialismus«[26] zu fördern, verwiesen die Referenten auf die in dieser Ära des Kalten Krieges ebenso wichtige Aufgabe, die Bevölkerung durch eine kritische Auseinandersetzung mit der Kriegsideologie für den Frieden zu erziehen. Ihre Kritik richtete sich gegen jene Autoren, die sich die Sache leicht machten, indem sie vorzugsweise Helden wählten, die nie dem Nationalsozialismus nahegestanden, nie am Krieg teilgenommen hatten. »Alle diese Autoren [. . .] arbeiten mit dem, was man im Sport eine Vorgabe nennt. [. . .] Damit aber begibt man sich der großen Chance, einen echten Konflikt zu gestalten; der wahrhaft erregende, aufrührende und lehrreiche Prozeß der echten Wandlung wird eingetauscht gegen Schein- oder Halbkonflikte, gegen abenteuerliche und unglaubhafte Konstruktionen.«[27] Die scharfe Ablehnung jenes unglaubhaften Schematismus, gegen den sich auch Anna Seghers ausgesprochen hatte, bedeutete allerdings nicht, daß Kant und Wagner dem damals auch in Mode gekommenen Kriegsnaturalismus das Wort reden wollten. Ihr Ziel war vielmehr eine »Konkretheit« im Sinne erlebter Erfahrung im Gegensatz zu fingierten, abstrakt-theoretischen Diskussionen. »Man merkt geradezu, wie sich der Autor seinen Diskussionspartner hinstellt und ihn unglaubwürdig dummes Zeug reden läßt, damit er ihn mit scharfem ideologischem Strich blitzschnell erledigen kann.«[28] Kant und Wagner verurteilten damit ein Schema, das noch bis weit in die sechziger Jahre hinein im Repertoire der DDR-Literatur zu finden war: das Auftreten eines weisen »alten Kommunisten« zum Zwecke der Erleuchtung und Belehrung, eine literarische Figur als Sprachrohr des Autors, »die dem Helden die Hauptarbeit abnimmt«.[29] Von den Schriftstellern forderten Kant und Wagner mehr Aufrichtigkeit bei der Darstellung des schwierigen und komplexen »Wandlungsprozesses«, ohne auf die »Vorgabe« eines im Keim vorhandenen Antifaschismus oder eines allzu vereinfachten Sprunges vom Faschismus zum Sozialismus zurückzugreifen.

Diese Einsicht, daß die Wandlung eines Menschen kein bloßer

Erkenntnisakt, sondern das Resultat eines langwierigen Prozesses sei, bildet den Mittelpunkt von Franz Fühmanns *Zweiundzwanzig Tage oder Die Hälfte des Lebens* (1973). Fühmann, dessen *Fahrt nach Stalingrad* (1953) und *Die Kameraden* (1955) zu den wenigen Versuchen einer kritischen Darstellung der Kriegserlebnisse in den fünfziger Jahren gehörten, bezieht sich in diesem »Tagebuch« mit schonungsloser Offenheit auf die Frage seiner eigenen Wandlung, die erst in dem Augenblick begann, als er »Nürnberg als [seine] Sache und nicht als die Sache irgendeines [...] Göring oder Hitler zu begreifen [anfing]«.[30] Statt als Moment der Erleuchtung definiert er »Wandlung« als einen Prozeß, in dem sich die Widersprüche eines Lebens auflösen, und kann sie so als die »Erfahrung meines Lebens« bezeichnen:

»Sie [die Wandlung] ist seit zwanzig Jahren mein Thema, aber sie ist es eigentlich noch immer als Vorsatz, geleistet habe ich dazu bestenfalls Vorarbeiten! Ich habe das Vorher geschildert, ein wenig das Nachher, aber der entscheidende Prozeß, eben der der Wandlung, ist literarisch nicht bewältigt (S. 92).«

In der gleichen Ausgabe der *Neuen Deutschen Literatur*, in der Kants und Wagners Vorträge erschienen, findet sich Christa Wolfs Antwort darauf, in welcher sie die Forderung nach Wahrhaftigkeit aufgreift und darauf hinweist, daß die meisten Autoren anscheinend eine Auseinandersetzung mit den Problemen ihrer Generation scheuten. Obwohl auch Christa Wolf die Theorie vertritt, daß der Zweite Weltkrieg ein Krieg gegen den Sozialismus gewesen sei, erinnert ihre Ablehnung von »Rezepten«, »allgemeinen Forderungen«, »Schemata« im Zusammenhang mit ihrer Kritik an Autoren, die »sich künstlich zu einem ›höheren‹ Standpunkt aufgeschwungen hatten und nun natürlich ihren Stoff aufblasen«[31], an ihre ungleich wirkungsvoller vertretene Position in den sechziger Jahren, die durch die Forderung nach »subjektiver Authentizitat« in *Lesen und Schreiben* und *Nachdenken über Christa T.* gekennzeichnet ist. Wie wenige ihrer Hoffnungen sich erfüllt hatten, zeigt sich zwei Jahrzehnte später anläßlich einer Publikumsdiskussion im Anschluß an eine Lesung aus dem Manuskript von *Kindheitsmuster* im Dezember 1975:

»Ein wenig stört mich, daß viele unserer Bücher über diese Zeit enden mit Helden, die sich schnell wandeln, mit Helden, die eigentlich schon während des Faschismus zu ziemlich bedeutenden und richtigen Einsichten kommen, politisch, menschlich [...]. Ich habe erlebt, daß es sehr lange gedauert hat, bis winzige Einsichten zuerst, später tiefergehende Veränderung möglich wurden.«[32]

Leider ist das Potential der Literatur zur Bewältigung der Vergangenheit, auf das die Autoren 1956/57 ihre Hoffnung setzten, in den unmittelbar folgenden Jahren nicht wahrgenommen worden. Die Entwicklungsliteratur der späten fünfziger wie auch der sechziger Jahre propagierte auch weiterhin den Mythos einer prompten Desillusionierung der jungen Faschisten und ihre bereitwillige Wandlung zu Arbeitern am Sozialismus.[33] Andere Werke, darunter auch einige von Wolf und Kant, erwähnen zwar Erfahrungen aus der Nazizeit, doch nur in Form kurzer Rückblenden auf die »schlechte alte Zeit«, die nun zum Glück vergangen ist. Anstatt verarbeitet zu werden, wurde die Vergangenheit den wirtschaftlichen und politischen Forderungen der fünfziger und sechziger Jahre untergeordnet und der Faschismus auf ein ideologisches Gebilde reduziert, das sich kritischer Revision oder fruchtbarer Konfrontation entzog.

2. Trauerarbeit: Das Dritte Reich in der Prosa der siebziger Jahre

Es entstand eine Lage, die mehr als zufällige Ähnlichkeiten mit jener aufweist, die Alexander und Margarete Mitscherlich in *Die Unfähigkeit zu trauern* beschreiben. Diese Studie aus dem Jahr 1966 untersucht die psychologischen Barrieren der westdeutschen Gesellschaft, die die Einsicht der Deutschen in die Probleme der eigenen Gesellschaft blockieren. Obwohl den DDR-Bürgern eher ein zusammenhängendes Bild der den Gang ihrer Geschichte beeinflussenden historischen Kräfte vermittelt wurde, haben auch sie sich – wie die Bundesbürger – mit einer Regierungsform arrangieren müssen, die ihnen von ihren ehemaligen Gegnern verordnet wurde. Da eine Identifikation mit der unmittelbaren Vergangenheit außer Frage stand, suchten die Deutschen beider Staatswesen ihr beschädigtes Selbstverständnis dadurch aufzupolieren, daß sie ihre frühere Identifikation mit dem Führer nunmehr auf die jeweiligen Besatzungsmächte übertrugen. Durch den inzwischen entstandenen Kalten Krieg wurden dann neue Feindbilder geschaffen, auf die sich die Schuld für die Vergangenheit bequem projizieren ließ. Trotzdem erforderte es immense psychische Anstrengungen, um das Gefühl der Mittäterschaft in der Nazi-Vergangenheit aus dem Bewußtsein zu verdrängen, und diese Energie fehlte dann für die Bewältigung der Gegenwart. »Nur der Kranke, dessen Leiden am Symptom größer ist als der Gewinn aus der Verdrängung, findet sich bereit, seine Bewußtseinszensur für die Wiederkehr des Verleugneten und Vergessenen schrittweise zu lockern.«[34] Die »Trauerarbeit« ist das Ergebnis eines schmerzlichen Erinnerungsprozesses, aber auch der Überwindung jener Abwehrmechanismen, die diese Erinnerungen aus dem Bewußtsein fernhalten. »Was unter einer über zwei Jahrzehnte andauernden Zensur unseres Bewußtseins nicht als schmerzliche Erinnerung eingelassen wird, kann ungebeten aus der Vergangenheit zurückkehren, denn es ist nicht ›bewältigte‹ Vergangenheit geworden: Vergangenheit, um deren Verständnis man sich bemüht hat. Trauerarbeit kann nur geleistet werden, wenn wir wissen, wovon wir uns lösen müssen.«[35] Nur wenn es die eigene Entwicklung Schritt für Schritt noch einmal zurückverfolgt, kann das Individuum das Gefühl der Ganzheit und moralischen Autonomie wiedergewinnen, deren es bedarf, um die Terrorherrschaft der Vergangenheit abzuwerfen und damit schöpferische Energien für das Leben in der Gegenwart freizusetzen.

Die Analyse der Mitscherlichs wertet die intensiven Bemühungen auf wirtschaftlichem Gebiet in den ersten Jahrzehnten der Bundesrepublik als eine Flucht vor der Trauerarbeit, die einen echten Neubeginn erst ermöglicht hätte. Zwar kann sie nicht unmittelbar auf die Verhältnisse in der DDR angewendet werden, doch ergeben sich für den Prozeß der Verdrängung und Verleugnung bemerkenswerte Ähnlichkeiten, wenn man den Aufbau des Sozialismus an die Stelle des Wirtschaftswunders und die Rhetorik der Befreiung vom Faschismus an die Stelle der antikommunistischen Parolen des Westens setzt. Ohne das gründlichere Vorgehen der DDR bei der Entfernung ehemaliger Nazis aus allen Bereichen des öffentlichen Lebens zu übersehen, ist dennoch nicht zu verkennen, daß gerade die kategorische Verdammung des Faschismus in der DDR für viele den Zwang darstellte, eine neue Identität anzunehmen und die Vergangenheit zu verdrängen – gleich denen, die sich dem Wirtschaftswunder hingaben.

Die vorherrschende Beschäftigung mit der Kindheit in so vielen neueren Werken scheint zu bedeuten, daß die in der Kulturpolitik der siebziger Jahre erkennbare Auflockerung der Tabus vielen DDR-Autoren Anlaß bot, sich unter eindeutig subjektivem Vorzeichen mit der Vergangenheit zu beschäftigen. Kaum ein anderes Werk schildert die Mühe und den Schmerz dieses Erinnerns eindringlicher als Christa Wolfs *Kindheitsmuster*, in dem der Erinnerungsprozeß als solcher, »als Krebsgang, als mühsame rückwärtsgerichtete Bewegung, als Fallen in einen Zeitschacht, auf dessen Grund das Kind in aller Unschuld auf einer Steinstufe sitzt und zum erstenmal in seinem Leben in Gedanken zu sich selbst ICH sagt«[36], sowohl den Inhalt als auch die Form bestimmt. Christa Wolf weigert sich, die Vergangenheit lediglich als Vergleichsmaßstab für die Errungenschaften der heutigen Gesellschaft zu zitieren. Statt dessen geht sie den Fragen nach: »Wie sind wir so geworden, wie wir heute sind?« (S. 276, 477) und »Was heißt: sich verändern?« (S. 186, 195) Das »heute« der Erzählerin bezeichnet jene Periode zwischen 1972 und 1975, in der sie mühsam ihre eigene Jugend, ihr Aufwachsen in den Jahren 1929 bis 1945 in der mittlerweile polnischen Stadt, zu rekonstruieren versucht, die sie im Juli 1971 zwei Tage besucht hat. Sie fragt sich, warum sie solange gezögert hat, die Wahrheit herauszufinden, und entdeckt als Grund die menschliche Neigung, zu »überhören, übersehen, vernachlässigen, verleugnen, verlernen, verschwitzen, vergessen« (S. 197). Auf diese Weise läßt sich die Erinnerung auf harmlose Bereiche beschränken, wird das Wissen um die Vergangenheit abgeblockt, werden Erfahrungen, die man nicht verstand oder nicht verstehen wollte, jenen Ereignissen zugeordnet, »über die strenges, unverbrüchliches Stillschweigen zu bewahren war« (S. 180). Sie erkennt, daß die Verdrängung des eigentlichen Problems neue und akute Probleme nach sich zieht, und fragt sich, »wieviel verkapselte Höhlen ein Gedächtnis aufnehmen kann, ehe es aufhören muß zu funktionieren. Wieviel Energie und welche Art Energie es dauernd aufwendet, die Kapseln, deren Wände mit der Zeit morsch und brüchig werden mögen, immer neu abzudichten« (S. 94f.).

Als Grundgefühl, das ihr jetziges Verhältnis zur Vergangenheit und zur Gegenwart beherrscht, erkennt Nelly die Angst, »als Wächter gesetzt vor die Höllen der Selbsterfahrung« (S. 497). Auch die Erfahrungen ihrer Kindheit waren geprägt von Angst,

»eine[r] Angst, die sich damals in einem durchdringenden, andauernden Gefühl von Selbstfremdheit zu erkennen gab, und deren Spur eben darin besteht, daß sie die Spuren löschte: Einem Menschen, der nicht auffallen will, fällt bald nichts mehr auf. Der entsetzliche Wille zur Selbstaufgabe läßt das Selbst nicht aufkommen« (S. 305). Indem sie die eigene formative Erfahrung des Faschismus während ihrer Kindheit artikuliert und die in Angst eingebetteten Schichten der Erinnerung freilegt, kann sie sich von der geläufigen, monolithischen Darstellung des Faschismus als eines vergangenen Gesellschafts- und Wirtschaftssystems distanzieren und zugleich demonstrieren, wie es in der Psyche eben der Individuen weiterbesteht, die alles daransetzen, es zu vergessen. Zwar sieht die Erzählerin ein, daß jene fürchterlichen Erinnerungen an die Vergangenheit, die sich bei den alltäglichsten Anlässen unvermittelt einstellen können – beim Anblick rauchender Schornsteine etwa, bei der Erwähnung des Wortes »Gas«, beim Duschen –, unter Kontrolle gehalten werden müssen, wenn man in der Gegenwart überhaupt funktionieren soll. Andererseits wirft sie jedoch die Frage auf, welche Konsequenzen eine Gesellschaft zu erwarten hat, deren Schüler nicht erkennen können, wie entsetzlich normal selbst ein Adolf Eichmann war, und die in einer Karte der Konzentrationslager im Zweiten Weltkrieg ebensowenig Anlaß zur Betroffenheit finden wie in den anderen Dokumenten ihrer Geschichtsbücher. Das Verhalten heutiger Besucher in Buchenwald, »wie sie scharenweise über den früheren Appellplatz auf dem Ettersberg zogen, ungerührt ihre Frühstücksbrote und Äpfel essen«, oder auch der Einfall, die ehemaligen SS-Kasernen zum Touristenhotel umzubauen, erfüllen die Erzählerin weniger mit Empörung als mit Angst und Erstaunen, besonders als ihr Vorschlag, die Besucher um die Unterlassung von Essen, Trinken, Singen und Kofferradiomusik zu bitten, als »lebensfremd« abgetan wird (S. 310).[37]

Doch nicht allein von der faschistischen Vergangenheit ist hier die Rede; der Roman enthält ebenfalls zahlreiche versteckte Anspielungen auf eine andere Vergangenheit, die im Gegensatz zur faschistischen nicht durch persönliche, sondern durch gesellschaftliche – und damit weitaus problematischere – Tabus abgeschirmt wird. »Früher, in den dreißiger Jahren, in den fünfziger Jahren« (S. 195): die Probleme sind die gleichen. Als sie von den Repressalien des Pinochet-Regimes 1974 in Chile spricht, erinnert die Autorin den Leser wie beiläufig daran, daß Ernst Mühsams Gattin in einem sowjetischen Konzentrationslager gefangengehalten wurde; und wenn sie erwähnt, daß »rote spanische Flugzeuge« im Mai 1937 als Vergeltung für Guernica Bomben auf das Panzerschiff »Deutschland« warfen und dabei dreiundzwanzig Menschen umkamen, fügt sie unvermittelt hinzu, daß bei den Moskauer Prozessen im gleichen Monat siebzehn Todesurteile verhängt wurden (S. 192f.). Und Stalins Beerdigung ist ein seltsam unwirklicher Traum, der wiederholt ihren Schlaf stört. »Wann [. . .] werden wir auch darüber zu reden beginnen? Das Gefühl loswerden, bis dahin sei alles, was wir sagen, vorläufig und dann erst werde wirklich gesprochen werden?« (S. 322).

Kindheitsmuster ist Christa Wolfs bislang radikalster Versuch in ihrem Streben nach »subjektiver Authentizität«, dem Zu-sich-selber-Kommen, das bereits in *Nachdenken über Christa T.* (1968) zentrales Thema gewesen war. Solange man sich selbst als Objekt anstatt als Subjekt der Geschichte betrachtet, solange wird »die Schwierigkeit, ›Ich‹ zu sagen«, weiterbestehen und man ist dazu verurteilt, wie ein Kind in der dritten Person zu leben. »Weil es nämlich unerträglich ist, bei dem Wort ›Auschwitz‹ das kleine Wort ›ich‹ mitdenken zu müssen: ›Ich‹ im Konjunktiv Imperfekt: Ich hätte. Ich könnte. Ich würde. Getan haben. Gehorcht haben« (S. 303). Trotzdem ist die Grundstimmung des Romans nicht pessimistisch. Wolfs Vision der Zukunft gründete nie auf Vertrauen in die Fähigkeit eines Menschen, sich von Grund auf zu wandeln, ein »Neuer Mensch« zu werden: »Der neue Mensch als eine Vision, der nachzustreben so hoffnungslos wie unerläßlich ist. Die neue Schicht von Ängsten, die sich über die alte legt: Wieder scheint es vorbestimmt, daß ihr versagen müßt« (S. 493). Der für sie richtungsweisende utopische Impuls ist die Vision einer besseren – und realisierbaren – Zukunft, die jedoch die Bewältigung der Vergangenheit voraussetzt. Rückblikkend auf ihren Versuch, die Schranken auf dem Weg zu einer radikalen Authentizität zu durchbrechen, zweifelt sie allerdings, ob sie tatsächlich bis zu dem Kind vorgedrungen ist, das sich in ihr verkrochen hat – »Oder hat es sich, aufgeschreckt, ein tieferes, unzugänglicheres Versteck gesucht?« (S. 530)

Mit ihrem Bemühen, die Strukturen des Erinnerungsprozesses nachzuzeichnen, hat Christa Wolf sich eine gewaltige Aufgabe gestellt, welche die Tradition der linearen Erzählweise bei weitem überfordert. Sie verwendet statt dessen eine Methode, die sich am ehesten mit dem Begriff »Epische Prosa«, erstmals formuliert in ihrem Essay *Lesen und Schreiben* aus dem Jahr 1968, kennzeichnen läßt. Im Gegensatz zu dem sorgfältig konstruierten Erzählaufbau des traditionellen Romans sucht Wolf nach einer Form, mit der sie die Verwobenheit von Vergangenheit, Gegenwart und Zukunft zum Ausdruck bringen kann:

»[...] im Bewußtsein der *Gegenwart* [...] schreibe ich über einen *früheren* Vorgang, während dessen Ablauf ich mich – eine Kette von Assoziationen entlangtastend – nicht nur an noch frühere Ereignisse, sondern auch an vergangene Gedanken und *Erinnerungen* erinnerte und mir zu allem übrigen noch die Möglichkeit aufstieg, das alles könnte später noch einmal, in der *Zukunft* (die in diesem Moment Gegenwart ist), auf irgendeine Weise bedeutsam werden.«[38]

Wolf läßt uns dabei nicht die Gegenwart des Autors in ihrem Text vergessen; sie verwendet die »du«-Form, um auf ihre eigenen Reaktionen beim Schreibprozeß hinzuweisen und um damit die Schranken zwischen sich und ihrem Leser zu beseitigen. Indem sie ihre persönlichen Reaktionen schildert, aber auch die Spuren vorzeigt, die diese Erfahrungen bei ihr hinterlassen haben – »nicht so säuberlich geordnet, nicht katalogisiert und schön ›bewältigt‹, wie wir es gern möchten« –, hofft Wolf, zu einer anderen Art von »Bewältigung« beizutragen: »die Auseinandersetzung des einzelnen mit seiner ganz persönlichen Vergangenheit, mit dem, was er persönlich getan und gedacht hat und was er ja nicht auf einen anderen delegieren kann, wofür er sich auch nicht mit Massen von Menschen, die dasselbe oder Schlimmeres getan haben, entschuldigen kann.«[39] Durch die Spiegelung ihres jeweiligen Bewußtseinsstandes läßt die Autorin den Leser an ihren eigenen Reflexionen teilnehmen und versucht ihn zu ermutigen, den Text in seine eigenen Erfahrungen zu integrieren.

Auf den ersten Blick zeigt Hermann Kants *Der Aufenthalt* (1977) eine auffallende Ähnlichkeit mit Christa Wolfs Roman aus dem Jahr zuvor. Auch Kant blickt aus der Gegenwart auf die Vergangenheit, und auch er ist sich der nachhaltigen Bedeutung früher Erfahrungen bewußt:

»Die Muster, nach denen wir leben, gelten schon früh und verlieren nur selten ganz von ihrer Kraft. Man kann ihre Gültigkeit aussetzen auf Zeit, wenn die Beschaffenheit dieser Zeit es erforderlich macht, aber Veränderung vom Grunde her bis in die Wipfel und auf immer ist nur selten ein Zeichen von Gesundheit.«[40]

Anders als Christa Wolf, die für ihre vielschichtige Darstellung eine komplexe Struktur entwickelt, erzählt Kant in geradliniger Weise die Geschichte Mark Niebuhrs, eines etwas naiven, achtzehnjährigen deutschen Soldaten, der im Frühjahr 1945, nur wenige Wochen nach seiner Einberufung, in Polen in Gefangenschaft gerät. Nach kurzem Aufenthalt in einem sowjetischen Gefangenenlager wird er nach Warschau überführt, wo er durch die Anschuldigung einer Polin, die ihn irrtümlich für einen der Mörder von Lublin hält, in einem Gefängnis für Schwerverbrecher eingekerkert wird. In der Haft kreisen seine Gedanken allein um seine Unschuld, die für ihn außer Frage steht, da er ja kein Soldat hatte werden wollen und auch »nur« zwei Menschen in Notwehr getötet hatte. Wie ein Schock wirkt deshalb die Erkenntnis, daß nicht nur die Polen ihn für einen Faschisten halten, sondern daß auch die Nazi-Kriegsverbrecher, mit denen er die Zelle teilt, ihn zu den ihren zählen. Kriegsgefangener oder Kriegsverbrecher? Niebuhrs deformiertes Bewußtsein ist der Grund dafür, daß er sich nur als Opfer und nicht als Täter, nur als Objekt und nicht als Subjekt der Geschichte versteht. Es braucht geraume Zeit, bis Niebuhr beginnt, zwischen der Abscheulichkeit der von seinen Zellengenossen verübten Verbrechen und der Zucht-und-Ordnungs-Atmosphäre in der Zelle, auf die sie sich einiges zugute tun, einen Zusammenhang zu sehen.

Unfähig, den Standpunkt der Polen zu verstehen, kann Niebuhr nur defensiv auf alle Anklagen reagieren und die ihm als Deutschen vorgeworfene Unmenschlichkeit auf seine polnischen Ankläger projizieren: »Denen war wirklich nicht genug, daß sie uns hatten; sie wollten uns auch noch in Auschwitz und Majdanek gesehen haben. Unmenschlich sollten wir dort gewesen sein, sagten sie und taten mich in ein Gefängnis. Mich, der unschuldig war. Sehr menschlich« (S. 344). Kant macht deutlich, daß Niebuhr erst dann legitim von seiner Unschuld sprechen kann, wenn er zumindest um die Dimensionen der ihm zur Last gelegten Schuld weiß: »Wer kann unschuldig sein, der nicht weiß, wessen man ihn schuldig hält« (S. 202). Auf die Frage eines polnischen Leutnants, ob er zivile Geiseln genauso kaltblütig hätte erschießen können wie seine Landsleute, beteuert Niebuhr, daß er kein Mörder sei. Der Leutnant erwidert darauf ungehalten:

»Ich habe nicht gesagt, Sie sind Mörder; ich habe gesagt, Sie sind ein Nazisoldat.
Ich war kein Nazi.
Kann sein. Nur ein Soldat der Nazis (S. 427).«

Erst allmählich dämmert in Niebuhr die Erkenntnis, daß ihn allein der zeitliche Zufall vor einer direkten Teilnahme an den Verwüstungen und Morden in Polen bewahrt hatte, daß aber seine indirekte Beteiligung und damit seine Unterstützung des Kriegs bestehen bleiben: »Etwas früher, und ich hätte auch eingereist sein können, um Warschau niederzumachen. Es war eine Sache von Geburtsdaten und Mobilisierungsplänen« (S. 273f.). Bis sein Fall aufgeklärt ist und er in ein gewöhnliches Kriegsgefangenenlager entlassen wird, ist dem Leser klar, daß Niebuhr nun bereit sein wird, mit dem zuvor verächtlich abgelehnten Lagerkomitee »Freies Deutschland« zusammenzuarbeiten.

Wie Christa Wolf enthüllt auch Kant die Schranken und Illusionen, mit denen viele Menschen unliebsame Wahrheiten zu verdrängen suchen:

»Ich meine nicht, daß wir uns mit Vorsatz ein anderes Leben zulegten, als wir es gelebt haben; wir ließen nur, wenn wir uns dieses Lebens entsannen, viel Bestimmtheit weg, bestimmte Fahnen, bestimmte Farben, bestimmte Zeichen, bestimmte Sprüche, bestimmte Bräuche, bestimmte Arten von uns selbst zu denken und von anderen. [. . .] Vielleicht war das nötig, vielleicht mußten wir uns wie die beleidigte Unschuld fühlen, um das Lager ertragen zu können, vielleicht hätten uns schon ein paar Fasern Schuldbewußtsein den Rücken gebrochen. Ich weiß nicht (S. 125).«

In seiner Not erlebt Mark Niebuhr am eigenen Leibe, was Christa Wolf als die »Schwierigkeit, ›ich‹ zu sagen«, bezeichnet hat: eines Morgens beim Erwachen stellt er mit Entsetzen fest, daß er seinen Namen vergessen hat, mehr noch, daß ihm durch den Prozeß des gewaltsamen Verdrängens bedrohlicher Erinnerungen alle Dinge und alle Menschen vollkommen fremd geworden sind. In panischer Angst beginnt er, seine Welt und damit seine Erinnerung zu rekonstruieren, indem er alle Dinge beim Namen nennt, bis er schließlich auf seinen Namen stößt:

»Ich ahnte, fühlte, wußte bald auch, daß ich, wenn ich bei Leben bleiben wollte, zu meinem Namen kommen mußte, und aus meiner fernen Lebenszeit half mir die List, von weither und klein mit dem Benennen der Dinge anzufangen und fast absichtslos in Gang zu setzen, was man Erinnern nennt (S. 144f.).«

Doch sind, wenn man einmal von den oberflächlichen Ähnlichkeiten absieht, die Unterschiede in Stimmung und Stil bei Kant und Wolf derart tiefgreifend, daß man an der Gleichzeitigkeit beider Werke zweifeln könnte. Anders als Christa Wolfs fragmenthafte Rekonstruktion ihrer höchst komplexen Erinnerungsvorgänge hält Kant sich an die Perspektive des allwissenden Erzählers. Die Angst und das Selbstverhör als die entscheidenden Momente in Wolfs Roman sucht man im *Aufenthalt* vergebens: zwischen der Gegenwart des Erzählers und der erzählten Vergangenheit liegt stets eine kühle, fast ironische Distanz. »Ich habe die Angst in meiner Erinnerung längst abgetan; wenn ich sie zurückrufen will, bringe ich es nur bis zur Verwunderung« (S. 13). Mit der selbstsicheren Überlegenheit seiner Gegenwartsperspektive betrachtet der Erzähler liebevoll und mit Humor die Torheiten des jungen Helden in der Vergangenheit, ohne es dabei für notwendig zu erachten, eine unglaubhafte und drastische Bewußtseinsänderung vorzuführen oder das weitere Schicksal Niebuhrs nach seiner Entlassung aus der Gefangenschaft zu verfolgen. Diese allzugroße Distanz zwischen Kant und seinem Helden, die zur Folge hat, daß die Verbindung von Vergangenheit und Gegenwart in dem Roman völlig unterschlagen wird (wenn man einmal von der offenbaren Identität des Erzählers mit dem Soldaten Mark Niebuhr absieht), eignet sich jedoch kaum für eine tiefergehende Erforschung oder auch kritische Diskussion der geschichtlichen Prozesse, welche die heutige DDR-Gesellschaft geformt haben. Für einen Autor, der behaupten kann, »unsere Bücher sind Übersetzung [der] Erfahrung; Literatur ist das Gedächtnis des Volkes«[41], erweist sich Kants historisches Bewußtsein als eigentümlich beschränkt; die Chance, das problematische Verhältnis zwischen Erinnerung und Erfahrung aus neuem Blickwinkel zu beleuchten, wurde nicht wahrgenommen.

Von den vielen weniger bedeutenden Werken der siebziger Jahre, die sich mit der Ära des Nationalsozialismus beschäftigten, sollen hier nur einige genannt werden, um die Vielfalt und die Vielschichtigkeit dieser Art Literatur aufzuzeigen. Ihnen allen gemeinsam ist der Versuch der Zentralgestalt, das bislang praktizierte Verdrängen und Vergessen der Vergangenheit zu beenden. Dieses Problem gewinnt eine ironische Seite in Klaus Schlesingers *Michael* (1971): hier glaubt ein junger Mann, auf dem Bild eines deutschen Exekutionskommandos in einem polnischen Gedenkband seinen Vater zu erkennen. Als er von den polnischen Behörden die Mitteilung erhält, daß es sich um jemand anderes handele, fühlt er sich eher verwirrt als erleichtert. Langsam wird klar, daß es dem jungen Michael Berger fast lieber gewesen wäre, sein Vater hätte den Krieg nicht überlebt, sondern wäre ehrenhaft gefallen, wie so viele Helden früherer antifaschistischer Romane, auf die der Autor in satirischer Weise anspielt:

»Friedrich Berger an der Spitze tressenlos Grauuniformierter ein faschistisches Gefängnis stürmend, Friedrich Berger vor einer Panzersperre die rote Fahne der Verbrüderung schwenkend, Friedrich Berger mit einem Alles-muß-anders-werden Gesicht, bevor er der letzten Kugel dieses Krieges erliegt«.[42]

In der Terminologie der Mitscherlichs: Michaels Vater bietet seinem Sohn weder ein Feindbild, auf das er die Schrecken der Vergangenheit projizieren könnte, noch ein Identifikationsangebot für eine bessere Zukunft. Die Einsicht, daß sein Vater weder NSDAP-Mitglied noch antifaschistischer Held gewesen war, sondern lediglich einer von Millionen Wehrpflichtigen, hinterläßt in Michael das Gefühl, man habe den Boden, auf den er sein eigenes Selbstverständnis aufgebaut hatte, unter seinen Füßen weggezogen. Dieses Gefühl wird wiederholt verglichen mit einem früheren Erlebnis auf einem Jahrmarkt, wo ihm in »Capellos Trommel«, einem schwindelnd schnell rotierenden Zylinder, der anscheinend sichere Boden unter den Füßen verschwindet. »Mir schwindelte«, berichtet er, »und ich verspürte ein Gefühl der Nichtigkeit, aber auch Beklommenheit, die wuchs, je weiter ich mich vom Boden entfernte« (S. 212).

Bei dem Versuch, sich sein Verhältnis zu seinem Vater und zum Krieg ins Gedächtnis zurückzurufen, taucht plötzlich eine besonders beunruhigende Erinnerung wieder auf: zunächst entsinnt er sich nur jenes Abends, am 2. Mai 1945, als die Mutter dem Achtjährigen von der Radiomeldung erzählt: »Der Führer ist an der Spitze seiner Truppen gefallen« (S. 110). Erst dann erinnert er sich schmerzlich an das Kriegsspiel mit seinem besten Freund am folgenden Tag, in dem sie diese Tragödie nachspielten, aber auch an seine eigene Liebe zum Führer:

»Die letzte Schlacht war geschlagen, und wir gingen langsam zu dem Zaunwinkel, beugten uns über die Mulde, und ich dachte an den Ostersonntag dreiundvierzig, an dem für mich der Wunsch in Erfüllung ging, *ihn* zu besitzen, ihn, der hinter den blanken Schaufensterscheiben der Spielwarenläden, groß, gravitätisch, um Zentimeter höher postiert gewesen war als die um ihn geordnete Schar seiner Truppen. [...] nun zerbrochen, zerstört auf meinem Handteller und schließlich in der kleinen Grube [...]. Dann scharrte Gregor die Sandhäufung an den Seiten des Loches mit dem Fuß zu, langsam, bedächtig, nachdenklich, als wär's ein Stück von mir« (S. 114).

Michael, der seinem Vater vorwarf, er benehme sich, als ob er nichts mit dem Krieg zu tun gehabt hätte, kann nicht umhin, seine eigene Mittäterschaft – selbst in diesem zarten Alter – einzugestehen. Von einer Befragung seines Vaters wird er damit zu einer Befragung seiner selbst gezwungen, die schließlich in den Fragen mündet, warum er eigentlich von der möglichen Schuld seines Vaters so besessen sei, und, zu seiner höchsten Beunruhigung, »Was hättest du getan?« (S. 208) Wie Hermann Kants Held Mark Niebuhr zögert auch Michael, seine persönliche Schuld zuzugeben, sieht andererseits aber ein, daß der Zufall seines Geburtsdatums nicht ausreicht, ihn von den Sünden der Vergangenheit zu trennen: »Wo liegt die Garantie, daß du nicht in der gleichen Situation wie dein Vater wärst, läge das Datum deiner Geburt nur um fünfzehn Jahre zurück oder hätte es nicht gegeben den zweiten Tag im Monat Mai fünfundvierzig, wo noch Monate zuvor ein Junge, achtjährig, die Gemischtwarenhandlung mit aufgerecktem Arm betreten hatte, Hacken zusammengeknallt, Arm halbschräg gegen das Juno-Plakat ...« (S. 162f.). Künstlerisch weniger komplex als Kants *Aufenthalt*, übertrifft ihn Schlesingers Roman nichtsdestoweniger durch seinen Mut, auf die Vergangenheit aus einer Gegenwartsperspektive zurückzublicken, die erheblich weniger gesichert ist, als uns Kant durch seine Pose des Selbstvertrauens glauben machen möchte.

»Jeder Schriftsteller plagt sich mit seinen eigenen weißen Flecken herum.«[43] Diese Feststellung kann als Begründung für Erich Loests stark autobiographische Erzählung *Pistole mit sechzehn* angesehen werden. Noch kompromißloser als bei Schlesinger werden hier Erinnerungen des Erzählers an seine Jugend im Dritten Reich heraufbeschworen. Obwohl von ihm nur in der dritten Person geredet wird, heißt die Hauptfigur der

Geschichte Erich Loest, dessen Biographie folgendermaßen zusammengefaßt wird:

»E. L. [. . .] marschierte und robbte und schoß und floh, bis alles in Scherben gefallen war, was er für unsterblich gehalten hatte. [. . .] Fünf Jahre nach dem Krieg war er Genosse der SED und Redakteur einer Parteizeitung, er war aufgetaucht in ein zweites Leben, aber natürlich hatte er sein erstes Leben nicht ausgelöscht und vergaß es nie. Er las Bücher über die Besten des antifaschistischen Kampfes und neidete ihnen ihre Taten, aber dadurch konnte er seine eigene Jugend nicht umpolen (S. 93).«

Wie aus dieser Skizze hervorgeht, waren für Loest und Tausende andere weder faschistische noch sozialistische Überzeugungen entscheidend, sondern das Bedürfnis, »Teil der Macht« zu sein. Dies wird beispielhaft dargestellt anhand seines Aufstiegs vom Pimpf zum »Führerchen« der Hitlerjugend, wobei seine Behauptung, »daß es begeisterte Hitlerjungen überhaupt nicht gab. Es gab nur begeisterte Hitlerjugendführer«, bestimmt nicht als Selbstverteidigung aufzufassen ist (S. 72). Mitte der fünfziger Jahre, wo es »anspornende Stipendien« für Literatur zu »richtigen« Themen gab, wurde E. L. zum begeisterten Exponent des »Sozialistischen Realismus und sein Kern- und Glanzstück, den Positiven Helden. [. . .] Also konnte, meinte er, niemals ein Hitlerjugendführer der Held eines Romans sein, sondern in der Hitlerära immer und immer nur ein Widerständler, ein kommunistischer am besten« (S. 75). Loests Niederschreiben seiner – zum Teil glücklichen – Erinnerungen an diese Zeit läßt sich durchaus im Sinne der von den Mitscherlichs beschriebenen »Trauerarbeit« verstehen.

Der durch den Krieg verschärfte, nicht wieder gutzumachende Schaden der deutsch-polnischen Beziehungen zieht sich wie ein Leitmotiv durch die Literatur der siebziger Jahre, darunter auch Kurt Davids Novelle *Die Überlebende* (1972). Davids Erzähler ist ein Schriftsteller, der siebenundzwanzig Jahre nach dem Krieg nach Polen zurückkehrt, um Details in seinem Romanmanuskript über eine Gruppe polnischer Partisanen zu überprüfen. Wie Niebuhr in Kants *Aufenthalt* muß auch Davids Erzähler feststellen, daß er für die polnischen Überlebenden der Gruppe, aber auch für viele andere Polen, in erster Linie »der Soldat von einst« ist und daß er sich einer Illusion hingibt, wenn er glaubt, diese Geschichte objektiv schreiben zu können, »als hätte es mich damals nicht gegeben«.[44] Am Ende beschließt er, die Geschichte nicht zu veröffentlichen: sein Entwurf ist von der Wahrheit zu weit entfernt, und die Wahrheit – daß nämlich die Überlebende durch ihre Liebe zu einem der Partisanen den Tod der anderen verschuldet hat – muß ihretwegen verschwiegen werden. Der Leser jedoch, der immerhin über die wahren Verhältnisse im Bilde ist, kann sich des Verdachts nicht erwehren, daß auch die Konventionen der antifaschistischen Literatur früherer Jahre ihr Teil dazu beigetragen haben, den Erzähler am Schreiben der Wahrheit zu hindern.

Davids Kritik an der undifferenzierten Behandlung des Kriegsthemas kommt zum Ausdruck in dem satirischen Rezept des Erzählers für einen Kriegsfilm: »Man braut eine gängige Fabel zusammen, erhitzt sie auf großer Flamme und bringt sie so effektvoll zum Kochen, daß der Zuschauer begeistert mitkocht und in den Zutaten nicht mehr sieht als ein Gewürz, das die Sache schmackhaft macht.«[45]

3. Geschichtsbewußtsein: Das Dritte Reich im Drama der siebziger Jahre

Wohl kaum ein Schriftsteller in der DDR war weniger gewillt, Antifaschismus ganz nach bewährtem Rezept aufzutischen, als die Dramatiker Heiner Müller und Volker Braun. Beide wählen wesentlich radikalere und avantgardistischere Verfahren als die meisten der hier behandelten Prosa-Schriftsteller, und beide vertreten eine ähnliche Position zum Problem des Faschismus in der deutschen Geschichte. Sie erkennen darin eine Phase eines Kontinuums, das seinen Ursprung in der fernen Vergangenheit hat, in die Gegenwart hineinreicht und eine noch ungewisse Zukunft bedroht. Ihre Kritik richtet sich demnach nicht allein gegen den Faschismus, sondern auch gegen solche Institutionen, die dazu neigen, Verhaltensweisen des Faschismus zu reproduzieren.

Verglichen mit den Platitüden, die Kant auf dem VIII. Schriftstellerkongreß im Jahre 1978 vorbrachte, war Volker Brauns Konzept des historischen Bewußtseins als Selbstbewußtsein, dargelegt 1974 auf dem VII. Schriftstellerkongreß, derart tiefgreifend, daß viele der anwesenden Autoren später zugaben, nicht alles auf Anhieb verstanden zu haben. In Anlehnung an Walter Benjamin unterscheidet Braun zwei Arten der Geschichte: »Die Wirklichkeit, mit der wir umgehen, ist arbeitende Geschichte, und was wir landläufig Geschichte nennen, ist ›Gegenstand einer Konstruktion‹, die von ›Jetztzeit‹ geladen ist.«[46] Statt »Aberglauben an die Vergangenheit« fordert Braun ein historisches Bewußtsein, das »die *wirklichen* Zusammenhänge [...] die Kraftlinien zwischen heute und einst« (ebd.) aufdeckt. Seine Ungeduld mit der unaufrichtigen und furchtsamen Behandlung der Geschichte, die faschistische Vergangenheit eingeschlossen, in der neueren Literatur kommt in einer Reihe von Fragen zum Ausdruck:

»Beweisen sich die Geschichten oder die frisierenden Sichten der Autoren, die einige Dinge, von denen sie eigentlich reden, zurückhalten mit verbissenen Zähnen oder artigem Grinsen? [...] Ist aber nicht die Folge [...], daß die stellvertretenden Emotionen die ganze Wirklichkeit wie ein Gespinst überziehen und alles versponnen scheint oder die Geschichten in einem literarischen Aspik serviert werden, der ihre harten Konturen im besten Fall ahnen läßt?«[47]

In *Simplex Deutsch* (1980) versucht Braun, Literatur vom Standpunkt echten historischen Bewußtseins zu schreiben. Mit dem Untertitel »Ein Spielbaukasten für Theater und Schule« verweist er auf seinen Realismusbegriff, »der diese sich selber zerraufende welt noch faßt, die ›unverbundene‹ fabel: szenen nicht aufeinanderfolgend, sondern übereinandergetürmt mit immer neuen ebenen und blickpunkten. es ist klar: so ist die fabel auf eine andere art verbunden, ein vieldimensionaler prozeß.«[48] Braun lehnt es ab, das Publikum durch Manipulation zur Annahme eines vorbestimmten Ausgangs des Stückes zu bewegen; er überträgt die Verantwortung dafür, aus diesen Bausteinen etwas zu machen, auf die Schauspieler und das Publikum, mit der Erklärung, daß die vielen von ihm verwandten Techniken des epischen Theaters dem einen Zweck dienen, »die illusion der realität zu vermeiden zugunsten der kommunikation mit dem publikum, dem eigentlich interessanten vorgang«.[49]

Zehn Szenen, quasihistorische Momente darstellend, schildern Situationen, in denen Individuen die Gelegenheit gegeben ist, eine Entscheidung von historischer Tragweite zu treffen. Anstelle einer einzelnen Gestalt übernimmt das (gewöhnlich versäumte) Potential dieser historischen Momente die Rolle des verneinenden Elements in diesem Stück. Im ersten Teil von *Simplex*

Deutsch zeigt die erste Szene, »Sächsischer Simplizius«, eine moderne Version des »tumben Wahns« von Grimmelshausens Simplicissimus Teutsch: den Soldaten Schmidt, der sich im April 1945 zur Desertion entschließt, dabei das eigene und das Leben seines Kameraden riskiert, eine unbeteiligte Frau tötet und schließlich einen sinnlosen Tod stirbt, als er zum Kampf gegen die Russen zurückkehrt, »indem sein Pflichtgefühl erwachte, ohne Befehl und Kommando, aus eingeübtem Gehorsam«.[50] In einer anderen Szene, »Trommeln in der Nacht, 6«, schreibt Braun eine Fortsetzung des gleichnamigen Stückes von Brecht, in der Andreas Kragler wegen Anna nicht nur den Spartakisten abschwört, sondern sich sogar auf die Seite der Konterrevolutionäre schlägt und Rosa Luxemburg umbringt. In der Schlußszene, »Befreiung«, taucht Kragler aus einem Haufen von Trümmern und Leichen auf, zusammen mit August Bebel, der ihn als Nazi erkennt. Kragler weiß sogleich, was zum Überleben erforderlich ist, und verwandelt sich mit roter Schminke:

»Da ist das Rot, Genosse. Meine Wunden
Da sieht der Feind, wie mich der Freund geschunden.
Ich danke dir für den neuen Lebenslauf.
Bring deinen jetzt zuende, häng dich auf.«[51]

Mit sicherem Instinkt für das Überleben kann sich einer wie Kragler glatt von einem Nazi in einen Kommunisten verwandeln; ob aber der alte Sozialist Bebel, dessen Sohn und Enkel in früheren Szenen bereits erschreckende Anzeichen faschistischen Bewußtseins zur Schau stellten, von zwei Rotarmisten und einem jungen Deutschen vor dem Selbstmord bewahrt werden kann, wird sich erst zeigen müssen.

Brauns bewußte Umstellung der Chronologie und seine Weigerung, sich beim Schreiben an die offizielle Eschatologie zu halten, werden in dieser Szene besonders deutlich: nicht nur durch die Einführung Bebels als Großvater, nachdem das deformierte Verhalten seiner Nachkommen in der gegenwärtigen Gesellschaft bereits vorgeführt worden war, sondern auch durch die Darstellung von Kraglers opportunistischer Verwandlung zum Kommunisten. Da Kragler in einer vorhergehenden Szene bereits als gläubiger, wohlhabender Bundesbürger aufgetreten war – der von seiner Tochter Ulrike, einer Terroristin, umgebracht wird –, ist Brauns Anachronismus als Bestandteil seiner Ästhetik zu verstehen. Als Geschichtsfragmente bieten seine »Bausteine« die *Möglichkeit*, historische Widersprüche sinnfällig zu machen, ohne daß dabei die Aufgabe der Interpretation allein dem Autor überlassen bleibt. Durch die zeitlich willkürliche Reihung der Szenen werden quasihistorische Momente in neuem Kontext nebeneinandergestellt und damit zugleich die Vorstellungen von einem unvermeidlichen Verlauf der Geschichte aufgehoben. Dieses Verfahren zwingt Schauspieler, Publikum und Leser zu aktiver Teilnahme an der Entwicklung einer historisch bewußten Interpretation der dargestellten Ereignisse.

Weit weniger optimistisch als Volker Braun zeigt sich der Dramatiker Heiner Müller, der bei Brauns neuesten dramatischen Versuchen unverkennbar Pate stand. Kein DDR-Schriftsteller bemühte sich so unerbittlich um die Aufdeckung der Verbindungen zum Faschismus in den vorherrschenden Sozialisierungs- und Bewußtseinsmustern wie Heiner Müller in seinen Stücken *Die Schlacht* (1974) und *Germania Tod in Berlin* (1971). Allein die Tatsache, daß er es in den siebziger Jahren für angebracht hielt, die in den fünfziger Jahren begonnene Arbeit an Szenen aus den letzten Tagen des Faschismus fortzusetzen, ist ein eindeutiger Kommentar in bezug auf das Ausmaß, in dem diese Vergangenheit bisher »bewältigt« worden war. Anders als Christa Wolf, für die der Prozeß des Erinnerns ein höchst persönlicher Akt war, versucht Müller keine privaten Erfahrungen wiederzugeben, sondern ruft historische Paradigmen ins Gedächtnis zurück, die in das Selbstverständnis und in das historische Bewußtsein einer Person integriert werden müssen. Somit wendet sich auch Müllers Werk gegen ein Vergessen und Verdrängen; es besteht darauf, daß die Vergangenheit, die aus der Geschichte nicht zu entfernen ist, folglich auch nicht aus dem historischen Bewußtsein getilgt werden darf. Auf die Frage, ob seiner Ansicht nach das Problem des Faschismus, wie er es in *Die Schlacht* behandelt hatte, auch 1975 noch aktuell sei, gab Müller die folgende Antwort:

»Daß Sie die Frage für notwendig halten, verweist auf die Antwort: die Aushöhlung von Geschichtsbewußtsein durch einen platten Begriff von Aktualität. Das Thema Faschismus ist aktuell und wird es, fürchte ich, in unsrer Lebenszeit bleiben. [. . .]
Was die Relation zu FURCHT UND ELEND angeht: Brecht war auf Dokumente und Berichte angewiesen, sozusagen auf Sekundärmaterial.

[...] Das ergab ein Faschismusbild nach der Schnur der (damals notwendig unkompletten) marxistischen Analyse, eine Art Idealkonstruktion [...]. Heute ist der gewöhnliche Faschismus interessant; wir leben auch mit Leuten, für die er das Normale war, wenn nicht die Norm, Unschuld ein Glücksfall.«[52]

Die fünf »Szenen aus Deutschland«, die Müllers Drama umfaßt, könnten in beliebiger Reihenfolge gespielt werden; ihre Wirkung beruht auf der Einsicht des Betrachters in die den einzelnen Darstellungen zugrundeliegende Einheit in der Schilderung von Brutalität und Unmenschlichkeit als Konsequenzen des Überlebensinstinkts, der im faschistischen Bewußtsein unlösbar mit der Notwendigkeit verbunden ist, andere zu töten. Müller zeigt die hoffnungslose Verstrickung von Individuen in Situationen, die ein Töten-um-zu-überleben erfordern, und überläßt es dem Betrachter, die Folgerungen aus einer solchen Vorgeschichte für seine eigene Existenz in der Gegenwart zu ziehen. Ist es überhaupt möglich, diese Vorgeschichte zu überwinden, wenn man mit Menschen beginnen muß, die ihre eigenen Brüder umgebracht haben, mit Vätern, die ihre Familien ermordet haben, Soldaten, die sich wie die Kannibalen gegenseitig abgeschlachtet haben, SS-Leuten, die durch Zufall von russischen Soldaten gerettet wurden? Indem er daran erinnert, daß es sich bei dem Faschismus um einen historisch determinierten Teil des Bewußtseins handelt, auf welchen der Sozialismus aufbauen mußte, verweist Müller gleichzeitig auf die Voraussetzungen für den dialektischen Prozeß der Negation. Allerdings versucht er dabei nicht, diesen Geschichtsfragmenten Aktualität zu verleihen, indem er sie als Allegorien für die heutige Gesellschaft erklärt. Er benutzt sie vielmehr zur Aufdeckung inhärenter Widersprüche in dem Übergang vom Faschismus zum Sozialismus und – als Folge von Reaktionen auf seine provozierend angebotenen Modelle – letztlich zur Produktion neuer Geschichte. Müller verläßt sich auf den Schrecken, der eine ganz andere Wirkung hat als lähmende Angst, um in seinem Publikum die Bereitschaft zu erzeugen, die in seinen Stücken dargestellten – und im eigenen Leben erfahrenen – Elemente der Vergangenheit zu negieren. Er macht unmißverständlich klar, daß man nicht über »Geschichte« sprechen kann, ohne über sich selbst zu sprechen, und daß man nicht mit sich selbst ins reine kommen kann, ohne mit dieser Geschichte ins reine zu kommen.

Insbesondere die erste und die letzte Szene des Stückes führen vor, auf welche Weise Müller die Verbindungen zwischen der faschistischen Vergangenheit und der sozialistischen Gegenwart offenlegt. In der Schlußszene, »Das Laken oder die unbefleckte Empfängnis«, steht eine Familie 1945 vor der Entscheidung, ob sie als Zeichen der Kapitulation vor den in Berlin einrückenden russischen Streitkräften ein weißes Laken heraushängen soll. Bei der Wahl zwischen zwei Risiken – von der SS als Verräter oder von den vorrückenden Russen als Nazis erschossen zu werden – entscheidet man sich, das Laken auszuhängen. Prompt erscheint die SS und erschießt als Vergeltungsmaßnahme einen Soldaten, der bei der Familie ist. Gleich darauf sind die Rotarmisten da, ziehen die Leiche des Soldaten auf dem weißen Laken hinter sich her und erklären: »HitlerkaputtjetztFrieden.«[53] Als die Familie zu verstehen gibt, daß dies ihr Sohn sei, den man als Deserteur erschossen habe – und damit fälschlich ihren Antifaschismus beteuert –, schenken ihnen die Russen Brot. Durch die Entlarvung des Opportunismus, der sich aus Gründen der zu erwartenden wirtschaftlichen und sozialen Vorteile hinter einem Großteil der antifaschistischen Rhetorik verbarg, entmystifiziert Müller die allzu glatte Verwandlung so vieler Deutscher in überzeugte Antifaschisten. Die »unbefleckte Empfängnis« sozialistischer Aktivisten im Schoß des bürgerlichen Faschismus, motiviert allein durch Eigeninteresse, ist eine Blasphemie, die erkannt und eingestanden werden muß, ehe sie von denjenigen negiert werden kann, die mit ihren Folgen leben.

Die Konfrontation der beiden Brüder in der ersten Szene, »Die Nacht der langen Messer«, dreht sich ebenfalls um das problematische Verhältnis von Faschismus und Kommunismus. Bruder »B«, als politischer Häftling von der Gestapo gefoltert und verunstaltet, ist der SA beigetreten, um dem Risiko zu entgehen, bei einer Fortsetzung der Folter möglicherweise seine Parteigenossen zu verraten. Verunsichert in seiner eigenen Identität – »Ich bin der eine und der andere ich« (S. 8) –, kehrt er in der »Verräter«-Uniform zu seinem Bruder »A« zurück, der sich weigert, ihn zu erkennen. »B«, von seinen früheren Parteigenossen verachtet und gemieden, fordert seinen Bruder auf, ihn zu töten. Dies versetzt »A«, der für die Haltung der Parteigenossen zum Teil verantwortlich ist, in eine schwierige Lage, wenn er seine Unschuld bewahren will: wenn er seinen Bruder »B« nicht tötet, wird dieser an den Kommunistenverfolgungen teilnehmen, so wie er früher selbst verfolgt wurde. Wenn er aber »B's« Bitte nachkommt, wird er zum Mörder seines eigenen Bruders. Eine Verstrickung in Schuld ist unausweichlich.[54]

Während *Die Schlacht* insbesondere auf faschistische Modelle eingeht, bietet *Germania Tod in Berlin* eine Montage der Barbarei und Misere, wie sie in Müllers Sicht die deutsche Geschichte von den Nibelungen bis zu den Ereignissen am 17. Juni 1953 bestimmt haben. Die Hauptszene des Stückes, »Die heilige Familie«, spielt mit einer blasphemisch verzerrten religiösen Metapher, die an »Die unbefleckte Empfängnis« erinnert, wenn sie das zentrale Ereignis der deutschen Geschichte darstellt: Josef Goebbels gebärt einen verunstalteten Wolf – den Faschismus. Nachdem sie ihre Rolle als Hebamme bei der Geburt des von Hitler gezeugten »Kindes« Josef Goebbels' beendet hat, wird Germania – die zugleich »Mama« und Hure Hitlers ist – von der Ehrenwache exekutiert, die die Geburt begleitet hat mit dem Gebrüll: »FREIHEIT DEMOKRATIE ABENDLAND FRIEDEN EIGNER HERD IS GOLDES WERT LIEBER TOT ALS ROT NUR DER TOTE INDIANER IST EIN GUTER INDIANER JEDEM DAS SEINE EINHEIT IN SAUBERKEIT«.[55] Vor ihrer Exekution tarnt Germania jedoch in weiser Voraussicht den Wolf mit weißem Waschpulver und verwandelt ihn so in einen »Wolf im Schafspelz« (S. 63). Über den heutigen Aufenthalt des Wolfs wird nichts gesagt; ihn herauszufinden ist Aufgabe des Publikums.

Die Brüder aus der ersten Szene der *Schlacht* treten auch in *Germania* wieder auf. Ihr Treffen findet diesmal im Gefängnis statt, wo der als Nazi-Kriegsverbrecher inhaftierte »B« seinen kommunistischen Bruder »A« trifft, den man wegen seiner Teilnahme am Aufstand des 17. Juni ins Gefängnis gesteckt hatte. »B« sieht im 17. Juni eine Art Parallele zur »Nacht der langen Messer« und weist darauf hin, daß die von der Gestapo zugefügten Wunden durch die Behandlung bei den »Antifaschisten« wieder aufgebrochen sind. Der kommunistische Bruder dagegen, der auch von der SA gefoltert worden war, muß nun mit der Tatsache fertigwerden, daß man ihn für seine revolutionäre Hingabe zusammen mit Kriegsverbrechern eingesperrt hat. »Wer bin ich«, fragt er verzweifelt, doch die einzige Antwort ist ein Überfall durch seine Zellengenossen (S. 74).

Die Unmöglichkeit, zwischen Vergangenheit und Gegenwart, faschistischer Vorgeschichte und sozialistischem Heute, eine klare Trennung zu ziehen, wird paradigmatisch sinnfällig in dem Schicksal der beiden Brüder und charakterisiert gleichzeitig das Stück als ganzes. Die Gruppierung der einzelnen Szenen zu Paaren beruht auf dem Prinzip, daß fast jede Szene aus der deutschen Vergangenheit von einer entsprechenden Szene aus der DDR-Gegenwart begleitet wird. Es beginnt mit »Straße 1« (1918, der vergebliche Versuch, eine revolutionäre Republik auf deutschem Boden zu errichten) und »Straße 2« (Berlin 1949, »DIE DEUTSCHE DEMOKRATISCHE REPUBLIK DER ERSTE ARBEITERUNDBAUERNSTAAT AUF DEUTSCHEM BODEN« [S. 38] wird gegründet) und endet mit »Tod in Berlin 1« und »Tod in Berlin 2«. Der tragische Krebstod Hilses, der archetypischen Arbeiterfigur – der Name stammt aus Gerhart Hauptmanns Stück *Die Weber* –, wird zum Symbol: die deutsche Vergangenheit verzehrt ihn von innen heraus. Nachdem er selbst die Attacken oppositioneller Kommunisten überlebt hat, wie »A« am 17. Juni 1953, liegt Hilse nun im Sterben auf der Krebsstation und erkennt, daß er und die Geschichte, die ihn auffrißt, eins sind: »Wir sind eine Partei, mein Krebs und ich« (S. 76).

4. Zusammenfassung

Müllers Werk ist das vielleicht auffallendste, aber – wie wir gesehen haben – keineswegs das einzige Beispiel für die veränderte Auffassung von der Funktion der Literatur in den siebziger Jahren. Wie Wolfgang Emmerich kürzlich anmerkte, ist sie nicht länger ausschließlich »Zeuge der Geschichte«, sondern kann ebenfalls als »Bewußtsein gegen die Geschichte« auftreten.[56] Eine wesentlich dialektischere Sicht des Verhältnisses von Literatur und Geschichte zeichnet sich ab, die die Kontinuitäten zwischen Vergangenheit und Gegenwart in das Blickfeld einbezieht. Während die optimistische Literatur in den frühen Jahren der DDR mit ihrer Betonung eines Neubeginns unter sozialistischen Vorzeichen außerstande war, die Vergangenheit als ein Problem der Gegenwart zu erkennen, wiesen Autoren wie Christa Wolf, Volker Braun und Heiner Müller in die entgegengesetzte Richtung: sie machten deutlich, daß die gesellschaftliche Gegenwart in nicht unbeträchtlichem Ausmaß von den ungelösten Problemen der Vergangenheit bestimmt wird.

Das bedeutet allerdings nicht, daß eine Behandlung der Vergangenheit auf herkömmliche Weise bereits ganz aus der Mode gekommen ist. Auch Werke wie Wolfgang Johos *Klassentreffen* (1968), welches das gesamte faschistische Erbe einfach dem wohlhabenden Bürgertum der Bundesrepublik unterschiebt, werden weiterhin aufgelegt. Johos Beschreibung eines Klassentreffens führt einen Bürger der DDR mit seinen früheren Klassenkameraden in der westdeutschen Stadt K. zusammen und ist geprägt von der gleichen Selbstgefälligkeit, die es auch Hermann Kant ermöglichte, sich klar von der Vergangenheit seines Helden Mark Niebuhr zu distanzieren. Johos Erzähler besteht darauf,

»daß ich mit denen, die in derselben Gegend beheimatet waren, die gleiche Schulbank gedrückt hatten und derselben Klasse im doppelten Sinn angehörten, nicht einmal diese Vergangenheit wirklich gemeinsam hatte, denn wir hatten verschiedene Lehren aus ihr gezogen. Unser Leben verlief und verläuft in verschiedenen Bahnen, zwischen denen es keine Schnittpunkte gibt«.[57]

Johos Perspektive bietet einen deutlichen Kontrast zu den Ansichten Christa Wolfs, die sie jüngst auf der von Stephan Hermlin veranstalteten Berliner Begegnung zur Friedensförderung zum Ausdruck brachte, als zahlreiche Schriftsteller aus beiden deutschen Staaten über die drohenden Gefahren für die Existenz Europas diskutierten. Angesichts einer Machtpolitik, die – wieder einmal – die Zivilisation zu zerstören droht, sah sie sich zu der Frage veranlaßt: »Hat Hitler uns eingeholt?« und bezeichnete die heutige Epoche als eine »Vorkriegszeit«.[58] »Sollten wir«, fragt Wolf, in einer solchen Situation »nicht versuchen [...] zu denken, was eigentlich nicht geht? Ich bin nämlich der Meinung, daß uns nur noch helfen und retten kann, was eigentlich nicht geht, was wir eigentlich nicht mehr für möglich halten« (ebd.). Wolfs Plädoyer für das Phantastische und Utopische darf jedoch nicht als Rückzug in den Subjektivismus verstanden werden. Über die von Braun und Müller verwandte phantastische Geschichtsmontage hinaus verweist Christa Wolf in ihrer Diskussion der *Kindheitsmuster* auf eine weitere Verwendungsmöglichkeit des Phantastischen: »Ich glaube, daß sehr vieles, was auf der Welt passiert, deshalb passieren kann, weil wir keine Phantasie haben, weil wir keine Vorstellungskraft haben, uns hineinzudenken in Leute, denen das gerade geschieht.«[59]

Die Beschäftigung mit dem Problem des Nationalsozialismus in der neueren DDR-Literatur ist kein isoliertes Phänomen. Wenn man die hier besprochenen Werke mit anderen der gleichen Autoren vergleicht, wird man feststellen, daß sie auch Merkmale anderer Trends der siebziger Jahre aufweisen: die Verwendung der subjektiven Perspektive als gültigem Mittel zur Aufdeckung der Diskrepanz zwischen Ideal und Realität in allen Lebensbereichen; die Gleichsetzung von persönlicher Erfahrung und rationaler Erkenntnis der »Wahrheit« und die entsprechende Blickrichtung auf das Alltagsleben; und schließlich die zuvor verpönte Beschäftigung mit dem Phantastischen und mit Formexperimenten. Befreit von dem Zwang, die Errungenschaften des Sozialismus zu verkünden, neigen die Autoren zu einer kritischeren Einschätzung ihrer Rolle in der Gesellschaft, ihrer Beziehung zum Leser und zu kulturellen Institutionen. Die verbreiteten Versuche, die Generationslücke und die Probleme der Kindheit thematisch zu behandeln, das starke Anwachsen autobiographischer Literatur[60], Schuld- und Schamgefühle über die anhaltenden Spannungen in den polnisch-deutschen Beziehungen, tiefe Sorge über weltpolitische Entwicklungen und die Bedrohung des Friedens: dies alles sind Themen, welche die neue Literatur über die faschistische Ära mit zahlreichen anderen Werken der siebziger Jahre gemeinsam hat.

Aus dem Englischen von Reinhart Jost

Anmerkungen

1 Vgl. dazu: Konrad Wolf, Kunst im Kampf gegen Faschismus heute und gestern, in: *Sonntag*, Nr. 20, 1979, S. 2, 8–9; Konrad Wolf, Wir Sozialisten sind mit jedem Atemzug, mit jedem Herzschlag Antifaschisten, in: *Neues Deutschland*, 23.–24. Juni 1979, S. 5–6; ferner *Film- und Fernsehkunst der DDR. Traditionen, Beispiele, Tendenzen*, hrsg. v. Käthe Rülicke-Weiler et al (Berlin: Henschel Verlag, 1979); *Film in der DDR*, hrsg. v. Peter W. Jansen und Wolfram Schütte (München und Wien: Carl Hanser Verlag, 1977); und Barton Byg,

The Antifascist Tradition in GDR Film, in: *Purdue University Fifth Annual Conference on Film* (West Lafayette, Ind.: Purdue University, 1980), S. 81–87.

2 Wolf, *Kindheitsmuster* (Berlin: Aufbau-Verlag, 1976), S. 9.

3 Ebd. S. 406.

4 Andersch, *Winterspelt* (Zürich: Diogenes Verlag, 1974): »Das Vergangene ist nie tot; es ist nicht einmal vergangen.«

5 Joho, *Das Klassentreffen* (Berlin: Aufbau-Verlag, ^{5}1974): »Die Vergangenheit ist niemals tot. Sie ist nicht einmal vergangen.«

6 Loest, Pistole mit sechzehn, in: *Sinn und Form* 29 (1977), H. 1, S. 94.

7 Faulkner, *Requiem for a Nun* (New York: Random House, 1951), S. 71.

8 Ebd. S. 92.

9 Erwin Piscator stellte seine Bearbeitung des Romans im November 1955 in Berlin vor; einen Monat früher, am 6. Oktober 1955, wurde eine andere Übersetzung von Leopold Lindtberg in Zürich uraufgeführt. Auch Albert Camus arbeitete seit 1954 an einer Version, die dann 1956 in Paris unter seiner Regie aufgeführt wurde. Vgl. dazu: Barbara Izard und Clara Hieronymous, *Requiem for a Nun: Onstage and Off* (Nashville and London: Aurora Publishers, 1970), S. 305f.

10 Vgl.: Hörnigk, Das Thema Krieg und Faschismus in der Geschichte der DDR-Literatur, in: *Weimarer Beiträge* 24 (1978), H. 5, S. 75; Geerdts, Zur Thematik des Antifaschismus in der Geschichte der DDR-Prosa, in *Zeitschrift für Germanistik* 1 (1980), Nr. 1, S. 71; ferner Karl-Heinz Hartmann, Die Darstellung der antifaschistischen Opposition in der früheren DDR-Prosa, in: *DDR-Roman und Literaturgesellschaft*, hrsg. v. Jos Hoogeveen und Gerd Labroisse [*Amsterdamer Beiträge zur Neueren Germanistik*, Bd. 11/12] (Amsterdam: Rodopi, 1981); Karl-Heinz Hartmann, Das Dritte Reich in der DDR-Literatur. Stationen erzählter Vergangenheit, in: *Gegenwartsliteratur und Drittes Reich*, hrsg. v. Hans Wagener (Stuttgart: Reclam, 1977); und Manfred Behn, Neuere antifaschistische Prosa in der DDR, in: *Sammlung 1. Jahrbuch für antifaschistische Literatur und Kunst*, hrsg. v. Uwe Naumann (Frankfurt/M.: Röderberg, 1978), S. 61–70.

11 Vgl.: Artikel »Faschismus« in: *Philosophisches Wörterbuch*, hrsg. v. Georg Klaus und Manfred Buhr (Leipzig: VEB Bibliographie, 1975) Bd. 1, S. 403ff.

12 Seghers, *Das siebte Kreuz* (Berlin: Aufbau-Verlag, 1946), S. 416.

13 Apitz, *Nackt unter Wölfen* (Halle/S.: Mitteldeutscher Verlag, 1958). Hier zit. nach der Reclam Ausgabe, Leipzig, 2. Auflage, o.J., S. 536.

14 Hermlin, Interview, in: *Freibeuter 1* (1979), S. 49f. zit. nach Wolfgang Emmerich, Der ganz gewöhnliche Faschismus: Die Auseinandersetzung mit der national-sozialistischen Vergangenheit in der neueren

DDR-Literatur, in: *DDR-Report* 13 (1980), H. 6, S. 361–365.

15 Müller, Die Unbesiegten, in *Neue Deutsche Literatur* 1 (1953), H. 5, S. 198.

16 Ulbricht, Zweijahrplan und Kulturarbeit. Aus der Rede auf der Arbeitstagung der Kulturarbeiter der SED am 7. September 1948, in: Ulbricht, *Zur Geschichte der deutschen Arbeiterbewegung* (Berlin: Dietz Verlag, 1971), Bd. 3, S. 576.

17 Ursula Reinhold, Humanismus und Realismus in der Diskussion, in: *Literarisches Leben in der DDR 1945 bis 1960. Literaturkonzepte und Leserprogramme,* hrsg. v. Ingeborg Münz-Koenen (Berlin: Akademie Verlag, 1979), S. 146.

18 Vgl. dazu: Hörnigk, Das Thema Krieg und Faschismus, S. 80f.

19 Lange, Über die Gestaltung des neuen Lebens in unserer Republik, in: *Einheit* 11 (1955), H. 3, S. 812.

20 Vgl.: Kant, Interview mit Leonore Krenzlin, in: Krenzlin: *Hermann Kant. Leben und Werk* (Berlin: Verlag Volk und Wissen, 1980), S. 29f.

21 Enthalten auch in Kant, *Eine Übertretung* (Berlin: Rütten und Loening, 1975), S. 117–125.

22 Wolf, Blickwechsel, in: Wolf, *Lesen und Schreiben,* hier nach der Luchterhand-Ausgabe, Darmstadt und Neuwied, 1972, S. 31–46.

23 Fühmann, *Zweiundzwanzig Tage oder Die Hälfte des Lebens* (Rostock: Hinstorff Verlag, 1973).

24 Seghers, Der Anteil der Literatur an der Bewußtseinsbildung des Volkes, in: Seghers, *Über Kunstwerk und Wirklichkeit,* hrsg. v. Sigrid Bock (Berlin: Akademie Verlag, 1975), Bd. 3, S. 110.

25 Ebd.

26 Kant und Wagner, Die große Abrechnung. Probleme der Darstellung des Krieges in der deutschen Gegenwartsliteratur, in: *Neue Deutsche Literatur* 5 (1957), H. 12, S. 124.

27 Ebd. S. 128.

28 Ebd. S. 130.

29 Ebd. S. 131.

30 Fühmann, *Zweiundzwanzig Tage,* S. 199.

31 Wolf, Vom Standpunkt des Schriftstellers und von der Form der Kunst, in: *Neue Deutsche Literatur* 5 (1957), H. 12, S. 122.

32 Diskussion mit Christa Wolf, in: *Sinn und Form* 28 (1976), H. 4, S. 861.

33 Beispielsweise: Herbert Otto, *Die Lüge* (1956); Dieter Noll, *Die Abenteuer des Werner Holt* (1960); Max Walter Schulz, *Wir sind Staub im Wind* (1962); Günter de Bruyn, *Der Hohlweg* (1963).

34 Alexander und Margarete Mitscherlich, *Die Unfähigkeit zu trauern* (München: R. Piper, 1967), S. 24f. Vgl. dazu auch Margarete Mitscherlich-Nielsen, die in *Kindheitsmuster* den Reifungsprozeß eines

Menschen in der Lebensmitte sieht, der »auf der objektiven Suche nach der subjektiven Wahrheit« »schmerzliche Abschiede von bisherigen Lebensformen, Erwartungen und Gefühlsarten« nehmen muß: Mitscherlich, Gratwanderung zwischen Anspruch und Verstrickung, in *Emma* (1982), H. 7, S. 28–39.

35 Ebd. S. 82.

36 Wolf, *Kindheitsmuster*, S. 11. Weitere Seitenangaben im Text nach dieser Ausgabe.

37 Vgl. Günter Kunerts Aufregung über die »Ahnungslosigkeit, die die Welt im Betrieb hält« in seinem Prosastück »Betonformen« in Kunert, *Kramen in Fächern* (Berlin und Weimar: Aufbau-Verlag, 1968), S. 172f. Wieder handelt es sich um junge Leute, die durch Buchenwald mit ihren Kofferradios und Photoapparaten spazieren: »Kameras baumeln von jugendlichen Schultern: eine Schülerin fertigt einen Schnappschuß vom Verbrennungsofen, Blende drei Komma fünf, Belichtungsdauer eine zehntel Sekunde: nichts wird verwackelt, die Hand ist ruhig: man macht sich ein Bild von der Technik des Tötens, weil man sich davon kein Bild machen kann – in aller Unschuld: die Vergangenheit wird verstanden aber nicht begriffen. [...] Mit dem Photographieren verschwindet das Sehen. Der Blick wird unbedenklich. [...] Selbst die ausgestellten Photographien, die kraß Entsetzliches zeigen, Leichenberge, menschlichen Schrott, sind noch fahler Reflex gewesenen Geschehens.«

38 Wolf, Lesen und Schreiben, in: Wolf, *Lesen und Schreiben*, S. 184.

39 Diskussion mit Christa Wolf, S. 865.

40 Kant, *Der Aufenthalt* (Berlin: Rütten und Loening, 1977), S. 113. Weitere Seitenangaben im Text nach dieser Ausgabe.

41 Kant, Die Verantwortung des Schriftstellers in den Kämpfen unserer Zeit: Referat auf dem VIII. Schriftstellerkongreß der DDR, in: *Neue Deutsche Literatur* 26 (1978), H. 7, S. 5.

42 Klaus Schlesinger, *Michael* (Rostock: Hinstorff Verlag, 1971), S. 175. Weitere Seitenangaben im Text nach dieser Ausgabe.

43 Loest, Pistole mit sechzehn, S. 84. Weitere Seitenangaben im Text nach dieser Ausgabe.

44 David, *Die Überlebende* (Berlin: Verlag Neues Leben, 1972), S. 55.

45 Ebd. S. 89.

46 Braun, Diskussionsgrundlage. Arbeitsgruppe II: Literatur und Geschichtsbewußtsein, in: *VII. Schriftstellerkongreß der Deutschen Demokratischen Republik. Protokoll* (Berlin und Weimar: Aufbau, 1974), S. 79.

47 Ebd. S. 80.

48 Braun, Arbeitsnotizen zu *Simplex Deutsch*, in: *Theater der Zeit* 35 (1980), H. 7, S. 63.

49 Ebd.

50 Braun, *Simplex Deutsch. Ein Spielbaukasten für Theater und Schule,* ebd. S. 64.
51 Ebd. S. 72.
52 Müller, Ein Brief, in: Müller, *Theater-Arbeit* (Berlin: Rotbuch Verlag, 1975), S. 125.
53 Müller, Die Schlacht, in: Müller: *Die Umsiedlerin oder Das Leben auf dem Lande* (Berlin: Rotbuch Verlag, 1975), S. 16. Weitere Seitenangaben im Text nach dieser Ausgabe.
54 Vgl.: Genia Schulz, Something is Rotten in this Age of Hope. Heiner Müllers Blick auf die (deutsche) Geschichte, in: *Merkur* 33 (1979), H. 5, S. 468–480.
55 Müller, Germania Tod in Berlin, in: Müller, *Germania Tod in Berlin* (Berlin: Rotbuch Verlag, 1977), S. 61 f. Weitere Seitenangaben im Text nach dieser Ausgabe.
56 Vgl.: Wolfgang Emmerich, *Kleine Literaturgeschichte der DDR* (Darmstadt und Neuwied: Luchterhand, 1981), S. 16f.
57 Joho, *Das Klassentreffen,* S. 197.
58 Wolf, Beitrag, in: *Berliner Begegnung zur Friedensförderung. Protokolle des Schriftstellertreffens am 13./14. Dezember 1981* (Darmstadt und Neuwied: Luchterhand, 1982), S. 117.
59 Diskussion mit Christa Wolf, S. 881 f.
60 Die Autobiographien und Memoiren der siebziger Jahre wären eine eigene Untersuchung wert. Mehr als dreißig solcher Werke werden aufgeführt in: Marianne Lange, Es hat sich gelohnt zu leben. Gedanken zur Memoirenliteratur in der DDR, in: *Weimarer Beiträge* 25 (1979), H. 9, S. 42–87.

edition suhrkamp. Neue Folge